国家出版基金资助项目
湖北省公益学术著作出版专项资金资助项目
节能与新能源汽车关键技术研究丛书

丛书主编：欧阳明高

新能源汽车动力传动系统技术与实践

陈 勇 ⊙ 著

NEW ENERGY VEHICLE POWERTRAIN TECHNOLOGY AND PRACTICE

http://www.hustp.com

中国·武汉

内 容 简 介

本书系统地论述了新能源汽车动力传动系统的基础知识与工程实践。第1篇为基础理论与技术篇：从系统研发与优化技术的角度出发，阐述了纯电动与混合动力汽车传动系统的发展趋势、结构与技术特点、设计开发中所涉及的相关技术与方法，以及基于纯电动与混合动力两种模式的动力传动系统的原理与实现过程、能量管理方法及策略。第2篇为工程实践与测试篇：着重论述了新能源汽车动力传动系统NVH测试与优化、传动系统零部件可靠性及电机测试、新能源汽车硬件在环测试技术。

图书在版编目(CIP)数据

新能源汽车动力传动系统技术与实践/陈勇著．—武汉：华中科技大学出版社，2022.7
（节能与新能源汽车关键技术研究丛书）
ISBN 978-7-5680-8151-1

Ⅰ.①新…　Ⅱ.①陈…　Ⅲ.①新能源-汽车-动力系统　②新能源-汽车-传动系　Ⅳ.①U469.7

中国版本图书馆CIP数据核字(2022)第091505号

新能源汽车动力传动系统技术与实践　　　　　　　　　　　　　陈勇　著
XINNENGYUAN QICHE DONGLI CHUANDONG XITONG JISHU YU SHIJIAN

策划编辑：俞道凯
责任编辑：戢凤平
封面设计：原色设计
责任监印：周治超
出版发行：华中科技大学出版社（中国·武汉）　　电话：(027)81321913
　　　　　武汉市东湖新技术开发区华工科技园　　邮编：430223
录　　排：武汉三月禾文化传播有限公司
印　　刷：湖北新华印务有限公司
开　　本：710mm×1000mm　1/16
印　　张：26.75
字　　数：424千字
版　　次：2022年7月第1版第1次印刷
定　　价：188.00元

本书若有印装质量问题，请向出版社营销中心调换
全国免费服务热线：400-6679-118　竭诚为您服务
版权所有　侵权必究

节能与新能源汽车关键技术研究丛书
编审委员会

主任委员 欧阳明高（清华大学）

副主任委员 王俊敏（得克萨斯大学奥斯汀分校）

委　员（按姓氏笔画排列）

马芳武（吉林大学）　　　王飞跃（中国科学院自动化研究所）

王建强（清华大学）　　　邓伟文（北京航空航天大学）

艾新平（武汉大学）　　　华　林（武汉理工大学）

李克强（清华大学）　　　吴超仲（武汉理工大学）

余卓平（同济大学）　　　陈　虹（吉林大学）

陈　勇（广西大学）　　　殷国栋（东南大学）

殷承良（上海交通大学）　黄云辉（华中科技大学）

作者简介

▶ **陈 勇** 广西大学机械工程学院教授、博导，俄罗斯工程院外籍院士，国家海外高层次人才项目特聘专家，中国汽车工程学会会士，吉林大学汽车工程学院客座教授，长安大学工程机械学院客座教授，合肥工业大学"黄山学者"特聘教授。长期从事汽车动力传动系统研究开发工作，曾在日本日产汽车自动变速器公司技术中心作为高级技术人员从事自动变速器研发工作18年。2008年回国后曾任吉利汽车研究院副院长、总工程师，河北工业大学机械工程学院教授、博导。主持国家863计划、"十二五"国家科技支撑计划、科技部战略性国际科技创新合作重点专项等多个国家级重点项目，在汽车自动变速器、新能源汽车电驱动系统NVH、能量管理、高强度齿轮、轴承等研究领域取得突出成果。发表科技期刊论文150余篇，出版专著2部，获得授权发明专利150余项。获中国产学研合作创新奖、发明创业奖·人物奖、汽车工业科学技术进步奖一等奖等奖项。

新能源汽车与新能源革命（代总序）

中国新能源汽车研发与产业化已经走过了 20 个年头。回顾中国新能源汽车的发展历程："十五"期间是中国新能源汽车打基础的阶段，我国开始对电动汽车技术进行大规模有组织的研究开发；"十一五"期间是中国新能源汽车从打基础到示范考核的阶段，科技部组织实施了"节能与新能源汽车"重大项目；"十二五"期间是中国新能源汽车从示范考核到产业化启动阶段，科技部组织实施了"电动汽车"重大项目；"十三五"期间是中国新能源汽车产业快速发展升级阶段，科技部进行了"新能源汽车"科技重点专项布局。

2009—2018 年的 10 年间，中国新能源汽车产业从无到有，新能源汽车年产量从零发展到 127 万辆，保有量从零提升到 261 万辆，均占全球的 53% 以上，居世界第一位；锂离子动力电池能量密度提升两倍以上，成本降低 80% 以上，2018 年全球十大电池企业中国占 6 席，第一名和第三名分别为中国的宁德时代和比亚迪。与此同时，众多跨国汽车企业纷纷转型，大力发展新能源汽车。这是中国首次在全球率先成功大规模导入高科技民用大宗消费品，更是首次引领全球汽车发展方向。2020 年是新能源汽车发展进程中具有里程碑意义的年份。这一年是新能源汽车大规模进入家庭的元年，也是新能源汽车从政策驱动到市场驱动的转折年。这一年，《节能与新能源汽车产业发展规划（2012—2020 年）》目标任务圆满收官，《新能源汽车产业发展规划（2021—2035 年）》正式发布，尤其是 2020 年年底习近平主席提出中国力争于 2030 年前碳达峰和 2060 年前实现碳中和的宏伟目标，给新能源汽车可持续发展注入强大动力。

回顾过去，展望未来，我们可以更加清晰地看出当前新能源汽车发展在能源与工业革命中所处的历史方位。众所周知，每次能源革命都始于动力装置和交通工具的发明，而动力装置和交通工具的发展则带动对能源的开发利用，并引发工业革命。第一次能源革命，动力装置是蒸汽机，能源是煤炭，交通工具是火车。第二次能源革命，动力装置是内燃机，能源是石油和天然气，能源载体是汽、柴油，交通工具是汽车。现在正处于第三次能源革命，动力装置是各种电池，能源主体是可再生能源，能源载体是电和氢，交通工具就是电动汽车。第一次能源革命使英国经济实力超过荷兰，第二次能源革命使美国经济实力超过英国,而这一次可能是中国赶超的机会。第四次工业革命又是什么？我认为是以可再生能源为基础的绿色化和以数字网络为基础的智能化。

从能源与工业革命的视角看新能源汽车,我们可以发现与之密切相关的三大革命:动力电动化——电动车革命；能源低碳化——新能源革命；系统智能化——人工智能革命。

第一,动力电动化与电动车革命。

锂离子动力电池的发明引发了蓄电池领域百年来的技术革命。从动力电池、电力电子器件的发展来看,高比能量电池与高比功率电驱动系统的发展将促使电动底盘平台化。基于新一代电力电子技术的电机控制器升功率提升一倍以上,可达50千瓦,未来高速高电压电机升功率提升接近一倍,可达20千瓦,100千瓦轿车的动力体积不到10升。随着电动力系统体积不断减小,电动化将引发底盘平台化和模块化,使汽车设计发生重大变革。电动底盘平台化与车身材料轻量化会带来车型的多样化和个性化。主动避撞技术与车身轻量化技术相结合,将带来汽车制造体系的重大变革。动力电动化革命将促进新能源电动汽车的普及,最终将带动交通领域全面电动化。中国汽车工程学会《节能与新能源汽车技术路线图2.0》提出了我国新能源汽车的发展目标:到2030年,新能源汽车销量达到汽车总销量的40%左右；到2035年,新能源汽车成为主流,其销量达到汽车总销量的50%以上。在可预见的未来,电动机车、电动船舶、电动飞机等都将成为现实。

第二,能源低碳化与新能源革命。

国家发改委和能源局共同发布的《能源生产和消费革命战略(2016—2030)》提出到2030年非化石能源占能源消费总量比重达到20%左右,到2050年非化石能源占比超过一半的目标。实现能源革命有五大支柱:第一是向可再生能源转型,发展光伏发电和风电技术；第二是能源体系由集中式向分布式转型,将每一栋建筑都变成微型发电厂；第三是利用氢气、电池等相关技术存储间歇式能源；第四是发展能源(电能)互联网技术；第五是使电动汽车成为用能、储能和回馈能源的终端。中国的光伏发电和风电技术已经完全具备大规模推广条件,但储能仍是瓶颈,需要靠电池、氢能和电动汽车等来解决。而随着电动汽车的大规模推广,以及电动汽车与可再生能源的结合,电动汽车将成为利用全链条清洁能源的"真正"的新能源汽车。这不仅能解决汽车自身的污染和碳排放问题,同时还能带动整个能源系统碳减排,从而带来一场面向整个能源系统的新能源革命。

第三,系统智能化与人工智能革命。

电动汽车具有出行工具、能源装置和智能终端三重属性。智能网联汽车将重构汽车产业链和价值链,软件定义汽车,数据决定价值,传统汽车业将转型为引领人工智能革命的高科技行业。同时,从智能出行革命和新能源革命双重角度来看汽车"新四化"中的网联化和共享化:一方面,网联化内涵里车联信息互联网和移动能源互联网并重;另一方面,共享化内涵里出行共享和储能共享并重,停止和行驶的电动汽车都可以连接到移动能源互联网,最终实现全面的车网互动(V2G,vehicle to grid)。分布式汽车在储能规模足够大时,将成为交通智慧能源也即移动能源互联网的核心枢纽。智能充电和车网互动将满足消纳可再生能源波动的需求。到 2035 年我国新能源汽车保有量将达到 1 亿辆左右,届时新能源车载电池能量将达到 50 亿千瓦时左右,充放电功率将达到 25 亿~50 亿千瓦。而 2035 年风电、光伏发电最大装机容量不超过 40 亿千瓦,车载储能电池与氢能结合完全可以满足负荷平衡需求。

总之,从 2001 年以来,经过近 20 年积累,中国电动汽车"换道先行",引领全球,同时可再生能源建立中国优势,人工智能走在世界前列。可以预见,2020 年至 2035 年将是新能源电动汽车革命、可再生能源革命和人工智能革命突飞猛进、协同发展,创造新能源智能化电动汽车这一战略性产品和产业的中国奇迹的新时代。三大技术革命和三大优势集成在一个战略产品和产业中,将爆发出巨大力量,不仅能支撑汽车强国梦的实现,而且具有全方位带动引领作用。借助这一力量,我国将创造出主体产业规模超过十万亿元、相关产业规模达几十万亿元的大产业集群。新能源汽车规模化,引发新能源革命,将使传统的汽车、能源、化工行业发生翻天覆地的变化,真正实现汽车代替马车以来新的百年未有之大变局。

新能源汽车技术革命正在带动相关交叉学科的大发展。从技术背景看,节能与新能源汽车的核心技术——新能源动力系统技术是当代前沿科技。中国科学技术协会发布的 2019 年 20 个重大科学问题和工程技术难题中,有 2 个(高能量密度动力电池材料电化学、氢燃料电池动力系统)属于新能源动力系统技术范畴;中国工程院发布的报告《全球工程前沿 2019》提及动力电池 4 次、燃料电池 2 次、氢能与可再生能源 4 次、电驱动/混合电驱动系统 2 次。中国在 20 年的节能与新能源汽车的研发过程中实际上已经积累了大量的新知识、新方法、新经验。"节能与新能源关键技术研究丛书"立足于中国实践与国际前沿,旨在总结我国节能与新能源汽车的研发成果,满足我国节能与新能源汽车技术发展需要,反映国际节能与新能源汽车关键技术研究趋势,推动我国节能与新能源汽车关键技术转化应用。丛书内容包括四个模块:整车控制技术、动力电池技术、电机驱动技术、燃料电池技术。丛书所包含图书均为国家自然科学基金项目、国家科技重大专项或国家重点研发计划项目等支持下取得的研究成果。该丛书的出版对于增强我国新能源汽车关键技术的知识积累、提升我国自主创新能力、应对气候变化、推动汽车产业的绿色发展具有重要作用,并能助力我国迈向汽车强国。希望通过该丛书能够建立学术和技术交流的平台,让作者和读者共同为我国节能与新能源汽车技术水平和学术水平跻身国际一流做出贡献。

中国科学院院士
清华大学教授

2021 年 1 月

当前,伴随着世界能源危机和环保问题的日益突出,汽车工业面临着严峻的挑战。一方面,石油资源短缺,汽车是油耗大户,且目前内燃机的燃料燃烧产生的热能只有 35%～40% 用于实际汽车行驶,节节攀升的汽车保有量加剧了这一矛盾;另一方面,燃油汽车的大量使用加剧了环境污染,城市大气中 CO 的 82%、NO_x 的 48%、HC 的 58% 和微粒的 8% 来自汽车尾气。此外,汽车排放的大量 CO_2 加剧了温室效应,汽车碳排放量是全国碳排放量的重要组成之一,约占全国碳排放量的 7.5%,其中超过九成来自保有汽车使用阶段所消耗的汽柴油等化石燃料的燃烧,该部分碳排放占整个交通领域碳排放总量的 80% 左右。2020 年汽车使用阶段碳排放量约 7.2 亿吨。面对这些挑战,我国政府及产业界积极应对,抓紧制定了《2030 年前碳达峰行动方案》。我国关于碳达峰、碳中和的宣示将对汽车产业在新时代的低碳发展提出更高要求,新能源汽车已经是中国这个占世界汽车产量 30% 的主要汽车大国 21 世纪汽车工业发展的关键领域。

智能化、电动化、网联化、共享化、低碳化是当今汽车的主要发展方向,新能源汽车有别于传统能源汽车,主要是针对支持汽车的动力燃料的不同而言的,传统能源汽车一般使用汽油和柴油,而新能源汽车的动力来源已经超越传统能源,包括纯电动汽车、燃料电池汽车、混合动力汽车和氢能源动力汽车等。新能源汽车大致上可以分成两种:一种是完全脱离石油供给使汽车产生动力,包括纯电动汽车、燃料电池汽车等;另一种是不完全使用传统能源使汽车产生动力,包括混合动力汽车和乙醇汽车等。随着油耗、排放法规的日益严苛,国家战略及政策的引导,新能源汽车呈高速发展态势,形成混合动力、纯电动、燃料电池等多种电气化形式并存的局面,电气化系统呈多元化发展,传动系统电气化发展成为必然趋势。新能源汽车技术的发展对动力传动系统提出了更高的要求与挑战。而动力传动系统作为从动力源到车轮的汽车驱动系统关键组成环节,是新能源汽车的车辆性能开发的核心研究对象之一。

本书分两篇,全面而系统地论述了新能源汽车动力传动系统的基础知识与实践案例。第1篇为基础理论与技术篇:从系统研发与优化技术的角度出发,阐述了纯电动与混合动力汽车传动系统的发展趋势、结构与技术特点、设计开发中所涉及的相关技术与方法,以及基于纯电动与混合动力两种模式的动力传动系统的原理与实现过程、能量管理方法及策略。第2篇为工程实践与测试篇:着重论述了新能源汽车动力传动系统NVH测试与优化、传动系统零部件可靠性及电机测试、新能源汽车硬件在环测试技术。本书注重研究理论与工程实践相结合,书中根据作者本人30多年在日本、德国、中国汽车主流企业的研究开发实践和7年来在大学担任教授、博导开展的新能源汽车国家重点项目和与产学结合的汽车企业项目研究实践,作者研究团队的6位博士研究生和30余位硕士研究生在10余项研究项目与课题的大量模型分析与实验研究中积累和学习的动力传动系统研究开发案例,而总结出的理论与研究实践经验,可以为相关领域的工程技术人员和高等院校本科及研究生提供技术信息与参考。

本人现在广西大学机械工程学院工作,在著书过程中得到了以往任职大学的博士研究生臧立彬、邱子桢、曹展、李光鑫、魏长银以及硕士研究生王毅、张黎明、李彦林、贾纪鹏、张玉全等同学的协助与支持,在此表示衷心的感谢。

在本书的撰写过程中,我们查阅了大量的书籍、文献和网上资料,受到很大的启发并开拓了思路,在此特向相关作者表示深切的谢意。由于作者的水平有限,书中难免会有疏漏和不妥之处,敬请广大读者予以批评指正。

作　者

2022年6月

目录

第1篇 基础理论与技术篇

第1章 概述 ········ 3
1.1 新能源汽车发展趋势 ········ 3
1.1.1 新能源汽车的类型 ········ 4
1.1.2 新能源汽车驱动电动机的发展现状 ········ 10
1.2 新能源汽车分类及其基本特征 ········ 16
1.3 新能源汽车动力传动系统技术特性 ········ 17
1.3.1 新能源动力传动系统需求 ········ 17
1.3.2 新能源汽车传动技术发展趋势 ········ 18
本章参考文献 ········ 19

第2章 新能源汽车驱动电动机类型与控制技术 ········ 21
2.1 引言 ········ 21
2.2 驱动用电动机的结构、原理与特性 ········ 25
2.2.1 感应电动机 ········ 25
2.2.2 永磁同步电动机 ········ 30
2.2.3 开关磁阻电动机 ········ 35
2.2.4 轮毂电动机 ········ 41
2.3 电力电子技术与逆变器 ········ 45
2.3.1 电力电子功率器件简介 ········ 45
2.3.2 直流电源的变换 ········ 48

2.3.3　逆变器 ·· 54
　　2.3.4　电力电子电路的实际问题 ·· 58
2.4　车用电动机控制技术 ·· 65
　　2.4.1　矢量控制技术 ·· 65
　　2.4.2　直接转矩控制技术 ·· 68
　　2.4.3　开关磁阻电动机控制技术 ·· 75
　　2.4.4　感应电动机的稳态控制方法 ··· 81
本章参考文献 ·· 84

第3章　新能源汽车传动系统技术　　87

3.1　引言 ··· 87
3.2　混合动力自动变速器技术 ··· 91
　　3.2.1　电驱动传动系统 ··· 91
　　3.2.2　混合动力传动系统 ··· 96
　　3.2.3　燃料电池动力传动技术 ·· 115
　　3.2.4　质子交换膜燃料电池 ··· 118
　　3.2.5　奥迪 A7-h-tron 氢燃料电池轿车 ·· 119
3.3　纯电动汽车自动变速器技术 ··· 120
　　3.3.1　电动汽车变速器发展趋势 ·· 120
　　3.3.2　电动汽车两挡机械式自动变速器的开发 ······························ 121
　　3.3.3　两挡机械式自动变速器控制技术 ··· 135
3.4　汽车传动系统高强度零部件技术 ··· 144
　　3.4.1　汽车高强度齿轮技术 ··· 144
　　3.4.2　汽车高强度轴承技术 ··· 152
　　3.4.3　传动系零部件新型表面处理技术 ··· 158
　　3.4.4　油品对齿轮疲劳强度寿命和磨损的影响 ······························ 163
本章参考文献 ·· 165

第4章　新能源汽车能量管理策略及技术　　170

4.1　引言 ··· 170
　　4.1.1　纯电动汽车能量管理策略 ·· 170

- 4.1.2 混合动力汽车能量管理策略 ……………………………… 173
- 4.2 动力系统建模 ……………………………………………………… 180
  - 4.2.1 能量转换系统模型 …………………………………………… 180
  - 4.2.2 储能系统模型 ………………………………………………… 182
  - 4.2.3 车辆动力学模型 ……………………………………………… 186
- 4.3 不同能量管理策略下关键部件典型工况特征分析 ………………… 190
  - 4.3.1 样车的两种循环工况特征分析 ……………………………… 190
  - 4.3.2 不同策略下关键部件典型工况特征分析 …………………… 191
- 4.4 混合动力汽车最优能量管理策略 ………………………………… 198
  - 4.4.1 动态规划算法优化能量管理策略 …………………………… 198
  - 4.4.2 庞特里亚金极小值原理优化型能量管理策略 ……………… 208
  - 4.4.3 基于近似极小值原理的实时优化能量管理策略 …………… 214
- 4.5 混合动力汽车智能能量管理策略 ………………………………… 216
  - 4.5.1 基于在线自学习调整瞬时优化能量管理策略 ……………… 216
  - 4.5.2 基于神经网络速度预测的能量管理策略 …………………… 220
- 本章参考文献 …………………………………………………………… 229

第 2 篇　工程实践与测试篇

第 5 章　新能源汽车动力传动系统 NVH 测试与优化 ……………… 235
- 5.1 NVH 测试技术 ……………………………………………………… 235
  - 5.1.1 工程噪声基础 ………………………………………………… 237
  - 5.1.2 传动系统 NVH 测试技术 …………………………………… 237
- 5.2 NVH 优化技术 ……………………………………………………… 251
  - 5.2.1 传动系统 NVH 优化技术 …………………………………… 251
  - 5.2.2 电驱动动力总成振动噪声优化 ……………………………… 260
- 5.3 纯电动客车动力总成振动与噪声优化实践案例 ………………… 263
  - 5.3.1 整车 NVH 性能测试 ………………………………………… 263
  - 5.3.2 整车路试三种测试方案中动力总成相关参数与时间的关系 … 268
  - 5.3.3 整车动力总成变速器与电动机振动噪声阶次分析 ………… 270

  5.3.4　整车路试动力总成振动测试结果及分析 ………………………………… 271

  5.3.5　整车路试车内噪声测试结果 ………………………………………………… 280

5.4　纯电动汽车两挡自动变速器振动与噪声优化实践案例 ……………………………… 284

  5.4.1　测试目的及准备 ……………………………………………………………… 284

  5.4.2　测试流程 ……………………………………………………………………… 285

  5.4.3　结果分析 ……………………………………………………………………… 291

  5.4.4　变速器齿轮微观修形优化设计 ……………………………………………… 309

  5.4.5　变速器振动噪声仿真及试验分析 …………………………………………… 318

  5.4.6　变速器壳体辐射噪声预测与优化 …………………………………………… 329

本章参考文献 …………………………………………………………………………………… 346

第6章　汽车动力传动系统可靠性测试技术　349

6.1　新能源汽车传动系统可靠性测试技术 ………………………………………………… 349

  6.1.1　试验设备概述 ………………………………………………………………… 349

  6.1.2　关键部件可靠性测试 ………………………………………………………… 350

  6.1.3　换挡性能试验 ………………………………………………………………… 354

6.2　传动系统零部件测试技术 ……………………………………………………………… 356

  6.2.1　齿轮疲劳测试技术 …………………………………………………………… 356

  6.2.2　轴承疲劳测试技术 …………………………………………………………… 366

  6.2.3　零部件摩擦学测试特性 ……………………………………………………… 369

6.3　电机可靠耐久测试规范 ………………………………………………………………… 382

  6.3.1　可靠性试验测试规范 ………………………………………………………… 382

  6.3.2　耐久性试验测试规范 ………………………………………………………… 383

本章参考文献 …………………………………………………………………………………… 384

第7章　新能源汽车硬件在环测试技术　387

7.1　增程式电动物流车HCU的HiL测试平台架构 ………………………………………… 387

  7.1.1　HiL测试硬件平台搭建 ……………………………………………………… 388

  7.1.2　HiL测试软件平台搭建 ……………………………………………………… 389

  7.1.3　基于LabVIEW的CAN通信诊断系统模型 ………………………………… 389

7.2　能量管理硬件在环与软件在环测试 …………………………………………………… 390

7.2.1 行驶工况选择 ………………………………………………… 390
7.2.2 行驶工况的种类 ………………………………………………… 391
7.2.3 硬件在环仿真试验 ………………………………………………… 395
7.2.4 软件在环仿真试验 ………………………………………………… 404
本章参考文献 ………………………………………………………… 407

第 1 篇　基础理论与技术篇

第1章 概 述

1.1 新能源汽车发展趋势

随着经济的快速发展,能源匮乏、环境污染、交通拥堵等严重影响着人们的生活水平。新能源汽车具有低污染、低能耗、低排放的特点,因而得到了全世界各个国家政府的关注,并且在我国上升为国家战略高度。中国原油对外依存度逐年升高。国家能源局数据显示,2020年中国原油对外依存度已达到73%,国际上公认的能源安全红线是50%,超过这个警戒线将严重影响能源安全。中国存在能源方面的短板,新能源汽车的发展对于中国有极其重要的战略意义。

近年来,中国已向世界明确提出了2030年碳达峰和2060年碳中和的国家目标,新能源汽车是汽车产业持续发展的最重要环节,利用新能源汽车产业的发展,可以缓解能源和环境压力。换言之,只有实现新能源汽车大规模发展才能顺利实现新能源革命,只有实现新能源革命才能顺利实现中国碳中和目标。

新能源汽车是指采用非常规的车用燃料作为动力来源(或使用常规的车用燃料、采用新型车载动力装置),综合传统车辆在动力控制和驱动方面的先进技术,形成的技术原理先进和具有新技术、新结构的汽车。其中,非常规的车用燃料是指除汽油、柴油、天然气、液化石油气、乙醇汽油、甲醇、二甲醚之外的燃料。新能源汽车包括纯电动汽车(BEV)、增程式电动汽车、混合动力汽车(HEV)、燃料电池电动汽车(FCEV)、氢发动机汽车以及其他新能源汽车等。

2018年,在汽车消费下行大环境下,我国新能源汽车逆势翻盘,走出了漂亮的增长弧线。新能源汽车总销量达125.6万辆,同比增长61.7%;新能源乘用车销售105.3万辆,同比增长82%;新能源商用车销售20.3万辆,同比增长2.6%。其中,纯电动汽车销售98.4万辆,同比增长50.8%,占总销量的比重为78.3%;插电式混合动力汽车销售27.1万辆,同比增长118%,占比21.6%;燃料电池汽车销售1527辆。目前纯电动汽车占据新能源汽车的主导地位,尤其是在商用车领域,纯电动汽车销量占比达到96.6%;在乘用车领域,纯电动汽车销量占比也达到74.8%。2020年新能源汽车产销分别完成136.6万辆和136.7万辆,同比分别增长7.5%和10.9%,产销量创历史新高。2021年新能源汽车产销量分别达到了354.5万辆和352.1万辆,新能源汽车市场占有率达到13.4%。

同传统燃油车类似,新能源汽车的广泛使用需要完善的能源供给配套体系的建设,快捷、高效、覆盖面广的能源供给系统是新能源汽车规模化发展的前提。国内外对于电动汽车的能源供给体系已逐渐搭建完毕,包括两种模式,一种是自充电模式,一种是换电模式。自充电模式是很多国家研究的重点,从技术路线来讲主要包括常规充电和快速充电两种模式:常规充电模式可充分利用夜间用电低谷时段进行充电,满足车辆运行的需求,多集中于居民小区及办公区域停车场;快速充电模式则是在特殊需求下对电能的补充,主要建在机场、火车站、医院、购物中心、加油站等公共场所。换电模式是一种将车辆及电池分开考虑的形式,用户可以像加油一样及时得到能源供给。表1-1所示为目前新能源汽车充换电的优缺点。

表1-1 新能源汽车充换电的优缺点

优缺点	充电	换电
优点	能利用夜间闲暇时间来补充能源;对电池的标准和互换性要求低;能够节约能源	能够快速补充能源,满足用户对于里程的即时需求;不需要大规模建设充电设施;在充电中心集中充电,对换电池门店要求很低
缺点	对充电网网络建设提出了要求,需要充电桩间互联互通,保证便捷性;常规充电耗时较长,快充影响电池寿命	电池需要实现标准化、序列化,涉及国家层面的强力推动

1.1.1 新能源汽车的类型

根据目前汽车领域使用的能源类型,各国在新能源方面的技术路线主要可以分为三类,以下依次对其进行介绍。

1.1.1.1 纯电动汽车

纯电动汽车的动力是靠电池提供的,所以汽车的性能很大程度上取决于电池的性能,电池储能将直接影响到汽车的续驶能力。电动汽车在电动机和控制装置的共同作用下会产生扭矩,直接对汽车进行驱动,车辆行驶时,扭矩的大小会对汽车的速度、加速度以及拉力因素产生直接的影响。此外,人们对电动汽车的电动机也进行了调整和重新设计,这样可以实现即使电动机的运转速度较低,也能输出较大的扭矩,这一点是传统的内燃机无法实现的。

发展纯电动汽车已经成为世界的共识,2020年世界纯电动汽车产量为312.5万辆,中国纯电动汽车的产量出现井喷,产量为111.5万辆。当前,中国纯电动汽车在技术和质量方面,已经基本达到了世界先进水平,特别是动力电池和驱动电动机及控制器等新能源汽车驱动系统关键零部件已经由跟跑成了并跑甚至领跑,并且随着政策体系的不断完善,中国电动汽车将会在3~5年内达到世界一流水平。

根据《"十三五"国家科技创新规划》,在"十三五"期间,中国优先并格外支持了纯电动汽车的发展,突破核心技术,大幅提升了纯电动汽车在市场上的销售比例。据中国产业调研网发布的《2016—2022年中国纯电动汽车行业发展研究分析与发展趋势预测》报告,纯电动汽车正在加快导入市场,2020—2030年将具较大规模;整车智能化、车身轻量化、动力清洁化、价格接地化和充换电方式便捷化将是未来纯电动汽车的发展趋势。在国家2030年碳达峰和2060年碳中和目标规划的政策利好、市场需求支持、技术快速进步和成本价格降低等因素的推动下,在世界汽车工业面临百年不遇的大变革时期,中国纯电动汽车迎来快速发展,也必将成为全球电动汽车普及度提升的重要驱动力。

1.1.1.2 混合动力汽车

混合动力汽车的定义是在汽车行驶过程中使用多种能源进行驱动的汽车,目前可见的主要驱动方式为燃油和电力共同驱动。虽然纯电力驱动能够减少对环境的污染,但很多时候也会有续驶里程担忧和冬季续驶里程大幅下降的情况出现,所以人们将电力和燃油混合使用,既能够减少温室气体的排放,又能够解决电池功率与电池携带量不足的问题。对制造厂商而言,混合动力汽车的开发是在现有开发平台上的进一步延伸,可以实现现有汽车及零部件生产线的充分利用。如图 1-1 所示,很多市场用户对现有品牌的熟悉和认可也促使混合动力汽车在新能源汽车里占有重要的一席之地。

图 1-1　2017—2020 年各种混合动力与纯电动汽车的销量占比

目前在市场上使用比较多的混合模式为插电式混合,这种混合动力汽车不仅配备了容量比较大的动力电池,而且还带有燃油驱动系统。当电池的容量比较充足时,可使用电池驱动汽车,当电池电能低于一定的水平后,则可转换为燃油驱动。混合动力汽车在北美和日本市场发展相对成熟,中国混合动力汽车经过几年努力,在乘用车和城市公交领域也取得较大进步。在汽车电池技术还不够成熟的情况下,油(气)电混合动力汽车是一个兼顾驾驶乐趣与排放控制的折中方案,虽然被称为过渡产品,但必定会因其既能延续传统汽车的工业基础,又能成为电动汽车技术"试验田"载体而长期存在。混合动力汽车能够充分发挥发动机和电动机的最大优势,提高燃料经济性和减少排放。与相同性能的传统型汽车相比,混合动力汽车在节能和排放上更有优势。与纯电动汽车相比,由于其蓄电池容量大大减小,因而造价成本低于纯电动汽车的。就当前市场来说,混合动力汽车(HEV、PHEV)的价格比传统汽车高出 20% 左右,降低成本是提高混合动力汽车竞争力的主要方向,同时提高汽车行驶过程中的能量再回收效率也是各大整车企业的重点关注方向。随着各国环境立法的日趋严厉,混合动力汽车的性能日益提高以及成本不断降低,其市场份额将逐渐增大,在相当一段时间内前景广阔。

混合动力汽车有如下优点：

（1）混合动力汽车具有至少两个不同的能量转换器（如电动机和汽油机）和两个不同的能量储存系统（如锂电池组和油箱），其能量存储能力及转换效率高。

（2）行驶性能优越，由于有电动机的辅助，起步、加速时间较短。

（3）燃油经济性能高。

混合动力汽车按照混合程度可以分为弱混、轻（中）混、强混和插混几类。

1. 弱混合动力

弱混合（或称之为微度混合）动力汽车技术主要包括 Start-Stop（启停）、BSG（皮带传动启动/发电一体化电机）和 ISG（集成启动/发电一体化电机）技术，依然是以 12 V 的电源电压来驱动功率为 6 kW 的电机，并不能实现纯电驾驶，其电机提供的电压主要用于启动发动机。

弱混汽车可以通过额外的电机来进行动能回收。弱混虽然在降低油耗和改善排放方面能力有限，但是对传统内燃机汽车的改造成本最低。图 1-2 所示为弱混布置形式。

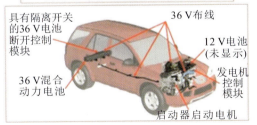

图 1-2　弱混布置形式

弱混常用 BSG 技术，例如奇瑞 A5 的 BSG 款（10 kW 电机），通常节油 10% 以下，电机不直接参与驱动，主要用于启动和回收制动能量。

弱混汽车可以节约3％～6％的燃油,其作为改造成本最低的混动汽车,被各汽车厂商广泛应用,代表车型有在国内上市的2019款奥迪A6,其全系至少配备12 V弱混系统。

2. 轻(中)混合动力

汽车电机在42～144 V电源电压下提供的功率达6 ～ 20 kW,就可以称为轻混汽车。区别于弱混汽车,轻混汽车除了自动启停和动能回收外,电机还可以在汽车启动和加速期间辅助内燃机,并且可以为汽车的其他用电设备(如空调)供电。然而由于受限于电机的功率,轻混汽车还是不能实现纯电驾驶。

轻混常用ISG技术,例如别克君越EcoHybrid(15 kW电机),通常节油20％左右。轻混汽车可以节约10％～20％的燃油,因其较高的燃油经济性以及不算高的改造成本,现在也受到各大汽车厂商的青睐,比如目前很火的48 V轻混汽车和美国推出的90 V轻混汽车。

3. 强混和插混

当混动汽车的电动机功率达到40 kW以上并且电源电压在250 V时,这种混动方式称为强混。强混合动力代表产品为丰田Prius(50 kW电机),可节油40％。

强混汽车的电动机不仅可以保证并配合内燃机的扭矩输出,还可以实现纯电驾驶。而插电式混合又在强混的基础上实现了通过电网来给汽车的电池充电,其燃油经济性可以高达30％～40％。图1-3所示为插电混合示意图。插电混合动力可以提供更好的节油比例,但将消耗一定的电能,例如大众高尔夫TwinDrive(130 kW电机)的测试数据显示,其每百公里耗电8度、耗油2.5 L。

图1-3 插电混合示意图

1.1.1.3 燃料电池汽车

燃料电池汽车使用的是燃料电池,这是一种不同于充电电池的新技术。燃料电池汽车在运行过程中,主要依靠的是燃料电池系统、驱动电动机、动力蓄电池和储氢系统。电池在工作过程中,会发生化学反应,将物质的化学能转化为电能,从而驱动汽车。目前使用比较广泛的燃料电池为氢氧燃料电池,H_2和O_2发生氧化反应生成H_2O,这一过程会产生大量的热量,将热量收集起来形成电能,汽车即可被驱动。

现有技术共有三种储氢方式,其中气态和液态储氢是最主流的方式,未来随着技术突破,固体合金储氢有望成为主流储氢方式。表1-2列出了气态储氢、液态储氢、固体合金储氢三种储氢方式在不同方面的比较。

表1-2 三种储氢方式的比较

储氢方式	气态储氢	液态储氢	固体合金储氢
储存装置	厚重的耐压容器	必须装备冷却装置,配备极好的保温绝热保护层	利用稀土等储氢材料做成的金属氢化物储氢装置
技术支持	氢气压缩技术	冷却技术,绝热措施	一定温度和氢气压力下能可逆地大量吸收、储存和释放氢气
应用现状	各大公司推出的燃料电池汽车均采用高压气态储氢方式储存氢气;相比之下更适合用于乘用车	附属系统较为庞大,更适合用于中大型/重型车和商用客车	氢气释放过程是化学反应过程,需要一定的温度和压强环境,使用不方便
相关公司	亿华通、中材科技、京城股份	Hydrogenious、富瑞特装	ECDOvonic、北京浩运金能
发展趋势	成本低廉、简便易行、目前最主流的储氢方式	储氢密度大,但条件要求高,短期内更理性的储氢方式	储氢密度大,安全性高,有望成为未来主流储氢方式

按导电离子类别可将燃料电池分为碱性燃料电池(AFC)、磷酸燃料电池(PAFC)、熔融碳酸盐燃料电池(MCFC)、固体氧化物燃料电池(SOFC)和质子交换膜燃料电池(PEMFC)。目前在这五大类燃料电池中,质子交换膜燃料电池运行温度低于120℃,启动时间短,结构简单,应用前景最广阔,将是未来发

展最快的燃料电池技术。

1.1.2 新能源汽车驱动电动机的发展现状

目前,美国、欧洲和日本提供新能源汽车驱动系统的企业发展迅猛,在降低电动机生产成本、改善电动机效率及电动机/发动机一体化等方面取得了长足发展,产业链逐步完善。相比之下,中国自主开发的永磁同步电动机、交流异步电动机、开关磁阻电动机已经实现了与国内整车企业的批量配套,产品的功率覆盖 200 kW 以下整车的动力需求,部分企业的产品已经走出国门,出口美国和欧洲。国产电动机的供应主要有两种途径:一种是以成立合资公司的形式,如西门子、博世、大陆、日立等企业,与整车厂联合开发驱动电动机系统;一种是富有实力的独立电动机生产商,如精进电动、上海电驱动、大洋电机、天津松正等自主研发电动机系统,提供给整车企业。

1.1.2.1 电动机技术发展现状

驱动电动机主要分为直流电动机、交流电动机及轮毂电动机等,其中,直流和交流电动机又可进一步划分。其中以对交流异步电动机、永磁同步电动机及开关磁阻电动机的关注度较高。通过对常见的几种电动机进行比较分析(见表1-3)可知,永磁同步电动机具有效率高、转速范围宽、体积小、重量轻、功率密度大、成本低等优点,成为纯电动乘用车市场的主要驱动电动机。

表1-3 几种常见电动机的主要性能及参数比较

比较项	直流电动机	交流异步电动机	永磁同步电动机	开关磁阻电动机
功率密度	低	中	高	较高
功率因数/(%)	—	82~85	90~93	60~65
峰值效率/(%)	85~89	90~95	95~97	80~90
负荷效率/(%)	80~87	90~92	85~97	78~86
过载能力/(%)	200	300~500	300	300~500
转速范围/(r/min)	4000~6000	12000~15000	4000~15000	>15000
恒功率区	—	1:5	1:2.25	1:3
过载系数	2	3~5	3	3~5
可靠性	中	较高	高	较高

续表

比较项	直流电动机	交流异步电动机	永磁同步电动机	开关磁阻电动机
结构坚固性	低	高	较高	高
体积	大	中	小	小
重量	重	中	轻	轻
调速控制性能	很好	中	好	好
电动机成本	低	中	高	中
控制器成本	低	高	高	中

从行业配套来看,新能源乘用车主要使用的是永磁同步电动机和交流感应电动机。其中,永磁同步电动机使用较多,其转速区间相对较大,效率相对较高,但是需要使用昂贵的永磁材料钕铁硼;部分欧美车系采用交流感应电动机,主要是因为稀土资源匮乏,同时出于降低电动机成本考虑,其劣势主要是转速区间小、效率低,需要性能更高的调速器以匹配性能。

随着新能源汽车市场的迅猛发展,驱动电动机市场空间潜力巨大,吸引了众多企业和资本的进入。国内外典型驱动电动机企业的永磁同步电动机参数比较如表1-4所示。整体来看,我国驱动电动机取得较大进展,已经自主开发出满足各类新能源汽车需求的产品,部分主要性能指标已达到相同功率等级的国际先进水平,但是在峰值转速、功率密度及效率方面与国外仍存在一定的差距。

表1-4 国内外典型驱动电动机企业的永磁同步电动机参数比较

企业	峰值功率/kW	峰值扭矩/(N·m)	峰值转速/(r/min)	冷却方式
巨一自动化	20	120	5000	自然冷却
	45	170	6000	自然冷却
	50	215	7200	水冷
精进电动	90	175	14000	水+乙二醇
	103	230	12000	水+乙二醇
	140	270	12000	水+乙二醇
上海电驱动	40	260	7600	水冷
	50	200	7200	水冷
	90	280	10000	水冷
	72	100	5600	水冷

续表

企业	峰值功率/kW	峰值扭矩/(N·m)	峰值转速/(r/min)	冷却方式
大洋电机	45	128	9000	水冷
	30	160	6500	水冷
	60	200	8000	水冷
西门子	30～170	100～265	12000	水冷
日产	80	280	9800	水冷
美国 Remy	82	325	10600	油冷
美国 UQM	75	240	8000	水冷
大众 Kassel	85	270	12000	水冷

在技术指标方面,国内电动机与国外电动机相比尚存在以下几方面的差距:

(1) 峰值转速是驱动电动机的重要指标,也是目前国内电动机较之国外电动机差距最为明显的指标。国内大部分永磁同步电动机的峰值转速在 14000 r/min 以下,而国外的基本在 14000 r/min 以上。

(2) 虽然国内电动机在功率方面基本能够达到国际水平,但是在同功率条件下存在一定重量劣势。目前,国内的永磁同步电动机功率密度多处于 2～3.5 kW/kg 区间内。

(3) 在电动机效率方面,国内电动机的最高效率均达到 94%～96%,已达到西门子、美国 Remy 等企业的水平。但是在高效区面积方面,如系统效率大于 80% 的区域占比方面尚存在一定差距。我国大部分电动机的高效区面积占比集中在 70%～75%,少数电动机可与国外电动机一样基本达到 80%。

(4) 电动机的冷却方式已经从自然冷却逐步发展为水冷,目前国内电动机企业采用水冷为主,国外先进的电动机企业已经发展到油冷。国内部分电动机企业也研发和开始量产油冷电动机,如精进电动、天津松正等,使电动机的冷却效率得到进一步提升,达到了国际先进水平。

1. 永磁同步电动机成主流趋势

目前,永磁同步电动机在我国新能源汽车中的使用占比超过 90%,交流异步电动机主要是在以特斯拉为首的美国车企和部分欧洲企业中使用。一方面,这与特斯拉最初的技术路径选择有关,交流感应电动机价格低廉,而偏大的体积对美式车并无阻碍;另一方面,美国高速路网发达,交流电动机的高速区间效率性能表现较好。

包括中国、日本在内的其他国家新能源汽车驱动电动机使用最广泛的仍是永磁同步电动机。适合本国路况是主要因素,永磁同步电动机在反复启停、加减速时仍能保持较高效率,对高速路网受限的工况是最佳选择。汽车大多以中低速行驶,因此采用加减速时效率较高的永磁同步电动机较为适宜。此外,我国稀土储量丰富,日本稀土永磁产业有配套基础也是重要因素。日本的丰田、本田、日产等汽车公司基本上都采用永磁同步电动机驱动系统,如丰田公司的 Prius,本田公司的 CIVIC。

日本在发展混合动力汽车方面居世界领先地位,其中以丰田 Prius 最为著名。丰田 Prius 电动机的转子采用内置永磁铁(IPM)系统,即磁极镶在转子里,电磁钢片碾在转子上,避免缠绕在电磁铁表面,以减少成本。内置永磁铁转子系统,通过在电磁力矩上叠加磁滞力矩取得更大的力矩和更高的效率,相电流控制有助于 IPM 转子获得更高的力矩输出和效率。如图 1-4 所示,电磁力矩几乎和电流大小成比例,通过控制电流相位,让电流相位超前磁极相位 90°,得到最大力矩。

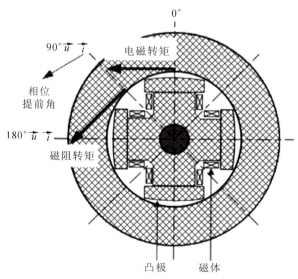

图 1-4　磁极力矩示意图

驱动电动机是新能源汽车的三大核心部件之一,相比传统工业电动机,新能源汽车对驱动电动机有更高的技术要求。从综合性能来看,永磁同步电动机最具优势,更能代表新能源汽车驱动电动机的发展方向。

2. 永磁同步电动机的发展瓶颈

当前因纯电动乘用车以永磁同步电动机为主要技术路线,故如何进一步提升其性能成为行业重点问题。目前,永磁同步电动机面临以下几方面的技术难点:

(1) 功率的提升有两种途径,一种是提高扭矩,另一种是提高转速。前者的主要问题是过载电流加大,造成发热量高,给散热带来较大压力;后者在高速时铁磁损耗大,需采用高性能低饱和硅钢片,从而使成本增加,或采用复杂的转子结构,但影响功率密度。

(2) 永磁材料也是制约永磁同步电动机性能提升的重要因素。目前常用的永磁材料钕铁硼主要存在温度稳定性差、有不可逆损失和温度系数较高以及高温下磁性能损失严重等缺点,从而影响电动机性能。

(3) 永磁同步电动机在生产工艺方面的难点是制约大规模配套乘用车的重要因素。国内企业电动机产品可靠性、一致性等性能指标还有较大提升空间,尤其是随着纯电动乘用车市场规模的扩大,十万级的年产量给永磁同步电动机企业带来了巨大的挑战。我国电动机的一些关键材料依靠进口,采购成本较高,永磁电动机原材料利用率比国外低 10% 左右,导致电动机生产成本高于国外的,有待逐步完善解决。

综上所述,经过近 20 年的发展,我国新能源汽车用电动机系统从研究开发到量产进步较大,基本功能和性能方面已经与国际水平相当。但部分产品的一致性、可靠性、工艺水平和生产数字化管理等与汽车的使用要求还存在进一步改善的空间。

3. 轮毂电动机的发展

在技术现状方面,轮毂电动机最早于 1900 年由保时捷搭载到纯电动汽车上,经过 100 多年的发展,不仅众多美系、日系主机厂增加对轮毂电动机的开发,电动机公司(如英国 Protean 公司、法国 TM4 公司等)和轮胎企业(如米其林公司、普利司通公司)也开发出轮毂电动机产品。国内方面,万安科技与英国

Protean 合资、亚太股份与斯洛文尼亚轮毂电动机公司合资开发了轮毂电动机产品。

从整体优缺点来看,轮毂电动机多采用永磁同步电动机。近年来,国内外的整车及零部件企业进行了很多轮毂电动机驱动纯电动和混合动力乘用车的尝试,经比较得到轮毂电动机的优缺点如表 1-5 所示。

表 1-5 轮毂电动机的优缺点

序号	优点	缺点
1	高效率:直接驱动车轮,避免传动损失,提效节能	簧下质量增加:影响操控,悬架应变慢,加速响应变慢,高速电子差速制动难度大
2	控制方便:直接控制车轮转速和扭矩,可减小转弯半径,提高制动能量回收效率	散热难度大:制动时轮毂内会产生很多热量,对内置电动机形成极大的散热挑战
3	空间配置优:与轮毂集成,节省前舱布置空间,节省传动系统的空间	三防挑战大:电动机内置于轮毂上,工作环境恶劣,防震、防水、防尘的难度加大
4	模块化:集成度高,容易实现模块化,可避免重复开发,缩短开发周期和降低费用	制动能耗高:电涡流制动能量不高,需要配合机械制动系统共同作用,能耗大

轮毂电动机在性能上面临的主要问题是簧下质量的增加对舒适性和操控性的影响,轮毂驱动和悬架系统深度融合与转矩矢量分配等问题还面临诸多技术难题。此外,还有轮毂电动机与轮毂集成后的散热问题和制动能量回收问题,强外力和高过载冲击条件下轮毂电动机驱动动力系统的可靠性与耐久性问题以及随之而来的冷却、防震、防水和防尘问题等。

从行业前景来看,不同的行业主体对轮毂电动机的态度不同造成轮毂电动机的发展前景并不理想。新能源主机厂对轮毂电动机以观望为主,传统的电动机企业尚未对轮毂电动机进行开发和规划,仅靠部分合资的电动机企业对轮毂电动机进行推进,缺乏成熟量产车的支撑。同时,轮毂电动机的高成本和系统复杂度问题尚未解决,制约着轮毂电动机在新能源乘用车领域的发展。然而,值得关注的是我国在 2021 年已经把轮毂电动机在商用车和乘用车的样车开发列入了新能源汽车开发的整体规划中。有关轮毂电动机的新材料和新工艺技术的研究以及轮毂电动机驱动系统深度融合技术与整车应用研究即将全面展开,与新能源汽车的电动化、智能化、网联化、自动驾驶化的发展方向非常吻合。

1.1.2.2 未来驱动电动机发展趋势分析

通过以上分析并结合市场调研可以看出,在未来几年的纯电动乘用车市场上,永磁同步电动机仍将占据主流,交流异步电动机的配套将逐年萎缩。随着轮毂电动机技术的逐步成熟和成本的下探,其在纯电动乘用车市场的配套量会有一定的增长;而开关磁阻电动机受限于体积和噪声问题,短时间内应用到乘用车的可能性较小。

与此同时,纯电动汽车的续驶里程势必是一项极其重要的指标,永磁同步电动机的高效率能更好地提高续驶里程。而且高耐热性、高磁性能钕铁硼永磁体的成功开发以及电力电子元件的进一步发展和改进,使稀土永磁同步电动机的发展进一步完善。

随着新能源汽车驱动技术的快速发展,许多新结构或新概念电动机已经投入研究。其中新型永磁无刷电动机是目前最有前景的电动机之一,包括混合励磁型、轮毂型、双定子型、记忆型以及磁性齿轮复合型等。此外,非晶电动机也开始走进新能源汽车领域,作为新一代高性能电动机,其自身的优越性必将对新能源汽车产业的发展起到巨大的推动作用。

根据中国汽车工程学会牵头编制的《节能与新能源汽车技术路线图2.0》分析,总体上看,驱动电动机发展的主要趋势包含以下几个方面:涵盖电力电子控制器的集成和机电耦合的集成化;提高功率密度并降低成本的高效化;与控制器配合不断提升驱动系统的智能化和数字化水平。

1.2 新能源汽车分类及其基本特征

根据车辆行驶过程中动力源和储能装置的不同,新能源汽车一般分为纯电动汽车(battery electric vehicle,BEV)、混合动力汽车(hybrid electric vehicle,HEV)和燃料电池汽车(fuel cell electric vehicle,FCEV)三种类型。纯电动汽车是指由电动机驱动的汽车。电动机的驱动电能来源于车载可充电蓄电池或其他能量储存装置。混合动力汽车是指能够至少从可消耗的燃料和可再充电能/能量两类车载储存的能量中获得动力的汽车。混合动力汽车又主要分为三类:串联式混合动力汽车(series hybrid electric vehicle,SHEV),并联式混合动力汽车(parallel hybrid electric vehicle,PHEV)和混联式混合动力汽车(combined hybrid electric vehicle)。串联式混合动力汽车的基本特征为车辆的驱动力只来源于电动机;并联式混合动力汽车的基本特征为车辆的驱动力由电动机及发动机同时或单独供给;混联式混合动力汽车的基本特征为同时具有串联式、并联式驱动方式。燃料电池汽车是以燃料电池作为动力电源的汽车。

1.3 新能源汽车动力传动系统技术特性

电驱动传动技术是电动机将电能变为机械能,并在传动机构的参与下驱动车辆行驶的技术。电力传动系统由电动机、传动机构、控制装置、电池组成。由于动力源的变化,为了更好地提高新能源汽车的工作和节能效率,其传动系统也相应地在传统汽车传动系统的基础上进行了一定程度的改变,甚至发生了彻底的变化,除了传统的变速器传动以外,还有与新能源汽车多动力源相适应的减速器传动、差速器传动、电动机耦合传动、电动机直接传动等多种新的传动方式。

1.3.1 新能源动力传动系统需求

驱动电动机效率高,单挡减速器能适应一些车型。驱动电动机高效区效率可达到95%以上,而其低效区效率也可以达到70%,因此驱动电动机在其效率场内效率变化没有发动机那么明显,其高效区比例远大于发动机的;对于一些类型的纯电动汽车,在加速、爬坡、噪声及最高车速要求不高的情况下,通过合理设计电动机特性曲线,匹配一定速比的减速器,其性能基本也可以满足动力性要求。

多挡变速器将使驱动电动机在高效区工作,并兼顾动力性和性价比。加装变速器可以减少电动机工作在弱磁控制区域的时间,并使其在车辆起步加速时快速进入高效区,从而使电动机大部分时间工作在高效区,提高车辆系统效率;同时可以减小驱动电动机在低速大转矩下的工作电流,有利于延长电动机及控制器单元的寿命,以及降低电动机及控制单元的成本。特别地,还可以较大幅度减小驱动电动机的体积、重量和减少成本,提高其在整车的总体搭载性。电动汽车变速器的产品特点如下：

（1）挡位数相对少。传统汽车变速器为了提高发动机的动力性、燃油经济性，具有6～9个挡位，但由于电动机具有较好的调速特性，电动汽车变速器的挡位一般情况下不超过3个，否则会使结构变得复杂，同时会降低传动效率。

（2）NVH性能要求高。电动汽车对变速器的噪声要求比传统变速器的高，因为电动机运转声音比发动机小很多。

（3）各挡位疲劳寿命要求高。电动汽车变速器由于挡位数少、高负载（60%以上）区间大，对变速器齿轮和轴承的疲劳寿命要求相对传统变速器要高。

（4）无离合器智能换挡技术。取消离合器，通过电动机调速功能实现智能换挡。

1.3.2　新能源汽车传动技术发展趋势

1. 多挡化

多挡位自动变速器可提高新能源汽车动力性，延长新能源汽车续驶里程，优化新能源汽车电驱动系统总成性能；降低新能源汽车整车重量和成本；降低电动机和变速器最高转速要求，减少生产加工成本，提高爬坡能力。单级减速器难以满足消费者对新能源汽车不断提高的驾驶性能和动力性能要求，因此相当大比例的纯电动汽车采用多挡位自动变速器是一种趋势。但由于电动机的快速响应性和电动机在低速重载及高速轻载方面的较好性能，一般纯电动汽车的多挡位自动变速器最多设置3个前进挡就可以很好地满足其对动力性和爬坡能力的需求，同时，总体上在达到相同性能要求的前提下也可以进一步减轻电驱动系统的重量和降低成本。

2. 高速化

通过提高电动机的工作转速，减小电动机的体积和重量，采用适当的变速系统及控制策略，可以使回馈制动的允许范围拓宽而适应更多工况，使整车节能更加有效，延长行车里程。电动汽车驱动电动机功率密度的提高，势必会提高驱动电动机工作的最高转速，如美国特斯拉汽车电动机的最高转速达到了15800 r/min，中国蔚来汽车电动机的最高转速达到了15000 r/min，那么相匹配的减/变速器产品也需要满足其最高转速要求，特别是对轴承、油封、齿轮等都提出了更苛刻的性能与可靠性要求。欧洲 AVL 公司试制的纯电动乘用车工程样车的电动机最高转速已经达到了 30000 r/min，随着驱动电动机高速化发展，电动汽车电动机驱动系统高速化也将成为一种必然趋势。

3. 电动力总成模块化、一体化

一体化是指将变速器、电动机及电动机控制器集成于一体。为了使整车结构更紧凑，性能更优更可靠，便于控制和有效降低成本，车用动力和传动系统已从离散结构向发动机、电动机和变速器模块化和一体化方向发展，主要包括混合动力总成（发动机＋电动机＋变速器＋控制器）和机电耦合传动总成（驱动电动机＋发电机＋变速器＋控制器）。模块化动力耦合系统和机电耦合传动系统的集成化设计和综合管理控制是电动机与车辆动力和传动系统的发展方向。

本章参考文献

[1] 中国汽车技术研究中心. 电动汽车术语：GB/T 19596—2017[S]. 北京：中国标准出版社，2017.

[2] CRISOSTOMI E，SHORTEN R，STVDLI S，et al. Electric and plug-in hybrid vehicle networks：optimization and control[M]. Boca Raton：CRC，2017.

[3] BRIDGES H. Hybrid vehicles and hybrid electric vehicles：new developments，energy management and emerging technologies[M]. New York：Nova Science Pub Inc. ，2015.

[4] EMADI A. Advanced electric drive vehicles（energy，power electronics，and machines）[M]. Boca Raton：CRC，2014.

[5] 《中国公路学报》编辑部. 中国汽车工程学术研究综述 2017[J]. 中国公路学报，2017，30(6)：1-197.

[6] 李瑞明. 新能源汽车技术[M]. 北京：电子工业出版社，2014.

[7] 崔胜民. 新能源汽车技术解析[M]. 北京：化学工业出版社，2016.

[8] 张之超，邹德伟. 新能源汽车驱动电机与控制技术[M]. 北京：北京理工大学出版社，2016.

[9] 周树远.新能源汽车产业现状与发展前景[M].广州:广东经济出版社,2015.

[10] 赵云峰,杨武双,李榕杰,等.我国纯电动汽车发展趋势分析[J].汽车工程师,2020(7):14-17.

[11] 白帅伟,韩龙海,魏霞,等.新能源车辆被动安全性研究现状与发展趋势[J].南方农机,2020,51(13):41.

[12] 黑川阳弘,井本伸,矢野胜,等.新能源汽车市场动态与技术发展趋势[J].汽车与新动力,2020,3(3):21-27.

[13] 赫荣亮,张凯,周禛,等.汽车"新三化"发展趋势白皮书(下)[J].中国计算机报,2020(23).

[14] 费宁忠.新能源汽车传动系统的轻量化设计与典型应用[J].金属加工(冷加工),2020(4):14-18.

[15] 王臻.新能源汽车动力总成传动系统技术及其应用探讨[J].科学技术创新,2019(31):192-193.

[16] 南粤老李.广汽新能源汽车技术(三)[J].汽车维修技师,2019(8):43-47.

[17] 徐向阳.节能与新能源汽车传动技术的发展[J].汽车安全与节能学报,2017,8(4):323-332.

第 2 章
新能源汽车驱动电动机类型与控制技术

2.1 引言

"三电"系统(电池系统、电驱动系统、电控系统)是新能源汽车中最重要的组成部分。相比于电池系统决定了新能源汽车能够行驶的距离,由驱动电动机与机械传动系统共同组成的电驱动系统则不仅决定了整车的续驶里程,而且所具备的动力与传动性能也决定了整车的动力性能。通常来讲,电驱动系统主要由驱动电动机、功率逆变器、传动系统与控制器四部分组成,如图 2-1 所示。本章重点对作为动力源的驱动电动机及其控制技术进行叙述。

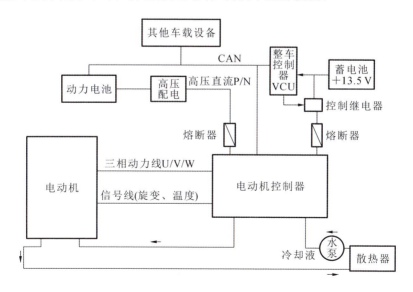

图 2-1 新能源汽车电驱动系统框架图

相比于工业用电动机,车用驱动电动机通常要满足电动汽车的频繁启停、瞬间加/减速、高转速范围、高转矩区间等需求,具体要求可以分为负载需求、动力性能和环境影响三类。

(1) 负载需求。满足电动汽车的短时间加速与爬坡性能,要求低转速下输出高转矩、高转速或巡航模式下输出恒功率或低转矩。

(2) 动力性能。在优先满足电动汽车续驶里程的前提下,要求电动机及其控制器在所有调速范围内具有较高的能量转换效率和传动效率;并且在车辆减速或制动过程当中实现能量回收;在复杂运行工况下,对稳态精度与可控性的要求较高。

(3) 环境影响。满足电动汽车安装空间的要求;要求具有较高的体积功率比和质量功率比;满足车辆行驶中的严苛条件,如高低温极端环境、高压防护、强震环境等;另外还需满足市场经济环境,严格控制各个零部件的开发与制造成本。

纵观当今电动汽车工业与市场形势,车用电驱动系统主要向集成一体化、驱动电动机永磁化、控制系统数字化的趋势发展。图 2-2 所示为典型的新能源汽车电驱动控制器及功率元器件。

图 2-2 新能源汽车电驱动控制器及功率元器件

当前,电池的功率密度提升已到达"瓶颈",无论是纯电动汽车还是混合动力汽车都难以在短时间内得到质的提升。因此,各大整车企业为满足长续驶里程需求均采用堆积更多动力电池的手段,这就对动力总成的装配空间提出了严苛的要求,使电驱动系统向更高的性能、更小的设计尺寸方向发展。各整车企业和电动机制造企业均在小型高功率电动机的研发上投入大量的资源,所采用的方法无外乎是从提高功率密度和转矩密度两个角度出发,其中最有效的就是将驱动电动机永磁化，即采用稀土磁性材料将成为必然选择。永磁电动机在我国的发展具有得天独厚的资源优势，我国已探明的稀土资源约占全世界的36％，稀土出口与储量均为世界第一，并且我国已将稀土资源列为重要战略资源，对向国外出口进行了限制。

另外，电驱动系统的集成一体化已深入各个部分之间，这不仅体现在纯电动汽车中的电动机与减速器（变速器）的一体化，而且体现在混合动力汽车的电动机与发动机不同耦合深度的集成中。这就使得针对不同整车平台的系列化、模块化产品得以发展，并且对电控部分的电动机控制器（DC/AC，MCU）、发动机控制器（ECU）、变速器控制器（TCU）与整车控制器（VCU）的集成化提出了要求。较为成熟的国内外产品主要有丰田的 THS 混动系统、本田的 IMA 驱动系统、精进纯电动驱动系统、蔚来纯电动驱动系统。

新能源汽车主要应用的是直流型和交流型电动机。直流电动机早期应用较为广泛，但由于其本身在机械换向设计、尺寸和维修等方面的缺陷，现已被交流电动机所取代。目前，在纯电动和混合动力汽车中应用较多的是无刷交流电动机，其中包括感应电动机、永磁电动机以及其他新型电动机（如开关磁阻电动机）。

如图 2-3 所示，感应电动机具有结构简单、负载能力良好的特点，同时兼具制造成本低廉、易于实现制动能量回收、环境适应性较强与可靠性高的优点。如图 2-4 所示，永磁电动机是基于交流电动机进行设计的，将高剩磁密度的永磁体安装在转子上，使得电动机的功率密度大幅度提高，在同等体积下永磁电动机能够输出更大的功率和转矩，其能量转化率通常在 90％～95％。然而，永磁电动机的缺点也比较突出，由于大功率电动机的制造需要耗费大量的永磁体，而永磁体的制造是极度依赖于稀土资源的储备，因此一般来讲永磁同步电动机的成本较高，而小功率永磁电动机在纯电动汽车当中的使用也放大了成本问题。另外，在极端工况下，特别是高温、高频振动、高压、强腐蚀环境等环境中，比较容易发生不可逆的退磁现象；表贴式与内置式永磁同步电动机的结构设计、制造工艺具有较高的复杂性。即便如此，国内外车企还是较倾向于使用永磁同步电动机，例如丰田 Prius、特斯拉 Model3、宝马 i8 以及国内的蔚来 es6 性能版、小鹏 G3 等。

图 2-3　感应电动机驱动系统　　　　图 2-4　永磁同步电动机

随着现代电力电子元件、电动机结构设计、电动机控制理论与数字化控制技术的不断发展,以开关磁阻电动机为代表的新型电动机逐渐被各大整车企业所关注。如图 2-5 所示,开关磁阻电动机具有感应电动机和永磁电动机的优点,结合了直流电动机和交流电动机调速模式的优势,优化并去除了转子中的绕组和永磁体,使电动机的转矩惯量比得到了提升;通过改善弱磁控制策略,电动机在恒功率模式下的调速范围扩大,并且具有较高的容错特性。此外,国内外研究学者正在努力改善开关磁阻电动机在运行中的噪声与转矩脉动问题。

图 2-5　开关磁阻电动机

综上,本章将重点对现已在新能源汽车中广泛应用的交流电动机及其控制方法进行介绍。首先重点对交流感应电动机、永磁电动机、开关磁阻电动机的结构与基本特性进行叙述;然后对目前常用的电力电子功率器件的原理与结构进行介绍;最后对不同电动机所应用的控制技术及其原理进行分析。

2.2 驱动用电动机的结构、原理与特性

2.2.1 感应电动机

2.2.1.1 三相感应电动机的结构和运行状态

1. 三相感应电动机的结构

三相感应电动机由定子、转子和气隙三部分组成。

1) 定子

定子由定子铁心、定子绕组、机座、端盖等部分组成。定子铁心是主磁路的一部分,为了减少旋转磁场在铁心中所产生的涡流和磁滞损耗,铁心由厚 0.5 mm 的硅钢片叠成,硅钢片两面涂以绝缘材料作为片间绝缘。定子铁心有外压装与内压装两种方式,前者指用硅钢片叠装、压紧成为一个整体后,再装到机座内,后者指由扇形冲片在机座内拼成一层层整圆,并按层依次错位、叠装在机座内。

在定子铁心内,均匀地冲有许多形状相同的槽,用以嵌放定子绕组。定子绕组是定子的电路部分,用以从电源输入电能并产生气隙内的旋转磁场。小型感应电动机通常采用半闭口槽和由高强度包线绕成的单层绕组,线圈外包有槽绝缘,以与铁心隔离。半闭口槽可以减小主磁路的磁阻,使电动机的激磁电流减小。另外,槽开口缩小还可以减小气隙磁场的脉振,从而减小电动机的杂散损耗,但嵌线较不方便。中型低压感应电动机通常采用半开口槽。中、大型高压感应电动机都用开口槽,以便于嵌线。为了得到较好的电磁性能,中、大型感应电动机都采用双层短距绕组。中、小型电动机大都采用三角形连接方式,高压大型电动机则采用星形连接方式。

机座两端装有端盖,端盖一方面可以对定子绕组的端部起到保护作用,另一方面端盖内装有轴承,对转子起到支承作用。

2) 转子

转子由转子铁心、转子绕组和转轴组成。转子铁心也是主磁路的一部分,通常由厚 0.5 mm 的硅钢片叠成,转子铁心固定在转轴或转子支架上,铁心的

外表呈圆柱形。转子所产生的电磁转矩和机械功率通过转轴输出。转子绕组是转子的电路部分,它分为笼型和绕线型两类。

笼型绕组是一个自行闭合的短路绕组,它由插入每个转子槽中的导条和两端的环形端环构成,如果去掉铁心,整个绕组形如一个"圆笼",因此称为笼型绕组。为节约用铜和提高生产率,小型电动机一般都用铸铝转子;对于中、大型电动机,由于铸铝质量不易保证,故采用铜条插入转子槽内,再在两端焊上端环的结构。笼型感应电动机结构简单、制造方便,是一种经济、耐用的电动机,所以应用极广。

绕线型转子的槽内嵌有用绝缘导线组成的三相绕组,绕组的三个出线端接到装在轴上的三个集电环上,再通过电刷引出。这种转子的特点是,可以在转子绕组中接入外加电阻,以改善电动机的启动和调速性能。与笼型转子相比较,绕线型转子结构稍复杂,价格稍高,通常用于要求启动电流小、启动转矩大,或需要调速的场合。

3)气隙

定子与转子之间有一个气隙。感应电动机的气隙主磁场是由激磁电流产生的,由于激磁电流基本为一无功电流,故激磁电流愈大,电动机的功率因数就愈低。为减小激磁电流、提高电动机的功率因数,感应电动机的气隙通常选得较小,但应注意不能使电动机装配困难和运转不安全。对中、小型电动机,气隙一般为 0.2~2 mm。

2. 三相感应电动机的运行状态

三相感应电动机是通过流入定子绕组的三相电流产生气隙旋转磁场,再利用电磁感应原理,在转子绕组内感生电动势和电流,由气隙磁场与转子感应电流相互作用产生电磁转矩,以实现机电间的能量转换。正常情况下,感应电动机的转子转速总是略低或略高于旋转磁场的转速(同步转速),因此感应电动机又称为异步电动机。

旋转磁场的转速 n_s 与转子转速 n 之差称为转差,用 Δn 表示,$\Delta n = n_s - n$。转差 Δn 与同步转速 n_s 的比值称为转差率,用 s 表示,即

$$s = \frac{n_s - n}{n_s} \tag{2.1}$$

转差率是表征三相感应电动机运行状态和运行性能的一个基本变量。不难看出,当转子转速 $n=0$ 时,转差率 $s=1$;当转子转速为同步转速时,转差率 $s=0$。

当三相感应电动机的负载变化时,转子的转速和转差率将随之而变化,使转子导体中的感应电动势、电流和作用在转子上的电磁转矩发生相应的变化,以适应负载的需要。按照转差率的正、负和大小,三相感应电动机有作为电动机运行、作为发电机运行和电磁制动三种运行状态。

1) 电动机运行状态

当转子转速低于旋转磁场的转速($n_s>n>0$)时,$0<s<1$。若定子三相电流所产生的气隙旋转磁场(用 N 和 S 表示)为逆时针旋转,设想磁场不动,转子导体向相反方向运动,根据右手定则,即可确定转子导体切割气隙磁场时导体内感应电动势的方向。由于转子绕组是短路的,因此转子导体中便有电流流过,转子感应电流的有功分量应与转子感应电动势同向,即上面的导体中电流方向为流入(用⊗表示),下面的导体中电流方向为流出(用⊙表示)。转子感应电流的有功分量与气隙磁场相互作用,将产生电磁力和电磁转矩。根据左手定则,此时电磁转矩的方向将与转子转向相同,即电磁转矩为驱动性质的转矩。此时电动机从电网输入电功率,通过电磁感应作用,由转子输出机械功率,处于电动机运行状态。

2) 发电机运行状态

若电动机用原动机驱动,使转子转速高于旋转磁场转速(即 $n>n_s$),则转差率 $s<0$。此时转子导体切割气隙磁场的方向将与处于电动机运行状态时的相反,故转子导体中的感应电动势以及转子电流的有功分量,也将与处于电动机运行状态时的相反,即上面的导体中电流方向为流出,下面的导体中电流方向为流入;因此电磁转矩的方向将与旋转磁场和转子转向两者相反,此时电磁转矩成为制动性质的转矩。为使转子持续以高于旋转磁场的转速旋转,原动机的驱动转矩必须能够克服制动的电磁转矩。此时转子从原动机输入机械功率,通过电磁感应作用由定子输出电功率,三相感应电动机处于发电机运行状态。

3) 电磁制动运行状态

若由于机械原因或其他外因,转子逆着旋转磁场方向做反向旋转($n<0$),

则转差率 $s>1$。此时转子导体切割气隙磁场的相对速度方向与处于电动机运行状态时的相同，故转子导体中感应电动势和电流有功分量的方向，与处于电动机运行状态时的相同，电磁转矩的方向也与处于电动机运行状态时的相同；但由于转子转向改变，故对转子而言，此电磁转矩将表现为制动转矩。此时三相感应电动机处于电磁制动状态，它既从轴上输入机械功率，又从电网输入电功率，两者都变成电动机内部的损耗。

2.2.1.2 三相感应电动机的工作特性

在额定电压和额定功率下，电动机的转速 n、电磁转矩 T_e、定子电流 I_1、功率因数 $\cos\varphi$、效率 μ 与输出功率 P_2 之间的关系曲线，称为感应电动机的工作特性。

感应电动机的转速为 $n=n_s(1-s)$，空载时 $P_2=0$，转差率 $s=0$，转子的转速非常接近于同步转速 n_s。随着负载的增大，为使电磁转矩足以克服负载转矩，转子电流将增大，转差率也将增大。通常额定负载时的转差率 $s_N=2\%\sim5\%$，即额定转速比同步转速低 $2\%\sim5\%$。

感应电动机的定子电流 $I_1=I_m+(-I_2)$。空载时转子电流 $I_2\approx0$，定子电流几乎全部是激磁电流 I_m。随着负载的增大，转子电流增大，于是定子电流将随之增大。从等效电路可见，感应电动机是一个电感性电路，所以感应电动机的功率因数恒小于1，且滞后。

空载运行时，定子电流基本上等于激磁电流（其主要成分是无功的磁化电流），所以功率因数很低，为 $0.1\sim0.2$。加上负载后，输出的机械功率增加，定子电流中的有功分量也将增大，于是电动机的功率因数将逐步提高；通常在额定负载附近，功率因数将达到其最大值。若负载继续增大，由于转差率较大，转子等效电阻 R_2/s 和转子的功率因数 $\cos\varphi_2$ 下降得较快，故定子功率因数 $\cos\varphi_1$ 又重新下降。

稳态运行时，电磁转矩 T_e 为

$$T_e=T_0+T_2 \tag{2.2}$$

由于空载转矩 T_0 可认为不变，从空载到额定负载之间，电动机的转速变化也很小，故 $T_e=f(P_2)$ 近似为一直线。

与其他电动机类似，三相感应电动机的最大效率通常发生在功率为（0.8～

1.1)P_N这一范围内;额定效率μ_N介于85%~90%之间,容量越大μ_N就越高

由于感应电动机的效率和功率因数通常都在额定负载附近达到最大值,因此在选用电动机时,应使电动机的容量与负载相匹配,以便电动机能够经济、合理和安全地使用。

2.2.1.3 单相感应电动机

单相感应电动机是由单相电源供电的一种感应电动机。因使用方便,故其在家用电器(如电冰箱、电风扇、空调装置、洗衣机等)和医疗器械中得到广泛应用。与同容量的三相感应电动机相比较,单相感应电动机的体积稍大、运行性能稍差,因此只做几十到几百瓦的小容量。

1. 结构特点

单相感应电动机的定子内通常装有两个绕组:一个是主绕组,用以产生主磁场和正常工作时的电磁转矩,并从电源输入电功率;另一个是启动绕组,它仅在启动时接入,用以产生启动转矩,使电动机启动,当转速达到同步转速的75%时,由离心开关或继电器把启动绕组从电源上断开。

单相感应电动机的定子铁心,除罩极式电动机通常具有凸出的磁极外,其余各类均与普通三相感应电动机类似。由于定子内径较小,嵌线比较困难,故定子大多采用单层绕组。为了削弱定子磁动势中的空间三次谐波以改善电动机的启动性能,也有采用双层绕组或正弦绕组的。在电容启动的单相感应电动机中,主绕组通常占定子总槽数的2/3,启动绕组占1/3。单相感应电动机的转子都是笼型转子。

2. 工作原理

当单相感应电动机的定子主绕组接入交流电源时,主绕组就会产生一个脉振磁动势。把此脉振磁动势分解成两个大小相等、转向相反、转速相同的正向和反向旋转磁动势F_f和F_b。若磁路为线性的,将正向和反向旋转磁动势所产生的磁场,与转子相应的感应电流作用后所产生的正向和反向电磁转矩分别叠加起来,即可得到电动机内的合成磁场和合成电磁转矩。这就是双旋转磁场理论。

3. 感应电动机的优、缺点

与同步电动机和直流电动机相比较,笼型感应电动机的优点是结构简单、运行可靠、维护方便、价格便宜。缺点是功率因数恒滞后,特别是轻载运行时,

功率因数很低。感应电动机的调速性能过去一直是个问题,近年来由于矢量控制和直接转矩控制技术的引入,感应电动机的转速和转矩控制已经接近于直流电动机,因而不再是一个主要缺点。

单相感应电动机的主要分析方法是双旋转磁场理论,即把定子主绕组所产生的脉振磁动势,分解成正向和反向旋转的两个磁动势和磁场,再分别求出转子对这两个磁场所产生的转子反应,并仿照三相电动机的处理方法,对转子的正向和反向电路分别进行频率归算和绕组归算,最后得到单相电动机的等效电路并算出所需的运行数据和 T_s-s 曲线。

单相感应电动机自身没有启动转矩。为解决启动问题,需要加装启动绕组并采取裂相措施,使主绕组和启动绕组成为一个两相系统。主绕组和启动绕组一般互不对称,所以通常要用两相对称分量法或分析两相不对称异步电动机的方法,来计算其启动和运行性能。

对于绕线型三相感应电动机,若其因转子绕组一相断线而成为单相绕组,则电动机的电磁转矩将成为单轴转矩。此时若电动机投入电网启动,转子转速将停滞在 $n/2$ 附近而达不到正常转速。为此需要消除故障,再重新投网启动。

感应发电机是感应电动机在 $s<0$ 时的一种运行状态,其运行数据也可用 T 形等效电路来计算。单独运行时,感应发电机的主磁场和漏磁场所需的无功功率要由专门的电容器来供给。另外,发电机的端电压和机组频率将随着负载的变化而变化,为此需要经常调节发电机的转速和并联电容组的电容,以使端电压和机组频率保持不变,这是它的特点。

2.2.2 永磁同步电动机

2.2.2.1 永磁同步电动机的结构

1. 永磁同步电动机的总体结构

永磁同步电动机也由定子、转子和端盖等部件构成。定子与普通感应电动机的基本相同,也采用叠片结构以减小电动机运行时的铁耗。转子铁心可以做成实心的,也可以用叠片叠压而成。图 2-6 为一台永磁同步电动机的横截面示意图。

电枢绕组既有采用集中整距绕组的,也有采用分布短距绕组和非常规绕组

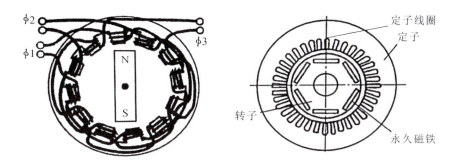

图 2-6 永磁同步电动机横截面示意图

的。一般来说，矩形波永磁同步电动机通常采用集中整距绕组，而正弦波永磁同步电动机更常采用分布短距绕组。在一些正弦波电流控制的永磁同步电动机中，为了减小绕组产生的磁动势空间谐波，使之更接近正弦分布以提高电动机的有关性能，采用了一些非常规绕组，这样可大大减小电动机转矩波动，提高电动机运行平稳性。为减小电动机的杂散损耗，定子绕组通常采用星形接法。

永磁同步电动机的气隙长度是一个非常关键的尺寸，尽管它对这类电动机的无功电流的影响不如对感应电动机的那么敏感，但是它对电动机的交、直轴电抗影响很大，进而影响到电动机的其他性能。此外，气隙长度的大小还对电动机的装配工艺和电动机的杂散损耗有着较大的影响。

永磁同步电动机与其他电动机最主要的区别是转子磁路结构，下面对其进行详细分析和讨论。

2. 永磁同步电动机转子磁路结构

转子磁路结构不同，则电动机的运行性能、控制系统、制造工艺和适用场合也不同。近年来，外转子永磁同步电动机在一些领域得到了广泛的应用。它的主要优点在于电动机转动惯量比常规永磁同步电动机大，且电枢铁心直径可以做得较大，从而可提高在不稳定负载下电动机的效率和输出功率。外转子永磁同步电动机除结构与常规永磁同步电动机有异外，其他均相同。

按照永磁体在转子上位置的不同，永磁同步电动机的转子磁路结构一般可分为三种：表面式、内置式和爪极式。下面简单介绍表面式和内置式转子磁路结构。

1）表面式转子磁路结构

这种结构中，永磁体通常呈瓦片形，并位于转子铁心的外表面上，永磁体提供磁通的方向为径向,且永磁体外表面与定子铁心内圆之间一般仅套以起保护作用的非磁性圆筒,或在永磁磁极表面包以无纬玻璃丝带作保护层。图 2-6 中的转子即为这种结构的典型代表。有的调速永磁同步电动机的永磁磁极用许多矩形小条拼装成瓦片形,能降低电动机的制造成本。

表面式转子磁路结构又分为凸装式(见图 2-7(a))和插入式(见图 2-7(b))两种。对采用稀土永磁材料的电动机来说,由于永磁材料的相对回复磁导率接近 1,所以表面凸装式转子在电磁性能上属于隐极转子结构;而表面插入式转子的相邻两永磁磁极间有着磁导率很大的铁磁材料,故在电磁性能上属于凸极转子结构。

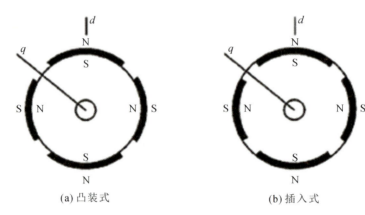

(a) 凸装式　　　　　　　　(b) 插入式

图 2-7　表面式转子磁路结构

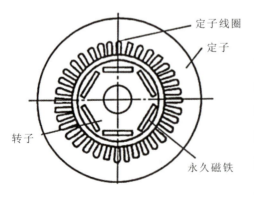

图 2-8　内置式转子磁路结构

2) 内置式转子磁路结构

如图 2-8 所示,这类结构的永磁体位于转子内部,永磁体外表面与定子铁心内圆之间有用铁磁材料制成的极靴,极靴中可以放置铸铝笼或铜条笼,起阻尼或启动作用,动、稳态性能好。这种磁路结构广泛用于有异步启动能力或对动态性能要求高的永磁同步电动机。内置式转子内的永磁体受到极靴的保护,其转子磁路结构的不对称性所产生的磁阻转矩也有助于提高电动机的过载能力和功率密度,而且易于弱磁扩速。

按永磁体磁化方向与转子旋转方向的相互关系,内置式转子磁路结构又可分为径向式、切向式和混合式三种。

2.2.2.2 永磁同步电动机的转动原理

永磁同步电动机的启动和运行是由定子绕组、转子笼型绕组和永磁体这三者产生的磁场的相互作用而实现的。电动机静止时,给定子绕组通入三相对称电流,产生定子旋转磁场,定子旋转磁场相对于转子旋转,在笼型绕组内产生电流,形成转子旋转磁场,定子旋转磁场与转子旋转磁场相互作用产生的异步转矩使转子由静止开始加速转动。在这个过程中,转子永磁磁场与定子旋转磁场转速不同,会产生交变转矩。当转子加速到速度接近同步转速的时候,转子永磁磁场与定子旋转磁场的转速接近相等,定子旋转磁场速度稍大于转子永磁磁场的,它们相互作用产生转矩,将转子牵入同步运行状态。在同步运行状态下,转子绕组内不再产生电流。此时转子上只有永磁体产生磁场,它与定子旋转磁场相互作用,产生驱动转矩。由此可知,永磁同步电动机是靠转子绕组的异步转矩实现启动的。启动完成后,转子绕组不再起作用,由永磁体和定子绕组产生的磁场相互作用产生驱动转矩。

2.2.2.3 永磁同步电动机的驱动过程

1. 异步启动

异步启动电动机的转子上除装设永磁体外,还装有笼型启动绕组。启动时输入定子的三相电流将在气隙中产生一个以同步转速旋转的旋转磁场,此旋转磁场与笼型绕组中的感应电流相互作用,将产生一个驱动性质的异步电磁转矩 T_M,这与普通感应电动机类似。当转子旋转时,永磁体将在气隙内形成另一个转速为 $(1-s)n_s$ 的旋转磁场,并在定子绕组内感应一组频率为 $f=(1-s)f_1$ 的电动势;此电动势将产生一组频率为 $(1-s)f_1$ 的三相电流,这组电流与永磁体的磁场相互作用,将在转子上产生一个制动性质的电磁转矩 T_G,其情况与同步发电机三相稳态短路时类似。启动时的合成电磁转矩 T_e 是 T_M 和 T_G 两者之和。在合成转矩 T_e 的作用下,电动机将启动起来。

2. 磁滞启动

磁滞启动电动机的转子由永磁体和磁滞材料做成的磁滞环组合而成。当定子绕组通入三相交流电产生气隙旋转磁场,并使转子上的磁滞环磁化时,由于磁滞作用,转子磁场将发生畸变,使环内磁场滞后于气隙磁场一个磁滞角,从而使转子受到一个驱动性质的磁滞转矩 T_h。T_h 的大小与所用材料的磁滞回线面积有关,而与转子转速的高低无关,当电源电压和频率不变时,T_h 为一常值。在磁滞转矩 T_h 的作用下,转子将转动起来并被牵入同步。

2.2.2.4 永磁同步电动机的优、缺点

高密度、高效率、宽调速的车辆牵引电动机及其控制系统既是电动汽车的心脏又是电动汽车研制的关键技术之一。20世纪80年代以前,几乎所有的车辆牵引电动机均为直流电动机,这是因为直流牵引电动机具有起步加速牵引力大、控制系统较简单等优点。直流电动机的缺点是有机械换向器,当在高速、大负载下运行时,换向器表面会产生火花,所以电动机的运转速度不能太高。由于直流电动机的换向器需保养,又不适合高速运转,因此目前除小型车外一般已不采用。

永磁电动机与原有的直流牵引电动机系统相比具有明显优势,其突出优点是体积小、质量轻(其比质量为 0.5~1.0 kg/kW)、效率高、基本免维护、调速范围广、功率密度高、转子转动惯量小、电枢电感小、运行效率高以及转轴上无滑环和电刷等,也因此在电动汽车上得到了广泛应用。

永磁电动机就是采用永磁材料来替代传统电动机的励磁绕组(或转子绕组)的电动机。永磁电动机分为永磁交流同步电动机和永磁直流电动机两种。如果将直流电动机的直流励磁绕组用永久磁铁代替,该电动机就称为永磁直流电动机。

为了克服永磁电动机磁通量不变的缺点,又在其永磁定子中嵌入了激励磁场的电磁绕组,称为永磁复合式电动机,它的特点是既有永磁体又有励磁绕组。

永磁直流电动机分为永磁有刷直流电动机和永磁无刷直流电动机。永磁有刷直流电动机广泛应用于小型电器之中。由于电刷和换向器的存在,永磁有刷直流电动机在维修、制造等方面都比永磁无刷直流电动机复杂;在应用中的换向火花、机械噪声等也使它难以在恶劣的环境下使用。而永磁无刷直流电动机由于没有电刷,弥补了永磁有刷直流电动机和传统直流电动机的缺陷,因此越来越多地

被应用在伺服系统、数控机床、变频空调以及电动汽车中。

2.2.3 开关磁阻电动机

开关磁阻电动机(SRM)是一种典型的机电一体化电动机,又称为开关磁阻电动机驱动(SRD)系统,这种电动机主要由开关磁阻电动机本体、电力电子功率变流器、转子位置传感器以及控制器四部分组成。

开关磁阻电动机具有结构简单、转子转动惯量小、成本低、动态响应快等优点。其容量可设计成几瓦到几兆瓦,系统的调速范围也较宽,可以在低速下运行,也可以在高速场合下运行(最高转速可达 15000 r/min)。除此之外,开关磁阻电动机在运行效率、可靠性等方面均优于感应电动机和同步电动机,可以在散热条件差、存在化学污染的条件下运行。图 2-9 给出了开关磁阻电动机的基本控制框图。

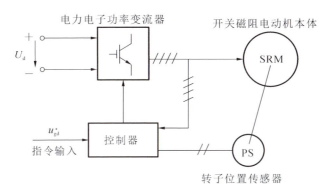

图 2-9 开关磁阻电动机的基本控制框图

2.2.3.1 开关磁阻电动机的结构特点

1. 开关磁阻电动机本体的结构

开关磁阻电动机本体采用定子、转子双凸极机构,单边励磁,即仅定子凸极采用集中绕组励磁,而转子凸极上既无绕组也无永磁体。定子、转子均由硅钢片叠压而成,定子绕组径向相对的极串联,构成一相。三相 8/6 极开关磁阻电动机的结构原理如图 2-10 所示。

开关磁阻电动机的定子与转子如图 2-11 所示。开关磁阻电动机的定子与转子的相数不同,有多种组合方式,最常见的有三相 6/4 凸极结构、三相 8/6 凸极结构和三相 12/8 凸极结构,如图 2-12 所示。

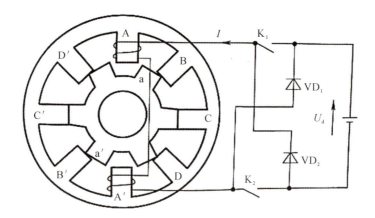

图 2-10 三相 8/6 极开关磁阻电动机的结构原理

图 2-11 开关磁阻电动机的定子与转子

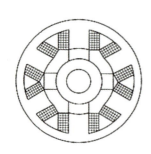 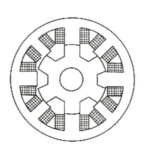 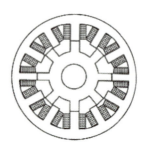

(a) 三相6/4凸极　　　(b) 三相8/6凸极　　　(c) 三相12/8凸极

图 2-12 开关磁阻电动机的几种组合方式

三相6/4凸极结构说明电动机定子有6个凸极,转子有4个凸极,在定子相对称的两个凸极上的集中绕组互相串联,构成一相,相数为定子凸极数的一半。转子上没有绕组,定子上有6个凸极的称为三相开关磁阻电动机,定子上有8个凸极的称为四相开关磁阻电动机。相数越多,步进角越小,运转越平稳,越有利于减小转矩波动,但控制越复杂,将导致主开关器件增多和成本增加。步进角的计算方法:步进角 α=360°×2/(定子极数×转子极数),如四相8/6极电动机,其步进角 α=360°×2/(8×6)=15°。低于三相的开关磁阻电动机一般没有自启动能力,目前应用较多的是三相、四相和五相结构。

图2-13所示为三相6/4凸极结构、三相12/8凸极(双绕组)结构和四相8/6凸极结构的开关磁阻电动机的定子和转子的剖面示意图。

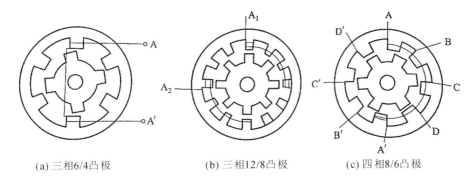

(a) 三相6/4凸极　　(b) 三相12/8凸极　　(c) 四相8/6凸极

图2-13　几种开关磁阻电动机的定子和转子的剖面示意图

2. 转子位置传感器

转子位置传感器有霍尔式、电磁式、光电式和磁敏式多种,常设在电动机的非输出端,如图2-14所示。

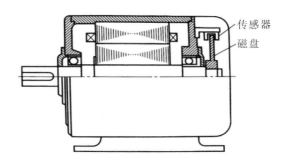

图2-14　开关磁阻电动机传感器的位置

光电式位置检测器由磁盘和光电传感器组成。磁盘截面和转子截面相同,装在转子上,光电传感器装在定子上,当磁盘随转子转动时,光电传感器检测到转子齿的位置信号。

转子位置的检测原理如图 2-15 所示。其中图 2-15(a)所示为一个四相 8/6 极电动机的位置检测器,它只设置 S_P 和 S_Q 两个传感器,它们在空间中相差 15°,磁盘上有间隔 30°的六个磁槽,检测到的基本信号如图 2-15(b)所示。

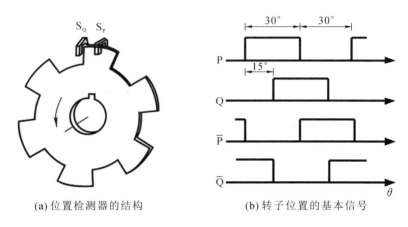

(a) 位置检测器的结构　　　　(b) 转子位置的基本信号

图 2-15　转子位置的检测原理

位置传感器的引入增加了开关磁阻电动机结构的复杂性,影响了其可靠性,因此人们正致力于研究无传感器方案,通过检测相电感来获取转子位置信息。这已被公认是非常有意义的研究方向。

2.2.3.2　开关磁阻电动机的转动原理

由图 2-10 可知,当 A 相绕组电流控制开关 K_1、K_2 闭合时,A 相通电励磁,所产生的磁场力图使转子旋转到转子极轴线 aa′ 与定子极轴线 AA′ 的重合位置,从而产生磁阻性质的电磁转矩。若顺序给 A、B、C、D 相绕组通电,则转子便按逆时针方向连续转动起来;若依次给 B、A、D、C 相绕组通电,则转子会沿顺时针方向转动。在多相电动机的实际运行中,也常出现两相或两相以上绕组同时导通的情况。当某一相中的定子绕组轮流通电一次时,转子转过一个转子极距。

2.2.3.3　开关磁阻电动机的系统特点

开关磁阻电动机调速系统之所以能在现代调速系统中异军突起,主要是因为它卓越的系统性能,主要表现如下。

(1) 结构简单。电动机结构简单,成本低,可用于高速运转。SRD 的结构比鼠笼式感应电动机的还要简单。其突出的优点是转子上没有任何形式的绕组,因此不会有鼠笼式感应电动机制造过程中铸造不良和使用过程中的断条等问题。其转子机械强度极高,可以用于超高速运转(如每分钟上万转)。在定子方面,它只有几个集中绕组,因此制造简便,绝缘结构简单。

(2) 功率电路简单可靠。因为电动机转矩方向与绕组电流方向无关,即只需单方向绕组电流,故功率电路可以做到每相一个功率开关。对比异步电动机绕组需流过双向电流,向其供电的脉宽调制(pulse-width modulation,PWM)变频器功率电路每相需两个功率器件。因此,开关磁阻电动机调速系统较 PWM 变频器功率电路所需的功率元件少,电路结构简单。另外,PWM 变频器功率电路中每个桥臂的两个功率开关管直接跨在直流电源侧,易发生直通短路,烧毁功率器件。而开关磁阻电动机调速系统中每个功率开关器件均直接与电动机绕组串联,从根本上避免了直通短路现象。因此开关磁阻电动机调速系统中功率电路的保护电路可以简化,既降低了成本,又有较高的工作可靠性。

(3) 系统可靠性高。从电动机的电磁结构上看,各相绕组和磁路相互独立,各自在一定轴角范围内产生电磁转矩。而不像在一般电动机中必须在各相绕组和磁路共同作用下产生一个旋转磁场,电动机才能正常运转。从控制结构上看,各相电路各自给一相绕组供电,一般也是相互独立工作。由此可知,当电动机一相绕组或控制器一相电路发生故障时,只需停止该相工作,电动机除总输出功率有所减小外,并无其他影响。

(4) 启动转矩大,启动电流小。控制器从电源侧吸收较少的电流,在电动机侧得到较大的启动转矩是本系统的一大特点。典型产品的数据是:启动电流为额定电流的 15% 时,获得启动转矩为 100% 的额定转矩;启动电流为额定电流的 30% 时,启动转矩可达其额定转矩的 250%。而其他调速系统的启动特性与之相比显得较差,如直流电动机要 100% 的电流,鼠笼式感应电动机要 300% 的电流,才获得 100% 的转矩。启动电流小而转矩大的优点还可以延伸到低速运行段,因此本系统十分合适那些需要重载启动和较长时间低速重载运行的机械。

（5）适用于频繁启停及正反向转换运行。本系统具有的高启动转矩、低启动电流的特点，使之在启动过程中电流冲击小，电动机和控制器发热量较连续额定运行时还要小。可控参数多使其制动运行能与电动运行具有同样优良的转矩输出能力和工作特性。二者综合作用的结果必然使之适用于频繁启停及正反向转换运行，次数可达 1000 次/h。

（6）可控参数多，调速性能好。控制开关磁阻电动机的主要运行参数和常用方法至少有四种：相导通角、相关断角、相电流幅值、相绕组电压。可控参数多，意味着控制灵活方便。可以根据对电动机的运行要求和电动机的情况，采取不同控制方法和参数值，即可使之运行于最佳状态（如出力最大、效率最高等），还可使之实现各种不同功能的特定曲线。如使电动机具有完全相同的四象限运行能力，并具有最高启动转矩和串励电动机的负载能力曲线。由于 SRD 速度闭环是必备的，因此系统具有很高的稳速精度，可以很方便地构成无静差调速系统。

（7）效率高，损耗小。本系统是一种非常高效的调速系统。这是因为：一方面电动机绕组无铜损；另一方面电动机可控参数多，灵活方便，易于在宽转速范围和不同负载下实现高效优化控制。以 3 kW SRD 为例，其系统效率在很宽的范围内都达 87% 以上，这是其他一些调速系统不容易达到的。将本系统同采用 PWM 变频器的鼠笼式异步电动机的系统进行比较，本系统在不同转速和不同负载下的效率均比变频器系统高，一般要高 5~10 个百分点。

2.2.3.4 开关磁阻电动机的优、缺点

开关磁阻电动机的传动系统综合了感应电动机传动系统和直流电动机传动系统的优点，是这些传动系统的有力竞争者，其主要优点如下：

（1）开关磁阻电动机有较大的电动机利用系数，可以达感应电动机利用系数的 1.2~1.4 倍。

（2）电动机的结构简单，转子上没有任何形式的绕组，定子上只有简单的集中绕组，端部较短，没有相间跨接线。因此，具有制造工序少、成本低、工作可靠、维修量小等特点。

（3）开关磁阻电动机的转矩与电流极性无关，只需要单向的电流激励，功率变换电路中每相可以只用一个开关元件，且与电动机绕组串联，不会像 PWM

变频器电源那样,存在两个开关元件直通的危险。所以,开关磁阻电动机驱动系统线路简单,可靠性高,成本低于PWM交流调速系统。

(4)开关磁阻电动机转子的结构形式对转速限制小,可制成高转速电动机,而且转子的转动惯量小,在电流每次换相时又可以随时改变相匝转矩的大小和方向,因而系统有良好的动态响应。

(5)SRD系统可以通过对电流的导通、断开和对幅值的控制,得到满足不同负载要求的机械特性,易于实现系统的软启动和四象限运行等功能,控制灵活。又由于SRD系统是自同步系统,因此不会像变频供电的感应电动机那样在低频时出现不稳定和振荡问题。

(6)开关磁阻电动机采用了独特的结构和设计方法以及相应的控制技巧,其单位处理可以与感应电动机相媲美,甚至还略占优势。SRD系统的效率和功率密度在宽广的速度和负载范围内都可以维持在较高水平。

SRD系统的主要缺点如下:

(1)有转矩脉动。从工作原理可知,开关磁阻电动机转子上产生的转矩是由一系列脉冲转矩叠加而成的,由于双凸极结构和磁路饱和非线性的影响,合成转矩不是一个恒定转矩,而有一定的谐波分量,这影响了开关磁阻电动机低速运行性能。

(2)开关磁阻电动机传动系统的噪声与振动比一般电动机大。

(3)开关磁阻电动机的出线头较多,如三相开关磁阻电动机至少四个出线头,四相开关磁阻电动机至少有五个出线头,而且还有位置检测器出线端。

2.2.4 轮毂电动机

电动汽车采用的轮式电动机驱动属于分散式电动机驱动模式。分散式电动机驱动模式通常有轮毂电动机驱动和轮边电动机驱动两种模式,所谓轮边电动机驱动模式,是指每个驱动车轮由单独的电动机驱动,但是电动机不是集成在车轮内,而是通过传动装置(如传动轴)连接到车轮。轮边电动机驱动模式的驱动电动机属于簧载质量范围,悬架系统隔振性能好。但是,电动机安装在车身上对整车总布置的影响很大,尤其是在后轴驱动的情况下。而且,由于车身和车轮之间存在变形运动,电动机对传动轴的万向传动也有一定的限制。

2.2.4.1 轮毂电动机的结构形式

轮毂电动机动力系统通常由电动机、减速机构、制动器与散热系统等组成。图 2-16 所示为电动摩托车的轮毂电动机结构。轮毂电动机动力系统根据电动机的转子形式主要分成内转子型和外转子型两种结构,如图 2-17 所示。通常,外转子型采用低速外转子电动机,电动机的最高转速为 1000~1500 r/min,无任何减速装置,电动机的外转子与车轮的轮辋固定或集成在一起,车轮的转速与电动机相同。内转子型则采用高速内转子电动机,同时装备固定传动比的减速器。为了获得较高的功率密度,电动机的转速通常高达 10000 r/min,减速机构通常采用传动比在 10∶1 左右的行星齿轮减速装置,车轮的转速在 1000 r/min 左右。

图 2-16 电动摩托车的轮毂电动机结构

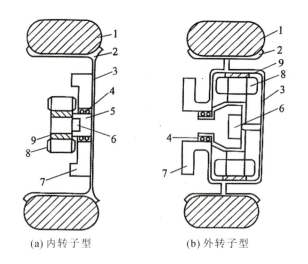

(a) 内转子型　　(b) 外转子型

图 2-17 轮毂电动机动力系统的结构简图
1—轮胎;2—轮辐;3—车轮;4—轴承;5—行星齿轮;6—编码器;
7—制动鼓;8—电动机绕组;9—永磁体

高速内转子轮毂电动机的优点是比功率高、质量轻、体积小、效率高、噪声小、成本低；缺点是必须采用减速装置，效率降低，非簧载质量增大，电动机的最高转速受线圈损耗、摩擦损耗以及变速机构的承受能力等因素的限制。低速外转子轮毂电动机的优点是结构简单、轴向尺寸小、比功率高、能在很宽的速度范围内控制转矩、响应速度快、外转子直接和车轮相连、没有减速机构、效率高；缺点是如要获得较大的转矩，必须增大电动机体积和质量，因而成本高，加速时效率低，噪声大。这两种结构在目前的电动汽车中都有应用，但是随着紧凑的行星齿轮变速机构的出现，高速内转子式驱动系统在功率密度方面比低速外转子式更具竞争力。轮毂电动机动力系统由于电动机电制动容量较小，不能满足整车制动效能的要求，通常需要附加机械制动系统。轮毂电动机动力系统中的制动器可以根据结构采用鼓式或盘式制动器，电动机电制动容量的存在往往可以使制动器的设计容量适当减小。大多数的轮毂电动机动力系统采用风冷方式进行冷却，也有的采用水冷和油冷的方式对电动机、制动器等的发热部件进行散热降温，但结构比较复杂。

2.2.4.2 轮毂电动机的分类及特点

轮毂电动机根据工作原理可分为永磁式、感应式、开关磁阻式等类型。轮毂电动机系统的驱动电动机按照电动机磁场的类型分为径向磁场电动机和轴向磁场电动机两种。

(1) 轴向磁场电动机的结构利于热量散发，并且它的定子可以不需要铁心。

(2) 径向磁场电动机的定子与转子之间受力比较均衡，磁路由硅钢片叠压得到，技术更简单。

轮毂电动机的特点如下：

(1) 感应(异步)电动机的优点是结构简单、坚固耐用、成本低廉、运行可靠、转矩脉动小、噪声低、不需要位置传感器、转速极限高；缺点是驱动电路复杂，相对永磁电动机而言，异步电动机效率和功率密度偏低。

(2) 无刷永磁同步电动机可采用圆柱形径向磁场结构或盘式轴向磁场结构，具有较高的功率密度和效率以及宽广的调速范围，发展前景十分广阔，已在国内外多种电动汽车中获得应用。

(3) 开关磁阻式电动机的优点是结构简单、制造成本低廉、转速/转矩特性好等,适用于电动汽车驱动;缺点是设计和控制非常困难、运行噪声大。

法国TM4公司设计制造的一体化轮毂电动机结构如图2-18所示。它采用外转子式永磁电动机,电动机转子外壳直接与轮辋相固接,是车轮轮辋的组成部分,而且电动机转子与鼓式制动器的制动鼓集成在一起,实现了电动机转子、轮辋以及制动器三个回转运动物体的集成,大大减轻了一体化轮毂电动机系统的质量,集成化程度相当高。该一体化轮毂电动机系统的无刷永磁直流电动机的额定功率为 18.5 kW,额定转速为 950 r/min,最高转速为 1385 r/min,而且额定工况下的平均效率可达到 96.3%。

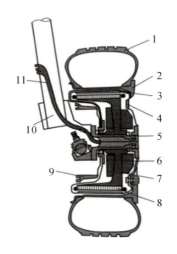

图 2-18　TM4 一体化轮毂电动机结构示意图

1—轮胎;2—轮辋;3—永磁体;4—电动机转子;5—轴承;6—电动机控制器;
7—电动机定子;8—电动机绕组;9—制动蹄片;10—悬架;11—线束

2.2.4.3　采用轮毂电动机驱动系统的电动汽车特点

1.分散式电动机驱动模式的优点

分散式电动机驱动模式的优点如下:

(1) 以电子差速控制技术实现转弯时内外车轮不同的转速运动,而且精度更高。

(2) 取消机械差速装置有利于动力系统减轻质量,提高传动效率,降低传动噪声。

(3) 有利于整车总布置的优化和整车动力学性能的匹配优化。

（4）可降低对电动机性能指标的要求，且具有可靠性高的特点。

2. 分散式电动机驱动模式的缺点

分散式电动机驱动模式的缺点如下：

（1）为使各轮运动协调，对多个电动机的同步协调控制要求高。

（2）对电动机的分散安装提出了结构布置、热管理、电磁兼容以及振动控制等多方面的技术难题。

3. 轮毂电动机驱动模式的优点

轮毂电动机驱动模式的优点如下：

（1）可以完全省略传动装置，整体动力利用效率大大提高。

（2）轮毂电动机使得整车总布置可以采用扁平化的底盘结构形式，车内空间和布置自由度得到极大的改善。

（3）车身上几乎没有大功率的运动部件，整车的振动、噪声和舒适性得到极大改善。

（4）便于实现四轮驱动形式，有利于极大地改善整车的动力性能。

（5）轮毂电动机作为执行元件，其响应速度快和准确的优点便于实现包括线控驱动控制以及线控整车动力学控制在内的整车动力学集成控制，提高整车的主动安全性。

轮毂电动机与制动、转向和悬架系统深度融合，以及基于路况感知的转矩矢量分配是轮毂电动机驱动最关键的技术之一。

2.3 电力电子技术与逆变器

2.3.1 电力电子功率器件简介

电力电子器件（power electronic device）又称为功率半导体器件，主要用作电力设备的电能变换和控制电路方面的大功率电子器件（通常指电流为数十至数千安，电压为数百伏以上的器件）。

功率器件几乎用于所有的电子制造业，包括：计算机领域的笔记本、PC、服务器、显示器以及各种外设；网络通信领域的手机、电话以及其他各种终端和局端设备；消费电子领域的传统黑白家电和各种数码产品；工业控制领域的工业PC、各类仪器仪表和各类控制设备等。

除了保证这些设备的正常运行以外，功率器件还能起到有效的节能作用。由于电子产品的需求以及能效要求的不断提高，中国功率器件市场一直保持较快的发展速度。

20世纪50年代，电力电子器件主要是汞弧闸流管和大功率电子管。60年代发展起来的晶闸管，因其工作可靠、寿命长、体积小、开关速度快等优点，在电力电子电路中得到广泛应用。70年代初期，晶闸管已逐步取代了汞弧闸流管。80年代，普通晶闸管的开关电流已达数千安，能承受的正、反向工作电压达数千伏。在此基础上，为适应电力电子技术发展的需要，又开发出门极可关断晶闸管、双向晶闸管、光控晶闸管、逆导晶闸管等一系列派生器件，以及单极型MOS功率场效应晶体管、双极型功率晶体管、静电感应晶闸管、功能组合模块和功率集成电路等新型电力电子器件。

各种电力电子器件均具有导通和阻断两种工作特性。功率二极管是二端（阴极和阳极）器件，其器件电流由伏安特性决定，除了改变加在二端间的电压外，无法控制其阳极电流，故称为不可控器件。普通晶闸管是三端器件，其门极信号能控制元件的导通，但不能控制其关断，称为半控型器件。可关断晶闸管、功率晶体管等器件，其门极信号既能控制器件的导通，又能控制其关断，称为全控型器件。后两类器件控制灵活，电路简单，开关速度快，广泛应用于整流、逆变、斩波电路中，是电动机调速、发电机励磁、感应加热、电镀、电解电源、直接输电等电力电子装置中的核心部件。这些器件构成装置不仅体积小、工作可靠，而且节能效果十分明显（一般可节电10%～40%）。

单个电力电子器件能承受的正、反向电压是一定的，能通过的电流大小也是一定的。因此，由单个电力电子器件组成的电力电子装置容量受到限制。所以，在实际应用中将多个电力电子器件串联或并联形成组件，其耐压和通流的能力可以成倍地提高，从而可极大地增加电力电子装置的容量。器件串联时希望各元件能承受同样的正、反向电压，并联时则希望各元件能分担同样的电流。但由于器件的个体差异，串、并联时，各器件并不能完全均匀地分担电压和电流，所以在电力电子器件串联时要采取均压措施，在并联时要采取均流措施。

电力电子器件工作时,会因功率损耗引起器件发热、升温。器件温度过高将缩短寿命,甚至烧毁,这是限制电力电子器件电流、电压容量的主要原因。为此,必须考虑器件的冷却问题。常用的冷却方式有自冷式、风冷式、液冷式(包括油冷式、水冷式)和蒸发冷却式等。

事实表明,无论是电力、机械、矿冶、交通、石油、能源、化工、轻纺等传统产业,还是通信、激光、机器人、环保、原子能、航天等高技术产业,都迫切需要高质量、高效率的电能。而电力电子正是将各种一次能源高效率地变为人们所需的电能,实现节能环保和提高人们生活质量的重要手段,它已经成为弱电控制与强电运行之间,信息技术与先进制造技术之间,传统产业实现自动化、智能化改造与兴建高科技产业之间不可缺少的重要桥梁。而新型电力电子器件的出现,总是伴随着一场电力电子技术的革命。电力电子器件就好像现代电力电子装置的心脏,它对装置的总价值、尺寸、重量、动态性能、过载能力、耐用性及可靠性等,起着十分重要的作用。

2.3.1.1 器件分类

按照电力电子器件能够被控制电路信号所控制的程度分类:

(1) 半控型器件,如晶闸管;

(2) 全控型器件,如门极可关断晶闸管(GTO)、电力晶体管(GTR)、电力场效应晶体管(Power MOSFET)、绝缘栅双极晶体管(IGBT);

(3) 不可控器件,如电力二极管。

按照驱动电路加在电力电子器件控制端和公共端之间信号的性质分类:

(1) 电压驱动型器件,如 IGBT、Power MOSFET、静电感应晶闸管(SITH);

(2) 电流驱动型器件,如晶闸管、GTO、GTR。

按照驱动电路加在电力电子器件控制端和公共端之间的有效信号波形分类:

(1) 脉冲触发型,如晶闸管、GTO;

(2) 电子控制型,如 GTR、Power MOSFET、IGBT。

按照电力电子器件内部电子和空穴两种载流子参与导电的情况分类:

(1) 双极型器件,如电力二极管、晶闸管、GTO、GTR;

(2) 单极型器件,如 Power MOSFET、SIT、肖特基势垒二极管;

(3) 复合型器件,如 MOS 控制晶闸管(MCT)、IGBT、SITH 和 IGCT。

2.3.1.2 器件优缺点

(1) 电力二极管:结构和原理简单,工作可靠;

(2) 晶闸管:承受的电压和电流容量在所有器件中最高;

(3) GBT:开关速度快,开关损耗小,具有耐脉冲电流冲击的能力,通态压降较低,输入阻抗高,为电压驱动,所需驱动功率小;但开关速度低于 Power MOSFET,电压、电流容量不及 GTO;

(4) GTR:耐压高,电流大,开关特性好,通流能力强,饱和压降低;但开关速度低,为电流驱动,所需驱动功率大,驱动电路复杂,存在二次击穿问题;

(5) GTO:电压、电流容量大,适用于大功率场合,具有电导调制效应,且通流能力很强;但电流关断增益很小,关断时门极负脉冲电流大,开关速度低,所需驱动功率大,驱动电路复杂,开关频率低;

(6) Power MOSFET:开关速度快,输入阻抗高,热稳定性好,所需驱动功率小且驱动电路简单,工作频率高,不存在二次击穿问题;但电流容量小,耐压低,一般只适用于功率不超过 10 kW 的电力电子装置。

2.3.2 直流电源的变换

2.3.2.1 两电平 VSC 开关单元

变结构控制(VSC)目前已成为首选实施对象,原因如下:VSC 具有较低的系统成本,因为它们的配站比较简单;VSC 实现了电流的双向流动,更易于反转功率流方向;VSC 可以控制 AC 侧的有功和无功功率;VSC 不像 LCC 那样依赖于 AC 网络,可以向无源负载供电并具有黑启动能力。图 2-19 为两电平 VSC 的单相结构示意图。

运用 PWM 调制方法控制上下两桥臂器件的通断,可使得 U_o 在 $-U_d/2$ 和 $+U_d/2$ 两个电压之间跳变,U_o 的波形为与调制正弦波 U_t 等效的双极性 PWM 波。

2.3.2.2 可控直流电压

假设变流器的开关频率为 $f_0=1/T_0$,变流器在一个开关周期的工作情况

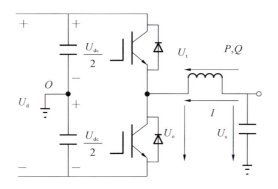

图 2-19 两电平 VSC 单相结构示意图

如图 2-20 所示,正脉冲和负脉冲的宽度由参数 m 确定。

在一个开关周期 T_0 内,变流器产生一定宽度的电压 $+E$ 和 $-E$,输出电压的平均值为

$$V_0 = \langle V_0(t) \rangle_{T_0} = \frac{1}{T_0}\left[-(1-m)\frac{T_0}{2}E + (1+m)\frac{T_0}{2}E\right] = mE \quad (2.3)$$

由方程(2.3)可以看出,平均输出电压是 m 的线性函数。m 直接决定着电压脉冲的宽度,在区间 $[-1,+1]$ 内改变 m,则可以在区间 $[-E,+E]$ 内改变输出电压的平均值,实现对输出电压的线性控制。输出电压不是纯直流电压,含有可控直流电压分量和高频电压分量。由该电源供电的负载,如果其动态足够慢,则高频电压分量对负载没有显著的影响,负载电压主要由可控直流电压分量决定。例如,一台大功率直流电动机,由于"慢"机械系统具有低通滤波器的性质,因此,惯性轴只对平均电压响应。所以,电动机转速主要由输出电压中的直流电压分量(平均值)决定。

只要负载的最小时间常数比开关周期 T_0 大很多,就可以认为负载具有充分慢的动态特性,对高频振荡具有足够的阻尼作用。在高频电压分量(大于或等于开关频率)的作用下,负载没有足够的时间发生明显的变化,故可以假设负载只对平均电压分量(DC)的变化做出反应。

下面讨论如何产生 T_1、T_2 的驱动信号,以得到如图 2-21 所示的电压波形。在图 2-20 中,三角波(载波信号)的周期为 T_0,给定电压对应于 m,使用比较器对这两个信号进行比较,当 m 大于载波信号,则产生使 T_1 为导通状态的驱动信

号,否则产生使 T_1 为关断状态的驱动信号,T_2 的驱动信号与 T_1 的驱动信号互补(相反)。按照以上的方法,就可以得到如图 2-20 所示的开关状态,改变 m 的大小,就可以改变电压脉冲的宽度,进而改变直流输出电压。

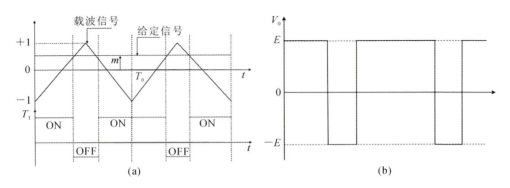

图 2-20 驱动开关单元的开关信号

在一段时间内,载波信号和给定信号的相交次数由载波频率直接决定。每相交一次,开关器件的开关状态就改变一次,因此,载波频率又被称为开关频率。在确定开关频率时,必须考虑负载的时间常数,同时还要考虑变流器的开关损耗。

2.3.2.3 可控交流电压

为了产生一个可控的直流电压,给定信号 m 为不变的常数以保持输出电压的平均值不变。如果给定信号 m 随时间缓慢变化,其大小在一个开关周期(载波周期)内基本为常数,在一个沿时间轴滑动的窗口内,对输出电压进行平均,则可以观察到电压的平均值随着给定信号的变化而缓慢变化。

如果给定信号是低频(和载波相比)的正弦波,则在变流器输出的电压脉冲序列中,也包含频率相同的正弦分量,则有

$$r(t) = m\sin(\omega_r t) \tag{2.4}$$

其中,ω_r 为输出交流电压的频率,$\omega_r \ll 2\pi/T_0$。

综合方程(2.3)和方程(2.4)可知输出电压的平均值为

$$\langle V_0 \rangle(t) = mE\sin(\omega_r t) \tag{2.5}$$

其中,m 为调制度。这种通过改变电压脉冲宽度,产生交流电压的方法称为脉宽调制(PWM)技术。

图 2-21 说明了 PWM 技术的原理,其中包含一个三角载波、一个幅值为 0.8 的正弦波和输出的电压脉冲序列。图 2-21 中还给出了输出电压的基波分量。在这个特例中,载波的频率是基波频率的 15 倍,图 2-22 给出了输出电压的频谱。

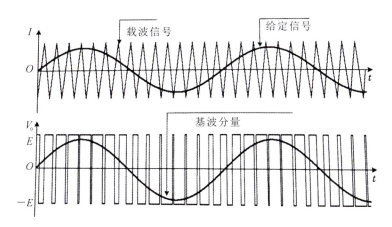

图 2-21 利用 PWM 技术产生的可控交流电压

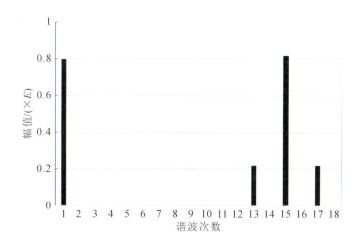

图 2-22 输出电压的频谱

通过观察输出电压的波形和它的谐波频谱,可以看出 PWM 技术的几个重要特性:

(1) 输出电压的基波幅值与电压 E 的比值等于调制度(0.8,见图 2-21 中的波形),这个结论与平均电压表达式方程(2.3)是一致的。

(2) 输出电压中的波主要为 $15n$ 次谐波,注意 15 为波频率与基波频率的比值,低频谐波 n 为零,这是 PWM 技术的突出优点。使用 PWM 技术可以把谐波分量移动到高频带,而系统本身的阻尼可以有效地减少高频谐波(电压)的影响。

当 $m \leqslant 1$ 时,输出电压的基波幅值与调制度之间具有线性关系。当 $m > 1$ 时基波幅值与调制度之间则不再保持线性关系,当 m 很大时,进入饱和区。在实际应用中,非线性会增加系统的复杂程度,因此,需要对产生 m 的控制器的输出进行限幅,以避免出现 $m > 1$ 的情况。

2.3.2.4　可控交流电流

利用 PWM 技术对开关单元进行控制,可以产生可控的直流或交流电压。PWM 技术的基本原理:对高频三角载波和低频调制波(给定电压信号)进行比较,根据比较结果,产生恰当的驱动信号。无论调制波的类型如何,利用 PWM 控制的开关单元都产生一系列的宽度经过调制的电压脉冲,输出电压的低频分量由调制波决定,并与给定的直流或交流电压一致。输出电压中的其他频率分量,是由 PWM 本身产生的,并不期望得到。按照实际需要,可以利用滤波器把这些高频分量滤除掉,也可以不对之进行处理。

对普通的 PWM 技术进行改进,利用 CR-PWM(current-reference PWM),开关单元也可以产生可控的交流电流。在图 2-23 中,有一个给定电流和两条包络线,包络线紧随给定电流的变化而变化。CR-PWM 的基本原理是,输出恰当的电压使负载电流处于两条包络线内。如果上下两个包络线与给定电流充分接近,就认为实现了负载电流对给定电流的跟踪。

如图 2-23 所示,在 CR-PWM 中使用的控制方法为,当电流触及下包络线时,开关器件 T_1 导通,负载电压为 $+E$,负载电流增大;一旦触及了上包络线,开关器件 T_1 关断,T_2 导通,负载电压为 $-E$,负载电流减小,直到电流再次到达下包络线。

上下包络线之间的带宽越窄,负载电流越接近于给定电流,但是开关次数越多,开关损耗越大。与产生可控电压的 PWM 不同,CR-PWM 的开关频率不固定,这给谐波抑制滤波器的设计带来了困难。不固定的开关频率是 CR-PWM 的一个缺点。

2.3.2.5　AC-DC-AC 变流器

在整流器和 DC-AC 变流器的基础上,这里介绍 AC-DC-AC 变流器。正如

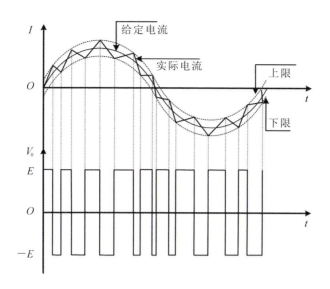

图 2-23 CR-PWM 技术

其名,这类变流器由两级构成。使用二极管或晶闸管三相桥,把输入的交流电变换成直流电,然后使用三相 VSC 产生所需的三相交流电。为了完成以上变换,需要在两个变流器之间设置直流母线,还需要使用恰当的直流器件来滤除直流母线上的谐波。常用的直流器件是滤波电容和滤波电感。不管外接电路如何,AC-DC-AC 变流器都可以用图 2-24 来表示。

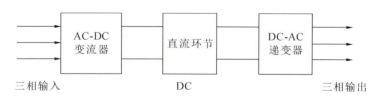

图 2-24 AC-DC-AC 变流器的结构图

尽管 AC-DC-AC 变流器的结构比较复杂,但是这类变流器具有很多优点。使用中间直流环节,在三相输入与三相输出之间实现了隔离,使两者的动态和静态特性相互不产生影响。如果直流环节的抗干扰能力较强,则两级变流器具有设计方便、效率高和性能好的特点。特别需要指出的是,变流器的输出级(DC-AC 部分)可以使用前面介绍的 PWM 技术来实现,也可以使用其他控制性能好、谐波小的控制技术来实现。

2.3.3 逆变器

2.3.3.1 简介

逆变器是一种 DC-AC 变压器,它与转换器相反,实现的是一种电压逆变的过程。转换器将电网的交流电压转变为稳定的 12 V 直流输出,而逆变器将转换器输出的 12 V 直流电压转变为高频的高压交流电;两个部分同样都采用了用得比较多的 PWM 技术。其核心部分都是一个 PWM 集成控制器,转换器用的是 UC3842,逆变器则采用 TL5001 芯片,TL5001 的工作电压范围为 3.6～40 V。逆变器内部设有误差放大器、调节器、振荡器、有死区控制的 PWM 发生器、低压保护回路及短路保护回路等,其特点如下:

(1) 转换效率高、启动快;

(2) 安全性能好:产品具备短路、过载、过/欠电压、超温 5 种保护功能;

(3) 物理性能良好:产品采用全铝质外壳,散热性能好,表面经硬氧化处理,耐摩擦性能好,并可抗一定外力的挤压或碰击;

(4) 带负载适应性与稳定性强。

逆变器输入部分有 3 个信号:12 V 直流输入 VIN、工作使能电压 ENB 及主板电流控制信号 DIM。VIN 由转换器提供,ENB 电压由主板上的 MCU 提供,其值为 0 V 或 3 V,当 ENB=0 V 时,逆变器不工作,而当 ENB=3 V 时,逆变器处于正常工作状态;DIM 电压由主板提供,其变化范围介于 0～5 V 之间,将不同的 DIM 值反馈给 PWM 控制器反馈端,逆变器向负载提供的电流也将不同,DIM 值越小,逆变器输出的电流就越大。

电压启动回路在 ENB 为高电平时,输出高压去点亮主板的背光灯灯管。

PWM 控制器提供内部参考电压,由误差放大器、振荡器、脉宽调制器、输出晶体管等组成,具有过压保护、欠压保护、短路保护功能。

电压变换电路由 MOS 开关管和储能电感组成,输入的脉冲经过推挽放大器放大后驱动 MOS 管做开关动作,使得直流电压对电感进行充放电,这样电感的另一端就能得到交流电压。LC 振荡及输出回路保证灯管启动需要的 1600 V 电压,并在灯管启动以后将电压降至 800 V。输出电压的作用是,当负载工作时,反馈采样电压,以稳定逆变器的输出电压。

电动机控制中一般使用变频器,逆变器是变频器的主要组成部分。逆变器采用直流供电,变频器采用交流供电,两者都可输出频率可变的交流电,目的都是给电动机调速。

感应电动机属于交流电动机,感应电动机的转速取决于供电频率,与供电频率近似成正比关系。改变供电频率,就可改变电动机转速。变频器可以输出频率可变的交流电,采用变频器驱动感应电动机,只需调节变频器频率,就可以方便地调节电动机转速,在许多场合下还可以起到节能的作用。此外,变频器还可以有效地降低启动电流。

2.3.3.2 逆变器的分类

1. 按波弦性质分类

按波弦性质分类,一类是正弦波逆变器,另一类是方波逆变器。正弦波逆变器输出的是同我们日常使用的电网输出的一样甚至更好的正弦波交流电,因为它不存在电网中的电磁污染。方波逆变器输出的则是质量较差的方波交流电,其从正向最大值到负向最大值几乎发生在同时,这样会对负载和逆变器本身造成剧烈的不稳定影响。同时,其负载能力差,仅为额定负载的40%~60%,不能带感性负载。若所带的负载过大,方波电流中包含的三次谐波成分将使流入负载中的容性电流增大,严重时会损坏负载的电源滤波电容。针对上述缺点,出现了准正弦波(或称改良正弦波、修正正弦波、模拟正弦波等)逆变器,其输出波形从正向最大值到负向最大值之间有一个时间间隔,使用效果有所改善,但准正弦波的波形仍然由折线组成,属于方波范畴,连续性不好。总体来说,正弦波逆变器提供高质量的交流电,能够带动任何类型的负载,但技术要求和成本均高。准正弦波逆变器可以满足我们大部分的用电需求,效率高,噪声小,售价适中,因而成为市场中的主流产品。方波逆变器的制作采用简易的多谐振荡器,其技术属于20世纪50年代的水平,将逐渐退出市场。

2. 根据发电源的不同分类

根据发电源的不同,逆变器可分为煤电逆变器、太阳能逆变器、风能逆变器和核能逆变器。

3. 根据用途不同分类

根据用途不同,逆变器可分为独立控制逆变器和并网逆变器。世界上太阳能逆变器,欧美的效率较高,欧洲标准是97.2%,但价格较高。国内其他的逆变器效率都在90%以下,但价格比进口的要低很多。除了功率、波形以外,选择逆变器时效率也非常重要,效率越高则在逆变器上浪费的电能就越少,用于电器的电能就更多,特别是在使用小功率系统时这一点的重要性更明显。

4. 按照源流性质分类

按照源流性质,逆变器可分为有源逆变器和无源逆变器。有源逆变器是电流电路中的电流在交流侧与电网连接,而不直接接入负载的逆变器;无源逆变器是电流电路中的电流在交流侧不与电网连接,而直接接入负载(即把直流电逆变为某一频率或可调频率的交流电供给负载)的逆变器。

5. 按并网类型分类

按并网类型可将逆变器分为离网型逆变器和并网型逆变器。

6. 按拓扑结构分类

按拓扑结构可将逆变器分为两电平逆变器、三电平逆变器和多电平逆变器。

7. 按功率等级分类

按功率等级可将逆变器分为大功率逆变器、中功率逆变器和小功率逆变器。

2.3.3.3 逆变器的作用

逆变器的作用是把直流电(电池、蓄电瓶)转变成交流电(一般为220 V、50 Hz正弦波或方波)。通俗地讲,逆变器是一种将直流电(DC)转化为交流电(AC)的装置。它由逆变桥、控制逻辑和滤波电路组成,广泛适用于汽车、空调、家庭影院、电动砂轮、电动工具、缝纫机、DVD、VCD、计算机、电视、洗衣机、抽油烟机、冰箱、录像机、按摩器、风扇、照明灯具等。简单地说,逆变器就是一种将低压(12 V、24 V或48 V)直流电转变为220 V交流电的电子设备。因为我们通常是将220 V交流电整流变成直流电来使用,而逆变器的作用与此相反,也因此而得名。我们处在一个"移动"的时代,移动办公、移动通信、移动休闲和娱乐。在移动的状态中,人们不但需要由电池或电瓶供给的低压直流电,同时还需要220 V交流电,逆变器就可以满足这种需求。

2.3.3.4 常见类型

1. 中小功率型

该类型逆变器是户用独立交流光伏系统中重要的环节之一,其可靠性和效率对推广光伏系统、有效用能、降低系统造价至关重要。因而各国的光伏专家们一直在努力开发适于户用的逆变电源,以促使该行业更好更快地发展。

2. 多重串联型

该类型逆变器应用于电动汽车有诸多优点。串联结构输出电压矢量的种类大大增加,增强了控制的灵活性,提高了控制的精确性,同时降低了电动机中性点电压的波动。逆变器的旁路特点可提高充电和再生制动控制的灵活性。

随着人们对城市环境的日益关切,电动汽车的发展得到了一个难得的机遇。在城市交通中,电动大客车由于载量大,综合效益高,成为优先发展的对象。电动大客车大都采用三相交流电动机,由于电动机功率大,三相逆变器中的器件需要承受高电压和大电流应力的作用,较高的 dV/dt 又使电磁辐射严重,并且需要良好的散热。而采用多重串联型结构的大功率逆变器则降低了单个器件承受的电压应力,降低了对器件的要求,降低了 dV/dt 值,减少了电磁辐射,也大大减少了器件的发热。由于输出电平种类增加,因此控制性能更好。

多重串联型逆变器适用于大功率的电动汽车驱动系统。采用多重串联型结构,可降低多个蓄电池串联带来的危险,降低器件的开关应力和减少电磁辐射,但需要的电池数增加了 2 倍。为维持每组蓄电池电量的均衡,在运行时需要确保电池的放电时间一致。通过旁路方式,可灵活地对蓄电池组充电,还可控制再生制动的力矩。

2.3.3.5 车载逆变器的应用

车载逆变器一般使用汽车电瓶或点烟器供电,先将低压直流电转换为 265 V 左右的直流电,然后将高压直流电转变为 220 V、50 Hz 的交流电。车载逆变器打破了在车内使用电器的诸多局限。车载电源不仅适用于车载系统,只要是 12 V 直流电源的场合,都可使用。车载逆变器充分考虑到外部的使用环境,当发生过载或短路现象时将自动保护关机。

车载逆变器是一种工作在大电流、高频率环境下的电源产品,其潜在故障率相当高。因此在购买时一定要慎重。

(1) 选择车载电源除了价格因素外,主要需要考虑的是车载电源对输入电压的要求和输出功率的大小,此外由于各种用电器的功率差别很大,因此要根据使用需求来选择,原则是够用为主。

(2) 根据使用的电器的种类不同选择合适的车载电源,对于日常的阻性用电器选择方波、修正波、正弦波逆变器都可以,对于感性的用电器则必须选择正弦波逆变器。

(3) 方波/修正波逆变电源不能带感性负载和容性负载,不能带动空调、冰箱,也难以为高质量的音响、电视供电。

(4) 一般小轿车内的点烟器保险为 10 A 或 15 A(10 A 的保险多为老旧车型或原装进口车型的),这说明一般的小轿车内可以使用的车载逆变器功率为 120 W 或 180 W 的。如果需要大功率的逆变器(超过 180 W 或 200 W 的),则一定要看一下包装内是否有电瓶夹线,没有电瓶夹线的大功率逆变器在小轿车上使用会有所限制。

2.3.4 电力电子电路的实际问题

2.3.4.1 转矩波动

转矩波动是各种机械传动轴工作时出现的扭矩波动,与动力机械的工作能力、能源消耗、效率、运转寿命及安全性能等因素紧密联系。转矩的测量对传动轴载荷的确定与控制、传动系统工作零件的强度设计以及原动机容量的选择等都具有重要的意义。

转矩波动主要受齿槽力矩、电磁波动力矩、电枢反应和机械工艺等因素的影响,也正是因为这些因素都是电动机本身机械结构引起的,所以转矩波动测试也尤为困难,而且精度不高。图 2-25 和图 2-26 分别给出了驱动电动机系统转矩波动的趋势与测试结果。

1. 转矩波动的影响

电动机直接作用于负载,在运转过程中,其自身由于齿槽力矩、电磁效应和加工装配工艺等产生的转矩波动将直接传递到负载上,从而对系统速度平稳性及控制精度产生影响。尤其在轻载和低转速状态下,波动力矩占电动机输出力

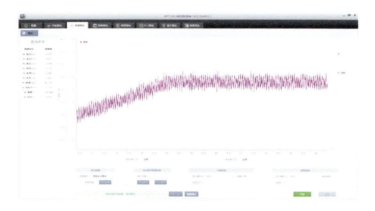

图 2-25　转矩波动趋势

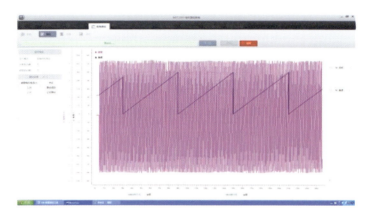

图 2-26　转矩波动测试结果

矩比例相对较大,这种影响更加不能忽略。因而准确测量波动力矩就成为电动机实际应用中需要解决的问题。

2. 转矩波动的产生原理

1) 理想齿槽转矩波动

一般的永磁力矩电动机的结构形式为转子装配永磁体和定子开槽的结构。齿槽力矩是一种由永磁体和定子齿的边缘共同作用产生的平均值为零的波动力矩,由电动机转子在运转过程中的磁场能量变化而产生,如图 2-27 所示。

2) 电枢反应引起的转矩波动

假定磁场分布不受电枢反应的影响,但电动机在运行过程中总会产生电

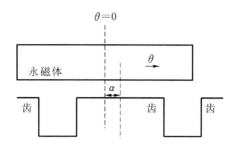

图 2-27 理想齿槽转矩波动

枢反应,交轴电枢反应则会使磁场发生畸变,引起整个磁场分布的不对称,从而改变反电势波形,产生转矩波动。对于永磁力矩电动机,由于其使用的永磁材料和空气的磁导率接近,因此其电枢反应对磁场分布的改变可以忽略不计。

2.3.4.2 开关损耗

功率器件的开通和关断过程需要经过一段时间,不是瞬间完成的。在很短的开关时间内,器件承载的电压和电流会发生剧烈的变化。完全关断后,器件中流过的电流基本为零,而器件开通时,承载的电压也基本为零(与电路中的其他电压相比,基本可以忽略不计),因此,当器件开通和关断时,器件上的损耗非常小。而在开关过程中,电压或电流的值很大,出现较大的损耗,这种损耗称为开关损耗。虽然开关时间非常短,但是在 1 s 内发生几百或几千次的状态变换(由开关频率决定)也会累积成不容忽视的开关损耗。

功率器件在开通和关断的过程中产生开关损耗,开关损耗转换成热能,会使功率器件本身和附近器件的温度升高。增加功率器件的表面积,有利于其和周围环境进行热交换(自然冷却或强制空气循环)。在电力电子电路中,通常使用散热片来帮助器件散热。散热片能够在相对较小的体积内提供很大的热交换面积,尽可能多地带走功率器件产生的热量。

开关损耗包括开通损耗和关断损耗。一般而言,多数器件的关断时间 t_{off} 远大于开通时间 t_{on},即关断损耗在开关损耗中占主导地位,一次开关中开通损耗可忽略不计。

如图 2-28 所示,由于开通、关断时的电压、电流波形较复杂,难以精确地对电压、电流瞬时值乘积的积分进行求解,因此常把开关时间间隔(关断时间 t_{off} 或开通时间 t_{on})内的电流和电压波形按下述方式进行线性近似处理,从而简化开关损耗的计算过程。

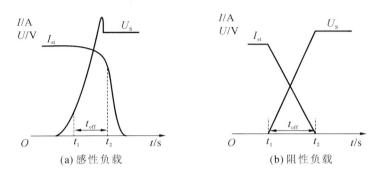

图 2-28 感性负载和阻性负载关断过程中的电流和电压波形图

对于感性负载,电流不可突变,故在整个关断期间,可近似认为电流 I_{st} 保持不变,器件电压从零线性上升至 U_S。由此不难求取其关断损耗,即

$$P_{off} = f_s \int_0^{1/f_s} u(t)i(t)dt = f_s \int_{t_1}^{t_2} \frac{U_S}{t_{off}}(t-t_1)I_{st}dt = \frac{U_S I_{st}}{2}t_{off}f_s \quad (2.6)$$

式中:$t_2 = t_1 + t_{off}$;U_S 和 I_{st} 分别表示静态电压和最大电流;f_s 表示开关频率;t_{off} 表示关断时间。

对于阻性负载,在 t_1 时刻,电流从 I_{st} 开始线性下降,并在 t_2 时刻下降到零;器件电压在 t_1 时刻从零线性上升并在 t_2 时刻上升到 U_S。由此不难求取其关断损耗,即

$$P_{off} = f_s \int_0^{1/f_s} u(t)i(t)dt = f_s \int_{t_1}^{t_2} \frac{U_S}{t_{off}}(t-t_1)(-\frac{I_{st}}{t_{off}})(t-t_2)dt = \frac{U_S I_{st}}{6}t_{off}f_s$$

(2.7)

另外,开通损耗 P_{on} 的计算与关断损耗 P_{off} 相似,只需将公式中 t_{off} 换为 t_{on} 即可。这样,由 $P_{on} + P_{off}$ 即求出器件的开关损耗。

有些器件会在产品手册中给出单次开通及关断的损耗和相关参数的关系曲线。从曲线图中查出特定电流对应的单次开关损耗后,即可利用式(2.8)计算出对应的开通损耗和关断损耗,即

$$P_{on} = E_{on} f_s \quad (2.8)$$

由以上的讨论可知,减少开关损耗有利于提高整个系统的效率,还使得电路可以使用更小、更轻的开关器件,同时减小散热片的体积,因此,减少开关损耗对电力电子电路具有重要的意义。

在设计电力电子电路时,要综合考虑效率和性能两个因素。通常开关频率越高,变流器的性能越好,但是这样会增加系统的开关损耗,降低系统的效率。使用快速开关器件既可以提高系统的性能,又不会过多地增加系统的损耗,为进一步提高电力电子电路的开关频率创造了可能。由于快速开关器件的开关时间更短,开关损耗更小,因此,在开关频率不高的应用场合,使用快速开关器件有利于提高系统的效率。

2.3.4.3 噪声和电磁辐射

电力电子电路运行在高开关频率下会产生电磁辐射(electro magnetic interference,EMI),并和其他设备(包括控制系统)互相干扰,还可能产生噪声,对在周围工作或居住的人产生危害。为了尽量减少这些副作用,同时符合相关应用标准的要求,必须就电力电子电路的 EMI 和噪声问题进行全面的分析。

电磁辐射是指当电流或电荷随时间变化时,电磁能量以电场和磁场的方式向外传播。电磁辐射源产生的交变电磁场可分为性质不同的两部分:其中一部分电磁场能量在辐射源周围空间及辐射源之间周期性地来回流动,不向外发射,称为感应场;另一部分电磁场能量脱离辐射体,以电磁波的形式向外发射,称为辐射场。一般情况下,电磁场根据感应场和辐射场的不同而区分为远区场和近区场。远区场和近区场的划分相对复杂,要根据不同的工作环境和测量目的进行划分。一般而言,以场源为中心,在三个波长范围内的区域称为近区场,也可称为感应场;以场源为中心,三个波长之外的空间范围称为远区场,也可称为辐射场。

在辐射干扰的研究中,天线是产生电磁波的一个辐射源,而电偶极子和磁偶极子是两种最基本的辐射单元,实际电力电子电路中的多种元件均可等效或近似等效为这两种辐射单元。

电偶极子也叫电流元,是一种基本的辐射单元。下面分析电偶极子的电磁辐射情况。设其长度与横向尺寸均远小于波长。线上载有高频电流 $I = I_m \sin\omega t$,由于电偶极子的长度远小于波长,因此可认为极子上各点的电流等幅同相。电偶极子是线天线的基本组成部分,线天线是由许许多多的基本阵子组成的。在计算印制电路板(PCB)上单根电路轨迹时,如果轨迹尺度 L 比波长及场距小很多,那么就可以用电偶极子模型来分析 PCB 上单根电路轨迹的电磁辐射问题。图 2-29 为球坐标系下的电流元辐射场示意图。

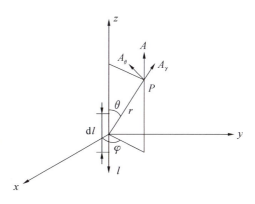

图 2-29 求解电流元的辐射场

由麦克斯韦方程可解得电偶极子中间的电磁场为

$$E_r = -j\frac{Il\cos\theta}{2\pi\omega\varepsilon}\left[\frac{1}{r^3} + j\frac{k}{r^2}\right]e^{-jkr} \quad (2.9)$$

$$E_\theta = -j\frac{Il\sin\theta}{4\pi\omega\varepsilon}\left[\frac{1}{r^3} + j\frac{k}{r^2} - \frac{k^2}{r}\right]e^{-jkr} \quad (2.10)$$

$$H_\varphi = \frac{Il\sin\theta}{4\pi}\left[\frac{1}{r^2} + j\frac{k}{r}\right]e^{-jkr} \quad (2.11)$$

$$E_\varphi = H_r = H_\theta = 0 \quad (2.12)$$

在式(2.9)至式(2.12)中:l 为电偶极子的长度;I 为电流有效值;r 为观测点与原点的距离;$k=2\pi/\lambda(\text{rad/m})$,$\lambda$ 为波长。根据观测点与原点的距离把场域分为三部分,即近区场、中区场和远区场。

(1) 近区场:$r \ll \dfrac{\lambda}{2\pi}$,此时场内主要是感应场,其场量方程简化为

$$E_r = -j\frac{Il\cos\theta}{2\pi\omega\varepsilon r^3}e^{-jkr} \quad (2.13)$$

$$E_\theta = -j\frac{Il\sin\theta}{4\pi\omega\varepsilon r^3}e^{-jkr} \quad (2.14)$$

$$H_\varphi = \frac{Il\sin\theta}{4\pi r^2}e^{-jkr} \quad (2.15)$$

$$E_\varphi = H_r = H_\theta = 0 \quad (2.16)$$

从式(2.13)至式(2.16)的推导可以看出,近区场通常具有如下特点:在近

区场内,电场强度与磁场强度的大小没有确定的比例关系。一般情况下,对于电压高电流小的场源(如发射天线、馈线等),电场要比磁场强得多;对于电压低电流大的场源(如某些感应加热设备的模具),磁场要比电场强得多。近区场的电磁场强度比远区场的大得多。从这个角度上说,电磁防护的重点应该在近区场。近区场的电磁场强度随距离的变化比较快,在此空间内的不均匀度较大。

(2) 中区场:$r \approx \frac{\lambda}{2\pi}$,此时场内是感应场和辐射场的叠加。

(3) 远区场:$r \gg \frac{\lambda}{2\pi}$,此时场强随传播距离的增大呈反比变化,称此为辐射场,其场量方程可简化为

$$E_\theta = j\frac{Ilk^2 \sin\theta}{4\pi\omega\varepsilon r}e^{-jkr} \tag{2.17}$$

$$H_\varphi = j\frac{Ilk\sin\theta}{4\pi r}e^{-jkr} \tag{2.18}$$

$$E_r = E_\varphi = H_r = H_\theta = 0 \tag{2.19}$$

当电流元置于自由空间时,自由空间的特性阻抗为

$$W_0 = \frac{E_\theta}{H_\varphi} = \frac{k}{\omega\varepsilon} = \sqrt{\frac{\mu}{\varepsilon}} = 120\pi(\Omega) \tag{2.20}$$

辐射场场量方程可以进一步改写为

$$E_\theta = j\frac{60\pi Il}{r\lambda}\sin\theta e^{-jkr} \tag{2.21}$$

$$H_\varphi = j\frac{Il}{2\lambda r}\sin\theta e^{-jkr} \tag{2.22}$$

$$E_r = E_\varphi = H_r = H_\theta = 0 \tag{2.23}$$

远区场的主要特点如下:在远区场中所有的电磁能量基本上均以电磁波形式辐射传播,这种场辐射强度的衰减要比感应场慢得多,即远区场为弱场,其电磁场强度均较小。

通常,对于一个固定的可以产生一定强度的电磁辐射源来说,近区场辐射的电磁场强度较大,所以应该格外注意对电磁辐射近区场的防护。对电磁辐射近区场的防护,首先是对作业人员及处在近区场环境内的人员的防护,其次是对位于近区场内的各种电子、电气设备的防护。而远区场由于电磁场强度较

小,通常对人的危害较小。我们最经常接触的从短波段 30 MHz 到微波段的 3000 MHz 的频段,其波长范围为 1~10 m。

2.4 车用电动机控制技术

2.4.1 矢量控制技术

异步电动机的动态数学模型是高阶、非线性、强耦合的多变量系统。矢量控制实现的基本原理是,通过测量和控制异步电动机的定子电流矢量,根据磁场定向原理分别对异步电动机的励磁电流和转矩电流进行控制,从而达到控制异步电动机转矩的目的。

矢量控制(vector control)也称为磁场导向控制(field-oriented control,FOC),是一种利用变频器(VFD)控制三相交流电动机的技术。该技术通过调整变频器的输出频率、输出电压的大小及角度来控制电动机的输出。其特性是可以分别控制电动机的磁场及转矩,类似他励式直流电动机的特性。由于处理时会将三相输出电流及电压以矢量来表示,因此称为矢量控制。

矢量控制是现在控制交流电动机的先进手段,其中压频控制旨在维持电动机磁通恒定,使电动机保持较高的效率。矢量控制的适用范围:

(1) 矢量控制只能用于一台变频器控制一台电动机的情形;

(2) 电动机容量与变频器要求配置的电动机容量之间最多只能相差一个档次;

(3) 电动机磁极数一般以 2、4、6 为宜,高精度矢量控制可以扩展至 10 极以上;

(4) 力矩电动机、深槽电动机、双鼠笼电动机等特种电动机无法使用矢量控制。

2.4.1.1 基于 PI 调节器的电动机矢量控制

比例-积分调节器简称 PI 调节器,是一种线性控制器,它根据给定值与实际输出值构成控制偏差,将偏差的比例和积分通过线性组合构成控制量,对被控对象进行控制。在实际工程应用中应用最广泛的调节器控制规律为比例-积分-

微分控制,又称为 PID 调节,如图 2-30 和图 2-31 所示。PID 调节器通过对偏差信号 $e(t)$ 进行比例、积分、微分运算,并对结果进行加权而得到控制器的输出 $u(t)$,该值是控制对象的控制值。

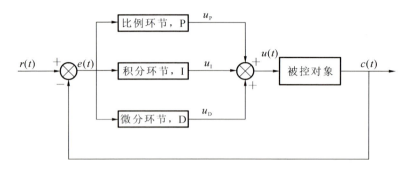

图 2-30　PID 调节系统方框图

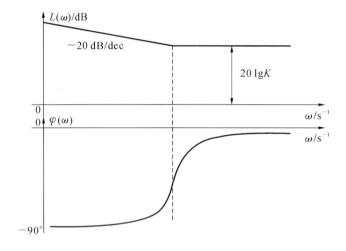

图 2-31　PID 调节 Bode 图

比例调节作用:按比例反映系统的偏差,系统一旦出现偏差,比例调节立即产生调节作用以减少偏差。比例作用大,可以加快调节,减少误差,但是过大的比例会使系统的稳定性下降,甚至造成系统不稳定。

积分调节作用:使系统消除稳态误差,提高无误差度。只要有误差,就进行积分调节,直至无误差,积分调节停止,输出一常值。积分作用的强弱取决于积分时间常数 T_i,T_i 越小,积分作用越强,可在较短时间内使调节过程趋向稳定,尽快消除偏差。反之,T_i 越大,积分作用越弱,积分时间长,使调节过程稳定所需时间增加,消除偏差慢。积分调节常与另两种调节规律结合,组成 PI 调节器或 PID 调节器。

简单说来,PI 调节器各校正环节的作用如下:

(1) 比例环节成比例地反映控制系统的偏差信号,偏差一旦产生,调节器立即产生调节作用,以减少偏差。通常随着比例值的加大,闭环系统的超调量加大,系统响应速度加快,但是当比例增加到一定程度,系统会变得不稳定。

(2) 积分环节主要用于消除静差,提高系统的无差度(型别)。积分作用的强弱取决于积分常数,积分常数越大,积分作用越弱,反之越强。闭环系统的超调量越小,系统的响应速度越慢。

总的来说,在控制工程实践中,PI 调节器主要用来改善控制系统的稳态性能。

2.4.1.2 基于滑模速度控制器的电动机矢量控制

滑模控制(sliding mode control,SMC)也称为变结构控制,本质上是一类特殊的非线性控制,且非线性表现为控制的不连续性。这种控制策略与其他控制的不同之处在于系统的结构并不固定,而是可以在动态过程中根据系统当前的状态(如偏差及其各阶导数等)有目的地不断变化,迫使系统按照预定滑动模态的状态轨迹运动。滑动模态可以进行设计且与对象参数及扰动无关,这就使得滑模控制具有快速响应、对参数变化及扰动不灵敏、无须系统在线辨识、物理实现简单等优点。

目前,永磁同步电动机(PMSM)调速系统的控制器普遍采用传统 PI 调节器,其算法简单,参数整定方便。而对于 PMSM 这样一个非线性且强耦合的多变量系统,当控制系统受到外部扰动或电动机内部参数随温度与部件老化等变化时,传统的 PI 控制方法无法准确对 PMSM 进行控制。为了提高 PMSM 调速系统的动态品质,可以使用滑模控制器减小电动机参数变化的影响,且滑模控制器响应速度快。

滑模控制属于变结构控制系统的控制策略,这种控制策略与常规控制策略的根本区别在于控制的不连续性,即一种使系统结构随时间变化的开关特性。这种特性表现在它可以使系统在一定条件下沿着规定的轨迹做小幅、高频率的上下波动,由此达到一种滑动的状态。这种状态可以通过数学方法设计,并且与系统的参数和扰动无关,从而使得控制系统具有很好的鲁棒性。

一般情况下非线性系统函数包括状态控制和时间多个变量,我们需要确定滑模面函数以及求解控制器函数,在滑模控制中有三个基本要素:滑模动态存在、满足可达性条件、滑模运动稳定。

通常滑模变结构控制系统的运动由两部分组成:第一部分是在滑模面外的正常运动,它是从滑模面外向滑模面趋近的运动;第二部分是在滑模面附近的运动。整个运动过程需要各种趋近律函数来保证正常运动阶段的品质。常用的趋近律有等速趋近律、指数趋近律、幂次趋近律和一般趋近律。

近年来,滑模变结构方法因其所具有的优良特性而受到越来越多的重视。该方法通过自行设计所需的滑模面和等效控制律,能快速响应输入的变换,而对参数变换和扰动不敏感,具有很好的鲁棒性,且物理制作简单。大多数采用滑模变结构方法的控制系统无须采用联合滑模观测和滑模控制的思想进行鲁棒方案的设计。滑模变结构控制逐渐引起了学者们的重视,其最大优点是滑动模态对加在系统上的干扰和系统的摄动具有完全的自适应性,而且系统状态一旦进入滑模运动,便快速地收敛到控制目标,为时滞系统、不确定性系统的鲁棒性设计提供了一种有效途径。滑模变结构控制的最大问题是系统控制器的输出存在抖动。

2.4.2 直接转矩控制技术

2.4.2.1 电动机直接转矩控制原理

与矢量控制技术相比,直接转矩控制(DTC)系统结构简单、转矩响应快、鲁棒性好。DTC方式的基本思想是在维持定子磁链幅值不变的情况下,通过调整其旋转速度进行转矩角的调整以控制转矩,进而控制电动机的转速。它应用空间矢量的分析方法,采用定子磁场定向,借助于Bang-Bang控制产生的PWM信号直接控制逆变器的开关状态。将该控制方式应用于电动汽车用PMSM具有广阔的前景,将进一步提高电动汽车的动力性和可靠性。

1.定子坐标系下的转矩方程

为推导定子坐标系下的PMSM电磁转矩,建立如图2-32所示的坐标系。图中α-β为静止的两相定子参考坐标系,其中,α轴与定子a相绕组轴线重合;

x-y 为同步旋转的两相定子参考坐标系;d-q 为旋转的转子坐标系,d 轴为转子永磁体磁通轴线方向;δ 是转矩角。

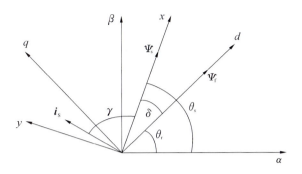

图 2-32 直接转矩控制用坐标系

定子磁链与电流从 d-q 坐标系到定子 x-y 旋转坐标系遵循以下的变换:

$$\begin{bmatrix} \psi_x \\ \psi_y \end{bmatrix} = \begin{bmatrix} \cos\delta & \sin\delta \\ -\sin\delta & \cos\delta \end{bmatrix} \begin{bmatrix} i_d \\ i_q \end{bmatrix} \begin{bmatrix} \psi_d \\ \psi_q \end{bmatrix} \qquad (2.24)$$

由于定子磁链定位在 x 轴上,因此有下述关系:

$$\begin{bmatrix} i_x \\ i_y \end{bmatrix} = \begin{bmatrix} \cos\delta & \sin\delta \\ -\sin\delta & \cos\delta \end{bmatrix} \begin{bmatrix} i_d \\ i_q \end{bmatrix} \qquad (2.25)$$

参照图 2-32 可知,

$$\begin{cases} \psi_x = |\boldsymbol{\psi}_s| \\ \psi_y = 0 \end{cases} \qquad (2.26)$$

其中,$|\boldsymbol{\psi}_s|$ 表示定子磁链的幅值。

综合式(2.24)至式(2.26)可得:

$$T_{em} = \frac{3p|\boldsymbol{\psi}_s|}{4L_d L_q}[2\boldsymbol{\psi}_f L_q \sin\delta - |\boldsymbol{\psi}_s|(L_d - L_q)\sin 2\delta] \qquad (2.27)$$

式中:T_{em} 为电磁转矩;$\boldsymbol{\psi}_f$ 为永磁体磁链。

可以看出,电磁转矩包括永磁转矩和磁阻转矩两部分。只要按一定的规律调整定子磁链的幅值和转矩角,就能够得到要求的转矩。

2. 电压空间矢量的产生

电压源逆变器供电的 PMSM 接线方式如图 2-33 所示,功率器件为 180°导通模式,即只需要三个开关信号 S_a、S_b、S_c 来唯一确定逆变器的工作状态。定义

$S_a=1$ 表示接通电源 U_{dc},否则接通 0;S_b 与 S_c 类似定义。

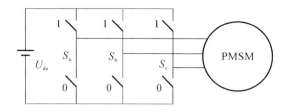

图 2-33 电压源逆变器供电的 PMSM 接线方式

基本电压空间矢量 u_s 定义为

$$u_s = \frac{2}{3}(u_a + u_b e^{j(2/3)\pi} + u_c e^{j(4/3)\pi}) \tag{2.28}$$

其中,u_a、u_b、u_c 是三相相电压瞬时值。可见,三相输出电压是开关量 S_a、S_b、S_c 的函数,逆变器的输出相电压可表示为

$$\begin{bmatrix} u_a \\ u_b \\ u_c \end{bmatrix} = \frac{1}{3} \begin{bmatrix} 2 & -1 & -1 \\ -1 & 2 & -1 \\ -1 & -1 & 2 \end{bmatrix} \begin{bmatrix} S_a \\ S_b \\ S_c \end{bmatrix} U_{dc} \tag{2.29}$$

其中,U_{dc} 是直流电源电压值。

3. 磁链和转矩控制

在 α-β 坐标系下,定子磁链与输入电压的关系为

$$\pmb{\psi}_s = \int (\pmb{u}_s - \pmb{i}_s R) \mathrm{d}t \tag{2.30}$$

若忽略定子电阻影响,则

$$\pmb{\psi}_s = \int \pmb{u}_s \mathrm{d}t \tag{2.31}$$

将式(2.31)进行离散化处理,则有

$$\pmb{\psi}_s = \pmb{u}_s t + \pmb{\psi}_{s0} t \tag{2.32}$$

式中:$\pmb{\psi}_{s0}$ 为磁链初值。这表明可以通过控制 PMSM 的输入电压矢量 $\pmb{u}_s$ 来精确控制定子磁链的幅值、旋转方向及速度,如图 2-34 所示。

PMSM 系统处于暂态时,定、转子磁链以不同速度旋转,定、转子磁链夹角 δ 发生变化;当系统处于稳态时,定、转子磁链以同步速度旋转,δ 为常值。由于电气时间常数远小于机械时间常数,所以可通过改变定子磁链的旋转速度来控

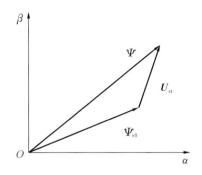

图 2-34　电压矢量对定子磁链的影响

制电磁转矩的变化。

考虑到不同的电压矢量对磁链和转矩的作用不同,为了有效选择逆变器的开关状态,将 $\alpha\text{-}\beta$ 坐标平面等分为六个区域,如图 2-35 所示,取电压空间矢量 U_1 与 α 轴方向相同。

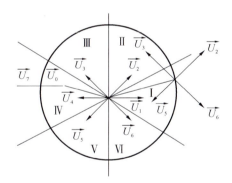

图 2-35　DTC 电压矢量平面分区

将电压空间矢量平面分区后,能够根据任意时刻的磁链和转矩的变化选择合适的电压空间矢量以完成控制过程。如:当转矩小于参考值时,所选择的电压矢量应该使定子磁链沿原方向加速旋转;反之,转矩增加过快时,则选择使定子磁链反向旋转的电压矢量。通过合理选择电压矢量并保证一定的开关频率,定子磁链的轨迹可以接近圆形,且其旋转方向由转矩滞环控制器的输出决定。

在实际系统中,开关信号是由转矩和定子磁链的给定值与反馈值的误差经滞环比较后得到的,表明所选择的电压矢量的作用是使实际转矩和磁链增大还是减小。得到定子磁链观测值和电磁转矩反馈值后,即可对二者实现闭环控制。PMSM 直接转矩控制系统的结构框图如图 2-36 所示。

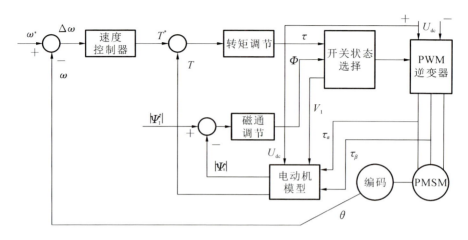

图 2-36　PMSM 直接转矩控制系统的结构框图

2.4.2.2　基于滑模控制的直接转矩控制

1. 概述

SMC 是变结构控制(VSC)系统的一种控制方法。同大多数方法不同的是,SMC 基于不连续控制作用来实现其强鲁棒性,其间 SMC 系统的结构也不断地改变。换句话说,控制结构会依照系统当下所处的状态不停地发生变换,让系统遵循先前设定好的滑动模态不停地运动。SMC 具备滑动特征,因此还被称作滑动模态控制。1957 年至 1962 年是 VSC 的初级发展阶段,VSC 由苏联学者 Utkin 和 Emelyanov 提出,当时均是对二阶线性系统进行研究。在 1962 年至 1970 年间,科研工作者以高阶线性系统作为被控对象,但仍是单输入单输出系统。直至 1970 年后,才在线性空间上展开了对线性系统的 VSC 研究,1977 年,Utkin 发表了一篇 VSC 的综述论文,并说明了 VSC 和 SMC。由此,广大科研工作者发起了以多维 VSC 系统以及多维滑动模态为受控对象的研究,对 VSC 系统的探索也从以前的规范空间延伸到了较为普通的状态空间。

SMC 如今已成为控制科学的一个重要分支体系。由于滑动模态可事先设定且与被控对象内部参数摄动和外界干扰无关,因此 SMC 具有快速响应能力及很强的鲁棒性。当系统的被控对象为非线性系统时,SMC 仍具有优异的控制效果,故该控制方法已广泛应用于机器人、飞行器、开关变换器和伺服系统等领域。

因滑模控制进入滑模运动阶段后,很难严格地沿着事先设定好的滑模面向原点滑行,有时会在滑模面两侧反复地进行穿梭,这样就导致了抖振的发生。抖振不但会给控制器带来一定的负担,且会降低控制效果,甚至激活未建模高频成分。因此,怎样减小 SMC 引发的抖振作用,更好地发挥 SMC 的优点,成为近年来海内外大量科研工作者探讨的热点话题。

2. 理论原理

SMC 是一种具有切换作用的非线性控制,这也是 SMC 有别于其他方法的地方。SMC 使得系统有规律地沿着事先设计好的轨迹在不同逻辑之间来回切换,此时处于滑动运动阶段,对系统内、外未知干扰以及其他不明确因素影响不敏感,存在良好的鲁棒性。

一般情况下,对于如下非线性系统:

$$\dot{x} = f(x) \quad x \in \mathbf{R}^n \quad (2.33)$$

都存在一个滑模面 $s(x)=s(x_1,x_2,\cdots,x_n)=0$,它将状态空间分成 $s>0$ 部分及 $s<0$ 部分,如图 2-37 所示。与此同时,运动点有以下几种形式:

(1) 如图 2-37 中点 A 所示,由滑模面一侧运动到滑模面上,然后飞至另一侧,这样的点就是通常点;

(2) 如图 2-37 中点 B 所示,由滑模面两侧远处向滑模面飞来,这样的点就是终止点;

(3) 如图 2-37 中点 C 所示,由滑模面周围向两侧飞出,这样的点就是起始点。

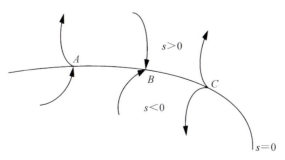

图 2-37 切换面运动点的特性

上述三种情况下,类似于点 A 和点 C 这样的运动点并没有多大的意义,具有重大意义的点是类似于点 B 这样的终止点。如果处于滑模面周围的任意点均为终止点,则只要有运动点过来,它们在此处就会被"吸引",这样具有"吸引"功能的区域被称作滑动模态区,在该区域进行的运动就是滑模运动。

滑模控制示意图如图 2-38 所示。SMC 进行滑模面的设计时一般需要结合目标动态特性,通过设计滑模控制器迫使运动点朝向滑模面运动,一旦运动到滑模面上,SMC 将使得系统沿滑模面向原点移动。由此可见,滑模运动大体由趋近与滑动阶段组成。所谓趋近就是从处于 $s=0$ 以外朝向 $s=0$ 的运动,保证系统可以由任何初始位置抵达滑模面,也可以说是有限次穿过 $s=0$ 的运动;滑动就是处于滑模面上的运动,该阶段的运动对系统内、外干扰以及其他未知因素的影响存在良好的鲁棒性。

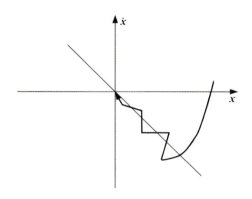

图 2-38 滑模控制示意图

实现滑模控制需满足以下三要素:

(1) 滑动模态的存在性。

若运动点均由 $s=0$ 两侧远处朝着滑模面运动,则进入滑动模态区,且可知具有这些特性的运动点是终止点,接下来这些运动点会沿着滑模面进行滑模运动,所以必有 $\lim_{s \to 0^+} \dot{s} \leqslant 0$ 及 $\lim_{s \to 0^-} \dot{s} \geqslant 0$,等效为

$$\lim_{s \to 0} s\dot{s} \leqslant 0 \tag{2.34}$$

在进行实际应用时,$s\dot{s}=0$ 在滑模面上,即

$$\lim_{s \to 0} s\dot{s} < 0 \tag{2.35}$$

是 SMC 滑动模态存在的充分条件。

(2) 滑动模态的可达性。

运动点初始状态可以处于状态空间中的任何位置,当初始位置距滑模面较远时,若系统状态能够在有限时间内抵达滑模面,则符合可达性条件,有

$$s\dot{s} < 0 \tag{2.36}$$

且可构造 Lyapunov 可达条件为

$$V(\boldsymbol{x}) = \frac{1}{2}s^2 < 0, \dot{V}(\boldsymbol{x}) < 0 \tag{2.37}$$

(3) 滑模运动的稳定性。

在符合上述两个要求的情况下,系统进入滑动模态区后需要使 SMC 运动渐近稳定,确保 SMC 运动不能脱离滑动模态区,存在优良的动态品质。

2.4.3 开关磁阻电动机控制技术

在开关磁阻电动机驱动(SRD)系统发展初期,为了提高其运行性能,对 SRD 的研究主要集中在改进开关磁阻电动机(SRM)的结构设计和功率变换器电路设计上,而对 SRD 控制技术的研究,是以 SRM 的线性数学模型为基础的,应用线性控制技术来实现 SRD 运行控制。

开关磁阻电动机因其结构简单坚固、成本低廉、控制参数多、效率高、适用于高速与恶劣环境等优点越来越受到市场的喜爱,但是电动机本身的非线性与转矩脉动大的特点限制了其在工业领域的广泛应用。开关磁阻电动机调速系统响应速度快,具有丰富的 I/O 口,能产生 16 路的 PWM 信号,硬件结构简单,性能优良。开关磁阻电动机可控参数多、控制灵活,在对开关磁阻电动机建立线性模型后,根据励磁方式不同,可分为三种不同的控制模式:电流斩波控制(CCC)、电压斩波控制(CVC)、角度位置控制(APC)。

2.4.3.1 SRD 系统的结构与特点

开关磁阻电动机驱动系统简称 SRD 系统,由开关磁阻电动机、功率电路、控制器以及位置、电流检测装置组成。SRM 是 SRD 系统中实现机电能量转换的部件。功率电路把交流电变为电动机可接受的脉冲直流电,在 SRD 系统

中,功率电路具有十分重要的作用。控制器是 SRD 系统的大脑,电流传感器、位置传感器提供的反馈信息都由控制器进行分析处理,并据此对电路中 IGBT 的关断做出判断,实现对 SRM 的控制。电流检测装置用于检测电动机相绕组的电流大小,产生系统电流反馈信息。位置检测装置使用绝对编码器检测定子与转子的相对位置,为控制器做出换相操作及计算转速提供信号。

2.4.3.2 SRM 的固有机械特性

$$\Omega = U_s \sqrt{F/T_{av}} \tag{2.38}$$

式中:Ω 为转子旋转的角速度;U_s 为绕组两端的相电压;T_{av} 为电动机转矩;F 为以电动机结构参数(m,N_r,θ_2,L_{max},L_{min})和控制参数(θ_{on},θ_{off})为变量的函数。对给定电动机,其结构参数一定。若 U_s、θ_{on}、θ_{off} 一定,则电动机的固有机械特性为

$$T_{av} = k/\Omega^2 \tag{2.39}$$

$$P = k/\Omega \tag{2.40}$$

式中:$k = U_s \cdot F$;P 为电动机输出功率。电动机的固有机械特性可由图 2-39 表示。

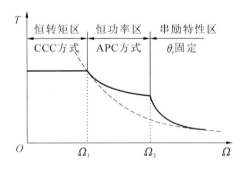

图 2-39 电动机固有机械特性

磁阻电动机的固有机械特性类似于直流电动机的串励特性。对给定电动机,在最高电压 U_s 和最大允许电流条件下,存在一个临界角速度,即 SRM 得到最大转矩的最高角速度,称为基速。磁阻电动机驱动运行及转矩角特性可由图 2-40 至图 2-42 表示。

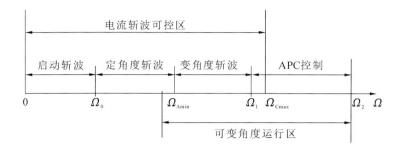

图 2-40 控制方式的合理选择

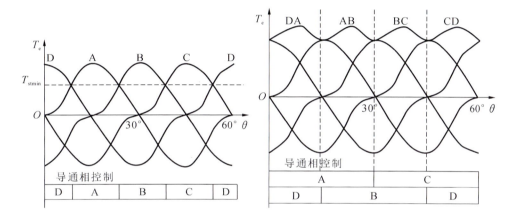

图 2-41 四相开关磁阻电动机的转矩角特性　　图 2-42 两相开关磁阻电动机的转矩角特性

2.4.3.3 三种控制模式

开关磁阻电动机可控参数多,包括电动机相电压 U_s、相电流 I_s、开通角 θ_{on} 和关断角 θ_{off} 等参数,根据励磁方式不同,通常分为以下三种控制方式:电流斩波控制(current chopping control,CCC)、电压斩波控制(chopping voltage control,CVC)、角度位置控制(angular position control,APC)。在不同的转速采用不同的控制方式,下面详细介绍系统如何实现这三种控制方法。

1. 电流斩波控制(CCC)

电动机在启动时或低速运行时,反电动势较小,电动机绕组电流上升很快并迅速达到峰值。为了避免过大的电流对 IGBT 及电动机绕组造成损害,需要对电流峰值进行限定,此时可以采用电流斩波控制,获取低转速下恒转矩的机械特性。

CCC 控制方法：设定相电流的上限值 I_{max} 与电流下限值 I_{min} 及相应的电压值 U_{max} 与 U_{min}，然后对霍尔传感器所获的电流值进行相应的信号调理，转换为电压信号；将采集到的电压信号与设定的电压上下限值进行比较，如果该电压值大于设定的电压下限值，则功率电路相应的功率开关导通，此时电流随之增大，电压值也增大；在电压信号增大的期间电压信号一直反馈到电路，当电压值大于 U_{max} 时，功率电路相应导通的功率开关关断，电流开始减小，电压也相应地下降。这样反复通过 IGBT 的关断、导通将电压值限定在最大值与最小值之间，相应的电流限定在我们设定的上下限之间。只要转速限定在我们的设计要求下就会形成电流斩波图形。对换相后的绕组仍然采用电流斩波控制，其过程示意图如图 2-43 至图 2-45 所示。

基速以下的电流斩波控制，输出恒转矩，可控量为 U_s、θ_{on}、θ_{off}。在电感很小时使绕组开通，电流快速上升。为防止电流过大而损坏电动机，当电流达到最大值 I_{max} 时，使绕组关断，电流开始衰减，当电流衰减至 I_{min} 时，绕组重新开通。在最大电感出现之前必须将绕组关断，以免电流延续到负转矩区。

控制法 1：固定 θ_{on}、θ_{off}，通过电流斩波限制电流，得到恒转矩。

控制法 2：固定 θ_{on}、θ_{off}，由速度设定值和实际值之差调制 U_s，进而改变转矩。

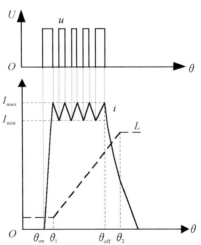

图 2-43 电流斩波控制

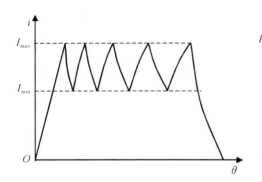 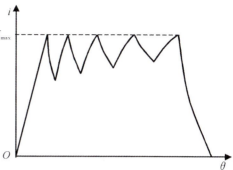

图 2-44　电流上、下幅值的斩波图　　　图 2-45　设定电流上限和关断时间的斩波图

2. 电压斩波控制(CVC)

电压斩波控制是固定开通角 θ_{on}、关断角 θ_{off} 不变,对功率开关器件 IGBT 采用 PWM 工作模式的控制方式。这种方式是固定脉冲的周期不变,通过调节占空比来调整加在绕组两端的电压平均值,从而改变绕组电流有效值大小,如图 2-46 所示。增大脉冲频率会使电流波形更加平滑、电动机出力增大、噪声减小,但对功率开关器件工作频率的要求会越来越高。

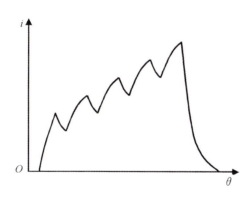

图 2-46　PWM 斩波调压控制的电流波形

在系统中,霍尔传感器采集到的转子位置信号通过信号调理电路后传到控制器。控制器根据霍尔信号计算当前转速作为内环的反馈,然后对下一阶段 A、B、C 三相导通/关断状态进行判断,据此推出其开通角与关断角。外环速度环的输出信号作为内环电流环的输入信号,采集到的电流信号发送到 DSP 控制器上,作为转速闭环的实时输入信号。系统 PI 输出最终会改变 PWM 波的脉

冲宽度，从而改变电动机绕组相电流的有效值。

3. 角度位置控制（APC）

角度位置控制是在绕组电压一定的情形下，通过改变开通角 θ_{on} 和关断角 θ_{off} 来改变绕组通电、断电时刻，调节相电流的波形，从而实现转速闭环控制。

利用 DSP 定时器捕获单元检测电动机的位置信号的跳沿，根据捕获信号计算信号周期与电动机转速。同时利用 DSP 的比较单元在不受中断的影响下，按设定角度输出角度位置信号控制脉冲。

对于霍尔传感器，传上来的位置信号特别重要。首先位置信号要为角度位置控制提供初始信号，而用 DSP 计算电动机转速也是通过捕获一个周期的位置信号来实现的，所以角度位置控制特别依赖位置信号的实时性，如图 2-47 所示。

基速以上使用角度位置控制，输出恒功率，如图 2-48 所示。高速时，由于反电动势大，电流受到限制，上升较慢。当电流到达最大值后，因电感的增加，电流反而下降。同样，为避免电流延续到负转矩区，绕组要在电感到达最大值之前关断。速度越高，关断要越早。

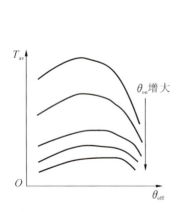

图 2-47 APC 运行时 T_{av} 与 θ_{on}、θ_{off} 的关系

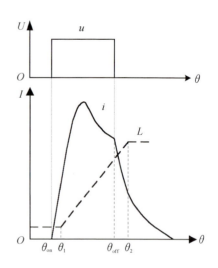

图 2-48 角度位置控制

电流斩波控制适合电动机低速运行阶段，具有简单直接、可控性好的特点。与电压斩波控制方式相比具有较小的开关损耗、转矩平稳可靠，适合转矩调节系统。它的缺点明显：斩波频率不固定，随着绕组电流误差的变化而变化，不利

于电磁噪声的消除。

电压斩波控制适用于高速和低速运行,在系统有负载扰动时,会做出较快的动态响应。缺点是低速运行时转矩波动较大。

角度位置控制不适合低速运行,一般适用于较高转速的控制。角度位置控制的调节转矩范围大,同时可以通过角度优化使电动机在不同负载下保持较高的效率。

2.4.4 感应电动机的稳态控制方法

2.4.4.1 控制方法及原理简介

交流感应电动机控制系统的主要作用是为电动机提供变压、变频电源,同时其电压和频率能够按照一定的控制策略进行调节,以使驱动系统具有良好的转矩-转速特性。

交流感应电动机转速控制的基本方程为

$$n = n_s(1-s) = \frac{60f}{p}(1-s) \tag{2.41}$$

改变 s、p 和 f 可以调节电动机转速,因此可以将交流感应电动机的基本调速方式相应地分为三种:调压调速、变极调速和变频调速。

改变感应电动机输入电源的电压进行调速的方式称为调压调速,是一种变转差率调速方式;改变感应电动机的磁极对数,从而改变同步旋转磁场转速的调速方式称为变极调速,其转速呈阶跃变化;改变感应电动机输入电源频率,从而改变同步旋转磁场转速的调速方式称为变频调速,其转速可以均匀变化。

2.4.4.2 变压变频控制

异步电动机的变压变频调速系统一般简称为变频调速系统。由于在调速时转差率不随转速变化,调速范围宽,无论是高速还是低速时效率都较高,在采取一定的技术措施后能够实现高动态性能,可与直流调速系统媲美,因此应用较为广泛。

在进行电动机调速时,常需考虑的一个重要因素是:希望保持电动机中每极磁通量 Φ_m 为额定值不变。如果磁通太弱,没有充分利用电动机铁心,是一种浪费;如果过分增大磁通,又会使铁心饱和,从而导致过大的励磁电流,严重时会因绕组过热而损坏电动机。

对于直流电动机,励磁系统是独立的,只要对电枢反应有适当的补偿,保持 Φ_m 不变是很容易做到的。在交流异步电动机中,磁通量 Φ_m 由定子和转子磁势合成产生,要保持磁通恒定就较为复杂。

定子每相电动势为

$$E_g = 4.44 f_1 N_1 k_{N_1} \Phi_m \qquad (2.42)$$

式中:E_g 表示气隙磁通在定子每相中感应电动势的有效值,单位为 V;f_1 为定子电流频率,单位为 Hz;N_1 为定子每相绕组串联匝数;k_{N_1} 为基波绕组系数;Φ_m 为每极气隙磁通量,单位为 Wb。

由式(2.42)可知,只要控制好 E_g 和 f_1,便可达到控制磁通量 Φ_m 的目的,对此,需要考虑基频(额定频率)以下和基频以上两种情况。

1. 基频以下调速

要保持磁通量 Φ_m 不变,当频率 f_1 从额定值 f_{1N} 向下调节时,必须同时降低 E_g,使

$$\frac{E_g}{f_1} = 常值 \qquad (2.43)$$

但在低频时,U_s 和 E_g 都比较小,定子阻抗压降所占的分量就比较显著,不能忽略。这时,需要人为地把电压 U_s 抬高一些,以便近似地补偿定子压降。

如图 2-49 所示,带定子压降补偿的恒压频比控制特性如图中 b 线所示,无补偿的控制特性如图中 a 线所示。

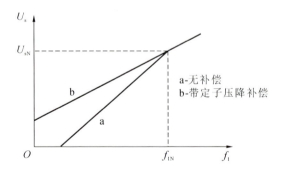

图 2-49 恒压频比控制特性

2. 基频以上调速

在基频以上调速时,频率从 f_{1N} 向上升高,但定子电压 U_s 不可能超过额定电压 U_{sN},最多只能保持 $U_s = U_{sN}$,这将迫使磁通与频率成反比地降低,相当于直流电动机弱磁升速的情况。把基频以下和基频以上两种情况的控制特性画在一起,如图 2-50 所示。

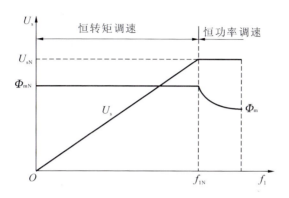

图 2-50 变压变频调速的控制特性

2.4.4.3 恒 V/F 控制

压频比(V/F)控制,如图 2-51 所示,是一种控制磁通的方法。压频比可以预设在系统内,用于维持磁通在一定的水平,主要在变频器上应用,可以节约电动机的耗能。

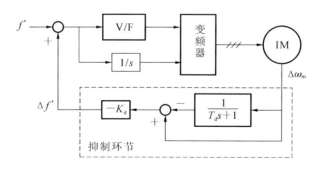

图 2-51 V/F 控制示意图

如果电动机电压一定而只降低频率,那么磁通就过大,磁回路饱和,严重时将烧毁电动机。因此,频率与电压要成比例地改变,即改变频率的同时控制变频器输出电压,使电动机的磁通保持恒定,避免弱磁和磁饱和现象的产生。

V/F 控制就是基于这种思想,保证输出电压跟频率成正比的控制。V/F 控制一般多用于风机、泵类电动机负载。

矢量控制如图 2-52 所示,与 V/F 控制相比,矢量控制力矩更大,适用于重负荷的场合及低频且要保证力矩的场合。目前国产电动机的矢量控制还不完善,在实际应用中体现不出来,或不能根据负载自动调整适应。

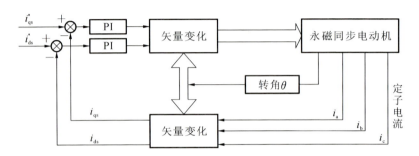

图 2-52 矢量控制示意图

目前 V/F 控制在市场上使用更加普遍,一般场合基本上可以使用厂家出厂默认的 V/F 参数。有些厂家列出了重载、轻载及不同负荷对应的参数设置方法,并且大部分变频器允许用户自定义 V/F 曲线来适应不同的场合要求。

本章参考文献

[1] KRISHNAN R.永磁无刷电机及其驱动技术[M].柴凤,等译.北京:机械工业出版社,2012.

[2] NAM K H. AC motor control and electrical vehicle applications[M]. Boca Raton:CRC,2015.

[3] HOLMES D G . Pulse width modulation for power converters:principles and practice[M]. IEEE Xplore,2003.

[4] GIERAS J F. Noise of polyphase electric motors[M]. Boca Raton:CRC,2015.

[5] ZHANG B,QIU D. M-mode SVPWM for multilevel inverter[M]// M-mode SVPWM Technique for Power Converters. Berlin:Springer,2019.

[6] IYER N P R. AC to AC converters: modelling, simulation, and real-time implementation using simulink[M]. Boca Raton: CRC, 2019.

[7] ANDERSSON A, LENNSTRÖM D, NYKÄNEN A. Influence of inverter modulation strategy on electric drive efficiency and perceived sound quality[J]. IEEE Transactions on Transportation Electrification, 2016, 2(1): 24-35.

[8] ZHU Z Q, HOWE D. Instantaneous magnetic field distribution in permanent magnet brushless DC motors IV: magnetic field on load[J]. IEEE Transactions on Magnetics, 1993, 29(1): 143-151.

[9] HANNAN M A, ALI J A, MOHAMED A, et al. Optimization techniques to enhance the performance of induction motor drives: a review [J]. Renewable and Sustainable Energy Reviews, 2017, 81(2): 1611-1626.

[10] LIN F, ZUO S, WU X. Electromagnetic vibration and noise analysis of permanent magnet synchronous motor with different slot-pole combinations[J]. IET Electric Power Applications, 2016, 10(9): 900-908.

[11] LIN F, ZUO S, DENG W, et al. Modeling and analysis of electromagnetic force, vibration and noise in permanent magnet synchronous motor considering current harmonics[J]. IEEE Transactions on Industrial Electronics, 2016, 63(12): 7455-7466.

[12] ISLAM R, HUSAIN I. Analytical model for predicting noise and vibration in permanent-magnet synchronous motors[J]. IEEE Transactions on Industry Applications, 2010, 46(6): 2346-2354.

[13] BOLDEA I, TUTELEA L N, PARSA L, et al. Automotive electric propulsion systems with reduced or no permanent magnets: an overview [J]. IEEE Transactions on Industrial Electronics, 2014, 61(10): 5696-5711.

[14] SINGH J, SINGH B, SINGH S P, et al. Performance investigation of permanent magnet synchronous motor drive using vector controlled

technique[C] // The 2nd International Conference on Power, Control and Embedded Systems. Allahabad, India: IEEE, 2012.

[15] BESNERAIS J L, LANFRANCHI V, HECQUET M, et al. Characterization and reduction of magnetic noise due to saturation in induction machines[J]. IEEE Transactions on Magnetics, 2009, 45(4): 2003-2008.

第 3 章
新能源汽车传动系统技术

3.1 引言

根据新能源汽车类型的不同,新能源汽车传动系统可分为纯电动汽车传动系统、混合动力汽车传动系统和燃料电池汽车传动系统三种类型。

纯电动汽车有多种动力系统架构,电动机和变速器或其他传动机构的连接方式具有多样性,常用的纯电动汽车结构及其传动系统如图 3-1 所示。

图 3-1 中 D 为差速器、FG 为固定速比减速器、GB 为变速器、M 为电动机、VCU 为整车控制单元。

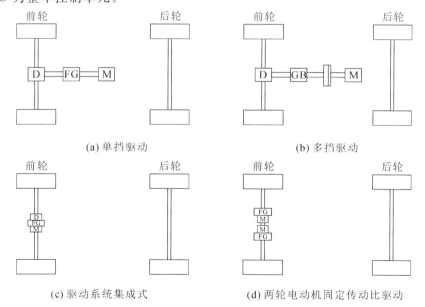

图 3-1 常用的纯电动汽车结构及其传动系统

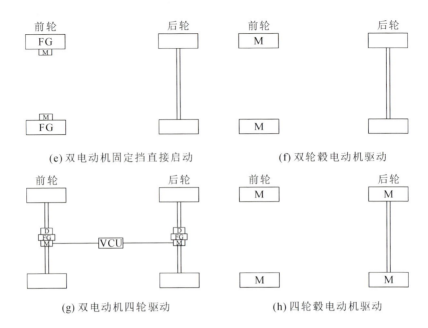

(e) 双电动机固定挡直接启动　　(f) 双轮毂电动机驱动

(g) 双电动机四轮驱动　　(h) 四轮毂电动机驱动

续图 3-1

混合动力汽车传动系统主要分为：串联式混合动力传动系统、并联式混合动力传动系统和混联式混合动力传动系统。

串联式混合动力传动系统由电动机进行驱动，发动机只作为能量储存系统，发动机产生的能量储存起来用于电动机运转，如图 3-2 所示。发动机不直接参与驱动，但理论上发动机的工作点可以在任意低油耗区或低排放区。

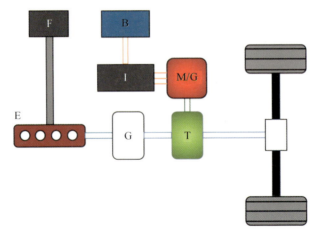

图 3-2　串联式混合动力传动系统

并联式混合动力传动系统的发动机和电动机可共同或分别独立驱动车轮,其结构如图 3-3 所示。并联式混合动力传动系统降低了能量转化的损失,但发动机的工作点理论上无法在任意低排放区或低油耗区。

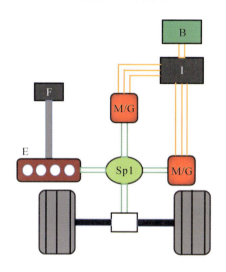

图 3-3　并联式混合动力传动系统

混联式混合动力传动系统如图 3-4 所示,其发动机的功率有两路能量传递路线,既可通过机械路径驱动车轮,又可转换成电功率,通过动力耦合装置实现电功率和机械功率的汇合。

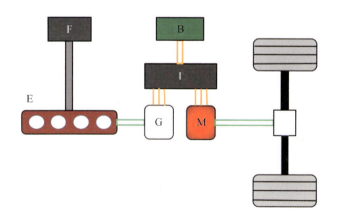

图 3-4　混联式混合动力传动系统

与传统汽车相比,燃料电池汽车的动态响应比较慢,在启动、急加速或爬陡坡时燃料电池的输出特性无法满足车辆的行驶要求。在实际中,燃料电池汽车常常需要使用燃料电池混合电动汽车设计方法,即引入辅助能源装置(蓄电池、超级电容器或蓄电池＋超级电容器)通过电力电子装置与燃料电池并网,用来提供峰值功率以补充车辆在加速或爬坡时燃料电池输出功率能力的不足。另外,汽车在怠速、低速或减速等工况下,燃料电池的功率大于驱动功率时,存储富余的能量,或在回馈制动时吸收存储制动能量,从而提高整个动力系统的能量效率。燃料电池汽车动力系统按结构主要分为直接燃料电池混合动力系统和并联式燃料电池混合动力系统。

直接燃料电池混合动力系统如图 3-5 所示。此系统所采用的电力电子装置为电动机控制器,燃料电池和辅助动力装置直接并接在电动机控制器的入口。设计中,可在辅助动力装置和动力系统直流母线之间添加一个双向 DC/DC 变换器。由于双向 DC/DC 变换器可以较好地控制辅助动力装置的电压或电流,因此它也是系统控制策略的执行部件,使得对辅助动力装置的充放电更加灵活。

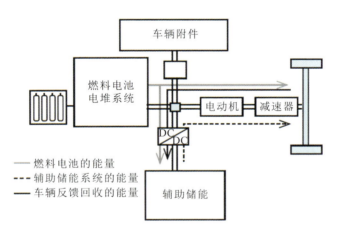

图 3-5　直接燃料电池混合动力系统

并联式燃料电池混合动力系统如图 3-6 所示。并联式燃料电池混合动力系统通常在燃料电池和电动机控制器之间直接安装一个 DC/DC 变换器,燃料电池的端电压通过 DC/DC 变换器的升压或降压来与系统直流母线的电压等级进行匹配。这种动力系统的设计没有考虑能量的反馈回收,因此系统简单,但效率低下。通常，为将系统直流母线的电压维持在最适宜电动机系统工作的电压范围内，对于交流电动机驱动系统，还需要安装一个 DC/AC 转换器。

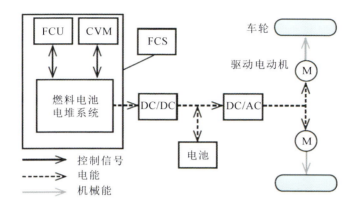

图 3-6 并联式燃料电池混合动力系统

3.2 混合动力自动变速器技术

3.2.1 电驱动传动系统

纵观国内外多挡自动变速器的发展，2010 年，Zeroshift 公司开发了一款 3 挡自动变速器；2011 年，德国 IAV 公司研究开发出了 2 挡行星变速电驱动 Drivepacev80(2AT)，Graziano 公司研究开发出了可用于乘用车和轻型商用车的 2 挡自动变速器(2AMT)；2012 年，韩国现代汽车公司与韩国成均馆大学联合设计了一款类似于 DCT 的多轴式 2 挡自动变速电驱动总成(2DCT)，德国舍弗勒公司研制出了 2 挡 DCT，荷兰安东诺夫汽车技术公司研究开发了一款 DCT 式 3 挡自动变速电驱动总成(3DCT)；2013 年，Oerlikon Graziano 公司开发了一款 DCT 式 4 挡自动变速电驱动总成(4DCT)。

舍弗勒(中国)有限公司开发了一款应用于混动汽车 48 V 系统的 2 挡行星齿轮自动变速器，如图 3-7 所示，该 48 V 电桥混动方案包括一个电动机、两级行星齿轮和一个电子机械式换挡机构。1 挡可实现纯电起步加速至 20 km/h，在 2 挡最高可以达到约 70 km/h 的电动巡航(车速恒定)速度。该款变速器应用混动汽车后桥驱动，不能实现全工况驱动车辆。行星齿轮系统的最大速比受到太阳轮与齿圈的直径限制,因此不能实现宽速比。舍弗勒的 2 挡后桥变速器目前已搭载在长城 WEY P8 和长安 CS75 PHEV 车型上。

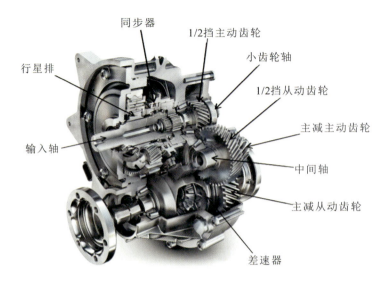

图 3-7 舍弗勒 48 V 电桥解决方案

英国吉凯恩(GKN)公司开发了一款双速 Axle 驱动系统,如图 3-8 所示,搭载于宝马插电式混动汽车(PHEV)i8 车型。该变速器采用机械式自动变速器(AMT)结构形式,为了减小系统的尺寸,将同步器换挡机构布置在输入轴上。输入轴的最大转速为 14000 r/min,能够通过电动机的准确调速控制和同步系统顺畅接合。该款变速器匹配电动机搭载在 i8 的前桥,后桥搭载三缸发动机和变速器,受制于混动系统,在低速状态采用纯电驱动,在高速状态发动机介入驱动,以满足低速动力性和高速续航经济性需求。

合资公司江西格特拉克为中型车和混合动力汽车开发了一款 2eDT 变速器,如图 3-9 所示,电动机动力通过一个两级直齿轮和一个差速器传输到两个半轴。1 挡速比为 2.06,2 挡速比为 8.61,采用同步器系统完成换挡动作,通过一个机电式执行机构实现换挡和驻车。该款变速器应用于中型低速商用车,驱动电动机转速低,对换挡平顺性、振动噪声、传动关键零部件要求低,控制策略开发难度较低。

上海中科深江电动车辆有限公司开发的两挡自动变速器采用机械式变速

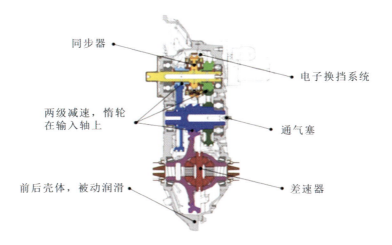

图 3-8 宝马 i8 双速 Axle 驱动系统

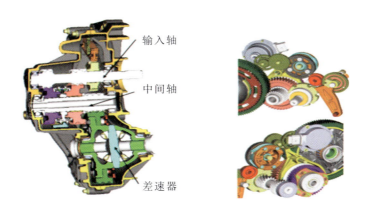

图 3-9 江西格特拉克 2eDT 变速器

器结构,如图 3-10 所示,以电子执行机构实现同步器换挡和驻车功能。驱动电动机与两挡自动变速器输入轴直接连接,取消离合器部件,速比范围局限于 5.50～9.07。该产品搭载于商用车,对电控换挡性能要求低,容易产生换挡顿挫现象。

2010 年,博格华纳开发了电驱动减速器 eGearDrive,并运用在特斯拉、福特等的车型上。eGearDrive 减速器电子驱动桥的特点如下:

(1) 高效性斜齿轮副传动,较小的齿侧间隙,传动效率大于 97%;

(2) 设计紧凑,重量轻,有效降低了整车重量;

（3）灵活的电动机接口和偏置角设计；

（4）集成式电子驻车执行机构；

（5）提高了续驶里程和车辆适应性；

（6）峰值输入扭矩为 300 N·m，最高输入转速达 14000 r/min。

采埃孚研发的一款用于小型和紧凑型车的电驱动装置 EVD1，是为了满足未来城市交通的需求而设计出来的，如图 3-11 所示。EVD1 采用的感应电动机的连续最高输出功率为 30 kW，最大输出功率为 90 kW，最高转速高达 21000 r/min。减速比为 16∶1，减速器采用二级减速，一级为行星齿轮机构，二级为斜齿轮，电动机与减速器之间没有密封。

图 3-10　中科深江两挡自动变速器　　图 3-11　采埃孚电驱动装置 EVD1

国内电动汽车变速器的不足主要表现在以下几方面：

（1）一体化设计程度不高；

（2）噪声振动较大；

（3）最高转速较低；

（4）结构的紧凑性、扭矩和功率密度较低；

（5）一些产品不具备驻车挡位。

国内乘用电动汽车所需的多挡自动变速器存在的巨大技术空白亟待填补。因此开发具有国内领先技术水平的电动汽车两挡自动变速器具有广阔的市场空间。

电驱动传动技术的案例有很多,如 FEV 公司的纯电动汽车的传动系统(见图 3-12)、FEV 和 YASA 公司的电动变速双速电动驱动装置(见图 3-13)。

图 3-12　FEV 公司的纯电动汽车的传动系统　　图 3-13　FEV 和 YASA 公司的电动变速双速电动驱动装置

保时捷 Taycan 为一款四门轿跑车,在动力方面,该车搭载了前后两台永磁同步电动机,综合功率为 390 kW,总扭矩为 640 N·m,百公里加速时间为 3.5 s,最高速度为 250 km/h,其搭载的保时捷自主研发的变速器重约 70 kg。如图 3-14 所示,该变速器拥有一个行星齿轮组和两个离合器,一个离合器负责完成正常的换挡动作,而第二个则可以使后桥电动机和整个后轴分离。整个变速器中只有一个换挡执行机构,通过控制两个离合器的开合可实现 1 挡、2 挡、倒挡、空挡、P 挡所有挡位。

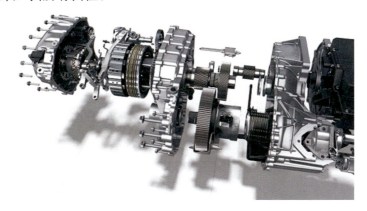

图 3-14　保时捷 Taycan 变速器

3.2.2 混合动力传动系统

混合动力总成以动力传输路线分类,可分为串联式、并联式和混联式三种。串联式混合动力系统一般由内燃机直接带动发电机发电,产生的电能通过控制单元传到电池,再由电池传输给电动机转化为动能,最后通过变速机构来驱动汽车。在这种连接方式下,电池对在发电机产生的能量和电动机需要的能量之间进行调节,从而保证车辆正常工作。这种动力系统在城市公交上的应用比较多,轿车上应用很少。并联式混合动力系统有两套驱动系统,传统的内燃机系统和电动机驱动系统。两个系统既可以同时协调工作,也可以各自单独驱动汽车。这种系统能满足复杂的路况要求,该连接方式结构简单,成本低。本田的 Accord 和 Civic 采用的就是并联式混合动力系统。混联式混合动力系统的特点在于内燃机系统和电动机驱动系统各有一套机械变速机构,两套机构或通过齿轮系,或采用行星轮式结构结合在一起,从而综合调节内燃机与电动机之间的转速关系。与并联式混合动力系统相比,混联式混合动力系统可以更加灵活地根据工况来调节内燃机的功率输出和电动机的运转。此连接方式系统复杂,成本高。丰田 Prius 采用的就是混联式连接方式。

在混合动力系统中,根据电动机的输出功率在整个系统输出功率中占的比重,也就是常说的混合度的不同,混合动力系统还可以分为以下四类。

(1) 弱混合动力系统。代表车型是 PSA 的混合动力版 C3 和丰田的混合动力版 Vitz。这种混合动力系统在传统内燃机的启动电动机(一般为 12 V)上加装了皮带驱动启动电动机(也就是常说的 belt-alternator starter generator,简称 BSG 系统)。该电动机为发电启动(stop-start)一体式电动机,用来控制发动机的启动和停止,从而取消了发动机的怠速,降低了油耗和排放。从严格意义上来讲,这种弱混合动力系统的汽车不属于真正的混合动力汽车,因为它的电动机并没有为汽车行驶提供持续的动力。在弱混合动力系统里,电动机的电压通常有 12 V 和 48 V 两种。其中 48 V 主要用于柴油混合动力系统。

(2) 轻混合动力系统。代表车型是通用公司的混合动力皮卡车。该混合动力系统采用了集成启动电动机(也就是常说的 integrated starter generator,简称 ISG 系统)。与弱混合动力系统相比,轻混合动力系统除了能够实现用发机控制发动机的启动和停止外,还能够实现:①在减速和制动工况下,对部分能量进行吸收;②在行驶过程中,发动机等速运转,发动机产生的能量可以在车轮的驱动需求和发电机的充电需求之间进行调节。轻混合动力系统的混合度一般在 20% 以下。

(3) 中混合动力系统。本田旗下混合动力的 Insight、Accord 和 Civic 的系统都属于这种系统。该混合动力系统同样采用了 ISG 系统。与轻混合动力系统不同,中混合动力系统采用的是高压电动机。另外,中混合动力系统还增加了一个功能,在汽车处于加速或大负荷工况时,电动机能够辅助驱动车轮,补充发动机本身动力输出的不足,从而更好地提高整车的性能。这种系统的混合程度较高,可以达到 30% 左右,目前相关技术已经成熟,应用广泛。

(4) 完全混合动力系统。丰田 Prius 和新版 Estima 的系统属于完全混合动力系统。该系统采用了 272~650 V 的高压启动电动机,混合程度更高。与中混合动力系统相比,完全混合动力系统的混合度可以达到甚至超过 50%。技术的发展将使得完全混合动力系统逐渐成为混合动力技术的主要发展方向。

混合动力系统在 AT、DCT、CVT、DHT 上都有应用,同时混合动力系统也被博格华纳应用到 P2 系统上。在 AT 方面有盛瑞的 P2-8AT、6AT,丰田的多级混合动力变速器 L310,华晨宝马的 530Le;在 DCT 方面有 FEV 的 7DCT350-P2 混动系统,AVL 的 6 速 48 V 中混动力系统,麦格纳(MAGNA)的 7DCT-48 V 混动系统,吉利汽车的 7DCT390Hybrid,长城 WEY P8 插电混动系统,比亚迪的秦 Pro DM-I EHS 混动系统;在 CVT 方面有 Jatco 基于 CVT 的 48 V-P2 混动系统,万里扬 CVT 混合动力变速器,邦奇 VT5 P0-CVT 混合动力变速器;在 DHT 方面有上汽 EDU 系统,本田 i-MMD 系统,广汽 G-MC 机电耦合系统,沃蓝达的通用 Voltec 系统,长城汽车柠檬混动 2 速圆柱齿轮式 2DHT 系统,吉利汽车行星齿轮式 3DHT 系统等。

未来混合动力变速器技术领域的 DHT 的发展必定是重中之重,图 3-15 所示为预计的 2017—2027 年不同类型混合动力变速器在市场中的占比情况。

插电式混合动力系统是混合动力技术的一种,其车载电池通过外接电源充电。一般情况下,插电式混合动力汽车所使用的电池容量大于混合动力汽车的电池容量。这种混合模式介于混合动力和纯电动汽车之间,个别情况下由混合

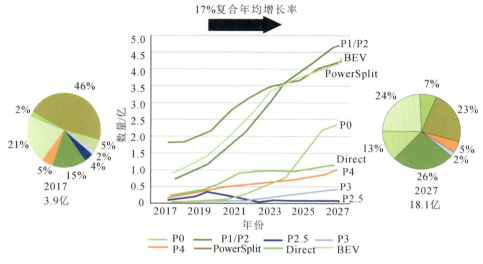

图 3-15 混合动力变速器类型占比图

动力汽车加载一块电池和充电装置来构成插电式混合动力汽车。

插电式混合动力汽车与普通混合动力汽车的区别：普通混合动力汽车的电池容量很小，仅在启/停、加/减速的时候供应/回收能量，不能外部充电，不能用纯电模式较长距离行驶；插电式混合动力汽车的电池容量相对比较大，可以外部充电，可以用纯电模式行驶，电池电量耗尽后再以混合动力模式（以内燃机为主）行驶，并适时向电池充电。插电式混合驱动模式主要还是电动机驱动，称为混合电动，所以第二种驱动模式（即增程器）有不同的选择。目前的车型和样机通常使用常规发动机作为第二种驱动模式。

插电式混合动力汽车融合了电动汽车和内燃机车的优势：短途行驶和城市交通环境中，使用电动模式噪声小、零排放、节省电池电量，当电池电量耗尽时仍可通过第二种驱动模式（如发动机驱动）行驶，续驶能力强。其劣势在于造价高，如果使用大容量电池，造价比独立的混合动力汽车还要高。

原则上，插电式混合动力汽车向电动汽车时代又迈进了一步。未来混合动力汽车的销量必将逐步提升，且插电式混合动力汽车的市场占有量也会逐步提高。目前几乎所有汽车都不同程度地采用混合动力技术，而微混合动力汽车以其高性价比的优势成为行业重心。当前占主导地位的完全混合动力汽车大多采用功率分流设计,将会被搭载强大增程器的车辆取代。插电式混合动力汽车搭载发动机作为增程器的研发是合乎逻辑的一步,这样一来,电池续航能力不需要太强,成本可以控制,而发动机根据不同的结构来保证车辆达到所需的功能。

到目前为止,介绍的插电式混合动力汽车与常规混合动力汽车相比,电动化程度高、电池容量大、车速中电动驱动比例大。相对而言,机械驱动装置比例可以减少。另一种方案是采用纯电动汽车的配置。该方案放弃使用机械驱动装置,而是通过一个一体化增程器对再充电装置进行独立供电。其优势在于,这种装置在汽车内部的安装位置灵活,在单点工作下发动机可自动设置和优化。

下面举例说明混合动力系统的应用。

1. 加特可 CVT-48 V P2 混动系统

2018 年加特可公开了中型混合动力汽车用变速器的概念机型,它是现有的 CVT 加上 48 V 的电动机组建的 Mild HYBRID 系统,比现有的 Strong HYBRID 体积更小,造价更低,Mild HYBRID 可以充分实现节约燃油的效果。

这款概念机型与已经在售的 Jatco CVT8 HYBRID 采用的是相同的单电动机双离合式动力系统,因为它能够在纯电模式时将引擎完全停止,只靠电力来驱动,所以非常省油。在燃油模式中也有 40% 的动力靠电力系统提供,比原来的 CVT 节省燃油 15% 以上。可将 CVT 擅长的高速区中的低油耗区,与应对城市街道的 EV 区域相结合。同时因为其长度与现有的 Jatco CVT8 完全一样,所以在无须改变现有车型的设计基础上就可以搭载使用。混动系统的方案构架图如图 3-16 所示。

在加特可的 48 V 混动系统中,搭载 15 kW 电动机,取代了传统 CVT 变速器中的液力变矩器。电动机的特点是响应快、扭矩大。但是为了避免钢带打滑,CVT 变速器所能承受的扭矩相对较小。所以目前 CVT 变速器只适用于小电动机的混动系统,48 V 混动系统就非常合适。

2. 华晨宝马 530Le

在动力系统方面,该车将搭载 2.0 T 涡轮增压发动机与电动机组成的一套 P2 插电式混合动力系统。如图 3-17 所示,电动机功率为 70 kW,峰值扭矩为

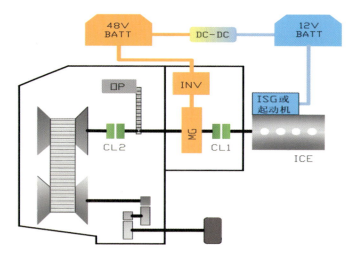

图 3-16　混动系统的方案构架图

250 N·m；动力系统的综合功率达 185 kW，综合输出扭矩达 420 N·m。与发动机相连的是混合动力变速器，它由一台电动机和 8AT 变速器组成。530Le 仅需 6.9 s 就可从静止加速到 100 km/h。

图 3-17　宝马 530Le 动力总成配置结构

在电池组方面，全新宝马 530Le 采用了独创性的双模组理念，电池总容量达到 13 kW·h，总重量为 117.2 kg，相比于上一代的 5 系插电混动版本采用的高压电池组来说，其重量上成功减去 100 kg。电池包可达到瞬间 93 kW 以及持续 46 kW 的高功率输出，并设计了 15% 的电池冗余，确保车辆在任何电池水平下都能实现 eBoost（电机助力）功能。表 3-1 所示为全新宝马 530Le 电池组信息。

表 3-1　全新宝马 530Le 电池组信息

参数	值
电池容量/(kW·h)	13
重量/kg	117.2
质量能量密度/(W·h/kg)	111
纯电续驶里程/km	61
纯电最高速度/(km/h)	140

宝马 530Le 拥有丰富的驾驶模式以及混动模式,其搭载了驾驶体验控制系统,可提供 Sport、Comfort、ECO PRO 以及 ADAPTIVE 四种驾驶模式,同时也搭载了最新的 eDRIVE 电驱技术,分别为 AUTO eDRIVE、MAX eDRIVE 和 BATTERY CONTROL 模式。

在城市道路中,如果选择 AUTO eDRIVE 模式,那么在电量充足的情况下,它会选择采用电动机起步。与多数混合动力车型一样,电动机起步有效地弥补了汽油机在低挡位的油耗劣势,并且,由于车辆整体的精密性表现优异,所以,同时可以避免在走走停停的拥堵状态下,噪声对车内乘员舒适性的影响。

而在 MAX eDRIVE 模式下,车辆会尽可能地选择用电力行驶,而在需要急加速或电量不足时,发动机同样会自动启动,为电池进行充电。当电池电量不足时,选择 BATTERY CONTROL 模式,车辆会根据设定的目标值,更多地采用发动机驱动,同时为电池充电。

3. FEV 7DCT-350 P2 混动系统

当今传统的非混合动力传动系统的动力总成长度和传动长度已经达到最大。因此,在不增加传动系统长度的情况下开发混合动力变速器成为一个重要的发展方向。潜在的混合架构包括 P2、Torque Split(P2.5)和 P3 拓扑结构,其中 P2 是最灵活的,P3 在混动功能方面是最不灵活的。

对于传统自动变速器的混动化,一个常见的解决方案是用电动机代替液力变矩器。电动机与外加的一个分离离合器共同工作。这种修改几乎不会影响 P2 型混动系统的实际长度,并且只需要对基础变速器进行轻微修改。

双离合变速器 DCT 的混动化面临一个与 AT 混动化不对等的更大的挑

战：对于 P2 型混动结构，DCT 仍然需要额外的电动机和分离离合器部件，并且不能像自动变速器的液力变矩器一样直接替换。为了限制更改后的 DCT 系统长度增加，三个离合器和电动机需要高度集成，这将导致基础变速器的重大修改，有时甚至需要减少挡位以节省长度。

双离合变速器混动化的另一个概念是 Torque Split 或 P2.5。其中，电动机与变速器平行放置并且连接到其中一个输入轴上。该结构的主要优点是：只需要在基础变速器上进行轻微的硬件修改，并且不会有长度的增加。然而，这对于变速器的控制逻辑是一个挑战，因为挡位的预选过程将与电动机的操作息息相关。

总而言之，DCT 在 P2 型混动方面是最灵活的，但在装配和模块化方面具有挑战性。P2.5 是紧凑型和模块化的，但在控制策略和混动功能方面具有挑战性。

FEV 将详细解释当前 DCT 混动结构面临的挑战，并提出不同的解决方案以解决这些问题，从而实现 DCT 的模块化和易操作性。CT350 P2 混动系统如图 3-18 所示。

P2 混动系统的参数配置如表 3-2 所示。

图 3-18　CT350 P2 混动系统

表 3-2　7DCT350 P2 技术参数表

参数	配置/值
挡位数	7＋R(8＋R，FEV 专利)
扭矩容量	350 N·m
速比范围	6～8
执行/冷却系统	按需全功率
混动结构	P2 集成电动机和离合器
电动机功率	100 kW(30 s)/50 kW
电动机扭矩	300 N·m
重量(不含油)	＜105 kg
安装尺寸	＜440 mm
驱动方式	FWD、AWD

4. 丰田多级混合动力变速器 L310

L310 变速器由输入轴、发电机、驱动电动机、油泵、动力分割机构、变速换挡机构、液压控制系统和输出轴组成。图 3-19 所示为 L310 变速器的整体结构。其中输出轴的前端和 V6 发动机连接,后端和动力分割机构连接。发电机的主要作用是发电,驱动电动机用于直接驱动整车行驶。驱动电动机的功率为 45 kW,可实现低速时驱动整车行驶。动力分割机构用于调配发动机、发电机和驱动电动机三者之间的功率关系。变速换挡机构即前面所述的 4AT 变速器,前端和动力分割机构连接,后端为输出端,连接后桥的差速器,驱动整车行驶。变速器的换挡动作通过位于变速器下方的液压控制系统来实现。此外,在两个电动机之间设计有一油泵,用于整个变速器的液力驱动和润滑冷却。L310 变速器的动力传递路线如图 3-20 所示。

图 3-19 L310 变速器的整体结构

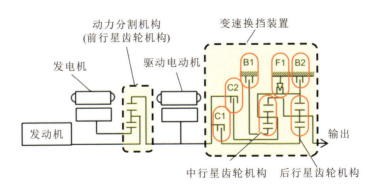

图 3-20 L310 变速器的动力传递路线

L310 变速器的齿轮传动系统中包含 3 排行星齿轮机构。其前行星齿轮机构即前述的动力分割机构,太阳轮连接发电机,行星架连接发动机,齿圈连接驱动电动机和后端 4AT 变速装置。中行星齿轮机构和后行星齿轮机构为 4AT 变速装置的主体部分,再结合 C1/C2 离合器、B1/B2 制动器、F1 单向离合器就组成了具备 4 个挡位的变速换挡装置。

L310 变速器将变速换挡装置迁移至输出轴上,完全位于动力耦合系统的后端,并且设计为 4 速的变速换挡装置,通过两个部分的配合,可模拟 10 个不同的挡位。这样显然会增加变速器总成的轴向长度,但在纵置式的整车中,该问题还是相对容易克服的。那么,挡位增多之后整车的燃油经济性和动力性又如何呢?

在 L310 中新增 4AT 变速器的最大作用就是扩大发动机的工作范围,从而提升车辆在日常行驶车速下的提速性能以及降低车辆高速巡航时的发动机转速。在低速时发动机扭矩随着转速的升高才会逐渐升高,电动机在低速恒扭矩区间,所以在低速时采用大传动比的低速挡位,将有效提高动力总成的输出驱动力。对比来看,L310 较 L110 在低速时最大可以增加约 50% 的驱动力。这将使得整车具有更优秀的加速性能和最大爬坡度。L310 增加至 4 个挡位之后,可明显增大总成的效率区间,也即 4 个挡位的传动装置能够让发动机和两个电动机尽量工作在高效率区间。总成效率区间增大,可有效提高总成的燃油经济性。

在采用湿式离合器的变速器中,大多的机械损失来源于拖曳损失。L310 变速器在保证离合器正常性能的基础上,对离合器做了改进来减少拖曳损失。拖曳损失主要来源于离合器和制动器的摩擦材料之间,所以需保证润滑充分,优化节片形状,降低因搅油引起的拖曳损失。节片结构如图 3-21 所示。

图 3-21　节片结构

制动器和壳体之间会积存润滑油,摩擦片搅拌润滑油会带来拖曳损失,所以在制动器钢片花键齿处设计了缺口以排油。离合器毂之间也会积存润滑油,通过调整摩擦片之间的间隙来改善其排油性能。重新设计摩擦片的形状,改善排油性能,以降低拖曳损失。从前面的机构介绍中可以看到,整个 L310 变速器的轴向长度较长,整车在加速和减速过程中,润滑油会汇集到前端或后端,同时液压控制系统也位于变速器的底部,为了保证变速器和电动机的正常冷却和润滑,就需要加注很多的润滑油来铺满整个变速器底部,这势必增加整个变速器的重量,并且会增多损失。

丰田在油泵下端采用一种可转动的挡板,将变速器的底部分割为两个储油空间,从而减少了 2 L 的润滑油。在整车减速时,底部润滑油由于惯性往前移动,此时挡板瞬时将油道封住,防止润滑油瞬间聚集到发电机底部。但挡板并不封死油道,保证润滑发电机的润滑油可以回到变速器底部。当整车急加速时,润滑油向变速器后端聚集,吸油口布置在靠后的位置从而达到防止吸入空气的目的。

5. 盛瑞 P2-8AT、6AT

盛瑞 8AT 变速器名为 SR-8AT,如图 3-22 所示,最大输入转速为 6000 r/min,支持横置前驱和横置四驱车型。在尺寸、重量和承受扭矩方面,这款盛瑞 8AT 变速器除了常规扭矩版本之外,还有一个大扭矩(最大承受扭矩为 380 N·m)版本。而在传动比方面,工程师在对上代产品进行总结优化之后,开发出了两种速比版本,小速比版本各挡位的传动比与第一代的区别不大,仅有细微调整,而大速比版本改变较大。两款优化传动比之后的变速器在动力性、换挡平顺性和油耗方面也有一定进步。

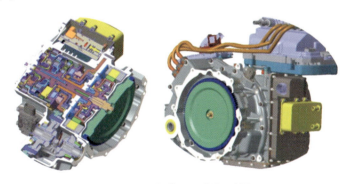

图 3-22　盛瑞 P2-8AT、6AT

6. 吉利 7DCT390 Hybrid(P2.5 构型)

吉利 7DCT 混动型将电动机集成在输入轴上,我们称之为 P2.5 构型。吉利的 7DCT390 Hybrid 是国内首个 P2.5 构型,它以 7DCT330 为基础,将电动机集成在 7DCT330 偶数输入轴上。此种方案和 P3 构型一样,相对于多数厂商使用的 P2 构型,其优点是不增加动力总成轴向尺寸,整车匹配的灵活度很高。

另外,采用 P2.5 构型,双离合变速器前端湿式离合器模块可以实现共用,并可同时实现大扭矩输出。而一般的 P2 构型则会受到湿式离合器承载扭矩的限制,在沿用现有湿式离合器的前提下,无法实现更大扭矩输出,或者要实现更大扭矩输出需要重新开发湿式离合器模块。根据吉利的规划,这套动力系统将覆盖吉利未来 A0-B 级轿车、SUV 以及 MPV 车型,目前已经在领克 01、博瑞、缤越、缤瑞等车型中应用。

吉利 7DCT390 Hybrid 结构如图 3-23 所示,相关参数如表 3-3 所示。

(a) 7DCT390 Hybrid (b) 7DCT390离合器结构(静液高压)

图 3-23　吉利 7DCT390 Hybrid 结构图

表 3-3　吉利 7DCT390 Hybrid 参数表

参数	配置/值
长×宽×高	395 mm×586 mm×538 mm
挡位数	7 前进挡,1 倒挡,1 驻车挡,2/4/6/R 挡可以纯电行驶
最大输入扭矩	390 N·m
重量	≤112 kg
驱动形式	FWD
整机寿命	≥350000 km
电动机功率转矩	峰值 65 kW/160 N·m;额定 25 kW/60 N·m

凭借这套方案结构,7DCT390 Hybrid 可以实现纯电驱动、纯发动机驱动、混合动力驱动、能量回收、怠速充电、行车充电等不同功能,具体如下:

(1) 无动力输出:C1、C2 处于分离状态,奇数轴与偶数轴均无挂挡;

(2) 怠速充电:C1 分离,C2 啮合,偶数轴无预挂挡,发动机工作,驱动发电机发电;

(3) 发动机启动:C1 分离,C2 啮合,偶数轴无预挂挡,电动机通过拖动发动机实现发动机启动;

(4) 纯电驱动:C1、C2 分离,偶数轴挂挡,电动机提供动力驱动车辆行驶;

(5) 能量回收:C1、C2 分离,偶数轴挂挡,制动能量驱动发动机发电;

(6) 行车充电:C1、C2 啮合,发动机通过奇数轴驱动车辆行驶,电动机通过 C2 离合器驱动发电机发电;

(7) 混合驱动:C1 啮合、C2 分离,奇数轴、偶数轴均挂挡,发动机通过奇数轴输出动力,电动机通过偶数轴输出动力,二者共同驱动车辆行驶。

7. 麦格纳 7DCT-48 V 混合动力系统

麦格纳为建立满足不同需求的基础框架,在基于模块化的智能设计概念上推出了 7DCT-48 V 混合动力系统,如图 3-24 所示。

图 3-24　麦格纳 7DCT-48 V 混合动力系统结构图

此款双离合变速器应用扭矩分配构架,可扩展的功率等级从中混到 PHEV,应用范围大,集成电动机和逆变器,缩减了变速器的布置空间。48 V 车载电压与 25 kW 电动机相结合,可通过制动能量回收实现不局限于降低排放的多种附加值。根据具体结构,48 V 系统还有其他优势,例如:①更好的加速性能;②电动滑行纯电(引擎关闭)巡航;③未来在 P4 构型下的全轮驱动等都将以不同程度成为可能。

7DCT300 麦格纳动力总成已经成功证明,在改善总体乘坐舒适性的同时降低对环境的影响是可以实现的。这一款麦格纳 7 速混合动力双离合变速器,配备一台 15 kW 的电动机和一个逆变器。在 WLTP 循环下,配备 7DCT300 的车辆的燃油消耗可减少14%～16%。这种混合动力双离合变速器结合48 V车载电压,是一种很好的轻度混合动力解决方案。同时,7DCT300还有85 kW的插电式混合动力版本,搭载的电动机电压可高达400 V。采用这种组合,在WLTP工况中,车辆可以实现节省19%到最高68%的燃油,甚至在高速公路上也可实现纯电行驶。

8. 邦奇48 V轻混变速器

邦奇最新一代AT变速器兼容电动化,其带有48 V电动机,未来将装备到PSA集团各品牌旗下的弱混动车型上。邦奇动力是创新及清洁动力系统领域的独立供应商,在无级变速器(CVT)领域有着逾45年的生产和开发经验。近年来,邦奇动力正加快其新产品的开发。除CVT变速器以外,目前公司也正在开发生产双离合变速器(DCT)、混动(48 V及插电式混动)及电动变速器。图3-25所示为邦奇48 V轻混变速器。

图3-25 邦奇48 V轻混变速器

该变速器是基于6L50自动变速器开发的48 V轻混系统。在NEDC工况下可节油10.5%,在WLTP工况下可节油9.5%。轻混变速器具有BSG电动机的主要特征功能,包括:①基本启停功能;②能量再生功能;③辅助发动机增扭功能;④怠速充电、电控辅助爬坡、自动巡航功能。变速器为常规6 L,无须更改硬件就可支持该功能,通过开发专门的换挡控制逻辑,大扭矩更适用于车辆需要更多用电设备的情况。

9. DHT混合动力专用变速器

DHT是一种混合动力驱动系统,本质上借助于电动驱动实现其功能,例如在汽车的运行中调整内燃机的转速和转矩。这意味着:电动驱动的汽车零部件在 DHT 系统接收中心任务信息，是这一设计的中心组成部分，也是 DHT 驱动器与传统的"附加驱动方案"的根本区别。

DHT 系统拥有非常多的优点，其中有三个特别重要。首先，DHT 系统结构更加紧密有效率。在传统自动变速器不断增加传动装置数量，以此推动驱动发展时，DHT 变速器反而可减少传动装置。其次，DHT 系统使环保出行成为可能。因为在电气驱动的支持下，内燃机能够在功率范围内更加精确地运行，以实现降低能耗。最后，电气驱动可以在额外功率的最佳状态下运行，以提高动力，进而增强驾驶乐趣，这也是混合驱动汽车能赢得市场的重要优势。

10. 上汽 EDU 系统

上汽 EDU 系统的主要结构包括两个电机，即与发动机直连的 ISG 发电机和 C2 离合器侧的驱动电动机（TM 电动机）。中间为 2 挡 AMT，其中 C1 为常开离合器，C2 为常闭离合器。工作模式有纯电、串联和并联。动力来源有发动机和电池。发动机的动力流向有两个，其一是通过 ISG 发电机转化为电能，其二是经离合器 C2，再经 AMT 流向车轮。

上汽 EDU 系统架构图如图 3-26 所示，具体参数配置如表 3-4 所示。

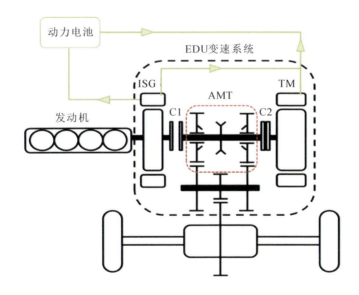

图 3-26　上汽 EDU 系统架构图

表 3-4 EDU 系统参数配置表

参数	配置/值
主驱动 TM 电动机最大功率/扭矩	50 kW/317 N·m
ISG 发电机最大功率/扭矩	27 kW/147 N·m
速比	1st:1.912;2nd:1.021;FD:3.033
输入轴最大转速	6800 r/min
输入轴最大转矩	587 N·m@1700 r/min
离合器结构	干式/常开+常闭离合器
尺寸	390 mm×641 mm×442 mm
含油重量	≤115 kg

这种双电机、双离合的创新性设计,使得 EDU 有以下几个特点:

(1) 效率高、扩展性强。

由于动力全部通过干式离合器耦合,没有能量损耗,因此从机械角度来说传动效率可以高达 95%。同时,三个动力源的自由组合和变速所形成的各种混动模式,可以使各个动力源都工作在最高效的工作点,提升了系统的整体效率。经过高度的集成之后,整个 EDU 智能电驱变速器实现了轴向长 390 mm、径向长 641 mm、高度为 442 mm 的集成尺寸。高集成度实现了在多车型平台匹配多款发动机的可能性,已经成功匹配上汽的四款不同发动机,应用到了 A 级、A+级、B 级、SUV 四款车型上。

(2) 布置紧凑。

为了横置前驱平台,上汽创新研发了一个内置式的离合器。在电动机的宽度尺寸内,干式离合器和其伺服油缸置于电动机腔体之内,伺服油缸成为电动机的一部分,而不是传统的串行结构布置,从而大大节约了轴向空间。

(3) 实现全部混动模式。

通过两个离合器的开闭,以及不同动力源的不同工作方式,EDU 智能电驱变速器可实现全部的混动模式。常规情况下,由纯电、串联、并联三种驱动模式驱动车辆。高速高负荷情况下,由发动机和双电机直接驱动车辆,同时还可实现行车充电模式(混联)。各模式、各挡位都可以根据工况切换到制动能量回收,且动力电池电量由 EDU 混动控制单元自动控制,确保在各种情况下最高效地输出能量。

(4)节油率高。

变速器不仅有硬件,软件同样重要。硬件的要求是集成度高、可靠性高;软件的要求是不仅要节能舒适,更要智能便捷。上汽创新了轮端扭矩需求解析,将驾驶员踏板的意图直接转换为轮端扭矩,再将扭矩命令通过三动力源的效率特性进行智能分配,在确保驾驶性的同时,提高了经济性。

11. 本田 i-MMD 系统

该系统由阿特金森循环发动机、离合器、双电机组成,三轴布置。发动机通过离合器连接到发动机输出轴,在离合器前通过齿轮与发电机连接;电动机直接连接电动机输出轴;在发动机输出轴和电动机输出轴之间有第三根轴,这根轴将动力传递到车轮。本田 i-MMD 系统架构图如图 3-27 所示,具体参数如表 3-5 所示。

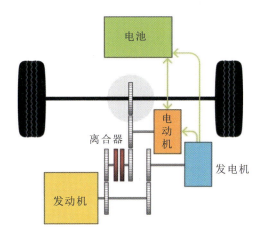

图 3-27　本田 i-MMD 系统架构图

表 3-5　本田 i-MMD 系统参数

发动机	2.0 L 阿特金森发动机
	105 kW(143PS)/6200 r/min
	165 N·m/3500～6000 r/min
驱动电动机	315 N·m
	135 kW
电池	6.7 kW·h,锂离子电池

i-MMD 系统驱动模式有以下三种：

（1）纯电动模式，即 EV drive。该模式下发动机不工作，离合器断开，电动机通过齿轮机构直接输出转矩。

（2）串联混合动力模式，即 Hybrid drive。该模式下发动机通过发电机发电，离合器断开，电动机通过齿轮机构输出转矩。

（3）并联混合动力模式，即 Engine drive。该模式下发动机直接输出转矩，离合器接合，电动机同时输出转矩。

实现这三种模式需要系统控制策略的大幅度优化和改进。

（1）在每一种模式下尽可能提高燃油经济性。在 Hybrid/Engine drive 模式中，在原有工况的基础上，控制器通过改变发动机/电动机工作点，进一步提升发动机效率。在 Hybrid drive 模式下，发动机和车轮实际上是机械解耦的，为了让发动机工作在最佳燃油经济性的位置上，驱动电动机的需求功率由电池弥补。在 Engine drive 模式下，发动机与电动机同时驱动，此时让发电机和驱动电动机参与调节发动机的工作点，使发动机工作在最佳燃油经济性的位置。

（2）切换模式来提高燃油经济性。EV drive 和 Hybrid drive 的切换：在 EV 与 Hybrid 两种模式之间，i-MMD 采用了一种间断式的混动策略（intermittent hybrid mode），即电池部分参与供电。这种策略下车辆在低速/低负荷工况时，燃油经济性最多能提升 50%；而在高速/高负荷工况下，燃油经济性则没有明显提升，部分工况能效反而下降。Hybrid drive 和 Engine drive 的切换：在 Hybrid 与 Engine 两种混动模式中，发动机和电动机的工作点也并不是完全由工况决定的。从巡航速度缓慢加速，Engine drive 效率更高，比 Hybrid drive 最多提升 12%；激烈驾驶时，Hybrid drive 效率更高。

12.其他系统

在混合动力专用变速器领域，比亚迪首先完成了应用于唐 DM 的 T75 插电式混合动力专用变速器的技术升级，并于 2020 年下半年推出 EHS 超级电混系统。EHS 已搭载于比亚迪秦 plus、宋 plus、唐 DM i 等车型，实现量产。与此同时，比亚迪也在分布式电驱动系统方面进行了专利布局与项目规划，进一步提高了比亚迪新能源动力传动系统的平台拓展能力。图 3-28 所示为比亚迪插电式混合动力系统。

长城汽车蜂巢传动开发了2挡混动专用变速器,2021年应用于长城柠檬混动平台,如图3-29所示。蜂巢传动2挡DHT产品采用高集成度七合一设计,支持整车HEV/PHEV架构,提供9种驾驶模式。

吉利汽车行星齿轮式3DHT系统如图3-30所示。

图3-28 比亚迪插电式混合动力系统

图3-29 长城汽车插电混合动力系统　　图3-30 吉利汽车行星齿轮式3DHT系统

增程式混合动力汽车就是一种串联式插电混合动力汽车。增程式混合动力汽车是一种配有充电插口和具备车载供电功能的纯电能驱动的电动乘用汽车。目前该类型的车都是在配备车载电池的同时还配备一个较小排量的发动机,但发动机不做动力输出。这类车通过消耗车载电池储存的电能来行驶,当系统判断电量低于一定值时,配备的发动机会启动为车载电池充电,从而起到增加行驶里程(增程)的作用。增程式电动汽车是在纯电动汽车的基础上开发的电动汽车。之所以称之为增程式电动汽车是因为车辆追加了增程器,而为车辆追加增程器的目的是进一步提升纯电动汽车的续驶里程,使其能够尽量避免频繁地停车充电。

工作原理：在电池电量充足时，动力电池驱动电动机，提供整车驱动功率，此时发动机不参与工作；当电池电量消耗到一定程度时，发动机启动，发动机为电池提供能量，对动力电池进行充电；当电池电量充足时，发动机又停止工作，由动力电池驱动电动机，提供整车驱动功率。

目前常见的增程式混合动力汽车有雪佛兰的沃蓝达Volt、宝马i3增程版等。不同于多见的并联式混动车，增程式混合动力汽车只用电动机驱动，而不使用内燃发动机进行驱动。对于增程式混合动力汽车来说，内燃发动机的唯一作用就是驱动发电机发电，为电池充电，驱动电动机或为其他用电设备，如空调、12 V电源等提供能量。图3-31所示为沃蓝达混合动力系统。

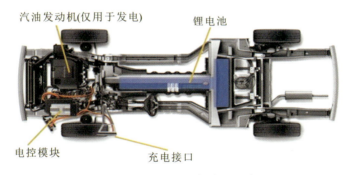

图3-31 沃蓝达混合动力系统

理想ONE虽然有一个1.2 T的汽油发动机，但是这个汽油发动机是完全不参与动力驱动的，作用单纯如一部发电机。所以，与其说理想ONE拥有一台1.2 T小排量的发动机，不如说它有一个小排量发电机。理想ONE是纯电动机驱动汽车，有通过电池和增程器两种给电动机供电的形式。当电池快没电的时候，增程器介入，直接供电给电动机，增程器的作用是驱动电动机，而不是给电池充电，这种模式很大程度上增加了行车里程。图3-32所示为理想ONE车型。

增程式混合动力汽车有如下优点：

(1) 可以纯电动模式运行，所需电池容量小，造价低且不会发生缺电抛锚现象。

(2) 可以插电模式运行，在混合动力基础上进一步提高节油率。

(3) 电池充电功率小，不必建设大型充电设施。

(4) 电池充放电可以浅充浅放，有利于保证电池寿命。

图 3-32　理想 ONE 车型

（5）具有外接充电方式,能利用夜间的低价低谷电充电。

（6）结构简单,电动机直驱,易于维修保养,易于实现产业化。

（7）节能:发动机一直处于最佳工作状态,效率高,排放小。

（8）减排:综合节油率高,现有技术就可节油 50% 以上。

3.2.3　燃料电池动力传动技术

目前许多国家将大型燃料电池的开发作为重点研究项目,燃料电池即将取代传统发电机及内燃机而广泛应用于发电及汽车。值得注意的是这种重要的新型发电方式可以大大减少空气污染及解决电力供应、电网调峰问题,2 MW、4.5 MW、11 MW 成套燃料电池发电设备已进入商业化生产,各等级的燃料电池发电厂相继在一些发达国家建成。如今,在北美、日本和欧洲,燃料电池发电技术正以急起直追的势头快步进入工业化规模应用的阶段,将成为 21 世纪继火电、水电、核电后的第四代发电方式。燃料电池技术在国外的迅猛发展必须引起我们的足够重视,它已是能源、电力行业不得不正视的课题。

燃料电池汽车技术路线:①燃料电池关键材料技术;②电堆技术;③系统集成控制技术;④动力系统开发技术;⑤燃料电池汽车的设计与集成技术;⑥提高功率密度;⑦提高耐久性;⑧降低成本;⑨提高载氢安全性。其技术发展重点为:①新型燃料电池核心材料;②先进燃料电池电堆;③关键辅助系统零部件技术;④高性能燃料电池系统;⑤脱合型燃料电池动力系统;⑥制氢运氢、储存及加氢基础设施。

根据市场需求和电动汽车的发展程度估计,燃料电池汽车的发展规模为:2025年达50000辆,2030年则可达到百万辆的级别;电池输出比功率(单位为kW/kg)从2020年的2.0上升到2030年的2.5。

燃料电池汽车的动力系统如图3-33所示。

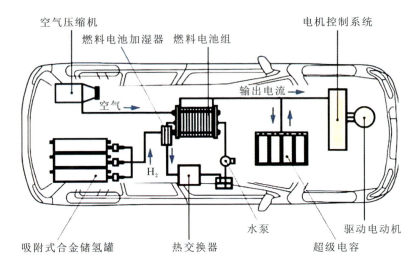

图3-33 燃料电池汽车的动力系统

燃料电池是一种化学电池,直接使物质发生化学反应(不是燃烧)时释放出的能量转换为电能,工作时需要连续地向其供给活性物质——燃料和氧化剂。燃料电池的具体分类如表3-6所示。

表3-6 燃料电池分类

分类依据	燃料电池种类
电解质	质子交换膜燃料电池、碱性燃料电池、磷酸燃料电池、固体氧化物电池、甲醇燃料电池、再生型燃料电池、质子陶瓷燃料电池
燃料种类	氢燃料电池、甲醇燃料电池、乙醇燃料电池
燃料使用类型	直接型燃料电池、间接型燃料电池、再生型燃料电池
燃料状态	流体型燃料电池、气体型燃料电池
反应机理	酸性燃料电池、碱性燃料电池
工作温度	低温型(<200 ℃)、中温型(200～750 ℃)、高温型(750～1000 ℃)、超高温型(>1000 ℃)

燃料电池的显著优点如下：

（1）节能、转换效率高。燃料电池的运转效率为 50%～70%，低功率下的运转效率高，其短时间的过载能力可以达到额定功率的 200%，非常符合汽车在加速和爬坡时的动力性能特征。

（2）排放基本达到零污染。氢氧燃料电池的反应物只有清洁的水、碳氢化合物，生成物为水、二氧化碳、一氧化碳等，属于"超低污染"。

（3）无振动和噪声，寿命长。由于发生电化学反应，所以整个过程中没有噪声和振动，可减少机械器件磨损，延长寿命。

（4）结构简单，运行平稳。能量转化在静态下完成，结构比较简单，构件的加工精度要求低。

相对地，其缺点主要如下：

（1）燃料种类单一，对安全性要求高。燃料主要是氢，氢气的生产、存储、保管、运输和灌装，对安全性要求高。

（2）密封性要求高。燃料电池组的单体电池间的电极连接必须严格密封，否则氢气泄漏会降低氢的利用率并严重影响燃料电池发动机的效率，还会引起氢气燃烧事故。

（3）价格高。制造成本高，电池组价格高。

（4）需要配备辅助电池系统。通常燃料电池汽车还要增加辅助电池，用来储存燃料电池富裕的电能和汽车在减速时再生的制动能量。

燃料电池的工作原理如图 3-34 所示：第一步，导入的氢气通过阳极集流板（双极板）经由阳极气体扩散层到达阳极催化剂层，在阳极催化剂作用下，氢分子分解为带正电的氢离子并释放出带负电的电子，完成阳极反应；第二步，氢离子穿过膜到达阴极，电子在外电路形成电流，通过适当连接可向负载输出电能；第三步，在电池另一端，氧气通过阴极集流板经由阴极气体扩散层到达阴极催化剂层，在阴极催化剂的作用下，氧与透过膜的氢离子及来自外电路的电子发生反应生成水，完成阴极反应；第四步，电极反应生成的水大部分由尾气排出，小部分在压力差作用下通过膜向阳极扩散。

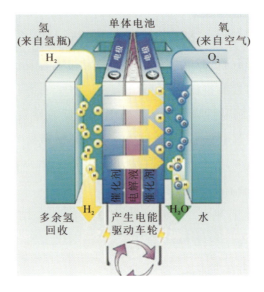

图 3-34　燃料电池工作原理图

3.2.4　质子交换膜燃料电池

质子交换膜燃料电池包括质子交换膜、催化剂层、扩散层、集流板几分部分。其中质子交换膜不仅是一种将阳极的燃料和阴极的氧化剂隔开的隔膜材料，还是电解质和电极活性物质（电催化剂）的基底。另外，电池中还含有电催化剂和双极板。电催化剂的作用是加快电化学反应速度，目前多采用铂催化剂，气体扩散电极上都含有一定量的催化剂。双极板的作用是分隔反应气体，收集电流，将各个单电池串联起来和通过流场为反应气体进入电极及水的排出提供通道。图 3-35 所示为质子交换膜燃料电池的原理。

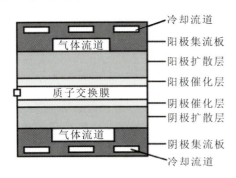

图 3-35　质子交换膜燃料电池的原理

如图 3-36 所示，燃料电池堆栈是由 370 片薄片燃料电池组成的，一共可以输出 114 kW 的发电功率。丰田的燃料电池堆栈经历了十几年的技术优化，形成了自己的特色结构，如 3D 立体微流道技术，通过更好地排出副产物水，让更多空气流入,有效改善了发电效率。所以整个堆栈的发电效率达到了世界先进水平,达到了 3.1 kW/L,与 2008 年时的相比整整提升了 2.2 倍。

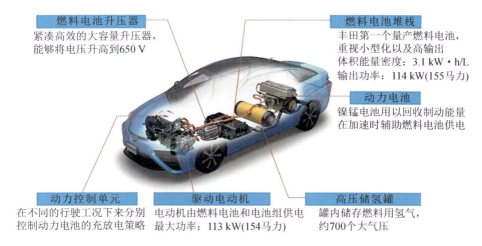

图 3-36　丰田 Mirai 氢燃料电池轿车

3.2.5　奥迪 A7-h-tron 氢燃料电池轿车

全燃料电池模式下,行驶 100 km 大约需要 1 kg 的氢气,而储氢罐在 700 个大气压下可以储存 5 kg 的氢气,所以理论上支持 500 km 的续驶里程是很容易的。

如图 3-37 所示,发动机舱内布置了一个燃料电池堆栈,后备厢下面布置了 8.8 kW·h 的锂电池组,前后轴各布置了一个电动机,这样的组合搭配一共可提供 170 kW 的功率输出,将燃料电池车的性能指标推到了一个准性能车级别。

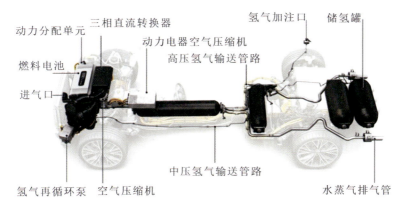

图 3-37　奥迪 A7-h-tron 氢燃料电池轿车

3.3 纯电动汽车自动变速器技术

3.3.1 电动汽车变速器发展趋势

当前电动汽车普遍搭载单挡减速器,随着技术路线的不断发展和对产品应用的深入研究,电动汽车变速器主要向高速化、多挡化和集成化方向发展。

1. 电动汽车变速器高速化

在 2016 年中国汽车工程学会发布的《节能与新能源汽车技术路线图》中,汽车制造技术总体路线图明确提出了对减、变速器制造技术的要求,逐步实现 2030 年减、变速器转速达到 16000 r/min 的高转速目标。目前,欧洲的 AVL 公司已经发表了电动机最高转速达到 30000 r/min 的工程样机和工程样车。特斯拉和比亚迪量产车的驱动电动机最高转速已经实现了 16000 r/min。

2. 电动汽车变速器多挡化

目前市场上绝大部分纯电动乘用车采用单挡减速器进行动力传递,没有进行速比的变换。单挡减速器的单一速比很难满足高速行驶、低速行驶、加速超车、坡道行驶、制动能量回收、续驶里程等各种工况下的最优性能要求。在电动汽车里配装 2 挡或 3 挡的自动变速器,可以更好地发挥电动机的特性,降低电动机的扭矩需求,减小电动机的体积和重量,降低电驱动总成的整体成本,提升电动汽车续驶里程。虽然电动汽车起步加速性能很好,但当车速在 100 km/h 左右的中高速段再加速时,响应速度就很慢。如果匹配 2 挡或 3 挡的变速器,就可以大大改善电动汽车在中高速阶段的加速性能。

3. 电驱动系统集成化

随着新能源汽车技术的不断发展,零部件集成化也是今后电驱动系统发展的趋势。通过集成化设计,一方面可以简化主机厂的装配,提高产品合格率和安装维护效率;另一方面还可以减少连接线束等零部件,达到轻量化、降低成本等目的。"电动机+减/变速器+电动机控制器"的三合一方案,已成为当前电驱动系统研发的主流方案。

3.3.2 电动汽车两挡机械式自动变速器的开发

纯电动汽车两挡自动变速器(简称2ETS)采用平行轴式结构,开发内容涵盖齿轮传动系统、差速器系统、电子驻车系统、同步器换挡系统、双电动机执行机构系统、TCU及软件控制系统等。2ETS能够兼顾低速时爬坡和加速的需求,同时满足高速时的整车要求。通过速比调节电动机的工作区域,可使电动机大部分时间工作在高效区,提高了车辆系统效率,同时也降低了电动机及控制器的成本。

2ETS的设计最大输入扭矩为280 N·m,设计速比为4~12,效率达到96%,续驶里程提高5%以上,电动机最高转速降低15%左右,整体动力性能提高20%以上,可以有效改善纯电动汽车动力总成表现。图3-38所示为河北工业大学新能源汽车研究中心陈勇教授团队开发的带驻车系统的全电控2ETS自动变速器,换挡机构采用了电动机驱动的滚珠丝杠与同步器系统,并成功搭载于自主品牌工程样车。表3-7所示为2ETS自动变速器相关技术参数。

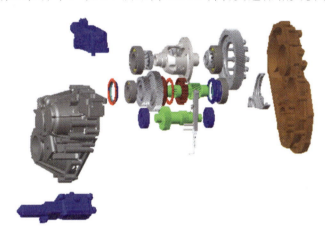

图3-38 2ETS自动变速器

表3-7 2ETS自动变速器相关技术参数

技术指标	设计参数
最大输入扭矩	250 N·m/280 N·m(强化)
驱动方式	前驱
挡位个数	2
速比大小	1挡:11.71;2挡:4.66

续表

技术指标	设计参数
换挡车速	升挡:70 km/h;降挡:45 km/h
整机重量	≤33 kg
外部尺寸	满足整车总布置要求
传动效率	≥96%
操纵系统	全电控

3.3.2.1 整车参数

2ETS搭载的电动汽车主要整车参数如表3-8所示,性能要求如表3-9所示。

表 3-8 电动汽车主要整车参数

主要参数	数值
车辆试验质量 m/kg	1758
迎风面积 A/m²	2.19
空气阻力系数 C_D	0.302
轮胎滚动半径 r/m	0.310
滚动阻力系数 f	0.015
电池额定电压/V	353
电池额定容量/(A·h)	117.6

表 3-9 电动汽车主要性能要求

主要性能	数值
最高车速(瞬时)/(km/h)	≥150
最高车速(持续)/(km/h)	≥120
0~100 km/h 加速时间/s	≤10
匀速 15 km/h 最大爬坡坡度	≥30%
NEDC 工况百公里耗电量/(kW·h)	≤18

3.3.2.2 变速器布置形式

传统装配 AMT 变速器的车辆的动力传输路线为:动力源—离合器—变速器—差速器—输出轴。由于离合器的限制,为避免离合器打滑延长接合时间,车辆起步阶段电动机转矩不能过大。此外,传统 AMT 变速器内未集成差速器,对布置空间要求较高。新型两挡自动变速器的结构布置如图 3-39 所示,变速器无离合器,起步阶段在电动机输出较大扭矩的工况下仍可以快速平稳起步,且变速器内部集成差速器,可直接向左右半轴输出动力,整体布置紧凑,节省布置空间。另外,由于移除了离合器,电动机输出轴与变速器输入轴为常连接形式,换挡过程中电动机可主动调速来减小换挡冲击,提高换挡速度。

图 3-39 新型两挡自动变速器的结构布置简图

3.3.2.3 驱动电动机功率计算

1. 驱动电动机的额定功率计算

汽车行驶的方程式为

$$\frac{T_{tq}i_g\eta_t}{r} = mgf\cos\alpha + \frac{C_DA}{21.15}u_a^2 + mg\sin\alpha + \delta m \frac{du_a}{dt} \quad (3.1)$$

其中:T_{tq} 为电动机转矩(N·m);η_t 为传动系统效率;i_g 为当前挡位的总传动比;u_a 为车速(km/h);g 为重力加速度;α 为爬坡角度(°);δ 为旋转质量系数。

电动汽车行驶时不仅满足上述力的相互平衡,也满足功率的平衡。驱动电动机的额定功率应当满足纯电动汽车对最高速度的要求。考虑到驱动电动机有一定过载能力,可以代入最高车速的90%计算额定功率,即额定功率需满足:

$$P_e \geqslant \frac{0.9u_{max}}{3600\eta_t}\left(mgf + \frac{C_DA(0.9u_{max})^2}{21.15}\right) \quad (3.2)$$

其中:u_{max} 为持续最高车速(km/h)。根据式(3.2)可计算得出,持续最高车速为

120 km/h 时,驱动电动机额定功率应大于 21 kW。

2. 驱动电动机的峰值功率计算

驱动电动机的峰值功率应同时满足电动汽车瞬时最高车速、最大爬坡坡度和加速性能的要求。根据式(3.2)可获得满足瞬时最高车速为 150 km/h 的峰值功率 $P_{\max\_v} \geqslant 35$ kW。

纯电动汽车以某一速度完成最大爬坡时的功率需求为

$$P_{\max\_i} = \frac{u_i}{3600\eta_t}\left(mgf\cos\alpha_{\max} + mg\sin\alpha_{\max} + \frac{C_D A u_i^2}{21.15}\right) \quad (3.3)$$

其中:$P_{\max\_i}$ 为满足最大爬坡坡度要求的峰值功率(kW);$\alpha_{\max}$ 为最大爬坡角度(°);u_i 为爬坡车速(km/h)。代入数据得到 $P_{\max\_i} \geqslant 46.42$ kW。

纯电动汽车加速时的功率需求为

$$P_{\max\_a} = \frac{u_i}{3600\eta_t}\left(mgf + \frac{C_D A u_a^2}{21.15} + \delta m \frac{du_a}{dt}\right) \quad (3.4)$$

其中:$P_{\max\_a}$ 为满足最短加速时间要求的峰值功率(kW)。

对等式(3.4)两边进行处理并对时间积分,得到

$$t = \frac{1}{3.6}\int_0^{u_t} \frac{\delta m}{F_t - \left(mgf + \frac{C_D A u_a^2}{21.15}\right)} du \quad (3.5)$$

其中:F_t 为驱动力(N);u_t 为加速过程的终速(km/h),根据动力性能要求应取值 100 km/h;t 为百公里加速时间(s)。要特别注意的是,驱动电动机达到额定转速前恒转矩、达到额定转速后恒功率的特性决定了驱动力 F_t 为一分段函数,即

$$F_t = \begin{cases} 3600\dfrac{P_{\max\_a}\eta_t}{u_e}, u \leqslant u_e \\ 3600\dfrac{P_{\max\_a}\eta_t}{u}, u > u_e \end{cases} \quad (3.6)$$

其中:u_e 为驱动电动机额定转速时对应的车速(km/h)。在驱动电动机特性和 1 挡传动比均未知的情况下,u_e 也是未知的。驱动电动机在额定转速附近工作时效率最高,所以可认为额定转速所对应的车速是城市路况下的经济车速,据此大致拟定 u_e 的范围为 50~80 km/h。由式(3.5)和式(3.6)可得在不同峰值功率下百公里加速时间与电动机额定转速对应 1 挡车速的关系,初步选取电动机额定转速为 3000 r/min、3500 r/min、4000 r/min。若要求该电动汽车百公里加速时间小

于 10 s，则 $P_{\max\_a}$ 分别需大于 98.5 kW、101.2 kW、104.3 kW。

综上，取驱动电动机的峰值功率为 100 kW，并根据电动机特性选取电动机最高转速为 7200 r/min。

3.3.2.4 驱动电动机特性曲线拟合

由于电动机的额定转速对电动机峰值扭矩影响较大，因此，保持电动机峰值转速 7200 r/min、额定功率 42 kW、峰值功率 100 kW 这三个参数不变，额定转速分别取 3000 r/min、3500 r/min、4000 r/min 并拟合三组电动机的外特性曲线。拟合得到的电动机的理想外特性曲线分别如图 3-40、图 3-41、图 3-42 所示。电动机最大输出功率在额定转速附近达到峰值功率 100 kW。

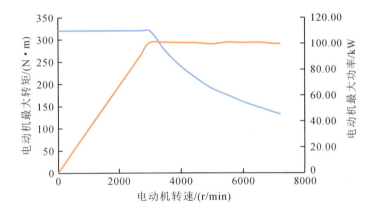

图 3-40　3000 r/min 时外特性曲线

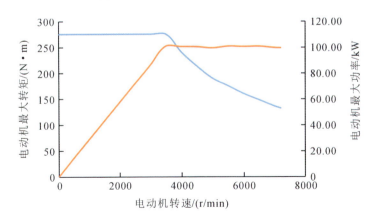

图 3-41　3500 r/min 时外特性曲线

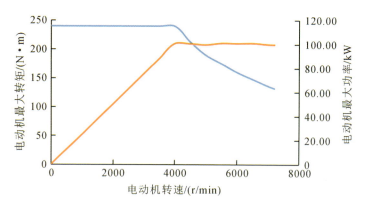

图 3-42 4000 r/min 时外特性曲线

3.3.2.5 驱动电动机的参数确定

将拟合的外特性曲线数据写入 AVL Cruise 软件中的电动机模块进行动力性仿真验证。仿真计算结果如表 3-10 所示。额定转速为 3000 r/min 和额定转速为 3500 r/min 的驱动电动机在 0~100 km/h 的加速时间小于 10 s。

表 3-10 三种额定转速下电动汽车的动力性比较

额定转速/(r/min)		3000	3500	4000
加速时间/s		9.50	9.65	10.13
最大爬坡坡度	1 挡	89.37%	69.69%	57.46%
	2 挡	26.82%	22.76%	19.67%

为满足车辆的爬坡坡度与 0~100 km/h 加速时间需求,同时尽量降低电动机的峰值转矩,最后取电动机的额定转速为 3500 r/min,峰值转矩为 275 N·m。按照额定转速时电动机输出额定功率,计算得电动机的额定转矩为 114.6 N·m,取额定转矩为 115 N·m。因此初步确定电动汽车驱动电动机具体参数如表 3-11 所示。

表 3-11 驱动电动机参数

电动机参数	参数值
额定功率/kW	42
峰值功率/kW	100
额定转矩/(N·m)	115

续表

电动机参数	参数值
峰值转矩/(N·m)	275
额定转速/(r/min)	3500
峰值转速/(r/min)	7200

3.3.2.6 两挡变速器传动比的匹配

1. 1挡总传动比最小值

1挡总传动比的最小值应当保证车辆所要求的最大爬坡坡度,根据式(3.1)计算得到1挡总传动比最小值为8.637。

2. 2挡总传动比最大值

车速与驱动电动机转速的关系为

$$u_a = 0.377 \frac{nr}{i_g i_0} \tag{3.7}$$

其中:u_a为车速;n为驱动电动机转速;i_g为挡位传动比;i_0为减速器传动比。2挡总传动比的最大值应当保证驱动电动机以最高转速工作时车辆可以达到所要求的最高车速。根据式(3.7),代入数据计算得到2挡总传动比的最大值为10.702。

以动力性能为约束计算出的传动比上下限为后续以经济性能为优化目标的仿真计算提供了依据。

3. 总传动比的初步确定

自动变速器传动比的确定不仅要考虑是否满足车辆的动力性要求,还要考虑工程制造装配中会遇到的实际问题以及对传动系统其他元件带来的影响,笔者总结了以下几点仅供设计参考:

(1) 1挡传动比不宜过大,避免主减速器承受过大载荷而提出过高的润滑要求,同时避免驱动轮频繁打滑。

(2) 挡间比不宜过小,否则两挡变速器就不能有效调节驱动电动机转速,使驱动电动机的工作点更多地落在高效区域,造成不必要的能量损失。

(3) 传动比的匹配决定了齿轮大小和齿数配比,进而影响变速器和主减速器尺寸,因此要考虑离地间隙、主减速器中心距等因素。

(4) 1挡传动比决定了驱动轮能输出的最大转矩,因此要考虑离合器摩擦片、制动器摩擦片能传递的最大转矩、离合器相对线速度等因素。

（5）要综合考虑整个传动系统各元件的机械强度。

传动比的匹配是一个需要反复验证的过程。综合考虑以上约束条件，初步确定 1 挡总传动比范围为 8.28～14.28，2 挡总传动比范围为 3.14～6.14。后续将在该范围内对传动比数值进行优化设计。

3.3.2.7 驻车机构设计

驻车机构由驱动电动机带动执行机构完成驻入与脱出动作，机械执行部分主要由棘轮、棘爪、滑块、推杆、导向销及压块等构成。电动机拨叉通过滑块带动推杆前后移动，推杆再将压块压入棘爪和导向销之间，完成驻车动作。整个机构依靠推杆弹簧实现棘爪、棘轮的柔性锁合，利用扭转弹簧实现棘爪与棘轮的相互脱离。

为满足低速安全驻车、可靠自锁、避免异常驻车等安全要求，对电动驻车机构进行了研究，如图 3-43 所示，利用多体动力学软件 Adams 建立驻车机构的刚柔耦合动力学模型并予以分析。

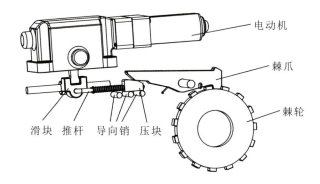

图 3-43　驻车机构示意图

驻车机构作为一种安全装置，需要满足以下性能要求：坡道驻车，车辆滚动距离不得超过 80 mm；合理的安全驻车车速；能够在坡度为 30％ 的坡道上锁止车辆，且能顺利退出 P 挡；不允许异常驻车。

利用 Adams 建立的动力学仿真分析模型如图 3-44 所示。

1. 临界驻车车速仿真

利用 Adams 提供的动力学仿真环境，为建立的仿真模型设置初始状态和要执行的动作。用 STEP 函数给棘轮一个角加速度，并设置一个传感器，待棘轮转速等效于车辆以 6 km/h 的速度行驶时，停止加速，在拨叉处施加驱动，模

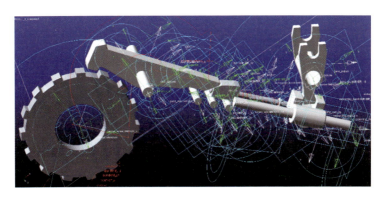

图 3-44　动力学仿真分析模型

拟驻车动作。当棘爪、棘轮锁合,棘轮停止转动时,仿真结束。棘爪速度曲线发生阶跃处,即为临界驻车车速。

如图 3-45 所示,棘轮达到所需速度后不再加速,在消除锁合间隙时转速保持稳定。棘轮和棘爪开始接触后,由于每次碰撞能量损失不同,棘轮速度不均匀地衰减。在 0.48 s 处,棘轮转速大幅下降,之后虽有一定的波动,但表明驻车已完成。0.48 s 处棘轮角速度为 659.8(°)/s,经计算,临界驻车车速为 3.4 km/h,满足设计要求。

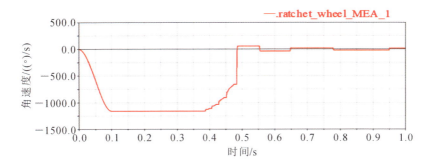

图 3-45　棘轮角速度

2. 自锁性能仿真

棘轮与棘爪啮合,驻车机构保持在驻入状态,在棘轮上施加扭矩,扭矩大小等效于车辆以满载重量(GVM)停驻在坡度为 30% 的坡道上时于棘轮所在轴处产生的扭矩。

如图 3-46 和图 3-47 所示,扭矩曲线达到所需值后保持稳定,棘爪转角可以忽略不计,可知执行机构承受扭矩未脱出,满足自锁性能要求。在随后的仿真中,增大扭矩值,并确定坡道驻车安全系数为 2.8。

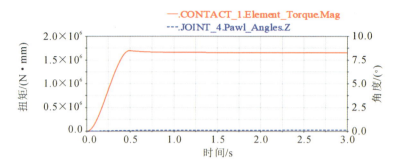

图 3-46 上坡工况下自锁性能仿真

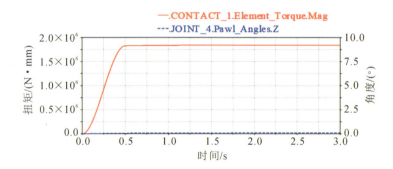

图 3-47 下坡工况下自锁性能仿真

3. 脱出性能仿真

当车辆停在坡道上,挂入 P 挡后,车辆会移动一小段距离,以消除棘爪与棘轮的间隙。当棘轮、棘爪接触并产生能够阻止车辆移动的力矩后,车辆停止移动。在某些情况下,正是棘轮、棘爪间的接触力,使得驻车机构不能顺利脱离锁合。脱出性能仿真就是为了验证 P 挡在需要的时候能否顺利脱出。

仿真车辆以满载重量(GVM)停驻在坡度为 30% 的坡道上时,将压块、推杆撤出,观察棘爪在扭转弹簧作用下能否顺利与棘轮脱离锁合。

如图 3-48 所示,在上坡工况 0.2 s 处,接触力经小幅波动后迅速降为 0,同时棘爪迅速弹出;相同地,在下坡工况 0.21 s 处棘爪与棘轮实现脱离,如图 3-49 所示。仿真表明脱出性能满足要求。

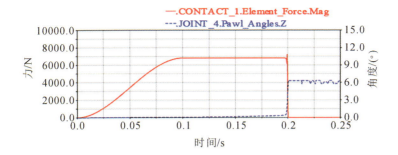

图 3-48　上坡工况下脱出性能仿真

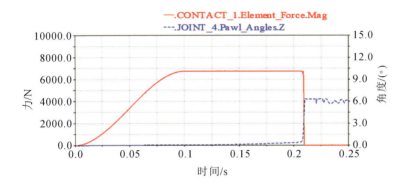

图 3-49　下坡工况下脱出性能仿真

4. 运动状态下驻车冲击力仿真

仿真分析不同车速下驻车冲击载荷的主要目的是,了解在高速驻车时驻车机构是否会被破坏,为设计与试验提供参考。

如图 3-50 所示,从仿真来看,较大的冲击载荷出现在 10 km/h 以下的低速和 60 km/h 以上的高速两个阶段。在低速阶段,由于棘轮转速不高,棘爪与棘轮各自的运动轨迹所覆盖区域的重合面积会比较大,即棘爪深入棘轮的部分较多,与棘轮接触的部分由棘爪的倒圆角变成圆角上方的平面,冲击力臂变短,所以冲击力较大;在中低速阶段,随着棘轮转速不断升高,两者运动轨迹所覆盖区域的重合面积迅速减小,棘爪深入棘轮的面积大幅减小,相应的冲击力减小;在高速阶段,转速增大将导致冲击力升高,此现象在 30 km/h 以后比较明显。上述峰值冲击载荷皆处于安全系数为 2 的设计安全范围内。

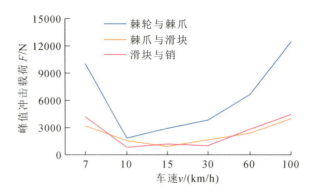

图 3-50　冲击载荷与车速的关系

3.3.2.8　同步换挡性能

基于纯电动汽车用两挡全电控自动变速器，建立了同步器系统动力学理论分析模型，对比调速前后不同转速差对升降挡同步时间的影响，为纯电动汽车换挡策略提供理论依据。

相比于内燃机，电动机具有高转速、低速恒扭的特性。与之匹配的两挡自动全电控变速器的速比范围要比传动 AMT 的速比范围宽，这导致升降挡时同步器主动端与被动端的转速差比内燃机汽车用变速器的转速差增大数倍。以车速增至 70 km/h 时升挡、车速降至 45 km/h 时降挡为例，升挡时同步器转速差高达 3500 r/min，降挡时转速差达 897 r/min。这是由变速器结构和齿比参数所决定的，升挡时同步器主动端等效转动惯量为 0.0617 kg·m^2，降挡时同步器主动端等效转动惯量为 0.5707 kg·m^2，为升挡时转动惯量的 9.24 倍。

在换挡过程中电动机不参与调速的情况下，以换挡力为 500 N 和 1000 N 为例，计算升降挡同步时间，结果如图 3-51 所示。

当换挡力为 500 N 时，升挡同步时间为 0.86 s，降挡同步时间高达 3.38 s，均已超出同步时间最大推荐值 0.25 s。即使增大换挡力至 1000 N 也无法将同步时间降至可接受范围之内。

可见在电动机不参与调速的情况下，升降挡同步时间都过长，尤其在降挡情况下，这将造成滑摩功和换挡冲击过大，缩短同步器寿命，严重影响换挡品质和舒适性。所以在换挡时，电动机需要主动参与调节同步器主动端转速。

升挡和降挡时，不同转速差、换挡力下的同步时间如图 3-52 所示。

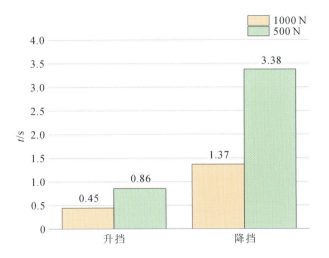

图 3-51 不同换挡力的同步时间

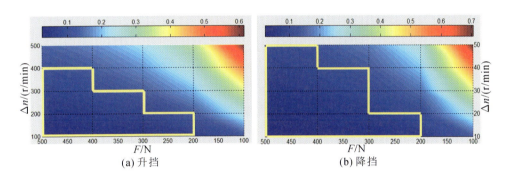

(a) 升挡　　　　　　　　　　　(b) 降挡

图 3-52 换挡同步时间与转速差、换挡力的关系

对于升挡情况,同步器齿圈转速大于齿毂转速,摩擦力矩和拖曳力矩方向一致,且等效转动惯量较小,对转速差要求较宽泛。对于降挡情况,同步器齿圈转速小于齿毂转速,摩擦力矩和拖曳力矩方向不一致,且等效转动惯量很大,对转速差要求严格。

滑摩功 W 为同步器摩擦力矩所做的功,是同步器寿命的指标。

$$W = \int_0^t T_R \parallel \omega_1 - \omega_2 \parallel dt \tag{3.8}$$

式中:T_R 为摩擦力矩;$\omega_1 - \omega_2$ 为转速差。通过调节转速差可有效减小滑摩功。

冲击度 J 是评价换挡品质的重要指标,它的大小用车辆纵向加速度的变化率表示。

$$J = \frac{\mathrm{d}a}{\mathrm{d}t} = \frac{\mathrm{d}F_j}{\delta m \cdot \mathrm{d}t} = \frac{\mathrm{d}(F_t - F_w - F_f)}{\delta m \cdot \mathrm{d}t} \tag{3.9}$$

式中：F_j 为加速阻力；F_t 为驱动力；F_w 为空气阻力；F_f 为滚动阻力；δ 为旋转质量系数。

冲击度大小取决于驱动力的变化率，即电动机转矩的变化率，通过对电动机转矩恢复的控制，可以改变冲击度大小，提高换挡舒适性。图 3-53 为换挡逻辑图。

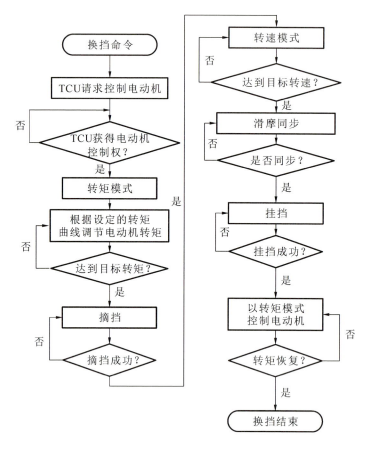

图 3-53 换挡逻辑

由以上分析可知，电动机直驱两挡变速器系统需降低转速差去弥补转动惯量的增大。通过协调换挡力和转速差，可缩短同步时间，有效改善换挡性能，延长同步器寿命。通过转矩控制，可以减小换挡冲击度，提高换挡平顺性。

3.3.3 两挡机械式自动变速器控制技术

3.3.3.1 电控系统架构

两挡变速器控制系统的拓扑结构如图3-54所示。整车控制器(vehicle control unit,VCU)通过控制器局域网络(controller area network,CAN)负责接收/发送整车电控系统信号,如接收加速踏板位置信号、制动踏板位置信号、ABS_ESC(ECP)信号等,挡把由EGSM控制器采集按键信号,通过CAN发给VCU,换挡控制策略通常也内置于VCU;TCU为变速器控制器,负责换挡时对驱动电动机的转矩及转速请求进行响应、对换挡执行机构进行控制等;MCU为驱动电动机控制器,主要用于驱动电动机;BMS为电池管理系统。ABS和BMS处于VCAN(车身CAN)中;MCU(IPU/PEU)和TCU(PCU)处于EVCAN(动力CAN)中;VCU有两路CAN,一路处于VCAN中,一路处于EVCAN中。

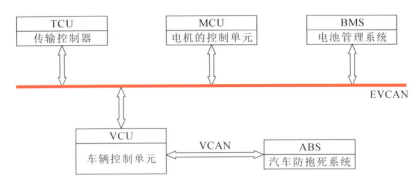

图3-54 控制系统拓扑结构图

3.3.3.2 TCU硬件

TCU是自动变速器控制系统的核心部件,它的控制品质直接决定了整车的动力性、经济性和平顺性,对车辆安全性也有较大影响,因此是动力传动系统控制领域的核心技术,而新能源汽车的出现为其发展注入了新的活力。目前TCU采用通用快速控制原型(rapid control prototype,RCP)实现功能,其参数如图3-55所示。快速控制原型仿真处于控制系统开发的第二阶段,远在产品开发之前,使设计者新的控制思路能在实时硬件上方便而快捷地进行测试。通过实时测试,可以在设计初期发现存在的问题,以便修改原型或参数,然后再进行实时测试。这样反复进行,最终产生一个完全面向用户需求的合理可行的控制原型。

基本参数	
主处理器	MPC5554,32位,主频80 MHz,硬件浮点单元
存储空间	Flash 2 MB,SRAM 64 KB
供电电压	9~32 V,峰值电压40 V
电路保护	所有的输入、输出接口都有相对的和蓄电池正极的短路保护,电源接口采用主继电器保护
程序刷写	基于CAN总线的Bootloader在线刷写
标定	ASAP2标准CCP协议
电源和通信	
传感器电源	2路5 V,50 mA与100 mA 1路可编程,0~5 V,300 mA　1路可编程,0~10 V,300 mA
通信	3路CAN,CAN2.0B,ISO11898
输入Input	
电压量输入	15路,8路0~5V,7路可配置
电阻量输入	6路NTC/PTC
开关量输入	20路,10路配置为高有效,2路配置为低有效,8路可配置为高有效或低有效
频率量输入	16路,8路磁电式传感器信号(正弦波信号),8路霍尔式传感器信号(方波信号)
输出Output	
PWM功率驱动	4路额定2.9 A,峰值8 A,兼容开关工作模式与PWM工作模式(1) 8路额定1.8 A,峰值3 A,兼容开关工作模式与PWM工作模式(1)
继电器驱动	最多17路继电器驱动,开关工作模式
直流电机驱动	3路,额定电流15 A,同时工作最大电流额定值为25 A(2)
恒流驱动	4路,额定电流3 A,电流反馈(3)
模拟量输出	2路模拟量输出,0~10 V(4)
物理特性	
外壳	材料铝,外部尺寸200 mm×180 mm×30 mm
接插件	121针AMP接插件
重量	500 g
工作温度	-40℃~+85℃
防护等级	防尘防水等级IP65,气候环境防护符合ISO16750-4,化学环境防护符合ISO16750-5
机械强度	振动、冲击、跌落试验符合ISO16750-3

图 3-55　快速控制原型的参数

RapidECU 可以在电控系统的开发过程中替代真实控制器硬件,通过全自动代码生成技术,将 MATLAB/Simulink 建模与仿真阶段所形成的控制算法模型下载到快速控制原型硬件中,并连接实际被控对象,进行控制算法的硬件在环仿真验证和实物验证,并在开发阶段早期实现标定。RapidECU 硬件核心采用 Freescale MPC55xx、MPC56xx、S12x/S12 等系列微处理器,硬件设计符合汽车级标准。快速控制原型可以在没有控制器硬件的情况下,提前进行控制算法的开发与验证,尤其适合于新产品、新型号的开发研究,快速控制原型的试验结果还可以为硬件设计提供参考。因此,快速控制原型在进行软件快速验证的同时,也降低了硬件返工概率,可大大缩短开发周期,在开发早期减少/消除可能的错误及缺陷,可达到节省开支、降低物耗的目的,并提高控制器设计质量。

3.3.3.3 TCU 控制模型

汽车的控制策略是由系统功能需求、用户驾驶及使用习惯、设计经验等多种因素决定的一种软件控制逻辑。TCU 控制系统采用基于模型的开发模式,以 MATLAB/Simulink/StateFlow 软件为平台,进行 TCU 电控系统开发前期的功能验证、快速控制原型设计等基础工作。自动变速器电控系统开发技术需要能够实现车辆的最佳挡位选择功能、换挡过程自动控制功能、驾驶员误操作规避及警示功能、起步自学习控制功能、故障模式跛行功能、缓速器自动控制功能、安全保护功能。新能源车用 TCU,除需满足上述功能要求外,还需要具备如动力传动系统一体化控制、无离合器换挡控制、模式切换协调控制、混合动力系统最佳挡位计算等功能。

3.3.3.4 标定软件

标定软件使用 MeCa 与 CANape。MeCa 是通用的 ECU 测量标定工具,可以实时采集和显示 ECU 内部数据,同时对 ECU 内部参数进行在线调整。此外,它还提供自动测量与标定功能、ECU 程序刷写与升级功能等。MeCa 通过标准协议实现上位机与下位机之间的通信,支持基于 CAN 的标定协议 CCP,并提供了全图形化的用户界面与种类丰富的图形控件,可以进行多种样式的测量数据显示与标定参数调整。CANape 是一种可用于 ECU 开发、标定、诊断和测量数据采集的综合性工具,主要用于电控单元的参数优化(标定)。它在系统运行期间同时标定参数值和采集测量信号。CANape 与 ECU 的物理接口可以是使用 CCP(CAN 标定协议)的 CAN 总线,或是使用 XCP 协议的 FlexRay。另外,通过集成的诊断功能集(diagnostic feature set),CANape 提供了对诊断数据和诊断服务的符号化访问功能。这样,它就可以实现完整的诊断测试仪功能。

3.3.3.5 改善换挡时间和冲击的控制策略

为改善换挡时间和冲击,应在摘挡过程中使用时间最短的控制策略,在挂挡过程中应考虑降低冲击力。由于驱动电动机主动调速与换挡执行器挂挡动作在时间上存在耦合关系,因此应考虑两者的一体化控制策略。

1. 摘挡控制策略

换挡过程控制对象为电动机控制式换挡执行机构,由直流电动机、滚珠丝杠、换挡摇臂、角度位置传感器组成。其输入量为驱动电压,输出量为换挡摇臂角位移,即角度位置传感器的信号值,输入输出量对应关系如下:

$$U = (K_1 + K_2\cos^2\alpha)\frac{\mathrm{d}\alpha}{\mathrm{d}t} + K_3(\frac{\mathrm{d}^2\alpha}{\mathrm{d}t^2}) + K_4 F_z \tag{3.10}$$

式中:K_1、K_2、K_3、K_4 为与电动机和执行机构机械结构相关的常量参数;α 为换挡摇臂角位移;F_z 为换挡阻力。

由式(3.10)可知接合套位置变化规律与执行机构端电压和换挡阻力有关,可使用脉冲宽度调制的方法,改变占空比信号大小以实现对执行机构的控制。摘挡过程以时间最短为控制目标,因此应给换挡电动机施加100%占空比并使驱动电动机驱动转矩降为0以尽量减小摘挡阻力。

2. 调速及挂挡控制策略

摘挡完成并进行调速的标志一般为接合套位于"绝对"空挡位置,即换挡轴向行程连线的中点位置。空挡范围为接合套与当前挡位接合齿圈分离的位置至与目标挡位接合齿圈即将接合的位置。

对驱动电动机而言,接合套进入空挡范围后应立即进入调速模式,使接合套与接合齿圈转速差控制在合理范围;对接合套而言,由于无同步器结构,接合套与当前挡位接合齿圈分离后应进入预挂挡状态,即运行至与接合齿圈即将接触的位置,等待驱动电动机调速完成。

加入预挂挡状态有两个原因:一是减小调速完成后挂挡总行程,缩短挂挡时间;二是挂挡过程应缩短接合套在换挡力驱动下的加速距离,降低与接合齿圈接触瞬间接合套的轴向速度,减小挂挡冲击力。相比一般摘挡—空挡并调速—调速完成—由空挡挂挡的策略,重新定义空挡区间的调速策略提高了接合套运行时间和驱动电动机主动调速时间的重合度,两类调速策略的空挡范围对比如图3-56所示。

由于倒角面接触存在四种工况,为缩短挂挡时间,应使驱动电动机工作在自由模式下以减小挂挡阻力。挂挡过程的冲击力与接合套和接合齿圈的轴向相对速度及周向相对转速有关,通过重定义空挡范围可以改善挂挡过程接合套的运行

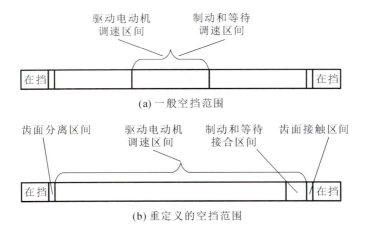

(a) 一般空挡范围

(b) 重定义的空挡范围

图 3-56 不同策略空挡范围对比

速度,因此为缩短挂挡时间,与摘挡情况类似,挂挡过程也需满占空比驱动运行,以达到换挡时间最优的目的。综上,整个换挡控制策略流程如图 3-57 所示。

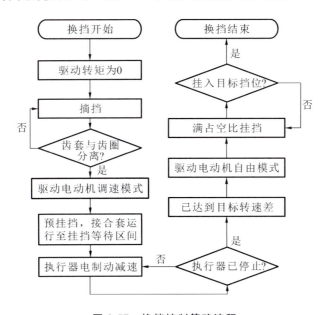

图 3-57 换挡控制策略流程

3. 基于位置识别和修正的控制方法

控制重点是使执行机构驱动接合套迅速准确地停止在挂挡接合等待区间。通常使用标定曲线对执行机构进行控制,建立换挡电动机电压 U 和位置信号 x

的对应曲线,通过多次试验对曲线进行修正标定。为此我们设计了基于位置识别和修正的执行机构控制方法,控制逻辑如图3-58所示。

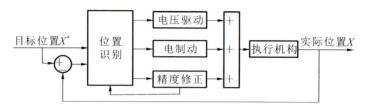

图3-58 基于位置识别和修正的控制逻辑

位置识别模块的内部参数包括驱动位置区间、制动位置区间、位置精度允许区间。本控制方法中,位置识别模块接收目标位置信号和目标位置与实际位置信号差值,向电压驱动模块发出驱动请求;当执行机构到达制动区间时,向制动模块发出短接制动和反接制动请求;当制动完成后若执行机构实际位置与目标位置信号差不在精度允许区间范围内,则向精度修正模块发送修正请求。电压驱动模块的内部参数为占空比曲线;制动模块的内部参数为短接制动、反接制动曲线;精度修正模块内部为PI控制器,对位置偏差进行修正,修正完成后向位置识别模块进行参数反馈,对驱动位置区间、制动位置区间参数进行修正。

3.3.3.6 仿真及试验结果分析

为验证降低挂挡阶段接合套轴向速度对倒角面碰撞过程轴向冲击力的影响,如图3-59所示,在AMESim仿真平台内建立无同步器换挡模型,相关参数如表3-12所示。

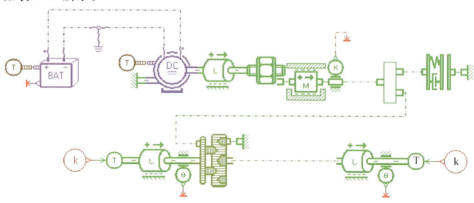

图3-59 AMESim无同步器换挡模型

表 3-12 仿真参数

参数	数值
换挡电动机类型	12 V 直流有刷
丝杠直径、导程/mm	16.00/2.00
拨叉-接合套总质量/kg	0.22
接合套端等效惯量/(kg·m^2)	11.80
接合齿端等效惯量/(kg·m^2)	0.27
初始转速差/(r/min)	10.00
接合齿宽度/mm	2.6
接合齿夹角/(°)	43
接合齿接触刚度/(N/m)	1×10^6

为验证换挡控制策略能以较短时间快速完成换挡过程和执行机构控制方法的有效性，在试验台架上进行换挡试验。图 3-60 所示为换挡试验台架原理，试验台架由高压直流源、实车动力总成、等效转动惯量飞轮组、测功机和相应控制器、上位机组成，控制程序使用 MATLAB/Simulink 编写，刷入快速控制原型实现 TCU 功能，上位机使用 MeCa 作为参数标定系统，使用 dSPACE 作为信号采集系统，台架实物如图 3-61 所示。

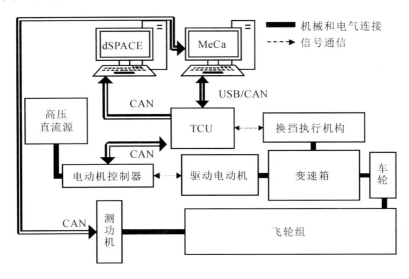

图 3-60　换挡试验台架原理

图 3-61　换挡试验台架实物

1. 仿真结果分析

图 3-62 所示为转速差控制在 10 r/min 和占空比为 100% 的情况下,挂挡过程接合套位移、接合套速度、接合齿转速、轴向冲击力和换挡电动机电流变化曲线。原曲线为接合套从空挡位置开始满占空比驱动挂挡的运行曲线;优化后曲线为按照本控制策略对接合套进行电制动后停留在待接合区间,再进行挂挡的运行曲线。其中:原换挡时间为 69 ms,优化后换挡时间为 71 ms,延长了 2.90%;原换挡接合瞬时速度为 219.46 mm/s,优化后为 146.87 mm/s,降低了 33.08%;原挂挡接合最大冲击力为 6019.99 N,优化后为 4796.34 N,降低了 20.33%。

综上,在几乎不影响挂挡时间的前提下,本控制策略有效降低了挂挡过程中接合套运行速度,有效降低了最大轴向冲击力。

2. 试验结果及分析

图 3-63 所示为换挡过程接合套位置的初始化换挡曲线 a 和使用控制方法自修正完成后的换挡曲线 b。由曲线 a 看出换挡开始后在执行机构满占空比驱动下,接合套开始运动,因驱动区间和制动区间设置不准确,在 0.624 s 时完成电制动过程;由于不满足精度要求,精度修正模块工作,使接合套继续运行至挂挡等待区间,等待驱动电动机调速完成,过程耗时 275 ms;到达目标转速范围后挂挡耗时 140 ms,换挡总耗时 471 ms。经多次换挡修正后,换挡曲线如曲线 b 所示,摘挡和预挂挡过程精度修正模块不再介入,满占空比驱动和电制动即可

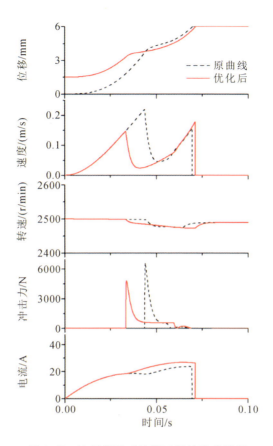

图 3-62 控制策略对挂挡过程的改善情况

快速准确完成换挡过程,摘挡和预挂挡耗时 128 ms,挂挡耗时 151 ms,总耗时 463 ms。经精度修正模块多次修正后,摘挡时间缩短 53%。

虽然曲线 a 显示在摘挡阶段消耗了过多时间,且调速时间与曲线 b 的近似相等,但重新定义的驱动电动机空挡调速区间策略使执行机构运行和驱动电动机调速时间重合度大幅提升,保证了换挡总耗时与曲线 b 的相差不足 2%。挂挡阶段 a、b 曲线存在区别的原因为接合套与接合齿圈倒角面接触的随机性,换挡电动机在满占空比驱动下,挂挡过程的时间相差仅 7%,影响并不显著。综上,本换挡策略可有效降低换挡时间,实现无同步器 AMT 快速换挡过程。

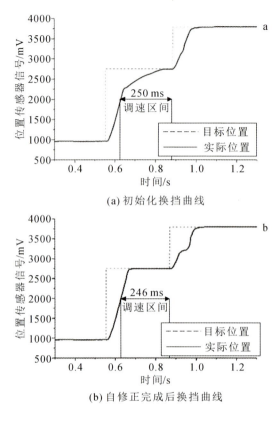

图 3-63　换挡试验结果

3.4　汽车传动系统高强度零部件技术

3.4.1　汽车高强度齿轮技术

齿轮是汽车动力传动系统等机械装置中的重要核心零部件。近年来,随着现代汽车和新能源汽车、军用车辆、舰艇、航空航天器、高速铁路设施等技术的发展,动力传动机构进一步要求齿轮具有高强度、高速度、高效率、高寿命、轻量化和小型化等特点。这不仅对齿轮的设计提出了新的课题,也为开发新材料和创新型材料加工技术带来新的研发任务。其中表面强化技术是保证齿轮实现高性能的关键。目前,我国在高强度齿轮设计与制造技术方面与欧洲和美、日等国家相比还存在相当大的差距,特别是高档汽车和机械产品的零部件与国外产品相比在强度和使用寿命等方面的差距尤为突出,制约了我国汽车自动变速器及其他高端机电装备的发展,因此全面提升高端齿轮的强度成为势在必行的重要课题。

研究实践表明,提高齿轮的疲劳强度寿命极限,既需要改善优化材料的合金成分,提高渗碳、碳氮共渗热处理技术,还必须与齿轮的表面强化处理技术的研究开发结合起来,即实现综合的齿轮表面完整性,得到更佳的齿轮抗疲劳性能,这样才能实现对高强度齿轮接触疲劳极限、弯曲疲劳极限、疲劳耐久寿命、最佳摩擦系数的高性能要求。近年来,各汽车公司为了开发新的市场都在不断地提高汽车保证行驶里程,国际上许多著名的汽车公司都已经把乘用车保证行驶里程提升至 34 万千米以上,商用车的提升到 100 万千米以上。为了达到这个性能指标,美国、日本、欧洲等的汽车公司都提出了更严格的市场规范要求,加大了对提高齿轮疲劳强度寿命的研究力度,并从多要素综合指标的角度深入开展研究开发。这主要包括齿轮合金材料的分析优化、齿轮最优热处理技术、齿轮表面强化技术,如磷酸锰转化涂层化学处理、齿面复合喷丸、二硫化钼加微粒喷丸齿面喷涂等齿轮表面强化技术的研究,并在轿车自动及手动变速器的应用中取得了良好的实践效果。

3.4.1.1　汽车齿轮材料技术及研究现状

1. 国内外汽车齿轮材料及齿轮工艺参数

模数是齿轮的重要参数,选取汽车齿轮模数时通常要考虑强度、噪声、轻量化及加工工艺等因素。表 3-13 所示为乘用车和商用车齿轮常用模数与直径范围。汽车齿轮在传递扭矩和改变速度过程中,通常处于高速、高载荷、交变冲载荷等工作环境中。

表 3-13　车用齿轮模数与直径范围

齿轮类型	乘用车		商用车	
	轴齿轮	盘形齿轮	轴齿轮	盘形齿轮
模数/mm	1.25~5	1.25~4	3~5	2.5
直径/mm	30~120	50~200	60~150	80~250

汽车齿轮材料不仅需要具有良好的机械加工性能和热处理渗碳淬火性能,还需

满足合理的成本需求。为保证齿面和齿顶端淬火深度的稳定性,通常选用碳质量分数为2%左右,单独或复合添加Ni、Cr、Mn、Mo等合金元素的低碳合金钢。日本、德国在车用高强度齿轮低碳合金钢材料领域进行了长期的研究开发,表3-14所示为汽车常用合金钢齿轮材料的成分,目前国内外汽车齿轮用钢主要为20CrMnTi(国内)、20MnCrS(德系)、20CrMoH(日系),表中钢种A、B、C为高疲劳用钢。

表3-14 国内外汽车常用合金钢齿轮材料各成分的质量分数(%)

试样类型	C	Si	Mn	P	S	Cu	Ni	Cr	Mo	Ti
20CrMnTi(国内)	0.17~0.23	0.17~0.37	0.80~1.10	≤0.035	≤0.035	≤0.030	≤0.030	1.00~1.30	—	0.04~0.10
20MnCrS(国内仿制)	0.17~0.22	≤0.25	1.10~1.50	≤0.025	0.02~0.04			1.00~1.30		
20MnCrS(德系)	0.17~0.22	≤0.4	1.1~1.4	≤0.025	0.02~0.04			1~1.3		
20CrMoH(日系)	0.20	0.25	0.73	0.030	0.030			1.05	0.20	
钢A	0.17	0.07	0.87	0.060	0.012	0.01	0.03	0.95	0.39	
钢B	0.19	0.4	0.31	0.006	0.018			2.11	0.41	
钢C	0.18	0.72	0.30	0.006	0.018			1.43	0.44	

2. 齿轮失效形式及损伤机理

了解齿轮的失效形式与损伤机理,能够为齿轮的表面强化提供更为明确的指导。汽车齿轮处于连续负荷工作的状态,齿轮的啮合面之间既有滚动,又有滑动,同时齿根还受脉冲与交变弯曲应力作用。齿轮通常有4种不同失效形式:① 轮齿折断;② 宏观点蚀/微观点蚀;③ 磨损;④ 齿面胶合。图3-64所示为齿轮的损伤失效位置模型。

上述齿轮的失效形式多数源自齿面或齿根的表面,由此看出齿轮的表面非常重要。齿轮表面完整性是指无损伤或强化后的表面状态及由其决定的性能,齿轮表面完整性包括表面残余应力、显微硬度、表面粗糙度、微观结构等,对于齿轮表面涂层改性还需考虑厚度和结合强度等因素。无论是表面化学热处理,还是喷丸形变强化处理,均会对齿轮表面的表面粗糙度、形态特征、组织结构、硬度、残余应力等表面完整性产生影响,而齿轮的表面完整性与其弯曲疲劳抗力及接触疲劳抗力之间有密切的关系。

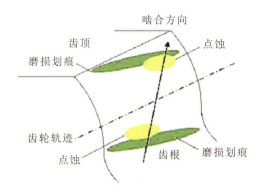

图 3-64　齿轮的损伤失效位置模型

3. 弯曲疲劳破损机理及材料研究

齿轮强度主要指齿轮的弯曲疲劳强度和齿面接触疲劳强度。如图 3-65 所示,齿轮弯曲折断破损的主要原因是齿轮根部受到反复的集中应力作用而产生裂纹并逐步扩大至失效。弯曲疲劳裂纹从齿轮表层部的晶界氧化层产生,沿着表层下方的奥氏体晶界扩展至硬化层深处,进而引起结晶界破坏。材料表层部的晶界氧化层主要由 Si、Mn、Cr 等可提高淬火性能的合金元素组成,晶界边缘易产生局部不完全淬火领域,形成由屈氏体和贝氏体构成的不完全渗碳异常层。图 3-66 所示为 20CrMoH 试料渗碳淬火后的晶界氧化层组织,由表面向内部延伸的黑色须状成分为 Si、Mn、Cr 的氧化物。提高齿轮弯曲疲劳强度通常采用加大齿根 R 角、高压力角设计,采用渗碳淬火或碳氮共渗热处理及喷丸强化等表面处理技术。例如,一般可采用提高淬火速度来改善不完全渗碳异常,但要注意避免产生较大的齿面变形,或在降低 Si、Mn、Cr 等元素含量的同时增加 Ni、Mo 等利于提高淬火性能的合金元素。

4. 齿面接触疲劳机理及材料研究

齿面疲劳破损是齿轮对在齿面接触应力和齿面啮合相对滑动速度不同时所产生的拉伸力的反复作用下造成的。破损形式以表面破坏点蚀和剥落为主,图 3-67 所示为齿面疲劳性点蚀实例。齿面疲劳寿命与齿轮啮合时的表面温度、齿面粗糙度、摩擦系数呈正比,与润滑油的黏度成反比。通常提高材料高温状态硬度和回火软化抵抗力可有效地增加齿轮的齿面疲劳寿命。试验表明,将齿面的碳质量分数由 0.8%～1.0% 提高到 2.0%～3.0% 可抑制材料表层的高温

(a) 输入轴齿轮损坏　　　　　　(b) 主传动齿轮断裂

图 3-65　齿轮弯曲折断破损实例

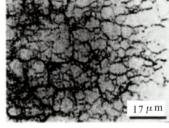

(a) 剖面图　　　　　　　　　(b) 斜剖面图

图 3-66　齿轮表层部晶界氧化层组织

(a) 胶合　　　　　　　　　　(b) 疲劳点蚀

图 3-67　齿面疲劳性点蚀实例

软化，但高浓度渗碳时由于微小碳化物大量析出，渗碳时间和扩散时间需要严格控制。图 3-68 所示为高浓度渗碳和普通渗碳的齿面硬度与表面温度的关系。另外，适当提高材料中 Si、Cr 合金元素的含量并实施碳氮共渗热处理可使齿面接触疲劳寿命大幅提高，如图 3-69 所示为合金成分相同的齿轮钢在动力循环试验台上的点蚀疲劳试验结果对比(图中 CQT 表示渗碳,CNQT 表示碳氮共渗)。

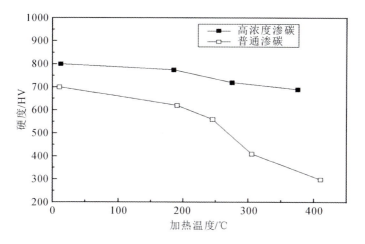

图 3-68　高浓度渗碳与普通渗碳对齿面硬度影响的比较

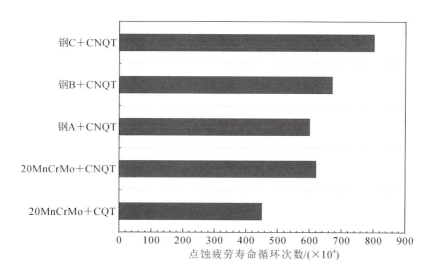

图 3-69　齿轮点蚀疲劳试验结果

3.4.1.2　热处理数值模拟技术

通过齿轮材料的基因分析和基础性能试验掌握材料基本参数与强度特性,对热处理数值模拟、预测热处理变形和强度至关重要。由于热处理中渗碳渗氮的扩散过程涉及温度变化、相变、应力应变,是多场耦合行为的动态过程,因此掌握多场耦合的动态过程是获得齿轮最优热处理工艺的关键。例如,齿轮钢在热处理过程中会产生相变塑性,其行为将直接影响齿轮在热处理后的形状和残余应力。因此,进行齿轮的热处理模拟时,若不考虑相变塑性,则往往很难预测并控制齿轮的热处理变形,无法确定热处理前的机械加工余量。

齿轮热处理强化技术应当注重表面完整性的控制,即控制表面硬化层的组织结构、硬化深度、心部硬度、残余应力等。齿轮热处理控制不当易导致表层出现过渡晶界氧化层组织、脱碳、微观裂纹等缺陷。

3.4.1.3 软氮化热处理

软氮化工艺不受钢种的限制,是在氮化基础上发展的软氮化和离子氮化工艺。软氮化实质上是以渗氮为主的低温碳氮共渗,在氮原子渗入的同时,还有少量的碳原子渗入。软氮化氮碳共渗与渗碳相比,处理温度低,一般为460～600 ℃,只有几微米至几十微米的表面硬化层,渗层硬度较氮化的低,脆性较小,齿轮变形小。渗氮可以提高齿轮表面的硬度、耐磨性、疲劳强度及抗腐蚀能力。日本汽车公司对部分疲劳寿命极限要求不高,热处理后不做齿面精加工的汽车齿轮和回转件,在热处理时采用软氮化氮碳共渗工艺,通常以提高齿轮表面的耐磨性和提高中碳钢齿轮的疲劳强度为主要目的,在汽车自动变速器齿轮工艺上有比较广泛的应用前景。

3.4.1.4 表面淬火

表面淬火主要包括感应淬火、激光淬火等,与渗碳淬火相比,表面淬火变形小。汽车齿轮表面淬火主要采用感应淬火。根据齿轮模数的不同,采取不同方式的感应淬火:当齿轮模数为 3～5 mm 时,采用高频感应淬火;当模数增大到 5～8 mm 时,一般选中频感应淬火。高频感应淬火能得到沿齿轮轮廓均匀分布的淬硬层,应用高频感应淬火热处理对汽车转向小齿轮进行强化,试件疲劳强度得到大幅提高。高频感应淬火热处理具有 CO_2 排放少、齿轮疲劳强度和耐磨性高、畸变较小的突出优点。激光淬火具有淬火区晶粒细小且均匀、齿轮变形小等优点,为大模数、高精度的齿轮提供了一种有效的齿面强化途径,但其成本较高。

3.4.1.5 渗碳

渗碳是汽车齿轮表面处理中普遍应用的化学热处理方法之一。渗碳处理可使齿轮具有很好的综合力学性能,有效防止轮齿折断。

目前渗碳的方法有气体渗碳、真空渗碳以及等离子渗碳。气体渗碳是低碳合金钢齿轮广泛采用的表面强化工艺,可使齿轮表面获得较高硬度,提高其耐磨性,而心部仍为原始的板条状马氏体组织,以保持良好的韧性。高温渗碳将齿轮渗碳温度从 900 ℃ 提高到 1050 ℃,可显著缩短渗碳时间约 50% 以上,从而有效提高生产效率。但是高温渗碳容易导致奥氏体晶粒粗大化,降低齿轮疲劳性能,且变形大。为克服高温渗碳时晶粒长大问题,经研究,国内外学者发现微合金化是抑制齿轮钢的奥氏体晶粒长大的有效手段。日本的研究表明,在热处理过程中主动控制渗碳深度和表面硬度,可获得最佳渗碳层深度和最小的变形。通过调整 Nb、Ti 和 B 等合金元素的添加量,有效控制了由高温渗碳产生的奥氏体晶粒粗大化,较好地解决了上述问题。真空渗碳与等离子渗碳具有不产生晶界氧化层、表面力学性能高、CO_2 排放较少、热处理过程时间短、节省能源的优点,但成本较高。

3.4.1.6　碳氮共渗

碳氮共渗热处理中,通过有效掌握氮浓度和加氮的时间节点就能较好地提高齿轮强度和耐磨性。采用碳氮共渗热处理法,有利于残余奥氏体含量的调整,抑制初期疲劳裂纹向深处发展。传统的渗碳淬火钢(20CrMoH)的渗碳异常层厚度为 15~20 μm,采用碳氮共渗处理法的渗碳异常层厚度只有其 1/2。

碳氮共渗能有效增大渗层深度、细化奥氏体晶粒、减小齿轮变形、提高齿轮强度和耐磨性。汽车用自动变速器渗碳齿轮啮合的齿面工作实际瞬间温度达 250~270 ℃,高于常用回火温度范围 150~200 ℃,较高的啮合温度将导致齿面硬度下降,易产生疲劳点蚀现象。采用碳氮共渗工艺,通过调整渗氮量提高抗回火性能,抗回火温度达到 300 ℃ 左右。

3.4.1.7　汽车齿轮高强度优化设计

从汽车齿轮微观修整上看,实现高强度齿轮的优化主要从齿向修形、齿廓修形以及轮齿边缘修形三个方面进行思考。

1. 优化设计中齿向与齿廓的修形设计分析

在齿轮的设计中载荷的影响是非常大的,由于载荷分布在齿轮上并不是均匀的,因此,必须针对载荷分布的均匀性问题来进行相应的设计,进而使齿轮优化的目的得以实现。造成载荷不均匀的影响因素主要有两种:首先,装配因素产生的误差使得原来齿轮啮合的中心线没有按照轨迹发生相应的平移，造成啮合齿轮出现偏移；其次，齿轮变形，传动系统在传动的过程中，所产生的载荷存在不均匀的问题，进而导致齿轮出现变形的状况。特别是设计自动变速器时，需要考虑离合器、制动器、电动机泵、液压阀体、各种传感器的布置和长轴受载后的弹性变形，以及变速器整体的轻量化导致的齿轮支承刚度降低。为使齿轮渐开线保持正确啮合需要做以齿向修形为主的设计，从而使轴承的承载力得到提升，同时也能够使传动系统运行的可靠性得到有效的加强。此外齿向修形在其他方面也有着积极的作用，比如齿轮载荷力的均匀性、啮合误差率的减少、齿轮变速器振动的降低等。一般变速器刚性支承不足引起的啮合齿向修形量需要控制在 20 μm 以内。同时，考虑到齿轮运行时的不同负载、不同转速和反向啮合，还需要通过齿廓修形设计，针对齿轮运转的实际情况进行相应的调整，适当地去除啮合齿轮所产生的干扰，从而保证传动系统在运行过程中能够有效地提升其稳定性，进而使齿轮产生的噪声得到有效的缓解，保持齿轮对啮合时的良好特性。

2.优化设计中轮齿修形设计分析

轮齿修形设计往往不是单个来进行的，一般情况下都是成对进行。轮齿修形的标准很多，各个厂家、单位乃至国家制定的标准都不尽相同，因此，在进行轮齿修形之前，需要将相应的标准进行统一。在进行轮齿修形设计时，需要注意的环节较多，尤其是对顶部倒角的控制。顶部倒角对齿顶圆直径会产生影响，从而影响修形的效果，如果顶部倒角控制不到位，将对齿轮实际的啮合度产生影响，出现啮合度逐步降低的现象。这最终将对整个传动系统的运转造成干扰，进而使系统运行的稳定性受到影响。

3.4.2 汽车高强度轴承技术

轴承是汽车工业中重要的关键零部件，广泛应用在汽车座椅、转向系统、变速器、分动器、制动系统等方面，具有承受载荷、降低摩擦、引导运动件的特殊作用。随着经济发展和工业技术的不断进步，我国已成为包括汽车轴承钢在内的轴承生产大国，但是与德国 Schaeffler、瑞典 SKF、美国 TIMKEN、日本 KOYO 等一流厂家还存在着一定差距。轴承材料作为上游产业，今后的努力方向依然是严控冶金质量、非金属夹杂物级别、碳化物大小与分布，以及提高热处理技术水平等。

热处理是汽车轴承制造过程的关键工序，加工质量与原材料是影响轴承寿命的两大重要因素。热处理对轴承等零部件在使用条件下的显微组织、力学性能、表面质量、尺寸形状精度和稳定性均有重要影响，因此优化热处理工艺，选择适合的热处理参数，获得与工件的使用状况和失效方式相适应的最佳综合性能，是热处理技术的重要研究课题。

轴承由外圈、内圈、滚动体（球、圆柱、锥形或滚针等）和保持架四大部分构成，部分轴承还带有密封圈。除了密封圈和部分保持架外，其余的制造材料主要是轴承钢。选择汽车轴承的类型与型号的主要依据是承受的载荷性质、方向、大小，实际部位的工作环境，以及对轴承的刚度、极限转速、寿命、精度等方面的要求。轴承在整车上的应用十分广泛，并且随车辆类型、安装部位和生产厂家的变化而变化。

下面仅结合汽车动力系统轴承（发动机中的交流发电机轴承、空调电磁离合轴承、张紧轮和惰轮轴承等）、驱动系统轴承（变速器中轴齿、差速器、离合器等的轴承）等相关产品做简要介绍。

3.4.2.1 动力系统轴承

发动机是汽车的心脏，源源不断地为其他部件提供动力。其内部轴承先前以滑动轴承占主导，目前多数在改进轴承性能的前提下采用密封球轴承。

交流发电机轴承为单列密封球轴承，主要受向心力，要求在转速超过 2000 r/min、温度高于 180 ℃ 的条件下依然能可靠运转。套圈和滚动体采用高纯净 GCr15 制造，热处理后硬度要求达到 58～64 HRC；保持架一般采用尼龙（PA46）制造，密封圈一般采用丙烯酸酯橡胶（ACM）制造，参考标准为 JB/T 8167—2017。

空调电磁离合轴承为双列角接触球轴承，外圈旋转，空调带轮的转速可达 7000～13000 r/min，最高温度达 160 ℃。

张紧轮和惰轮轴承为高性能密封球轴承，前者作用在同步传动带松边上，后者作用在同步传动带紧边上。保持架可用工程塑料制造，也可用 08 钢或 10 钢制造，密封圈采用 ACM 或 FPM（氟橡胶）制造，参考标准为 JB/T 10859—2008。

水泵轴连轴承一般为双列球轴承,径向尺寸要小于一般轴承。它实质上是一个结构简化了的双支承轴承,两个支承的轴承没有内圈,滚动体的滚道直接加工在轴上,两个支承的轴承外圈加工成一个整体,套圈的两侧用密封件封住,其滚子通常由高铬轴承钢制造,轴、外圈的材料采用渗碳钢或高碳铬轴承钢,参考标准为 JB/T 8563—2010。

3.4.2.2 驱动系统轴承

驱动系统的代表部件为变速器,分为手动变速器(AMT)、自动变速器(AT)、无级变速器(CVT)、双离合变速器(DCT),也是应用轴承最多的部件。在变速器中配合不同挡位往往有多个轴承,主要有球轴承、圆柱滚子轴承、圆锥滚子轴承、滚针轴承等类型。轴承在工作时转速较高,油品清洁度对轴承使用寿命有很大影响。

3.4.2.3 汽车轴承材料及性能要求

目前汽车正朝着电动化、智能化、轻型化、性能化以及高可靠性等方向发展。由于电子控制技术的进步,汽车也朝着低耗能、高效率方向发展。滚动轴承和高效圆锥轴承作为汽车传动系统的重要部件,必须适应这种趋势。

汽车轴承在服役过程中,滚动体和套圈表面的单位面积上要承受很大的压力,经计算最高可达 5000 MPa,轴承运转时除了有滚动还有滑动,除受到高频、交变的接触应力之外,还受离心力的作用。汽车轴承的主要失效形式有剥落、点蚀、黏着、拉伤、断裂、精度丧失,以及振动噪声超标等,因此,对轴承钢的性能有如下几点要求:①高纯净度;②低氧含量;③高硬度和耐磨性;④良好的尺寸稳定性;⑤足够的抗压强度和抗变形能力;⑥良好的工艺性能。

轴承钢作为重要的特钢品种之一,其质量优劣和性能高低很大程度上反映着一个国家的冶金水平。汽车轴承的寿命和可靠性与设计、加工制造、润滑、安装和维护保养等有一定的关系,但原材料是关键基础。在轴承的构件中,除了保持架由原始的冲压用钢改为尼龙材料(如注射成形的 PA66+30%GF)、密封件较常采用橡胶材料(如 ACM+SPCC、NBR+SUS430)外,我国汽车轴承的滚动体及内外圈大量使用的是高碳铬轴承钢(C 的质量分数为 0.95%~1.05%、Cr 的质量分数为 1.40%~1.65%)。为提高淬透性以适应零件壁厚变化的要求,增加 Mo 含量可发展出一系列高淬透性高碳铬轴承钢:例如德国的 100Cr6、

100CrMo,瑞典的 SKF2、SKF3,美国的 52100.3、52100.4,日本的 SUJ2、SUJ3、SUJ4、SUJ5 等。它们适用于马氏体淬火,也适用于超厚壁轴承零件的贝氏体淬火,它们之间的化学成分有细微差异,但都可以看作 GCr15 的变种。

尽管这些品种相对比较单一,但也是结构钢(齿轮钢、轴承钢、弹簧钢、非调质钢、冷镦钢)中质量要求最为苛刻的品种。苛刻的是需要提高钢材的纯净度,严格降低 O、S、Ca、N、Ti 等元素的含量,还需控制包括冶炼、浇注、轧制、锻造等冶金成材过程中可能造成的缺陷。常采用的冶炼工艺有真空脱气、电渣重熔、炉外精炼等。降低氧含量可以明显延长轴承的疲劳寿命,图 3-70 所示为氧含量与轴承相对寿命的关系曲线(图中 L_{10} 表示基本额定寿命,指与 90% 可靠度相关的额定寿命。)。在国标 GB/T 18254—2016 中,对高碳铬轴承钢的氧含量做了明确规定:模铸钢不超过 $15×10^{-6}$、连铸钢不超过 $12×10^{-6}$,实际生产中随着冶金设备及工艺的开发控制更严,最低可达到 $5×10^{-6}$ 的水平。另外,标准或技术协议对冶炼方法、非金属夹杂物、偏析、碳层、低倍组织、显微组织、碳化物不均匀性、表面质量、尺寸允许公差等都有相关限定,轴承生产企业在钢材进出厂时必须严加检测和严格管理。

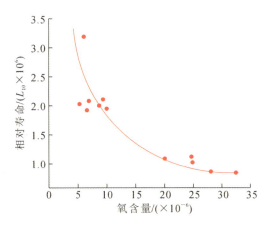

图 3-70 氧含量与轴承相对寿命的关系

需补充说明的是,汽车轴承除了绝大部分为滚动轴承外,曲轴轴瓦、连杆瓦、活塞套、减振器用导向座、变速器倒挡齿轮衬套等为滑动轴承,它们不涉及热处理,主要依靠粉末冶金烧结+滚压的方式成形,一般背面采用含碳质量分数小于 0.15% 的钢(如 08Al)制造、主轴为合金层(如 Al-Sn20Cu 或常见的锡基、铅基、铜基或铝基类轴承合金)。后文所讨论的热处理主要针对的也是汽车滚动轴承。

3.4.2.4 汽车轴承热处理技术

汽车轴承用钢中加入合金元素铬的主要作用是提高钢的淬透性,使零件在淬火、回火后截面上获得较均匀的组织。铬可形成合金渗碳体,使奥氏体晶粒细化,降低钢的过热敏感性,提高耐磨性,并能使钢在淬火时得到细针状或隐晶马氏体,增加钢的韧性。一般不需要对汽车轴承进行深冷处理,除非对零件尺寸的稳定性及残留奥氏体的含量有特殊要求。

1.汽车轴承零件的生产工艺路线

钢球滚动体的一般生产路线为:棒料→球坯热镦成形光球(锉削)→软磨→热处理→硬磨→细研→精研(抛光)。

内外圈的一般生产路线为:管料(冷辗)→退火→车削→软磨→热处理→磨削精加工。

实体保持架(尼龙)的一般生产路线为:毛坯→车削→拉、钻窗口→表面处理。

冲压保持架(金属)的一般生产路线为:带料或板料→成形→切底→冲窗口→压坡→扩张→表面处理。

汽车轴承的滚动体、外圈、内圈,轮毂轴承的法兰都要进行适当的热处理,以充分发挥材料自身的潜力,获得零件预期的性能并提高总成的使用寿命。热处理主要有球化退火、整体淬火+低温回火、化学热处理、感应热处理等方式。

2.汽车关键轴承零件的热处理概况

下面从热处理设备、工艺实例、技术要求、发展预测等方面做简要介绍。球化退火设备通常使用保护气氛炉,以使退火后的零件表面不被氧化,并能提高轴承零件的材料利用率。轴承材料的加热温度为835~850 ℃,球化温度为750~760 ℃,如图3-71所示。

滚动球体经锻造后,使用爱协林底式连续性氮基保护气氛退火炉进行退火。球化退火温度为760 ℃,露点低于20 ℃,丙烷流量为(0.18±0.02) m³/h,炉内压力为50~300 MPa,检验硬度不超过210 HB,脱碳层不超过0.25 mm,钢球整体淬、回火后的硬度要求达到60 HRC以上。淬、回火设备通常也使用保护气氛型的铸链炉、网带炉或推杆炉,生产效率高、能耗低,常见的国内生产

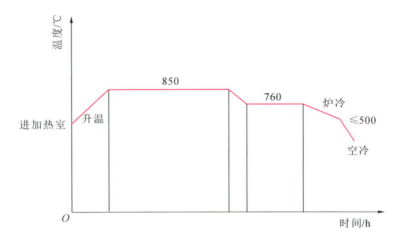

图 3-71 轴承件球化退火工艺曲线

厂家有江苏丰东、北方工业、杭州金舟等。内外圈使用保护气氛连续炉淬火,使用 KR468G 专用轴承淬火油并调整加热温度和时间、输送带运行速度等参数,也可用盐浴进行马氏体分级淬火,工艺曲线如图 3-72 所示,淬火后硬度达 63~64.5 HRC,经 (160±10)℃ 回火后硬度为 61~63 HRC,套圈的锥度为 0.05 mm 左右,圆度不超过 0.15 mm。带有法兰盘的汽车轮毂轴承,材料为 S55C,要求淬火区域的表面硬度达 60 HRC 以上,宜使用自动感应淬火生产线。淬火冷却介质选用浓度可调的水淬火冷却介质,淬火冷却介质压力为 0.2~0.6 MPa,淬火后硬度为 62~65 HRC,硬化层深为 2.2~3.4 mm,圆度不超过 0.1 mm,经 (160±10)℃×(120±5)min 整体回火后硬度达 60~63 HRC。

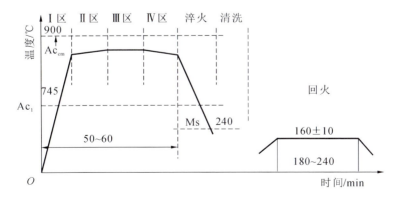

图 3-72 轴承件整体淬火回火工艺曲线

注：图中 Ac_{cm} 表示二次渗碳体全部溶入奥氏体的终了温度；Ac_1 表示珠光体向奥氏体转变的开始温度；Ms 表示奥氏体向马氏体转变的开始温度。

随着国内热处理设备和生产技术水平的不断提高，对汽车轴承零件的生产加工技术已基本成熟。原来的箱式炉、井式炉、盐浴炉、鼓形炉及普通空气加热炉等设备基本被淘汰，普及的是保护气氛设备辅以变压吸附、膜制氮等技术，以托辊式网带炉为主流的整体淬、回火线和自动感应淬、回火线已成为主流。另外，由保护气氛向可控气氛过渡，炉控系统由单线计算机控制向集群式计算机控制转变，也逐渐发展为两大趋势。

3.4.3 传动系零部件新型表面处理技术

3.4.3.1 传动副表面强化技术现状

齿轮对在齿面高接触应力和齿面啮合快速相对滑动产生的拉应力反复作用下会产生齿面疲劳损伤。为了防止这类损伤的产生，采用齿面改性涂层技术，可有效改善齿轮副的表面完整性和抗齿面疲劳性能。

近年来，随着工艺的不断完善，表面涂层技术在改善摩擦副的摩擦磨损和表面状态等方面逐渐展现出了其独特的优异性，创造了可观的经济效益，已发展为表面工程领域的一种重要技术，为改良传动副的摩擦学性能、减少材料磨损提供了重要的手段。国外许多科研机构和学者对传动副表面涂层强化技术进行了深入的研究。德国慕尼黑工业大学齿轮研究中心利用FZG齿轮试验台对PVD涂层齿轮进行了胶合试验，结果表明，相较于无涂层齿轮，涂层齿轮展现了更加良好的抗胶合性能，并且PVD涂层能够明显降低齿轮的本体温度；该中心还以齿轮微点蚀损伤程度和平均齿廓偏差两个指标对齿轮的承载能力进行了评估，结果显示齿轮经过涂层处理后其微点蚀损伤程度大大降低。W. Habchi研究了弹流润滑接触中涂层的热-机械性能对摩擦的影响，结果表明，在滑动速度较大时，摩擦系数随着涂层热惯量和硬度的增大而增大，具有低热惯量的软涂层能够最大限度地减小摩擦。

国内越来越多的研究机构和学者也开始将涂层技术应用在齿轮等传动副上以提高传动副之间的传动性能。作为化学转化涂层中应用最为广泛的防护措施之一，磷酸锰转化涂层不仅具有低廉的制备成本，还具有加工效率高、污染小等优点,广泛应用于汽车、机械、造船业等领域。重庆大学的石万凯等研究了磷酸锰转化涂层的摩擦学性能,结果表明当载荷较大时这种涂层表现出了明显的减小摩擦和磨损的作用,涂层表面形成的孔隙是改善摩擦磨损性能的主要原因;该学者还采用有限单元理论建立了涂层齿轮的接触力学分析模型,探讨了应力分布随涂层类型、厚度、载荷值等参量的变化规律,为把物理气相沉积涂层应用到高速重载齿轮传动装置中提供了指导。陈勇等采用对照试验方法研究磷酸锰转化涂层对不同加工方式的齿轮的抗疲劳点蚀强度的影响规律,证明了磷酸锰转化涂层齿轮能够承受初始的冲击影响,并能提高齿轮的点蚀耐久性。

近年来齿轮表面喷丸强化处理技术的研究开发成果,使得齿轮弯曲疲劳强度寿命极限得到大幅度提高,齿轮抗弯曲疲劳强度极限超过了齿面接触抗点蚀疲劳强度极限,如何进一步提高齿面接触疲劳强度极限已成为高强度齿轮技术最重要的研究课题。

3.4.3.2 磷酸锰转化涂层

磷酸锰转化涂层工艺在提高传动部件表面强度上的应用最早出现在轴承滚子的疲劳寿命改善方面。齿轮表面磷化处理后获得的磷酸锰转化涂层可以有效降低摩擦副表面的摩擦系数,具有良好的抗胶合或擦伤性能。在日本,笔者在高强度齿轮研究实践中首次将磷酸锰转化涂层技术应用于汽车自动变速器齿轮上。重庆大学石万凯与笔者在 20Cr 齿轮表面制备了超微细磷酸锰转化涂层,研究了磷化晶粒尺寸与涂层表面孔隙的储油特性的关系,结果表明在表面浸油润滑条件下,钢表面的超微细磷酸锰转化涂层具有明显的减摩与耐磨效果。

磷酸锰转化涂层的制造工艺主要包括采用脱脂剂在温度为 70~95 ℃ 的脱脂槽内对齿轮表面进行前处理并用水清洗,然后在处理温度为 40~80 ℃ 条件下进行表面调整,磷化处理的温度条件为 80~100 ℃,酸比控制在 5.6~6.2,处理时间为 10~15 min。

经磷酸锰转化涂层处理后,齿轮表面产生数微米的软质层,填平了齿轮表面大部分凹凸切削波纹,降低了齿面的局部最大啮合接触应力和金属表面摩擦系数,改善了齿轮啮合时的油膜状况和润滑状况。通过控制磷酸锰转化涂层的工艺参数来影响涂层的密度和晶粒尺寸,可以获得超微细磷酸锰转化涂层,处理后齿面产生 3~5 μm 的软质层,生成的涂层密度约为 2.2 g/m^2,处理后通过扫描电子显微镜(SEM)观察表面形貌,如图 3-73 所示。普通磷酸锰涂层处理和超微细磷酸锰涂层处理的选取需要结合齿轮加工工艺和实际工作条件来判定。图 3-74 所示为圆柱辊子油膜的形成状况,用分离电压抵抗测定法观察圆柱辊子油膜形成状况,0 V 为完全接触,0.1 V 为完全分离,磷酸锰涂层处理后的圆柱辊子分离电压在 30 min 后开始上升,其油膜形成能力明显优于未经处理的圆柱辊子。

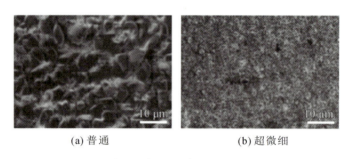

(a) 普通　　　　　　　(b) 超微细

图 3-73　普通和超微细磷酸锰涂层表面形貌

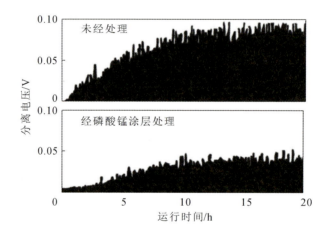

图 3-74　圆柱辊子油膜的形成状况

3.4.3.3　二硫化钼镀膜技术

二硫化钼(MoS_2)作为一种优质的固体润滑材料,具有良好的减摩、抗磨和承载能力。MoS_2 膜具有层状的结构,组成沉积膜层的粒子本身具有较低的硬度和较高的稳定性。

通过采用 MoS_2 来提高齿轮表面承载能力成为当前的一个研究热点,国内外学者做了大量研究。Amaro 等采用磁控溅射在花键齿轮上获得 MoS_2 润滑膜,在高转速下有效降低了摩擦,提高了疲劳寿命极限。Holmberg 等采用 MoS_2/Ti 复合涂层技术进一步降低了摩擦系数,室温下摩擦系数可低至 0.07,可有效减轻摩擦副运行中的摩擦和磨损。Martins 等对 MoS_2 复合涂层涂镀的齿轮进行了 FZG 台架试验,MoS_2 涂镀的齿轮在 5 级载荷 3000 r/min 的条件下运转,齿轮箱温度和摩擦系数明显下降。日本日产汽车和马自达汽车公司在变速器齿轮的开发研究实践中应用了表面二硫化钼镀膜处理技术。其主要原理是镀 MoS_2 膜后,在轮齿表面产生的 2~3 μm 软质涂层可降低齿面局部最大啮合接触应力和表面摩擦系数,改善齿轮啮合时的润滑状况。图 3-75 所示为不同材料的齿轮和不同齿面处理方式下齿轮疲劳寿命和点蚀面积率的比较,图中钢种 A(1Cr-0.4Mo)为常用齿轮钢,钢种 B 为钒添加齿轮钢,钢种 C 为 Mn/Mo 增量齿轮钢。试验结果表明,经表面二硫化钼镀膜处理后,齿轮初期啮合运转后齿面平滑性明显提高,疲劳寿命提高了 3 倍以上。

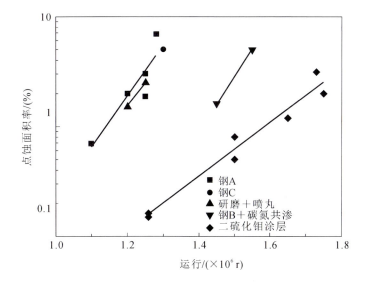

图 3-75 不同材料齿轮的疲劳寿命和点蚀面积率比较

3.4.3.4 超微细复合材料喷涂技术

近年来,日本和我国台湾地区的公司研究应用了含有 MoS_2 和超微细金属粒子复合材料的喷涂技术,其作为压力喷涂领域的一种新方法,在高强度齿轮表面强化领域得到了很好的实践效果。该技术主要是利用高压惰性气体推动球状研磨滚珠及固态润滑剂（MoS$_2$）复合材料在高温高压的条件下撞击齿轮表面，并渗透进齿面 3～4 μm 深度，使金属表面数微米深度的相组织发生改变；齿面因球形颗粒冲击而形成多处微小孔洞，使其表面组织被细微压缩而造成外应力减少，表面硬度显著提高，并通过固态润滑剂附着在表面，进而提高齿面的自润性，降低齿面粗糙度，提高齿轮啮合质量，降低啮合噪声。如图 3-76 所示，某变速器齿轮滚针轴承内缘经复合材料喷涂处理后表面压痕平整度获得较大改善，同时表面形成的无数细微凹坑有利于油膜的形成，进而提高摩擦表面的油膜附着性，增强疲劳极限。

(a) 未处理　　　　　　　　(b) 处理后

图 3-76　复合材料喷涂前后表面形貌对比

3.4.3.5　齿轮表面复合强化技术

随着对齿轮要求的不断提高和齿轮表面加工技术不断发展，使用两种或多种表面强化技术对齿轮进行复合处理，提高齿轮的表面完整性以满足齿轮更加苛刻的使用要求，成为现今齿轮领域的一种重要手段，如 QPQ（quench polish quench）盐浴复合处理技术、热喷涂与喷丸结合的复合涂层技术、涂层与喷丸复合技术等。QPQ 盐浴复合处理技术是低温盐浴氮碳共渗加盐浴氧化的一种高抗蚀性和耐磨性的金属表面改性技术。通用汽车利用该技术提高了内燃机缸套的耐磨性。大众汽车的凸轮轴与中国重汽的重型汽车减速器的内齿轮也采用了 QPQ 盐浴复合处理技术。热喷涂与喷丸相结合的复合强化技术使齿轮既有高抗弯曲疲劳性能，又有良好的抗接触疲劳性能，并增强了齿轮的减摩润滑性能。

3.4.3.6　滚筒抛光研磨法和磨料流加工技术

滚筒研磨石抛光研磨处理（barrelling）在一定条件下，可较好地改善齿面粗糙度和齿轮疲劳寿命且成本低。滚筒抛光研磨法的处理过程是,采用不同种类材料数毫米直径的研磨石和研磨粉的混合体与研磨处理槽朝着同一方向回转(100 m/min),被加工齿轮的回转方向与其相反,同时进行上下平移运动,处理时间为 15～30 min。日本佐贺大学穗屋下教授同笔者和日本住友重工公司共同研究了齿轮喷丸强化处理后的滚筒抛光研磨法,取得了较好的试验效果,引起了美国和日本有关专家的关注。磨料流加工(abrasive flow machining,AFM)是一种用具有流动性的聚合物载体和磨料组成的弹性材料对工件进行表面抛光和去毛刺的新工艺技术。Xu 等对斜齿轮进行了磨料流处理,通过仿真与试验研究证明了 AFM 可以有效地提高斜齿轮的表面粗糙度质量。滚筒研磨抛光和磨料流技术中磨料介质的选择及配比对加工的效果十分重要,继续开展磨料对齿面粗糙度、疲劳强度的仿真与试验研究,以及多种磨料介质的最优选取与配比研究十分重要。

3.4.4　油品对齿轮疲劳强度寿命和磨损的影响

汽车自动变速器润滑油(ATF)除要满足齿轮和轴承的润滑要求外,还用作液压控制油,承担着离合器等部件的润滑和冷却作用以及动作平稳性的控制作用,因此对油品的动摩擦系数和静摩擦系数及其氧化耐久性都有非常苛刻的要求。近年来由于汽车自动变速器对控制系统精度和滑动性要求的提高,油品对齿轮系统的润滑面临很大的挑战。表 3-15 所示为汽车自动变速器两种不同油品的代表性状。

表 3-15　试验 ATF 的代表性状

参数	ATF-A	ATF-B
密度/(g/cm³)(15 ℃)	0.867	0.857
动力黏度/cSt(40 ℃)	34.1	33.9
动力黏度/cSt(100 ℃)	7.55	7.34
平均动摩擦系数	0.128	0.137

用于试验的斜齿齿轮对分别做了复合喷丸和磷酸锰化学处理,图 3-77 所示为动力循环式齿轮疲劳试验台。ATF 在变速器中常用的工作温度通常选择为 80

～110 ℃,试验在工作油温为 80 ℃的条件下测得当齿轮接触应力为 1730 MPa 时的齿轮疲劳点蚀面积率,结果如图 3-78 所示,齿轮在润滑油 ATF-A 中的疲劳点蚀面积率小于在润滑油 ATF-B 中的。图 3-79 显示的是齿轮底部的磨损量,在润滑油 ATF-A 中的主动小齿轮的磨损量远大于在润滑油 ATF-B 中的主动小齿轮的磨损量。试验表明齿轮磨损量与点蚀面积率成反比关系。

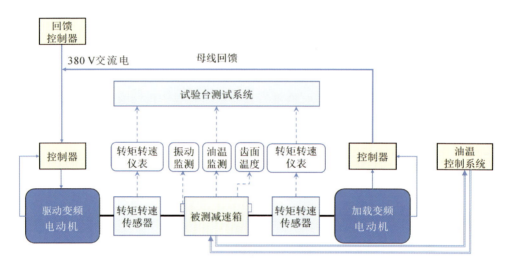

图 3-77 动力循环式齿轮疲劳试验台

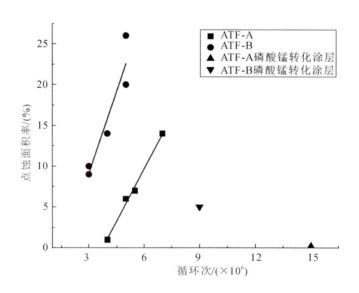

图 3-78 不同变速器油品对齿轮点蚀的影响

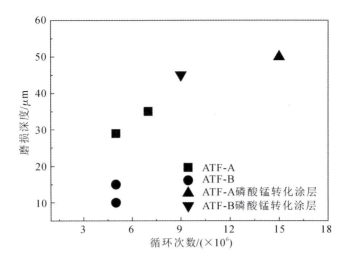

图 3-79 不同变速器油品对磨损深度的影响

本章参考文献

[1] 陈勇,臧立彬,巨东英,等.高强度汽车齿轮表面强化技术的研究现状和发展趋势[J].中国表面工程,2017,30(1):1-15.

[2] 臧立彬,陈勇,冉立新,等.带磷酸锰转化涂层的自动变速器齿轮疲劳特性的试验研究[J].汽车工程,2017,39(10):1203-1210.

[3] 臧立彬,陈勇,陈华,等.自动变速器表面涂层齿轮温度场特性的仿真与试验研究[J].汽车工程,2018,40(9):1054-1061.

[4] FERNANDES C M, MARQUES P M, MARTINS R C, et al. Gearbox power loss. Part Ⅱ: friction losses in gears[J]. Tribology International, 2015(88):309-316.

[5] LINCE J R, LOEWENTHAL S H, CLARK C S, Tribological and chemical effects of long term humid air exposure on sputter-deposited nanocomposite MoS_2 coatings[J]. Wear, 2019(432-433):202935.

[6] YILMAZ M, KRATZER D, LOHNER T, et al. A study on highly-loaded contacts under dry lubrication for gear applications[J]. Tribology

International,2018(128)：410-420.

[7] CHEN Y, YAMAMOTO A, OMORI K. Improvement of contact fatigue strength of gears by tooth surface modification processing[C]// 12th IFToMM World Congress, Besançon, France, 2007.

[8] 赵韩,吴其林,黄康,等. 国内齿轮研究现状及问题研究[J]. 机械工程学报,2013,49(19)：11-20.

[9] FARGAS G, ROA J J, MATEO A. Effect of shot peening on metastable austenitic stainless steels[J]. Materials Science & Engineering A, 2015(641)：290-296.

[10] 王刚,焦孟旺,李贺,等. 热喷涂新技术在发动机减摩性能方面的应用和研究[J]. 表面技术,2014,43(1):103-108.

[11] 陈勇. P-SC300 日本高精度高效率齿轮性能研究分科会研究成果报告书[J]. 日本机械学会,2001(1)：141-145.

[12] CHEN Y. The influence of ATF on the pitting fatigue strength of carburized gears[J]. JATCO Technical Review,2003(4)：84-91.

[13] ZANG L B, CHEN Y, RAN L X, et al. Comparative study on the friction property of bearing steel modified by graphite/MoS_2 composite coating and manganese phosphate coating[J]. Materials Science, 2019, 25(4)：383-393.

[14] ZANG L B, CHEN Y, WU Y M, et al. Tribological behavior of AISI52100 Steel after PC/MoS_2 lubricant surface modification [J]. Strength of Materials, 2020：1-12.

[15] LIU X H. Study on process for decreasing heat treatment distortion of GCr15 bear ring [J]. Metal Hotworking Technology, 2007,10.

[16] PALANIRADJA K, ALAGUMURTHI N, SOUNDARARAJAN V. Evaluation of process capability in gas carburizing process to achieve quality through limit design concept[J]. 材料热处理学报,2004,25(5)：395-397.

[17] MORAIS R, REGULY A, ALMEIDA L. Transmission electron mi-

croscopy characterization of a Nb microalloyed steel for carburizing at high temperatures[J]. Journal of Materials Engineering & Performance, 2006, 15(4):494-498.

[18] 巨东英. 日本金属热处理未来发展路线概述[J]. 金属热处理, 2012, 37(1):14-20.

[19] FUJII M, MIZUNO Y, YOSIDA A. 106 influence of artificial defect on rolling contact fatigue strength of steel roller[C]// MPT. Fukuoka: the JSME international conference on motion and power transmissions. The Japan Society of Mechanical Engineers, 2007:43-46.

[20] SHERAFATNIA K, FARRAHI G H, MAHMOUDI A H, et al. Experimental measurement and analytical determination of shot peening residual stresses considering friction and real unloading behavior[J]. Materials Science & Engineering A, 2016, 657:309-321.

[21] ZHANG J W, LU L T, SHIOZAWA K, et al. Analysis on fatigue property of microshot peened railway axle steel[J]. Materials Science & Engineering A, 2011, 528(3):1615-1622.

[22] YOSHITA M, IKEDA A, KURODA S. Improvement of CVT pulley wear resistance by micro-shot peening[J]. JATCO Technical Review, 2004, 5: 51-59.

[23] LV Y, LEI L, SUN L. Effect of shot peening on the fatigue resistance of laser surface melted 20CrMnTi steel gear[J]. Materials Science & Engineering A, 2015, 629:8-15.

[24] HAN B, JU D Y. A Method for Improving compressive residual stress of small holes surface by water-jet cavitation peening[J]. Materials Science Forum, 2009:137-142.

[25] FENG X, ZHOU J, MEI Y, et al. Improving tribological performance of gray cast iron by laser peening in dynamic strain aging temperature regime[J]. Chinese Journal of Mechanical Engineering, 2015, 28(5):904-910.

[26] RAKITA M,WANG M,HAN Q,et al. Ultrasonic shot peening[J]. International Journal of Computational Materials Science & Surface Engineering,2013,5(3):189-209.

[27] NIEMANN G,RETTIG H,LECHNER G. Scuffing tests on gear oils in the FZG apparatus[J]. Tribology Transactions,1961,4(1):71-86.

[28] 刘维民,夏延秋,付兴国. 齿轮传动润滑材料[M]. 北京:化学工业出版社,2005.

[29] HIVART P,HAUW B,CRAMPON J,et al. Annealing improvement of tribological properties of manganese phosphate coatings[J]. Wear,1998,219(2):195-204.

[30] AY N,ÇELIK O N,GÖNCÜ Y. Wear characteristics of traditional manganese phosphate and composite hBN coatings[J]. Tribology Transactions,2013,56(6):1109-1118.

[31] TOTIK Y. The corrosion behaviour of manganese phosphate coatings applied to AISI 4140 steel subjected to different heat treatments[J]. Surface and Coatings Technology,2006,200(8):2711-2717.

[32] 石万凯,姜宏伟,陈勇,等. 超微细磷酸锰转化涂层摩擦磨损性能研究[J]. 摩擦学学报,2009,29(3):267-271.

[33] WANG C M,LIAU H C,TSAI W T. Effects of temperature and applied potential on the microstructure and electrochemical behavior of manganese phosphate coating[J]. Surface & Coatings Technology,2007,102(2-3):207-213.

[34] 陈勇. 浸炭歯車のピッチング強度に及ぼす潤滑油の影響[J]. Jatco Technical Review,2003(4):83-91.

[35] 陆世立,周兰英,李晋珩. 旋转密封环表面二硫化钼膜制备工艺研究[J]. 润滑与密封,2009,34(9):72-75.

[36] CHEN Z,LIU X,LIU Y,et al. Ultrathin MoS_2 nanosheets with superior extreme pressure property as boundary lubricants[J]. Scientific Reports,2014,5.

[37] AMARO R I, MARTINS R C, SEABRA J O, et al. Molybdenum disulphide/ titanium low friction coating for gears application[J]. Tribology International,2005,38:423-434.

[38] HOLMBERG K, MATHEWS A, RONKAINEM H. Coatings tribology-contact mechanisms and surface design[J]. Tribology International,1998(1-3):107-120.

[39] MARTINS R C, PAULO S M, SEABRA J O. MoS_2/Ti low-friction coating for gears[J]. Tribology International,2006,39:1686-1697.

[40] 沈玉忠. 金属表面自润滑处理方法:中国,201310441042.4[P]. 2013-12-25.

[41] 罗勇,谢明强. QPQ 技术在汽车零部件上的应用[J]. 现代零部件,2013(7):58-60.

[42] LI G J, PENG Q, LI C, et al. Microstructure analysis of 304L austenitic stainless steel by QPQ complex salt bath treatment[J]. Materials Characterization,2008,59(9):1359-1363.

[43] 姚玲珍,邓益中. 复合盐浴渗氮 QPQ 处理新技术的发展与应用[J]. 内燃机与配件,2012(5):36-40,43.

[44] HOYASHITA S, HASHIMOTO M. Surface improvement and durability of case-carburized gear tooth (2nd Report): effects of shot peening and barrelling processes[J]. International Journal of the Japan Society for Precision Engineering,1998,32(2):104-109.

[45] XU Y C, ZHANG K H, LU S, et al. Experimental investigations into abrasive flow machining of helical gear[J]. Key Engineering Materials,2013,546:65-69.

第4章
新能源汽车能量管理策略及技术

4.1 引言

4.1.1 纯电动汽车能量管理策略

随着动力电池的不断发展,其比能量密度、成本、寿命等得到了很大改善,促进了电动汽车的推广与应用,使其成为未来交通的典型产品之一。功能完备的能量管理系统会使电池模块的性能得以充分发挥,减少电池模块故障,延长电池模块的使用寿命,增加电动汽车的使用安全性。因此,电动汽车能量管理系统的研究越来越受到学者和专家的重视。

一般来说,电动汽车的能量管理系统需实现以下几项功能:

(1) 能量检测与分配功能;

(2) 电池状态预估与控制功能;

(3) 充电交互与均衡功能;

(4) 监测记录功能;

(5) 车辆附件功率调节功能。

其中,能量管理策略的设计、电池的荷电状态(state of charge,SOC)预测和再生制动能量回收是目前纯电动汽车能量管理问题研究中的热点和关键技术。

纯电动汽车设有P、R、N、D挡位,驾驶员可根据不同的情况进行挡位变换。在车辆无故障并且驱动系统处于正常的驱动模式时,整车的行车模式又可以分为被动停车状态、行车状态、倒车状态及泊车状态,如图4-1所示。

(1) 被动停车状态:这种状态的控制主要是针对电池电量不足的情形。此

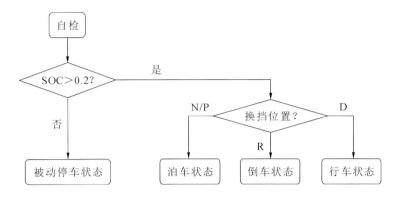

图 4-1 纯电动汽车行车模式

时,若驾驶员启动车辆,能量控制系统将禁止上高压,并在仪表上提示低电量行驶及可以行驶的里程,以警告驾驶员需要及时充电。

(2)泊车状态:此状态下电池电量是充足的,驾驶员视情况需要临时停车或长时间停车,将换挡机构推入 N/P 挡,此状态下电动机停止工作。

(3)倒车状态:在电量充足的条件下,驾驶员挂入 R 挡。该状态下电动机是反转运行的,并且通过限制电动机的输出功率来限制车速。此时电动机扭矩由加速踏板、制动踏板及电池状态共同决定。

(4)行车状态:在电量充足的条件下,驾驶员挂入 D 挡。该状态下能量管理系统对驾驶的操作是最优先考虑的,同时还要结合车辆的车速、剩余电量以及转速信息,判断车辆是否需要进入制动能量回收模式。

纯电动汽车的制动装置的主要作用如同传统的内燃机汽车的一样,就是为了使车辆减速或停车,主要由制动器及其操纵装置组成。与传统汽车不一样的是,在纯电动汽车上还有制动能量回收装置。在车辆制动过程中,最理想的是能够最大化地回收制动能量,但实际上不是所有的制动能量都能够回收。在保证制动的稳定性和平顺性的情况下,为了提升纯电动汽车整车的能量回馈率,再生制动和机械制动的比例必须很好地分配。在制定控制策略的过程中,必须考虑到一些对车辆有影响的因素,如电池 SOC,在电池 SOC 不足的情况下首先要考虑对电池充电,如果 SOC 还处在很高的水平,为了防止过充,就必须减小甚至停止再生制动。制动能量回收原理如图 4-2 所示。

电池 SOC 是电池剩余电量与电池容量的比值。准确的 SOC 估算能够延长电

图 4-2 制动能量回收原理

池使用寿命,提高电池使用的安全性,防止过充电或过放电对电池造成损害。电动汽车电池 SOC 估算能够预测续驶里程,让驾驶者合理安排驾驶计划,避免行驶过程中电量耗尽;能够帮助驾驶者进行合理的能量分配,更加有效地利用有限的能量,避免电池出现过充、过放电情况而影响安全。因此,电池 SOC 估算对电动汽车电池管理系统非常重要。电池 SOC 估算受到很多因素的影响,归纳起来主要有温度、充放电倍率、电池老化、电池自放电、充放电次数等。

1) 温度

电池温度与 SOC 估算精度密切相关。电池长期处在温度过高或过低的情况下工作,将会加速老化,化学性能发生改变,进而使电池的许多参数比如循环寿命、可用容量等随之改变。

2) 充放电倍率

稳定的放电电流可以保证电池的可用容量,而不稳定的放电电流则会降低电池的可用容量。

3) 电池老化

电池老化指电池内部化学物质发生的物理变化和化学变化引起的部分物质变性、电解液浓度改变、离子的迁移速度变化、电流减小,进而使电池内阻增大,容量减小。

4) 电池自放电

电池自放电指电池在静置过程中出现电压下降的情况。电池自放电分为可逆和不可逆两种。不可逆的自放电会降低电池容量,导致电池使用时间缩短。

5) 充放电次数

电池充放电是电动汽车行驶过程中必须经历的过程,充放电次数的增多,必然会带来电池老化的问题。充放电次数过多会加速电池的老化,导致电池容量减小,降低电池 SOC 估算的精度。

4.1.2 混合动力汽车能量管理策略

纯电动汽车的电池作为唯一的能量源,承担着车辆的全部功率负荷。这种结构决定了只需设计简单的能量管理策略即可实现能量的分配。现有的能量管理策略研究主要针对的是结构包含内燃机和电动机的混合动力汽车。这种混合动力汽车是由传统内燃机汽车向纯电动汽车和燃料电池汽车过渡的中间产品。世界各国发展电动汽车的中长期目标都是采用化学电池或燃料电池的实现零排放的电动汽车。

混合动力汽车会有额外的自由度使得各动力源能够根据不同目标优化各自的工作点。如图 4-3 所示,混合动力汽车可以通过辅助电动机调节发动机工作点而拥有更大的可调节性,使发动机一直处于高效区域。这种通过调节不同动力源能量流大小来提高整车性能的方式称为能量管理策略(EMS)。混合动力汽车能量管理策略根据被控对象、控制目标与考虑因素的不同有多种分类方式。按照混动系统构型可分为串联式混合动力汽车能量管理策略、并联式混合动力汽车能量管理策略和混联式混合动力汽车能量管理策略。按照控制方式可分为基于规则、基于优化与基于智能控制的能量管理策略。

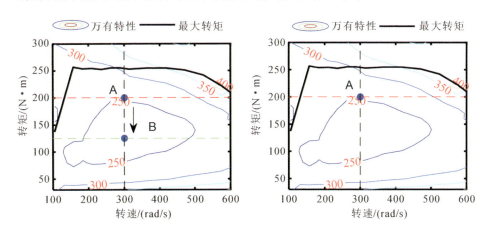

图 4-3 能量管理策略示意图

从谷歌学术中搜索 2015—2020 年关键词为 EMS&HEV 的最相关的 100 篇文献,统计得到 EMS 类型、整车构型与车型结果如图 4-4 所示。将 EMS 分为三大类：规则型、优化型与智能控制型。其中规则型可分为精确规则型、模糊规则型，优化型可分为瞬时优化与全局优化。从统计结果可以看出，研究热点集中在瞬时优化 EMS、全局优化 EMS 与智能控制型 EMS；构型热点为并联与串联；车型以乘用车居多。

图 4-4　EMS 类型、整车构型与车型结果

4.1.2.1　基于确定规则的能量管理策略

基于确定规则的能量管理策略是最早应用于混合动力汽车的控制方法，决策思路是根据不同的输入信号的确定值来划分不同模式，进而得出控制变量的大小，进行模式切换与功率/转矩分配。

图 4-5 所示为典型的模式切换策略以及 EV、CD 与 CS 策略，一般规则策略由这四种基本策略组合得到。在设定好相应规则后，采用优化算法对参数进行选优，使效果达到规则中的最佳。从这些策略中可以看出，规则式 EMS 主要依据以下四点制定：

（1）采用电制动代替部分传统机械制动，实现制动能量回收。

（2）通过电动机带动发动机启动，避免发动机自启动时的低效率区。

（3）发动机采用怠速停机，减小发动机怠速油耗。

（4）通过主动充电及转矩/功率分配来修正发动机的工作点，避免发动机工作在低效率区，提升发动机负荷率。

混合动力汽车的工作模式通常分为纯电动模式、发动机模式、混合模式、再生制动模式、充电模式。纯电动模式：混合动力汽车在电池高 SOC 时起步或低速行驶等低负荷工况下，关闭发动机，由电动机单独驱动。发动机模式：车辆在中、高速等中负荷工况下，发动机处于高效工作区，此时关闭电动机，由发动机单独驱动。混合模式：当车辆在加速、爬坡等高负荷工况时，为保证发动机高效

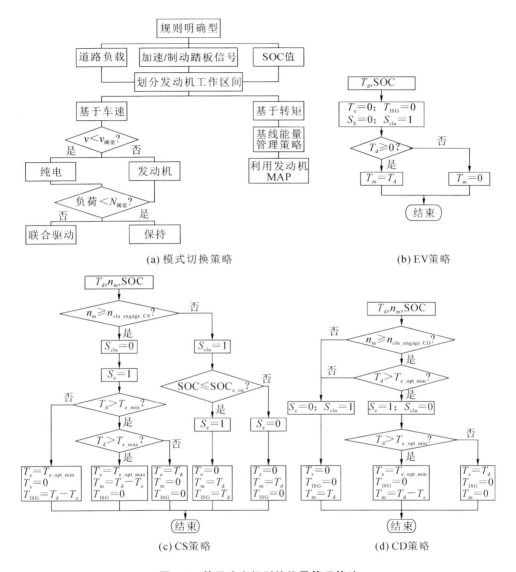

图 4-5　基于确定规则的能量管理策略

运转，由电动机辅助发动机共同驱动车辆。再生制动模式：当车辆处于减速制动时，驾驶员踩下制动踏板，产生负的功率需求，且在不影响车辆制动安全性的前提下，尽可能地吸收制动能量。充电模式：当电池 SOC 低于某一设定值（设为 42%）时，车辆进入充电模式，由发动机通过发电机对电池进行充电，以保证电池电量维持在正常范围内，从而防止电池的过度消耗损害电池的使用寿命。

以上主要是通过将发动机工作区域分为高负荷、中负荷和中低负荷区,结合驾驶员油门踏板开度和开度变化率计算当前需求的功率确定相应的工作模式。具体规则为:若需求功率处于高负荷区域,则采用混合模式将发动机控制在高效率工作区域,不足的动力由电动机提供;若需求功率处于中负荷区域,则采用发动机模式,所需动力由发动机单独提供;若需求功率处于中低负荷区域,则进入纯电动模式或行车充电模式。

不同结构的混合动力汽车与传统内燃机车辆相比,燃油经济性和排放性能均有较大程度的提高。根据不同的工况,应用逻辑阈值方法对并联混合动力进行控制。通过设定阈值,限制发动机和电池工作区间,控制发动机工作在高效率区间,提供要求的力矩,而电动机作为载荷调节装置。当车辆需要大扭矩输出时,电动机参与驱动;当需要小扭矩输出时,由电动机单独驱动或将电动机作为发电机工作,吸收发动机剩余力矩并对电池进行充电,使电池 SOC 维持在合理范围内。结合车速与 SOC 对工况进行划分,具体包含了启动或制动、低速行驶、正常行驶、全负荷行驶以及减速滑行等基本工况。在不同工况下根据车速和 SOC 阈值进行调节控制,在保证动力性的同时,特定工况下的百公里油耗相较传统车辆降低了 37%。针对混联式混合动力汽车的不同工况的能量管理策略进行研究,在分析混联式混合动力系统的工作原理的基础上,以系统综合效率最大化为主要控制目标,将车辆的运行工况归纳为充电工况、放电工况和制动工况。对于充电工况和放电工况,以系统综合效率最大为主要控制目标建立了能量管理系统模型;而制动工况则采用了以再生制动能量回收最大为控制目标的能量管理策略,相对传统的基础车型其燃油消耗降低 36.95%。基于确定规则的能量管理策略,往往是基于工程师的经验、工作模式的划分和静态的能耗效率 MAP 图来制定规则,思路简单易懂,计算量小,方法易于实现;但无法适应不同工况变化和实际的动态变化的需求,适应性不强,无法实现最优控制。为了寻求性能的优化和工况的实时适应性,在此基础上开始将模糊控制结合到规则控制中。

4.1.2.2 基于模糊逻辑规则的能量管理策略

混合动力汽车能量管理系统包含多个子系统,且具有非线性时变性的特点,可应用模糊逻辑规则对其进行管理控制。基于模糊逻辑规则的能量管理策略,利用模糊控制方法具有强鲁棒性和实时性的优点去处理非线性和不确定性问题。基于模糊逻辑规则对混合动力汽车的工作模式和功率进行划分,通过对车速、SOC、转矩、功率等模糊化,以实现混合动力汽车能量管理系统的合理控制,提高车辆的整体性能。基于模糊逻辑规则的能量管理策略不依赖于系统模型的精确性,具有较强的鲁棒性和推理性,更加适用于复杂的混合动力非线性系统的控制。但其仍然需要依靠经验规则来达到精确的控制效果,也无法保证控制最优,需要通过结合其他智能控制算法以使控制性能得到改善。为了达到全局最优的控制效果,更多的研究开始关注并探索基于优化的能量管理策略。

4.1.2.3 全局最优能量管理策略

优化型能量管理策略通过定义能量成本函数,结合约束条件进行控制目标最小化的优化。通常将混合动力汽车的油耗作为控制目标形成约束条件下的单目标控制,也有将排放、电池电量的变化、驾驶性能等同时作为控制目标的多目标优化控制。目前基于优化的能量管理策略可分为两类:一类是基于静态数据表或历史数据,在特定的工况下进行能量优化控制的全局最优能量管理策略;另一类是基于车辆的实时状态或当前参数进行的在线控制,通常可以保证局部或瞬时最优的能量管理策略。

如图 4-6 所示,优化型 EMS 可分为全局优化 EMS 和瞬时优化 EMS。依据整车工况进行优化的为全局优化 EMS,基于车辆实时状态的为瞬时优化 EMS。最早的全局优化为动态规划,它将复杂优化问题转化为多级、单步的优化选择问题。随后发展了随机动态规划庞特里亚金最小值原理。瞬时优化方法有等效燃油消耗最小与模型预测控制等。

基于全局最优的能量管理策略中最具代表性的有动态规划(DP)控制方法、庞特里亚金最小值原理(Pontryagin's minimum principle,PMP)控制方法、遗传算法(genetic algorithm,GA)以及与其他智能控制方法结合的能量管理方法。基于全局最优的能量管理策略通常针对特定工况循环进行能量分配控制,而车辆的燃油经济性往往又非常依赖于工况循环的状况,因此具有一定的局限性,在实际控制中应用效果也不尽理想。

1. 动态规划能量管理方法

目前混合动力汽车稳态过程的能量管理已经较为成熟,尤其是特定工况下

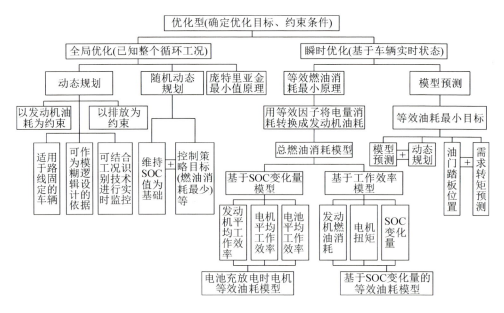

图 4-6 优化型能量管理策略分类

的能量管理算法,最具有代表性的为基于动态规划的能量管理方法。动态规划方法是求解决策过程中的最优化问题的数学方法,于 20 世纪 50 年代初由美国数学家 Bellman 在研究多阶段决策过程的优化问题时提出,是把多阶段过程转化为一系列单阶段问题,利用各阶段之间的关系,逐个求解的优化方法。DP 算法自 2000 年被用于混合动力汽车能量管理,且被公认为是较为理想的混合动力能量管理方法,可实现全局优化,且能够较好地提高燃油经济性。

DP 算法的应用往往是针对已知的特定循环工况,需要提前掌握未来的循环工况信息,而且存在计算量大、耗时长的"维数诅咒",无法实现实时控制,因此该算法的实际应用受到限制。但 DP 算法具有不可否定的控制效果,常常将其用于常见或固定的驾驶路线的优化管理,如混合动力公交车辆、混合动力通勤车辆,同时也将其作为评估其他控制算法优劣的标准。

尽管 DP 算法在实际中的应用受到了限制和影响,但仍有大量的研究致力于 DP 算法的改进与探索,主要体现在以下三方面:①减少计算时间,降低内存需求;②对未来工况信息的识别与预测;③DP 算法的改进或与其他技术相结合。

2. 基于庞特里亚金最小值原理的能量管理方法

庞特里亚金最小值原理也被称为极大值原理,是20世纪50年代中期苏联学者庞特里亚金等提出的,它是用于解决控制与状态受约束的最优控制问题的一种方法。该方法克服了变分法无法对受约束的控制变量和目标函数泛函求极值的缺陷,是变分法的延伸与推广。混合动力汽车能量优化问题可以归结为含有约束的时变非线性系统最优控制问题,由混合动力汽车数学模型得到Hamil-tonian方程,基于一定的假设条件,利用庞特里亚金最小值原理能够获得全局最优解,与DP算法相比,大大减少了计算量,更适于实时控制。因此,继DP算法之后,人们对庞特里亚金最小值原理在混合动力汽车能量管理系统中的应用也进行了大量研究与探索。

3. 基于遗传算法的能量管理方法

遗传算法是在自然选择和自然遗传学机理基础上发展的自适应概率性迭代搜索算法,能够快速实现全局收敛,找到最优值,适用于混合动力汽车能量管理优化,易于形成多目标优化问题,提高综合性能。但是该算法往往也需要提前预知驾驶循环工况,且计算量并未显著降低,因此,其实际应用仍存在一定的限制。

4.1.2.4 瞬时优化能量管理策略

随着实时能量管理控制方法的研究,瞬时优化的思想产生了。其主要出发点就是要保证当前时间能量管理过程的能量消耗最少或功率损耗最小,基于发动机的最佳工作曲线(油耗、功率、效率MAP图)得到瞬时最优工作点,控制混合动力各个状态变量进行动态能量分配,使发动机、电动机工作在瞬时最优状态点。基于瞬时优化的能量管理方法针对车辆瞬时工况的能量流进行优化控制,不需要提前了解车辆的未来行驶信息,不受特定工况循环的制约,计算量相对较小,易于实现应用。但是,瞬时优化并不等于整体最优,所以无法保证全局最优。常用的优化方法有基于等效油耗最小的能量管理方法、基于模型预测控制的能量管理方法及基于其他智能控制的能量管理方法。

1. 基于等效油耗最小的能量管理方法

等效燃油消耗最小控制策略(ECMS)在某一瞬时工况下将电动机的能量消耗折算成发动机的燃油消耗,即等效油耗,引入等效因子建立每一瞬时的总的油耗成本函数，也可以通过加权因子同时对排放进行优化形成多目标函数，再进行优化求解，因此也被称为基于成本的能量管理策略。基于等效油耗最小的能量管理方法不仅可以实现实时控制，还可以对车辆的动力性、燃油经济性及排放性能进行折中优化。但该方法一般不考虑电池SOC的动态变化，而是基于发动机在同样的条件下对电池电量进行补偿的假设下进行的，也无法保证全局最优。

2. 基于模型预测的能量管理方法

基于模型预测的能量管理方法（MPC）通过在线辨识优化车辆动态参数，将整个驾驶循环的燃油经济性的全局最优控制转化成预测区域内的局部优化控制，通过不断地滚动优化，更新预测车辆下一时间域的运行状态或控制参数，从而获得优化结果。模型预测控制方法具有较强的鲁棒性，适用于不确定性、非线性动态系统的控制，因此可用于混合动力汽车的能量管理。另外，模型预测控制还可以与其他智能算法相结合，例如引入神经网络、人工智能、模糊控制等理论可以获得更加优异的控制性能。

3. 基于其他智能控制的能量管理方法

用于能量管理的控制方法还有神经网络、博弈论等。基于神经网络的能量管理：采用神经网络对难以精确描述的复杂的非线性对象进行建模、控制、推理、优化计算等，具有很强的信息处理能力和函数逼近能力，且具有自组织、自学习的功能，常与其他控制方法相结合用于控制器参数的优化。基于博弈论的能量管理：博弈论（game theory，GT）又称对策论，用于混合动力汽车能量管理，通常将发动机与电动机间的能量分配作为具有竞争或对抗性质的博弈行为，基于反馈斯塔克伯格均衡原理对其进行控制。

4.2 动力系统建模

4.2.1 能量转换系统模型

内燃机是应用于汽车的最普遍的动力装置。在可预见的未来一段时间内，它将仍然是主要的车辆动力装置。在混合动力汽车中，内燃机也将是首选的主要动力源。但是，混合动力汽车的运行与传统汽车不同，混合动力汽车中的发动机在较长的时间段中以高功率运转,而不需要频繁地改变其功率输出。至今,应用于混合动力汽车的特定设计和控制的发动机尚未充分开发。这里将综述可合理地应用于混合动力汽车的常用的四冲程内燃机和其他形式的发动机,如二冲程发动机、转子式发动机、斯特林发动机和燃气轮机等。

四冲程火花点火内燃机由两大机构和五大系统组成,分别为曲柄连杆机构、配气机构、冷却系统、润滑系统、点火系统、燃料供给系统、启动系统。曲柄连杆机构将燃料燃烧产生的气体压力,经过活塞、连杆转变为曲轴旋转的转矩,利用飞轮的惯性完成进气、压缩、做功、排气四个辅助行程。配气机构根据发动机的工作顺序和各缸工作循环的要求,及时地开启和关闭进、排气门,使可燃混合气或新鲜空气进入气缸,并将废气排出。燃料供给系统:汽油机燃料供给系统的功用是根据发动机的要求,配制出一定数量和浓度的混合气,供入气缸,并将燃烧后的废气从气缸内排出;柴油机燃料供给系统的功用是把柴油和空气分别供入气缸,在燃烧室内形成混合气并燃烧,最后将燃烧后的废气排出。润滑系统的功用是向做相对运动的零件表面输送定量的清洁润滑油,以实现液体摩擦,减小摩擦阻力,减轻机件的磨损,并对零件表面进行清洗和冷却。润滑系统通常由润滑油道、机油泵、机油滤清器和一些阀门等组成。冷却系统的功用是将受热零件吸收的部分热量及时散发出去,保证发动机在最适宜的温度状态下工作。水冷发动机的冷却系统通常由冷却水套、水泵、风扇、水箱、节温器等组成。在汽油机中,气缸内的可燃混合气是靠电火花点燃的,为此在汽油机的气缸盖上装有火花塞,火花塞头部伸入燃烧室内。能够按时在火花塞电极间产生电火花的全部设备称为点火系统,点火系统通常由蓄电池、发电机、分电器、点火线圈和火花塞等组成。启动系统:要使发动机由静止状态过渡到工作状态,必须先用外力转动发动机的曲轴,使活塞做往复运动;气缸内的可燃混合气燃烧膨胀做功,推动活塞向下运动使曲轴旋转,发动机才能自行运转,工作循环才能自动进行。

在进气歧管内形成的空气/燃油混合气进入气缸燃烧产生热量,使气缸内的温度与压力迅速增加,活塞被挤压而向下运动,连杆将活塞的直线运动转换为曲轴的旋转运动。如图4-7所示,四冲程火花点火内燃机对应活塞的四个行程有四个截然不同的过程:进气门打开,排气门关闭,活塞沿气缸向下运动,吸入在进气歧管内形成进气行程(气缸充气过程)的空气/燃油混合气。

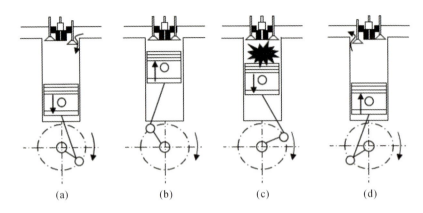

图 4-7 四冲程火花点火内燃机工作过程

综合动力学、热力学和流体力学等多个学科的知识理论,建立发动机的准静态模型。燃油消耗量是燃油消耗率对时间的积分,即

$$\text{Fuel} = \int_{t_0}^{t_f} m_f(\omega_e, T_e) dt \tag{4.1}$$

式中:ω_e 和 T_e 分别为发动机的转速(rad/s)和转矩(N·m);m_f 为发动机燃油消耗率。

4.2.2 储能系统模型

4.2.2.1 燃料电池

燃料电池是将氢与氧发生化学反应所产生的能量直接转化为电能的电化学装置。现在有很多类型的燃料电池,PEM 燃料电池被认为是应用于汽车的最有前途的选择,因为它的功率密度高,运行温度低(约为 80 ℃),并且总体效率很高。

对燃料电池建模可基于查表索引到极化曲线,以表征燃料电池堆的性能。不管系统多么复杂,该模型能提供一个特定的净功率来对应消耗设定数量的燃料。图 4-8 所示为一个建立于 ADVISOR 的 PEM 燃料电池堆的净功率与效率数据。

辅助系统的性能,如空气压缩机和燃料泵的特性也可以用 ADVISOR 实验数据得出的极化曲线表示。燃料电池系统传送的功率是燃料电池堆产生的功

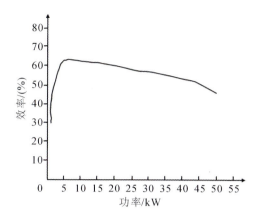

图4-8　50 kW燃料电池系统模型的净功率与效率

率和辅助系统所消耗的功率之差。另外也可通过ADVISOR和通用计算工具包(Gctool)之间的协同仿真链接，以更完整的方式建立燃料电池堆模型。在这种情况下，电化学特性、热特性和质量传递特性均可并入。需要指出的是，这样详细的模型对于整个车辆系统级性能的分析是没有必要的。

4.2.2.2　蓄电池

电力传递的一个最大的挑战是实现存储的电能能够在所需要的时间内使用所需要的量。电池相比于它的替代品具有高能量密度，并且可以充电以提供可再生制动能力。电池的电化学性质具有高度的非线性特征，并且依赖于许多因素，如荷电状态、健康状态、运行时间、温度、老化情况、负荷曲线以及充电算法。为了使提供的能量适合纯电动量程(AER)，需将数十到数百个电池串联或并联以达到电池组期望的电压和电流额定值。这会导致电池的非线性特征更加突出。此外，还有一些只能在电池组而非单个电池中观察到的现象，比如电池组中的热量不均衡现象。

下面介绍三种基本的电池模型：理想模型、线性模型和戴维南模型，如图4-9所示。

理想模型基本忽略了电池的内部参数，因此十分简单。图4-9(a)所示为电池的理想模型，这种模型基本上仅由电压源组成。线性模型是目前为止应用最普遍的电池模型。如图4-9(b)所示，这种模型由用开路电压和等效串联电阻(ESR)组成的理想电池构成。电压的额定值可以通过在满电的电池上进行开路测试或载荷测试得到。尽管这种模型被广泛运用,但它依旧没有考虑荷电状态及电解液浓度的变化对电池内部阻抗的影响。

戴维南模型由开路电压、内部电阻、电容以及过电压电阻构成。由图 4-9(c)可知,电容描绘了平行板的电容量,电阻描绘了由平行板到电解液提供的非线性电阻。在这个模型中,所有元素都被假定为定值,因此这个模型是最不精确的。但从这个角度可引进一种新的用以评估电池的方法。改进后的模型基于在一定范围内的载荷组合操作,主电路由五个子电路构成:①直流电压源,标明电池单元内的电压;②电池极化,保证电池内活性材料的有效性;③温度对电池终端电压的影响;④电池内阻,其值主要取决于电池单元的电压和 SOC;⑤电压值为 0 V 的电压源,用以记录电池的电流值。

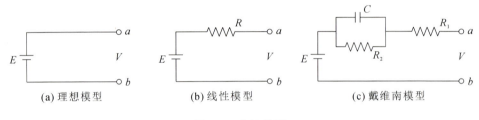

图 4-9 电池模型

这种仿真模型可以很好地适应不同的充、放电模式,它相当精确,可被进一步用作应用于混合动力汽车和其他牵引设备的镍镉电池和锂离子电池的模型。如果改变参数,如负载状态、电流密度和温度等,只需要执行一小部分的改进即可。

4.2.2.3 超级电容器

超级电容器也称为双层电容器,在其电极和电解液的接触面的单位面积上可产生非常高的电容量,这种电容器的典型电容值为 400～800 F 且电阻率很低(大约为 10^{-3} Ω·cm)。超级电容器在高能量密度下工作,常应用于空间通信、数字移动电话、电动汽车以及混合动力汽车。在某些情况下,利用在超级电容器旁边装配一个电池的混合动力系统,可以装备出一个拥有大量优势的能量存储系统。

4.2.2.4 超高速飞轮

在不同的电力系统配置中,飞轮是最常见的储能装置。数字信号处理

(DSP)和微处理器技术的不断改进连同发展起来的磁性材料技术,使得飞轮储能系统(FESS)的性能更加突出。相比于其他辅助存储设备(如电池),在一个系统中嵌入飞轮储能系统有着诸多优势,因其特定的电池特性,它能够产生最佳的充放电状态。这一事实促进了对优化电池管理的探索。

旋转的飞轮可以利用其惯性将机械能转换为动能存储起来。飞轮储能系统由转子、电动机/发电机系统和与之相配的附件构成。图4-10所示的是一个用作电压调节器和不间断电源(UPS)的飞轮储能系统。

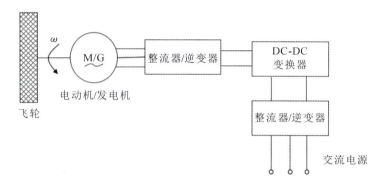

图4-10 典型的作为电压调节器和不间断电源的飞轮储能系统

图4-10所示的系统主要有三种操作模式,即充电模式、电压调节模式和不间断电源模式。其中的电动机/发电机(M/G)装置以转子转动惯量的形式来存储能量,在系统运行的某些适当的点上,它依据负载的需求来重新取回这些存储起来的能量。因此,M/G装置是一个高速运行的装置,飞轮充电时它基本上在电动机运行状态下工作,而飞轮放电时它则在发电机模式下工作。用于M/G装置的电动机为有着适当额定值的无刷直流(BLDC)电动机。下面的公式可以模拟飞轮储能系统:

$$V_x = Ri_x + (L-M)\frac{\mathrm{d}i_x}{\mathrm{d}t} + E_x \quad (4.2)$$

式中:V、i和E分别为无刷直流三相电动机的电压、定子电流和反电动势;R、L、M分别为电阻、定子绕组的自感系数和互感系数。反电动势正比于机械转速ω和转角。为了电气仿真与电力电子密集型系统共同工作的飞轮储能系统,获得与之等效的电气模型至关重要。为此,这里给出非常重要的数学公式来描述

上述系统,公式如下:

$$\begin{cases} V = Ri + L\dfrac{\mathrm{d}i}{\mathrm{d}t} + a\omega \\ T_{\mathrm{em}} = ai = J_{\mathrm{r}}\dfrac{\mathrm{d}i}{\mathrm{d}t} + b\omega + T_{\mathrm{L}} \\ T_{\mathrm{L}} = J\dfrac{\mathrm{d}\omega}{\mathrm{d}t} \end{cases} \quad (4.3)$$

式中:V 是电动机接线端子两端的电压;i 是流经电动机的电流;ω 是转子转速;T_{em} 是施加在转子上的电磁转矩;T_{L} 是由飞轮施加在转子上的机械转矩;J_{r} 是转子的等效转动惯量;J 是飞轮的转动惯量;R 和 L 分别是电枢电阻和自感系数;a 是电动机的额定电压与额定转速的比值;b 是机械阻力系数。

以上三个公式共同构成了图 4-11 所描述的等效电路。

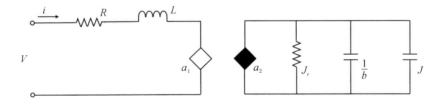

图 4-11 飞轮储能系统的等效电路

需要注意的是,所运用的电路参数基本上都是定义飞轮储能系统的参数。因此从整体上来看,图 4-11 即用电当量来描述的飞轮储能系统。这极大地简化了用电气系统模拟飞轮储能系统的工作,因为这样一种电气模型可以在任何普遍使用的电气 CAD 仿真软件上安装和分析。

4.2.3 车辆动力学模型

4.2.3.1 车辆运动的一般描述

车辆沿其行进方向的运动特性完全取决于该方向上的全部作用力。图 4-12 展示了作用于上坡行驶车辆的力。驱动轮的轮胎和路面之间接触面上的牵引力 F 推动车辆向前运动。该作用力由动力装置转矩产生,并通过传动装置传递,最终带动驱动轮。车辆运动时将受到阻碍其运动的阻力作用。该阻力通常包括轮胎滚动阻力、空气阻力和爬坡阻力。依据牛顿第二定律,车辆的加速度

可描述为

$$\frac{\mathrm{d}v}{\mathrm{d}t} = \frac{\sum F - \sum F_1}{\delta M} \quad (4.4)$$

式中：v 为车辆速度；$\sum F$ 为车辆的总牵引力；$\sum F_1$ 为总阻力；M 为车辆的总质量；δ 为转动惯量系数，是将旋转组件的转动惯量等价转换为平移质量的系数。

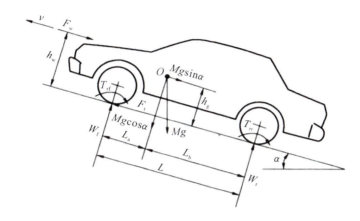

图 4-12　作用于上坡行驶车辆的力

4.2.3.2　车辆行驶阻力

在硬地面上，轮胎的滚动阻力基本上起因于轮胎材料的滞变作用。图 4-13 表明作用于停顿状态轮胎上的力 P 通过其中心。这样，在轮胎和地面之间接触面上的压力对称于中心线分布，而所产生的反作用力 P_z 与 P 共线。在加载和卸载过程中，作为轮胎形变 z 的函数的载荷 P 如图 4-14 所示。由于橡胶材料形变状态下的滞变作用，对于相同的形变 z，处于加载情况下的载荷大于卸载时的载荷（见图4-14）。当轮胎滚动时，如图 4-15(a) 所示，在接触面的前半部分为加载，而其后半部分为卸载。滞变作用导致地面反作用力的不对称分布，使接触面前半部分的压力大于后半部分的压力。这一现象的结果是地面反作用力向前偏移。该向前偏移的地面反作用力和作用于车轮中心、铅垂方向的载荷产生了一个抵制车轮滚动的转矩。在软地面上，滚动阻力基本上起因于地面的变形，如图 4-15(b) 所示。此时，地面反作用力几乎完全地偏移至接触面的前半部分。

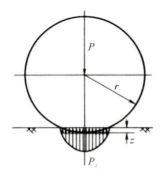
图 4-13 在接触表面上的压力分布

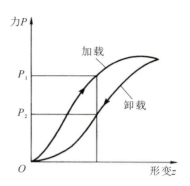
图 4-14 在加载和卸载情况下作为轮胎形变函数的作用于轮胎上的力

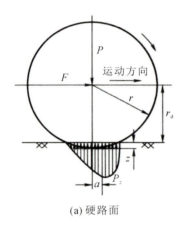
(a) 硬路面

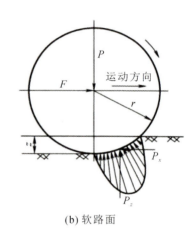
(b) 软路面

图 4-15 轮胎的饶曲面及其滚动阻力

由合成的地面反作用力向前偏移所产生的转矩称为滚动阻力矩,可表达为

$$T_t = Pa \tag{4.5}$$

为保持车轮转动,作用于车轮中心的力 F 应与滚动阻力矩相平衡,即此力应为

$$F = \frac{T_t}{r_d} = \frac{Pa}{r_d} = Pf \tag{4.6}$$

式中:r_d 为轮胎的有效半径;$f = a/r_d$ 称为滚动阻力系数。这样,滚动阻力矩可由作用于车轮中心且方向与车轮运动方向相反的一个水平力等值替代。

滚动阻力系数 f 取决于轮胎材料、轮胎结构、轮胎温度、轮胎充气压力、地

面的倾斜角 α、外胎面的几何形状、路面粗糙度、路面材料和路面上有无液体等因素。

空气阻力的表达式为

$$F_{\mathrm{w}} = \frac{1}{2}\rho A C_{\mathrm{D}} v^2 \quad (4.7)$$

式中：C_{D} 是表示车身形状特征的空气阻力系数；v 是在车辆运动方向上的风速分量，当它的方向与车速方向相同时为正值，而与车速方向相反时则为负值。对于几种典型的车辆形式，其空气阻力系数如表 4-1 所示。

表 4-1　不同车辆形式的空气阻力系数

车辆形式	空气阻力系数
敞开式	0.5～0.7
篷车	0.5～0.7
浮轿式车身	0.4～0.55
楔形车身，前灯和保险杠集成在车身内，车身底部覆盖，优化冷却气流	0.3～0.4
前灯和所有车轮在车身内，车身底部覆盖	0.2～0.25
K 型（小阻断面）	0.23
优化的流线型设计	0.15～0.20
货车，大型载货汽车	0.8～1.5
公共汽车	0.6～0.7
流线型公共汽车	0.3～0.4
摩托车	0.6～0.7

4.2.3.3　车辆动力学方程

就纵向而论，如图 4-12 所示，作用在两轴车辆上的主要外力包括：前、后轮胎的滚动阻力 F 和 F_{n}，它们分别由滚动阻力矩 T 和 T_{n} 表征；空气阻力 F_{w}；爬坡

阻力 F_g（即 $Mg\sin\alpha$）和前、后车轮的牵引力 F_f 和 F_r。对后轮驱动的车辆而言，F_f 为零；而对前轮驱动的车辆而言，则 F_r 为零。由此得车辆动力学方程：

$$M\frac{\mathrm{d}v}{\mathrm{d}t} = (F_f + F_r) - F_w - F_g - (F + F_n) \tag{4.8}$$

4.3 不同能量管理策略下关键部件典型工况特征分析

4.3.1 样车的两种循环工况特征分析

为了探究重型 PHEV 在中国工况（CHTC）与世界瞬态车辆循环（C-WTVC）工况下油耗与排放的差异性，首先对两种工况的统计特征进行分析。图 4-16 所示为两种工况的车速与加速度对比。图 4-17 所示为两种工况的速度分布统计。中国工况市区的车速更低，加速度更大，说明市区工况更为拥堵。两者在市郊、高速时有相同的特征。相对来说，中国工况在市区、市郊部分减速度大于 C-WTVC 的。这充分说明中国工况下车辆在能量回收方面有很大的潜力。

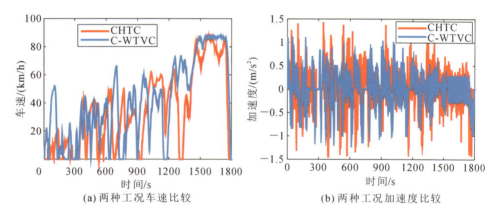

(a) 两种工况车速比较　　　　(b) 两种工况加速度比较

图 4-16　两种工况对比

针对重型车，相比 C-WTVC，中国工况下其主要在中低速区行驶，其中 0～10 km/h 占到了 26.61%。根据车速、加速度将两种工况分别分为怠速、驱动、制动三种子工况，表 4-2 所示为两种工况的子工况统计。中国工况所代表的交通状态更为拥堵。两者制动与怠速合计分别占到 49.22% 与 48.83%，说明这两种工况还具有很大的节能潜力。

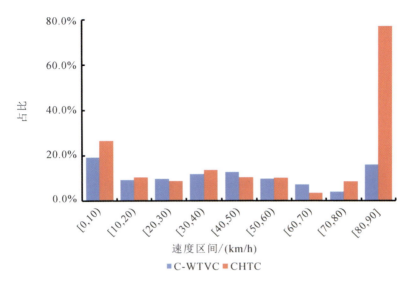

图 4-17 两种工况的速度分布

表 4-2 两种工况的子工况统计

子工况	怠速	驱动	制动	总计
C-WTVC	10.33%	51.17%	38.50%	100.00%
CHTC	14.28%	50.78%	34.94%	100.00%

4.3.2 不同策略下关键部件典型工况特征分析

当混合动力系统结构参数确定后,在车辆行驶中,路况对整车发出速度与加速度请求后,能量源功率/转矩的分布便取决于制定的能量管理策略。为了排除各种策略中各控制参数对关键部件工况分布的影响,这里选用的能量管理策略均采用能耗最优时的控制参数。此处仅对 6 吨 1.5T 增程式物流车进行分析,因此关键部件工况为发动机与电池的功率分布情况。

4.3.2.1 功率跟随型能量管理策略

首先制定功率跟随型能量管理策略,如图 4-18 所示,其工作模式为:

若电池 SOC 处于设定的上限值且需求功率低于发动机最小功率(A 区域),电池单独给驱动电动机提供电能,此时发动机关闭。

若电池 SOC 在设定的上、下限值之间,且电动机需求功率较小(B 区域),此

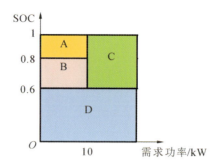

图 4-18 功率跟随型能量管理策略示意

时维持车辆状态。

若电池 SOC 低于设定的下限值（D 区域），整车所需全部功率均由发动机供给，其中均衡功率用来对电池组进行充电。

若电池 SOC 大于设定的下限值，且电动机需求功率大于发动机的最小输出功率（C 区域），此时电池和 APU（辅助动力系统）同时工作来为电动机提供电能。

图 4-19 所示为电池与发动机功率分配，图 4-20 所示为发动机与动力电池功率分布。可以看出，发动机功率主要集中在[0,10)与[30,40)区间，其中[0,10)区间主要是因为发动机停机较多，[30,40)区间较接近于发动机高效工作区间。策略在此处分布较多，说明较为合理。

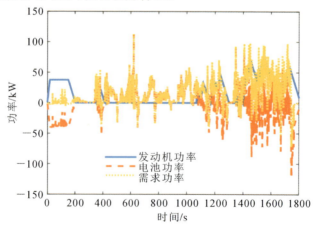

图 4-19 电池与发动机功率分配（一）

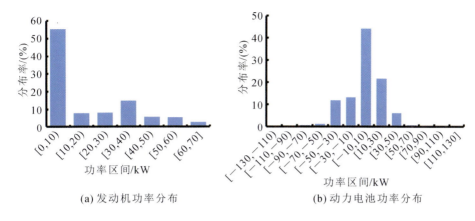

(a) 发动机功率分布　　　　(b) 动力电池功率分布

图 4-20　发动机与动力电池功率分布(一)

4.3.2.2　模糊规则能量管理策略

模糊逻辑控制(fuzzy logic control)简称模糊控制(fuzzy control),是以模糊集合论、模糊语言变量和模糊逻辑推理为基础的一种计算机数字控制技术。1965年,美国的 L. A. Zadeh 创立了模糊集合论;1973年他给出了模糊逻辑控制的定义和相关的定理。相比于传统的控制方法,模糊控制具有如下突出特点:

(1) 模糊控制是一种基于规则的控制,它直接采用语言型控制规则,出发点是现场操作人员的控制经验或相关专家的知识,在设计中不需要建立被控对象的精确的数学模型,因而使得控制机理和策略易于接受与理解,设计简单,便于应用。

(2) 由工业过程的定性认识出发,比较容易建立语言控制规则,因而模糊控制对那些数学模型难以获取、动态特性不易掌握或变化非常显著的对象非常适用。

(3) 基于模型的控制算法及系统设计方法,由于出发点和性能指标的不同,容易导致较大差异;但一个系统语言控制规则具有相对的独立性,利用这些控制规律间的模糊连接,容易找到折中的选择,使控制效果优于常规控制器。

(4) 模糊控制是基于启发性的知识及语言决策规则设计的,这有利于模拟人工控制的过程和方法,增强控制系统的适应能力,使之具有一定的智能水平。

(5) 模糊控制系统的鲁棒性强,干扰和参数变化对控制效果的影响被大大减弱,尤其适合于非线性、时变及纯滞后系统的控制。

结合混合动力汽车能量管理策略来说,基于模糊控制的能量管理策略不需要发动机和电池及其需求功率如何分配的具体数学表达式,也可以实现各变量的合理分配,使发动机的工作效率更高、电池寿命更长。增程式电动汽车结构复杂、变量多,这就意味着要求策略具有稳定性、抗干扰能力强,而模糊控制的鲁棒性较好,可满足增程式电动汽车对策略的要求。将整车的需求功率和电池 SOC 作为模糊控制策略输入变量,通过模糊推理系统推理得到发动机功率,从而可达到功率分配的目的。这里以需求功率和电池 SOC 值作为模糊控制器的输入,将需求功率 P_{req} 的论域分为 7 个子集,即{NB,NM,NS,ZO,PS,PM,PB}。对于另一个输入变量 SOC,其论域根据实际的范围定为[0,1],将其划分为 5 个子集,即{BL,SL,M,SH,BH}。模糊控制器的输出变量发动机的功率 P_e 的论域根据 MAP 图的最低燃油曲线确定,其范围为[0,40],将论域分为 5 个模糊子集,即{NS,ZO,PS,PM,PB}。根据上述设计可以得到如图 4-21 所示的模糊策略隶属度函数图形。由于三角形隶属度函数具有结构简单、效果明显、运算快等优点,所以这里采用三角形隶属度函数,其函数表达式如下:

$$f(x,a,b,c,d) = \begin{cases} 0 & x \leqslant a \\ \dfrac{x-a}{b-a} & a \leqslant x \leqslant b \\ \dfrac{c-x}{c-b} & b \leqslant x \leqslant c \\ 0 & x \geqslant c \end{cases} \tag{4.9}$$

其中 a 和 c 代表三角形底边的左右端点,b 代表三角形的顶点。

解模糊方法选用重心法,它是将隶属度函数曲线与横坐标围成的面积的重心作为模糊推理的最终输出值,其函数表达式如下:

$$v_0 = \dfrac{\int v\mu_v(v)\mathrm{d}v}{\int \mu_v(v)\mathrm{d}v} \tag{4.10}$$

模糊策略的隶属度控制规则如表 4-3 所示,其推理形式为 if and then 结构。

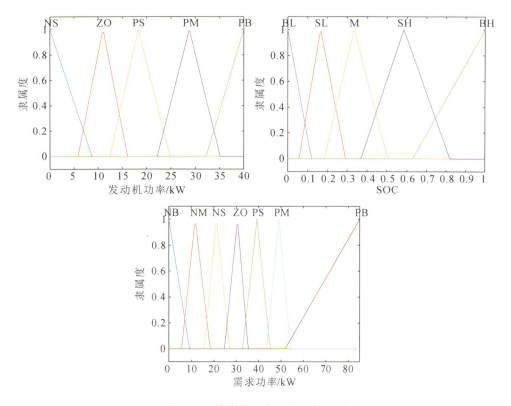

图 4-21 模糊策略隶属度函数图形

表 4-3 控制规则表

SOC	P						
	NB	NM	NS	ZO	PS	PM	PB
BL	PB	PB	PB	PB	PB	PB	PB
SL	PM	PM	PM	PS	PS	PB	PB
M	NS	ZO	PS	PM	PM	PB	PB
SH	NS	ZO	ZO	PS	PS	PS	PB
BH	NS	NS	NS	ZO	PS	PM	PM

图 4-22 所示为电池与发动机功率分配，图 4-23 所示为发动机与动力电池功率分布。可以看出，发动机功率主要集中在[10,30)区间。[10,30)区间为发动机在高效工作点的功率波动范围。策略在此处分布较多，说明较为合理。

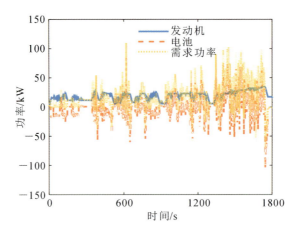

图 4-22 电池与发动机功率分配(二)

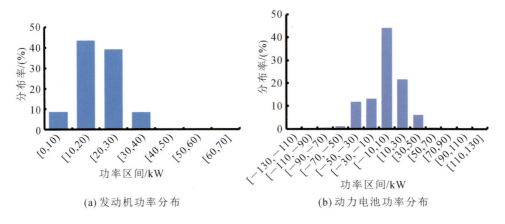

(a) 发动机功率分布

(b) 动力电池功率分布

图 4-23 发动机与动力电池功率分布(二)

4.3.2.3 等效燃油消耗最小能量管理策略

对于混合动力系统,依据最优的控制理论,在一定的行驶工况下所能获得的最小油耗可以由式(4.11)求得。

$$J_{\min} = \min \sum_{j=1}^{N-1}(m_{fc}(T_{fc}(t),\omega_{fc}(t)) \cdot \Delta t + m_{mc\_eq}(T_{mc},\omega(t))) \quad (4.11)$$

式中:m_{fc} 代表发动机在某一时刻转速和扭矩下的耗油率;m_{mc_eq} 代表电动机在某一时刻转速和扭矩下的等效油耗。该式的解可以作为混合动力汽车在目标行驶工况下获得全局最低燃油消耗的控制指令,但前提是预先知道目标行驶工况。因此提出了瞬时等效油耗最低控制策略:

$$J_{\min} = \sum_{j=1}^{N-1} \min(m_{\text{fc}}(T_{\text{fc}}(t),\omega_{\text{fc}}(t)) \cdot \Delta t + m_{\text{mc\_eq}}(T_{\text{mc}}(t),\omega(t))) \quad (4.12)$$

对等效燃油消耗最小能量管理策略（ECMS）来说，最关键的是两点：①等效油耗——对非插电式混合动力汽车来说，不能从外部获取电能，电池 SOC 要维持在一个稳定的范围内，车辆行驶的过程中，电池所消耗的电能（不包括再生制动回收的部分能量）将会在未来的某一时刻由发动机消耗额外的燃油带动电动机对电池充电进行补偿，因此有必要建立当前时刻消耗的电能和未来补偿这部分电能所额外消耗的燃油量之间的等效关系，将二者进行转化；②瞬时优化——在满足整车动力性能的前提下，根据混合动力汽车的状态和需求扭矩实时地在电动机和发动机之间进行分配，使得整车的燃油经济性最佳，并同时满足以下条件：

$$J_{\min} = \sum_{j=1}^{N-1} \min(m_{\text{fc}}(T_{\text{fc}}(t),\omega_{\text{fc}}(t)) \cdot \Delta t + m_{\text{mc\_eq}}(T_{\text{mc}}(t),\omega(t)))$$

图 4-24 所示为电池与发动机功率分配，图 4-25 所示为发动机与动力电池功率分布。该策略下发动机功率变化较大，但从图 4-25 可以看出除了怠速和停机区域，功率主要分配在[40，50)区间内，说明该策略将发动机功率控制在最佳工作点附近，但不是最佳工作点。这说明该策略兼顾电池充电效率问题。

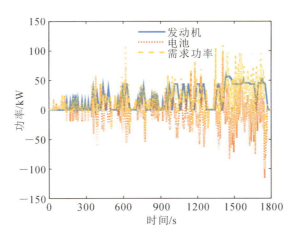

图 4-24　电池与发动机功率分配（三）

综上所述，我们采用最优参数的三种策略解析出关键部件工况，分别统计其特征，比较了功率跟随型、模糊规则与等效燃油消耗最小能量管理策略在中国工况下的关键部件典型工况特征。

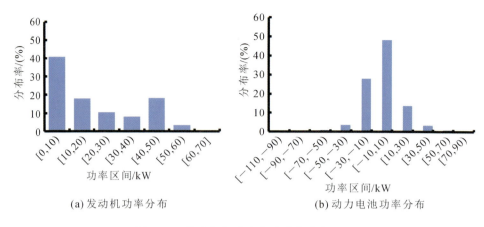

(a) 发动机功率分布　　　　　　(b) 动力电池功率分布

图 4-25　发动机与动力电池功率分布（三）

4.4　混合动力汽车最优能量管理策略

4.4.1　动态规划算法优化能量管理策略

4.4.1.1　能量管理策略动态规划问题分析

能量管理策略优化的目标是实现整车燃油经济性或排放性能在一段行驶里程内最优（本节将燃油经济性作为优化目标），而这必须以获得驾驶循环或行驶轨迹的未来路况信息为前提。图 4-26 为混合动力汽车能量流动示意图。若已知某一驾驶循环，则可以获得驾驶循环的加速度和车速轨迹，针对具体的车辆，即可获得其沿驾驶循环时间方向的需求功率（牵引功率或扭矩）。能量管理的任务是：针对每一时刻的需求功率，根据动力系统的特性，合理进行能量分配，以实现使整个驾驶循环的累积油耗最小的目标，同时满足多种系统约束条件。

很明显，这是一个针对强非线性系统，在满足多约束条件下的全局优化问题。而美国数学家 R.Bellman 等人提出的动态规划理论，则是一种将复杂决策问题转换成一系列子阶段决策问题的全局优化方法，它采用数值迭代解法，适用于解析或数值的系统模型，已被广泛地应用于解决动态系统复杂约束条件下的全局优化问题。由于动态规划采用数值解法求解动态系统随行驶工况变化

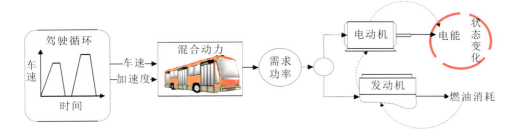

图 4-26　混合动力汽车能量流动示意图

呈现出很好的最优控制轨迹，因此系统方程需随行驶工况变化离散化：

$$x(k+1)=f(x(k),u(k)) \tag{4.13}$$

式中：x 为系统的状态变量；u 为控制变量。

针对本节研究的混合动力汽车，可写成：

$$\text{SOC}(k+1)=f(\text{SOC}(k),T_{\text{EM}}(k),T_{\text{ICE}}(k),G(k)) \tag{4.14}$$

式中：SOC 表示电池荷电状态；T_{EM}、T_{ICE} 分别表示电动机和发动机的扭矩；G 代表变速器挡位。

优化目标：

$$J=\min\sum_{k=1}^{N}[L(x(k),u(k))] \tag{4.15}$$

式中：L 为优化的成本函数。

我们的优化目标是使驾驶循环累积油耗最小，因此可写成：

$$J=\min\sum_{k=1}^{N}[\text{fuel}(\text{SOC}(k),T_{\text{EM}}(k),T_{\text{ICE}}(k),G(k))] \tag{4.16}$$

本节以一款混合动力城市客车为原型，建立整车纵向动力学模型。模型的主要任务是能准确预测能耗，为能量管理策略的优化提供仿真环境。而整车纵向动力学模型，根据是否包含驾驶员模型，可大致分为前向模型（动态模型）和后向模型（准静态模型）两种。

前向模型是驾驶员模型通过判断当前车辆状态（如车速、加速度等）与目标状态/期望状态的差别，向动力系统发出控制指令，动力系统输出的动力经过传动系统的传递驱动车辆行驶，使其接近或达到期望的状态的模型。其优点是能捕捉动力传动系统的动态特性，多用于分析和评估系统对控制指令的响应性能。这种模型主要的缺点则是不能精确跟随目标轨迹(如车速),并且跟随的精度主要受驾驶员模型性能的影响。

相比于前向模型,后向模型不包含驾驶员模型。其建立的前提是认为车辆的动态性能可以满足跟随目标状态的要求。整车能量流动从轮边需求出发,经由传动系统依次向前传递,直至动力系统,最终反映出能耗情况。后向模型的优点是不需要像前向模型那样,用大量高阶微分方程描述动力传动系统的动态过程。因此,该模型用于仿真计算时速度更快。同时,在系统动态过程(如换挡过程)对车辆整体油耗贡献率甚微的情况下,该模型预测油耗的精度满足要求。

综上,鉴于动态规划算法本身计算量大且计算过程复杂,同时考虑到此处的研究着眼于整车油耗,而非评估动力传动系统对控制指令的动态响应性能,因此采用后向模型的建模方法,建立整车纵向动力学模型。

4.4.1.2 动力传动系统结构

本节研究对象为一款单轴并联、非插电式、油电混合动力城市客车,其动力传动系统结构如图 4-27 所示。

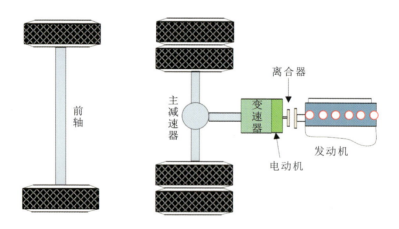

图 4-27 动力传动系统结构

与大多数同等类型的客车相同,该客车动力传动系统采用后置后驱的布置方式。它通过电动机和发动机之间离合器的分离和接合,来实现行驶过程中发动机动力的切断与介入。整车主要参数如表 4-4 所示。

表 4-4　整车主要参数

零部件	参　数
发动机	直列六缸柴油机,6.49 L,2500 r/min@147 W
电动机	永磁同步,2800 r/min@60 kW,0～1140 r/min@500 N·m
电池	锂离子电池/336 V 30 Ah/3P 148S
混合度	HR＝0.29
变速器	AMT/(6.39/3.97/2.4/1.48/1/0.73)
主减速器	速比 6.43
车重	整车质量:10700 kg　满载:18000 kg
风阻系数	0.65
滚阻系数	0.015
迎风面积	6.3 m^2
传动系统效率	0.931
车轮半径	0.486 m

根据动力系统的结构和采用的后向建模方法,建立整车纵向动力学模型示意图,如图 4-28 所示。

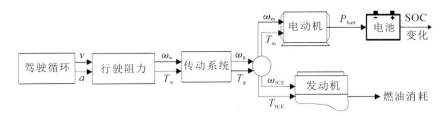

图 4-28　整车纵向动力学模型示意图

模型由三部分组成,即车辆行驶阻力模型、传动系统模型以及由电动机、电池和发动机组成的动力系统模型。根据驾驶循环的加速度和速度即可确定轮边需求转速和扭矩/功率,通过行驶阻力模型经由传动系统的传递作用,最终通过电动机、电池和发动机组成的动力系统模型计算出电池电量变化和燃油的消耗情况。

4.4.1.3　能量管理策略动态规划流程设计

能量管理策略动态规划流程示意图如图 4-29 所示。

图 4-29　能量管理策略动态规划流程示意图

整个流程由四部分组成，即已知的驾驶循环、整车纵向动力学模型、动态规划算法主程序和数据存储模块。其中，整车纵向动力学模型包括行驶阻力模型、传动系统模型和动力系统模型。其作用一方面是根据驾驶循环的车速和加速度轨迹，计算驾驶循环需求功率和转速并将其作为动态规划算法的输入量；另一方面是根据动态规划算法程序输出的扭矩指令，计算相应的整车能耗（电耗和油耗）。动态规划算法主程序包括离散化处理、系统可达状态集确定、油耗矩阵计算和能量分配轨迹求解。其功能是根据每一时刻的需求功率，将每一时刻的所有可能的能量分配方式（扭矩指令）依次输出给整车能耗模型，遍历计算整个驾驶循环，获得油耗矩阵，最终通过递归调用的方式求解油耗最小的能量分配轨迹。

值得注意的是，成本函数在本节中仅指油耗。动态规划采用数值解法，首先对时间和系统状态进行离散化处理，沿驾驶循环的时间方向划分电池 SOC 的计算网格。根据已知的驾驶循环，应用整车纵向动力学模型计算驾驶循环沿时间方向的动力源需求功率和转速。根据电动机、电池和发动机的约束，分别从系统的初始状态和终止状态出发，获得整个驾驶循环的系统可达边界。之后，在可达边界范围内，以满足系统约束为条件，根据设计的成本函数正向计算，获得整个驾驶循环的可达状态集 R 和油耗矩阵。最后，通过递归调用的方式，从终止状态逆推至初始状态，完成遍历寻优过程，获得使油耗最小的能量分配轨迹（控制轨迹），并输出计算结果。

4.4.1.4　能量管理策略动态规划算法程序实现

根据设计的能量管理策略动态规划流程，基于 MATLAB 软件平台完成了动态规划算法程序的设计，包括离散化处理、可达状态集确定、油耗矩阵计算和能量分配轨迹求解四部分。

1. 离散化处理

由于动态规划采用数值解法,因此需要对时间、系统状态进行离散化处理。离散示意图如图 4-30 所示。

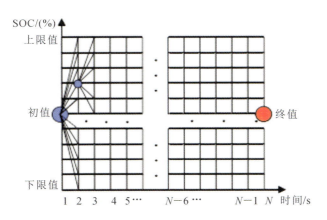

图 4-30　时间、系统状态离散示意图

其中,SOC 的工作范围(上限值和下限值)根据实车电池的常用工作区间而定,应避免对电池深度充、放电而影响使用寿命。考虑到驾驶循环速度更新频率为 1 次/s,因此时间离散步长定为 1 s;SOC 离散的网格为等距网格,其大小根据电池容量而定(针对原型车的模型电池离散网格取 0.01%),随着电池容量增加,为使每个网格变化对应的电功率值基本不变,保证计算精度,SOC 网格尺寸应适当减小。

2. 可达状态集确定

在优化计算过程中,由于系统约束的存在,以及电池工作范围的限制,动力系统在整个驾驶循环的工作区间是有界的。将系统状态变量和控制变量约束进行离散化处理,为与电池的功率约束统一单位,发动机和电动机功率约束描述如下:

$$P_{ICEmin} \leqslant P_{ICE}(k) \leqslant P_{ICEmax} \tag{4.17}$$

$$P_{EMmin} \leqslant P_{EM}(k) \leqslant P_{EMmax} \tag{4.18}$$

其中,P_{ICE} 和 P_{EM} 分别代表发动机和电动机的功率。

同时约束电池初始和终止状态相同,以保证车辆在驾驶循环结束时总电量平衡：

$$SOC_{start} = SOC_{terminal} \tag{4.19}$$

对于阶段 k，在满足上述约束的条件下，根据车辆需求功率及发动机峰值功率，电动机的最大充、放电功率可表示为

$$P_{EM}(k) = P_{req}(k) - P_{ICEmax}(k) \tag{4.20}$$

根据所约束的电池 SOC 工作上、下限，有：

$$SOC_{min}^* = \max\{SOC_{min}, SOC_{start\_lowlimit}, SOC_{terminal\_lowlimit}\} \tag{4.21}$$

$$SOC_{max}^* = \max\{SOC_{max}, SOC_{start\_uplimit}, SOC_{terminal\_uplimit}\} \tag{4.22}$$

电池 SOC 可行域示意图如图 4-31 所示。

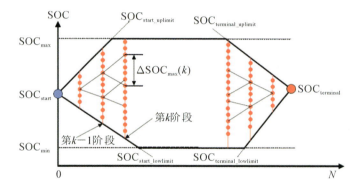

图 4-31　电池 SOC 可行域示意图

可以看到，电池 SOC 的可行域为类菱形，SOC 从初始状态 SOC_{start} 开始，在满足动力系统多种约束的条件下，每一阶段 k，电池以最大的允许功率 $P_{batt}(k)$ 进行充、放电，直至达到设置的上、下限值 SOC_{max} 和 SOC_{min}。同时，为了保证电池 SOC 最终返回设定的终止状态 $SOC_{terminal}$，从终止点反推直至达到上、下限，以保证优化过程中混动系统时刻处于可行区间。综上，电池 SOC 在整个驾驶循环内可达状态的坐标集可表示为

$$R = \left\{(m,k) \mid 1 \leqslant k \leqslant N, m \in \frac{SOC_{max}(k) - SOC(k)}{SOC_{step}}\right\} \tag{4.23}$$

式中：SOC_{step} 表示 SOC 离散化网格步长；

$$SOC(k) = SOC(k-1) + \Delta SOC_{max}(k-1), 2 \leqslant k \leqslant N \tag{4.24}$$

3. 油耗矩阵计算

根据所确定的电池 SOC 可达状态集，由动力系统模型即可反算获得电池

功率和电动机功率。在已知需求功率的前提下,根据功率平衡原理,可计算出对应的发动机的功率,最后利用建立的发动机油耗模型(静态油耗 MAP)查表获得油耗值。通过这种方式,在整个可行域内遍历计算,即可得到油耗矩阵。油耗计算流程示意图如图 4-32 所示。

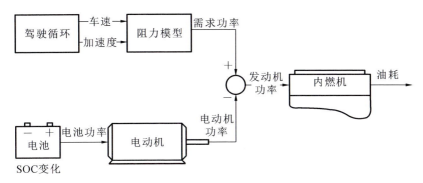

图 4-32　油耗计算流程示意图

阶段 k 的油耗计算描述为

$$L(x(k),u(k)) = \text{fuel}(k) = \frac{f_1(n_{\text{ICE}}, T_{\text{ICE}}(k)) \cdot P_{\text{ICE}}(k)}{3600\rho} \quad (4.25)$$

式中:$x(k)$ 为第 k 阶段动力源转速(车速)和电池 SOC 的可行状态点集合;$u(k)$ 为第 k 阶段动力源扭矩(功率)被允许的控制集合;ρ 为燃油密度,取 0.85 g/cm³;fuel(k) 为第 k 阶段对应的油耗集合。

整个驾驶循环油耗矩阵记为

$$\boldsymbol{F} = \{\text{fuel}(k) \mid 1 \leqslant k \leqslant N\} \quad (4.26)$$

4. 能量分配轨迹求解

根据设计的优化目标,在获得油耗矩阵 $\boldsymbol{F}$ 的基础上,应用 Bellman 原理,将全局优化问题转化成多阶段决策问题,分步进行计算,即以每一阶段 k 到终止状态的累积油耗最小为规划目标,采用递归调用的方式,从终止状态逆推至初始状态进行规划求解。建立的递归调用方程如下:

在第 $N-1$ 阶段:

$$J_{N-1}^*(\text{SOC}(N-1)) = \min_{u(N-1)}[\text{fuel}(\text{SOC}(N-1), T_{\text{EM}}(N-1), T_{\text{ICE}}(N-1))]$$

$$(4.27)$$

第 k 阶段($1 \leqslant k \leqslant N-1$):

$$J_k^*(\text{SOC}(k)) = \min_{\mu(k)}[\text{fuel}(\text{SOC}(k), T_{\text{EM}}(k), T_{\text{ICE}}(k)) + J_{k+1}^*(\text{SOC}(k+1))]$$

(4.28)

其中，$J_k^*(\text{SOC}(k))$ 代表从阶段 k 到终止阶段 N 的最小累积油耗。

算法中将 $J_k^*(\text{SOC}(k))$ 对应的系统状态 $\text{SOC}(k)$ 存储成沿时间方向的序列。最小油耗能量分配轨迹序列为

$$U = \arg\min_{\mu(k)}[\text{fuel}(\text{SOC}(k), T_{\text{EM}}(k), T_{\text{ICE}}(k)) + J_{k+1}^*(\text{SOC}(k+1))]$$

(4.29)

式中：U 为能量分配轨迹（动力源扭矩/功率）序列（$1 \leqslant k \leqslant N-1$）。SOC 轨迹规划结果示意图如图 4-33 所示。

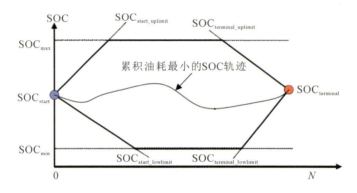

图 4-33　SOC 轨迹规划结果示意图

从以上动态规划求解过程可以发现，采用离散化的状态量反推控制量的方式，有效地避免了计算过程中可能出现的系统实际状态没有恰好落在离散的状态网格点上，从而不得不在整个运算过程中进行大量的插值计算的问题，极大地提高了计算效率。采用系统约束条件分别从系统的初始状态和终止状态出发，在计算获得 SOC 的可行域的同时，保证了 SOC 的平衡，避免了在优化过程中成本函数值随 SOC 轨迹偏离初始状态而增加的现象，提高了优化结果的可信度。

为验证程序，选取中国典型城市公交循环——CCBC 工况试循环，动态规划结果如图 4-34 所示。

通过 SOC 的轨迹可以清楚地看到，动态规划程序在优化过程中保证了

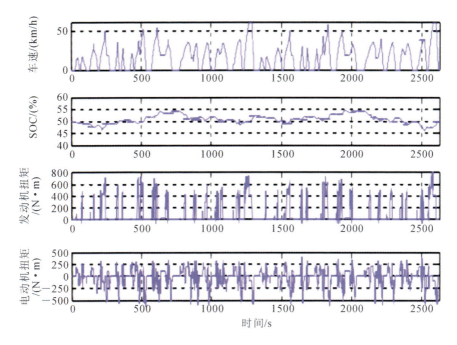

图 4-34 CCBC 驾驶循环动态规划结果

SOC 的平衡,找到了使驾驶循环油耗最小的能量分配轨迹。结果显示,百公里油耗为 26.68 L,相比于传统原型车的 37.60 L,经济性提高了 29.04%,该结果是 CCBC 驾驶循环下,当前动力系统所能达到的油耗最小的解。

需要强调的是,在实施动态规划的过程中,制动能量回收采用电动机尽可能多地回收制动能量的策略(即当电动机可提供的制动扭矩不能满足制动扭矩需求时,额外的扭矩由机械制动提供)。此外,这里我们并未将挡位作为规划的控制变量,主要考虑到实车的换挡策略是综合车辆的动力性、燃油经济性、NVH 性能等诸多指标,通过一系列仿真优化、实验标定最终确定的,并非单独以燃油经济性最佳为评价指标制定的,因此文中的挡位轨迹是应用传统原型车(搭载 200 kW 的发动机作为动力源)的换挡规律对驾驶循环进行仿真获得的,并将其作为动态规划优化程序的已知输入。图 4-35 所示为原型车换挡规律(图中 1→2 表示由 1 挡换至 2 挡,其余含义同此类推)。

4.4.1.5 小结

本节根据混合动力汽车动力系统能量分配随行驶工况变化呈现高度复杂

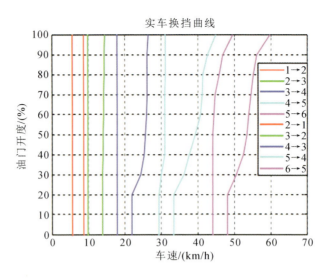

图 4-35 原型车换挡规律

性，选择目前被广泛认可和采用的动态规划算法作为能量管理策略的全局优化算法，对能量管理策略的动态规划问题进行了详细分析；结合动态规划算法的特点，考虑到整车纵向动力学模型以预测整车油耗为主要目标，选择后向模型建模的方法，以一款现有混合动力客车为平台，依托大量实验测试数据，结合车辆纵向动力学知识和基本的电工理论，建立了由车辆行驶阻力模型、传动系统模型和动力系统模型三部分组成的整车纵向动力学模型；以驾驶循环累积油耗最小为优化目标，按照离散化处理、可达状态集确定、油耗矩阵计算以及能量分配轨迹求解的思路，依托MATLAB软件平台，完成动态规划流程设计和算法实现工作，并以中国典型城市公交循环（CCBC）作为已知循环对程序进行了测试，获得了CCBC累积油耗最小的能量分配轨迹。

4.4.2 庞特里亚金极小值原理优化型能量管理策略

4.4.2.1 庞特里亚金极小值原理法

基于优化的能量管理策略可以分为全局优化和瞬时优化能量管理策略。全局优化能量管理策略结合最新的控制理论和优化算法，针对给定的工况数据，寻求达到目标最优的分配方法，其中采用最多的是动态规划法。张炳力等提出一种基于随机动态规划的燃料电池城市客车能量管理策略的设计思想，将驾驶员需求功率模拟为一个离散的随机动态过程,并建立相应的马尔可夫模型,在此基础上采用策略迭代的算法对能量管理策略进行了优化。金振华等针对车用燃料电池混合动力系统的特点设计了优化的能量管理策略,采用动态规划算法对目标驾驶循环进行全局优化,对最优能量分配策略进行分析,并提取了相应的控制规则。

瞬时优化能量管理策略基于最优化的思想,往往以一个采样时间为优化区间,建立优化目标函数,采取优化算法进行求解,最终得到瞬时最优工作点。瞬时优化策略的目标是实现瞬时控制目标的最优化,但无法保证在整个运行区间内目标最优,计算也较为复杂,如庞特里亚金极小值原理法(PMP)和等效氢耗最小原则法(ECMS)均属于这一类的能量管理策略。

为兼顾经济性和耐久性,本节提出一种基于庞特里亚金极小值原理满意优化(Pontryagin minimum principle based on satisfactory optimization,SOPMP)的燃料电池混合动力系统分层能量管理方法,采用满意优化原则提高并优化电源的耐久性,采用庞特里亚金极小值原理提高系统的经济性,并对负荷功率进行有效分配。本节以实验室研发的燃料电池/蓄电池混合动力观光实验车作为原型,以实测工况为对象,通过实验的方法实现了基于 SOPMP 方法的能量管理,并与 PMP 进行了功率波动率及氢耗量的对比。

4.4.2.2 燃料电池混合动力汽车与关键部件

本节所用的锂电池实验车如图 4-36 所示。其关键参数指标如表 4-5 所示。

图 4-36 燃料电池/锂电池实验车

表 4-5 关键参数表

参数	数值	参数	数值
车重/kg	1350	最高时速/(km/h)	30
载客/人	11	最大爬坡坡度/(%)	30
载重/kg	800	母线电压/V	60
尺寸/(mm×mm×mm)	5200×1490×2080		

该实验车辆采用 PEMFC 作为主动力源,采用锂电池作为储能设备与辅助动力源,并采用了有源型混合动力结构,即 PEMFC 通过单向 DC-DC 变换器连接至母线,并通过该 DC-DC 变换器来控制 PEMFC 的输出电流;锂电池直接与母线相连,直流母线经三相逆变器后驱动交流牵引电动机。整车的电气系统拓扑结构如图 4-37 所示。

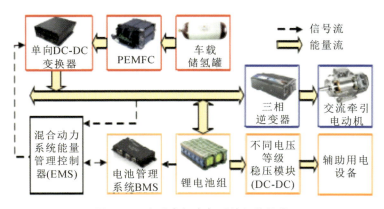

图 4-37 实验车辆电气系统拓扑结构

4.4.2.3 基于庞特里亚金极小值原理满意优化的能量管理方法

根据燃料电池混合动力系统的特点,我们设计了一种基于满意优化的优先级自上而下的分层能量管理方法,其中,一级优先层为系统硬约束,指在任何情况下都必须满足的约束,以保证系统的正常工作,因此一级优先层将作用于能量管理的任一时刻;二级优先层设置为辅助控制指标,在对二级控制目标的优化过程中不再强求最优解,而以满意优化原则代替最优,以获得更宽的可行域和控制自由度;三级优先层为主控制指标,当优化进行到该级别时,需在满意优化得到的可行域中进行 PMP 寻优计算,得到该负荷需求状态下的最优负荷功率分配,确保整个系统优化解的唯一性。

图 4-38 所示为利用 SOPMP 方法逐步得到功率最优分配方案($P_{\text{fc-opt}}$,$P_{\text{bat-opt}}$)的过程。首先根据系统的硬约束(功率需求、动力源输出限制等)得到所有功率分配方案的可行域,并以 $P_{\text{fc-min}}$ 和 $P_{\text{fc-max}}$ 作为 PEMFC 输出功率的边界;然后基于建立的耐久性满意优化函数缩小可行域范围,满足满意度要求的即保留,不满足要求的则舍弃,可以得到以 $P_{\text{fc-conmin}}$ 和 $P_{\text{fc-conmax}}$ 为边界的 PEMFC 输出功率可行域。

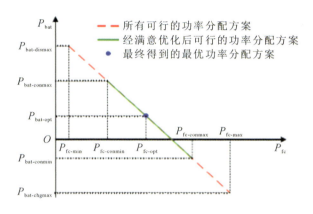

图 4-38　分层能量管理方法思路

最后在 $[P_{\text{fc-conmin}}, P_{\text{fc-conmax}}]$ 中,基于庞特里亚金极小值原理,计算得到唯一的 PEMFC 最优输出功率,并计算得到锂电池最优输出功率,至此可得功率最优分配方案。下面具体介绍各层的设计原则。

一级优先层是指系统的硬性约束,在燃料电池混合动力系统中,存在以下多种约束,均为系统或供电设备在运行期间必须满足的约束条件,包括:负载功率需求 CSO、燃料电池输出功率限制和锂电池输出功率限制。

$$P_{\text{fc}}(k) + P_{\text{bat}}(k) = P_{\text{load}}(k) \quad (4.30)$$

$$P_{\text{fcmin}} \leqslant P_{\text{fc}}(k) \leqslant P_{\text{fcmax}} \quad (4.31)$$

$$P_{\text{batmin}} \leqslant P_{\text{bat}}(k) \leqslant P_{\text{batmax}} \quad (4.32)$$

针对优化问题的最优解不太明确、难以把握的问题,通常遵循"满意优化原则"对优化问题进行求解,它使得人类智能能够有效地解决各种复杂的信息处理问题。与传统最优控制方法不同的是,该方法并不追求某一指标的最优,其目的在于获得多项指标协调后的更高的综合满意度。目前,满意优化问题广泛存在,并且已经有了一些有效的应用方法与模型。

对燃料电池系统而言,耐久性和经济性是能量管理系统中两个存在博弈关系的优化目标。出于缓解多目标的相互冲突性,兼顾多目标利益的全局最优化的考量,我们基于满意优化原则设计了以燃料电池和锂电池的耐久性为辅助控制指标的二级优先层。二级优先层对控制变量的取舍将会影响整个优化控制结果的优劣程度。此处设计的二级优先层以控制效果的综合满意情况为目标,取代传统的最优解目标,可以获得更宽的控制可行域和自由度。

为避免优化无解问题的产生,根据上述的车载动力系统的特性,引入基于模糊决策的满意度判断方法,即不明确设定满意/失控的分界点,而用多段分段函数表征满意度的变化情况。图 4-39 对比了基于滞环和模糊决策的 PEMFC 系统耐久性满意度 δ 判断方法。两者的本质区别在于,基于滞环决策的方法采用了非 1 即 0 的判断方法,当燃料电池输出功率的波动处于限制的最大值范围内,认为满意度为 1,否则即为 0;而基于模糊决策的方法则设置满意度函数,其值根据燃料电池输出功率的波动而缓慢下降,并以多个分段点为界,以一次或二次分段函数表征满意度函数的变化。该方法可以有效减少功率波动率对综合满意度函数的影响,以避免优化无解情况的出现。

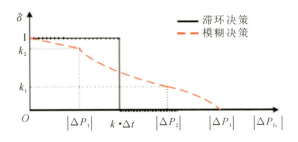

图 4-39 基于滞环和模糊决策的满意度 δ 对比

图 4-40 所示为修改满意度函数前后的优化无解情况的对比,其中标志位为 0 时,表示可以完成逐级优化控制;标志位为 1 时,表示出现了优化无解的情况。对比可知,由于采用了基于模糊决策的满意度函数,优化无解问题不再产生,保证了系统的稳定运行。

三级优先层对应的是燃料电池混合动力系统的最优控制,我们的研究对象为燃料电池/锂电池实验车,该车辆的混合动力系统能量管理问题可转化为一

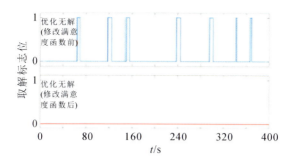

图 4-40 优化无解问题产生情况

个单自由度的控制问题。控制变量 $\mu(t)$ 为 PEMFC 的输出功率,状态变量 $x(t)$ 为锂电池的荷电状态 SOC,控制目标为单个控制周期内的氢耗量最小,即

$$J = \min \int_0^{t_f} C_{H_2}(x(t), \mu(t)) dt \qquad (4.33)$$

式中:C_{H_2} 为单个控制周期内的氢耗量,与 PEMFC 输出功率呈线性关系;t_f 代表控制的终止时刻。

系统状态方程为

$$SOC = F(SOC, \mu(t), x(t)) = -\frac{I_{bat}(SOC, \mu(t))}{Q_{bat}} \qquad (4.34)$$

其中

$$I_{bat} = \frac{V_{oc} - \sqrt{V_{oc}^2 - 4R_{int}P_{bat}}}{2R_{int}} \qquad (4.35)$$

式中:I_{bat} 为锂电池充、放电电流,并以正负分别代表放电与充电过程;P_{bat} 为锂电池充、放电功率;R_{int} 为电池充、放电内阻;V_{oc} 为电池的开路电压。

第三级优先层的约束条件为前两级优先层所逐步缩小并限定的控制变量可行域,因此,为将带约束的求系统极小值的问题转化为无约束问题,根据庞特里亚金极小值原理,需构建 Hamilton 函数。

Hamilton 函数的一般形式为

$$H(x, \mu, \lambda, t) = L(x, \mu, t) + \lambda f(x, \mu, t) \qquad (4.36)$$

该系统中,Hamilton 函数为

$$H(x, \mu, \lambda, t) = C(\mu) + \lambda SOC \qquad (4.37)$$

式中:λ 为拉格朗日乘子,当 SOC 在较小范围波动时,可忽略其对锂电池充、放

电内阻和开路电压的影响,简化为正则方程:

$$\lambda(t) = \lambda(t_0) = \lambda_0 \tag{4.38}$$

另外,所要求取的每个控制周期内的 PEMFC 最优输出功率,可通过求取相应式的极小值而获得。

$$H(x_{\text{opt}}, \mu_{\text{opt}}, \lambda, t) = \min H(x_{\text{opt}}, \mu_{\text{opt}}, \lambda, t) \tag{4.39}$$

本节针对燃料电池混合动力能量管理方法对经济性和耐久性兼顾不足的问题,提出了一种基于庞特里亚金极小值原理满意优化的燃料电池混合动力系统分层能量管理方法。该方法分层进行负荷功率分配,第一层以系统硬约束为主体,得到所有满足需求功率要求的负荷功率分配组合;第二层中制定了基于模糊决策的满意度函数,并以系统的耐久性为目标,缩小了负荷功率分配组合可行域;第三层以经济性为控制目标,采用基于庞特里亚金极小值原理的方法实现了对负荷功率唯一的有效分配。

4.4.3 基于近似极小值原理的实时优化能量管理策略

为了提高车辆的燃油经济性,利用极小值原理设计在线能量管理策略是一种有效方法,然而难点在于如何避免协态变量的迭代计算。在对动力电池组的特性和输出功率进行合理假设的基础上,利用状态方程和协态方程推导出协态变量与动力电池组开路电压之间的关系方程。通过对该关系方程进行近似求解,得到了上述二者的比值可以视为常数的结论。下面将基于该结论设计的在线能量管理策略应用于不同实际工况,并将结果与全局最优解进行对比。

增程式电动汽车具有可在线延长行驶里程、使用方便、维护成本低等优点,因而成为从传统汽车到纯电动汽车的理想过渡车型。为了提高整车燃油经济性,利用能量管理策略分配辅助动力单元(APU)和动力电池的输出功率是一种可行的方案。现有的能量管理策略可以分为基于规则和基于优化两类:前者不需已知全工况信息且可实现在线应用,但优化效果有限,主要有以电量消耗-电量维持策略为代表的基于确定性规则的策略和各种基于模糊规则的策略;后者需要已知全工况信息,但可离线求得全局最优解,主要有基于动态规划和极小值原理的策略。PMP 是最有可能实现在线应用的最优化方法之一,但需要解决协态变量难以在线确定的问题。

此处选取动力电池的 SOC 作为状态变量,动力电池的输出功率 P_{bat} 作为控制变量。研究中动力电池的起始和终了状态的 SOC 给定,因此以最小化 APU 的燃油消耗为目标函数:

$$\min J = \int_0^{t_f} \dot{m}_{f,APU}(P_{APU}(t)) dt \tag{4.40}$$

状态方程为

$$\dot{SOC} = f(SOC(t), P_{bat}(t)) \tag{4.41}$$

该优化问题存在的约束包括:

$$SOC_{min} \leqslant SOC(t) \leqslant SOC_{max} \tag{4.42}$$

$$P_{bat,min}(t) \leqslant P_{bat}(t) \leqslant P_{bat,max}(t) \tag{4.43}$$

其中:SOC_{min} 和 SOC_{max} 分别为状态变量 SOC 的最小值和最大值;$P_{bat,min}(t)$ 和 $P_{bat,max}(t)$ 分别为控制变量 $P_{bat}(t)$ 在任意时刻的最小值和最大值,二者由动力电池的充、放电功率极限以及功率平衡方程共同确定。

$$P_{req}(t) = 1000 P_{APU}(t) + P_{bat}(t) \tag{4.44}$$

其中 $P_{req}(t)$ 为满足动力性需求的驱动电动机总线端的输入功率(W)。

在利用极小值原理求解上述最优化控制问题时,定义了 Hamilton 函数:

$$H = \dot{m}_{f,APU} t + \lambda(t) \dot{SOC}(t) \tag{4.45}$$

其中 $\lambda(t)$ 为时变的协态变量。最优控制轨迹满足的必要条件有:

$$\lambda(t) = \frac{\partial H(SOC^*(t), P_{bat}^*(t), \lambda^*(t), P_{req}(t))}{\partial SOC} \tag{4.46}$$

$$SOC^*(t) = -\frac{I_{bat}^*(t)}{3600 Q_{min}} \tag{4.47}$$

$$SOC^*(0) = SOC_0 \tag{4.48}$$

$$SOC^*(t_f) = SOC_{min} \tag{4.49}$$

$$H(SOC^*(t), P_{bat}^*(t), \lambda^*(t), P_{req}(t)) \leqslant H(SOC^*(t), P_{bat}(t), \lambda^*(t), P_{req}(t)) \tag{4.50}$$

其中 * 表示最优解。

在利用极小值原理求解增程式城市客车能量管理问题时,通过协态方程和状态方程推导得到协态变量与动力电池的开路电压的比值可近似为常数的规律。这一规律解决了协态变量的在线确定问题,可利用其设计在线能量管理策略。在将该策略应用于不同实际工况时,发现该策略是一种可在线应用的最优能量管理策略。

4.5 混合动力汽车智能能量管理策略

4.5.1 基于在线自学习调整瞬时优化能量管理策略

对于运行线路可变的插电式混合动力客车,由于不同线路的工况特征差异较大,使用神经网络学习最优发动机输出功率序列困难较大。本节将开发适用于可变线路的能量管理策略,通过学习知识库中最优 SOC 轨迹的宏观变化规律,实现对电池组中电能的合理使用,进而提升驱动系统的整体效率。

本节分别设计了神经网络和自适应神经模糊推理系统来学习最优 SOC 轨迹的变化。其中神经网络适合学习小样本最优 SOC 轨迹的变化,而自适应神经模糊推理系统适合学习大样本最优 SOC 轨迹的变化。在工况运行开始时,构造 SOC 参考轨迹,将能量管理问题转化为 SOC 跟随问题。从在线使用的角度考虑,结合对最优发动机输出功率的分析学习,首先设计了自适应模糊逻辑能量管理策略。

1. 能量规划

插电式混合动力汽车能量管理的复杂之处在于电池组初始 SOC 可变,但工况运行结束后要达到某一较低水平,因此研究人员考虑进行能量规划以合理安排电池组的充、放电。Tulpule 等人首先假设电池组 SOC 随行驶里程的增加线性降低,该假设的优点在于不需要考虑复杂的 SOC 轨迹变化规律,简单实用。当电池组初始 SOC 较高时,该假设具有较高精度,但当电池组初始 SOC 较低时,构造的 SOC 参考轨迹与最优 SOC 轨迹之间存在较大的差异。Onori 和 Tribioli 在后续的研究中也采用了这种 SOC 参考轨迹的构造方法。

为了提高 SOC 参考轨迹的相对精度,Feng 等人提出了一种能量规划方法:

$$\Delta \text{SOC}_i(s) = (\text{SOC}_{\text{ini}} - \text{SOC}_{\text{fin}}) \frac{\frac{v_{\text{sid},i}}{v_{\text{aver},i}} \frac{E_i}{S_i} \cdot s}{\sum_{j=1}^{N_2} \frac{v_{\text{sid},j}}{v_{\text{aver},j}} E_j} \quad (4.51)$$

式中：E_i、E_j 分别表示路段 i、j 的能量；S_i 为路段 i 的长度；s 为已行驶的路段长度。

该能量规划方法中用到了路段初始及结束时的 SOC、工况速度序列的标准差、平均车速等信息。从其结论分析中可以看出，该方法构造的 SOC 参考轨迹与动态规划得到的最优 SOC 轨迹之间差距不大。但该能量规划方法使用了速度序列的标准差，此数值在车辆运行开始时不易获取。

You 等人针对插电式混合动力公交车，提出了一种能量规划方法：

$$\mathrm{SOC}_r = \mathrm{SOC}_{\mathrm{ini}} - (\mathrm{SOC}_{\mathrm{ini}} - \mathrm{SOC}_L) \frac{\sum_{i=1}^{n-1} \rho_i l_i + \rho_n \left(S - \sum_{i=1}^{n-1} l_i \right)}{\sum_{i=1}^{k} \rho_i l_i} \quad (4.52)$$

该方法需要使用初始 SOC、SOC 低门限值、从出发站开始的行驶里程、路段 i 的长度以及路段 i 的需求功率平均值等信息，其中路段 i 需求功率平均值获取困难。

上述使用公式构造 SOC 参考轨迹的方法缺乏理论依据，在电池组初始 SOC 较低时退化成 Tulpule 等人提出的能量规划方法，这显然与最优 SOC 轨迹之间存在较大差异。但两个研究中将行驶工况划分为若干工况片段，依据每一工况片段的速度序列标准差、需求功率平均值等反映部分工况信息的参数，用于构建 SOC 参考轨迹的思想具有启发意义。随着智能交通系统的发展，车辆行驶路段的里程、平均车速、低/高速段比率等部分工况信息可以方便地获取，为合理构建 SOC 参考轨迹提供了新的途径。

2. 自适应神经模糊推理系统学习大样本最优 SOC 轨迹变化

自适应神经模糊推理系统集成了神经网络和模糊逻辑，其结构类似于神经网络，使用 Takagi-Sugeno 模糊推理，通过输入隶属度函数和权值参数、输出隶属度函数和权值参数来实现输入、输出映射。自适应神经模糊推理系统具有训练耗时短、不易过拟合的优点，因此适合于学习大样本最优 SOC 轨迹变化的规律。

自适应神经模糊推理系统由 4 个输入参数和 1 个输出参数组成，4 个输入参数分别为低速段比率、高速段比率、剩余里程百分比及路段初始 SOC，输出参数为路段终端 SOC。为了应对不断增多的线路和工况，简化训练数据的获取，本研究将每一条线路都划分为 10 个等长的片段。剩余里程百分比从 100% 以 10% 为间隔降至 10%，电池组初始 SOC 从 100% 以 10% 为间隔降至 30%，一条工况可以构造 80 组训练数据集，如图 4-41 所示（图中 L_{rp} 为剩余里程百分比；L_{sr} 为低速率比；H_{sr} 为高速率比）。本研究使用 4 条线路的 14 条工况构造了 1120 组自适应神经模糊推理系统的训练数据集，从其中随机选取 1020 组用于训练，剩余的 100 组用于校验。

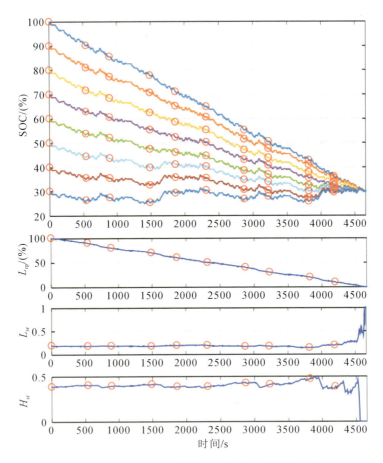

图 4-41　自适应神经模糊推理系统训练数据集的构造

自适应神经模糊推理系统的隶属度函数种类和个数可以任意指定，而与隶属度函数相关的所有参数均通过学习过程改变。本研究的 4 个输入参数均选择 3 个 gbell 型隶属度函数（分别称为低、中、高），其定义为

$$f(x;a,b,c) = \frac{1}{1 + \left|\frac{x-c}{a}\right|^{2b}} \quad (4.53)$$

其中：a、b、c 为形状参数。

自适应神经模糊推理系统使用混合学习算法，结合使用最小二乘法和反向传播。训练误差使用 RMSE 度量：

$$\text{RMSE} = \sqrt{\frac{1}{n}\sum_{i=1}^{n}(\text{SOC}_{\text{output}}(i) - \text{SOC}_{\text{optimal}}(i))^2} \quad (4.54)$$

误差界限用于建立停止训练的准则，训练误差保持在此界限之内时将停止训练，此值设置为 0。自适应神经模糊推理系统在零误差界限条件下得到的训练误差为 0.0233。学习得到 4 个输入参数的隶属度函数如图 4-42 所示，与此相对应的输出曲面如图 4-43 所示。

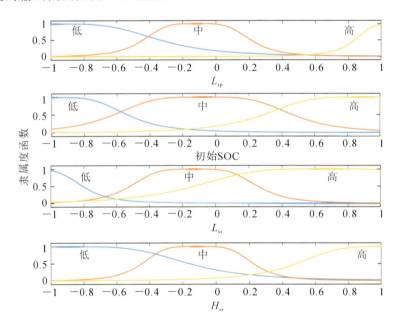

图 4-42　自适应神经模糊推理系统学习得到的输入隶属度函数

能量规划只能给出电池组 SOC 变化的整体趋势。车辆运行开始时，初始 SOC 确定，剩余里程百分比为 100%，从智能交通系统获取工况低速段比率和高速段比率，将这些参数输入训练过的自适应神经模糊推理系统，得到剩余里程为 90% 时的目标 SOC，此目标 SOC 作为下一工况片段的初始 SOC。随着迭

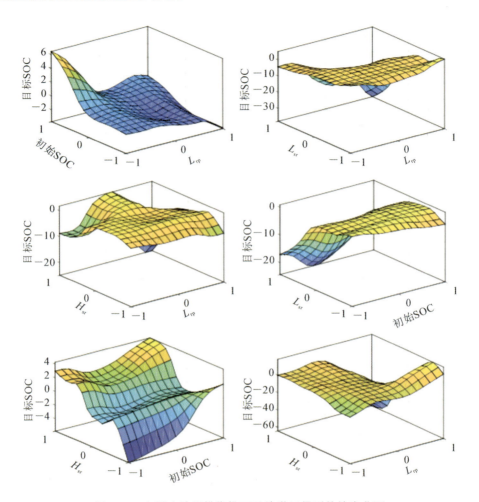

图 4-43 自适应神经模糊推理系统学习得到的输出曲面

代过程的继续,可以构造出 SOC 变化的轮廓,共由 11 个 SOC 点构成。为了获取完整的 SOC 参考轨迹,本研究同样假设工况片段内 SOC 的轨迹变化随着行驶里程的增加线性降低。

4.5.2 基于神经网络速度预测的能量管理策略

4.5.2.1 小波分析理论

小波分析是近年来发展起来的一种新的数学分析方法,因其优良的时频局部化特性和变焦能力,近些年来广泛应用于非线性科学领域。小波在信号的高频部分具有较高的时间分辨率,在信号的低频部分具有较高的频率分辨率,所以利用小波分析可以得到信号中的有效信息。

若 $\Psi(\omega) \in L^2(\mathbf{R})$ 且满足允许条件:

$$\int_{-\infty}^{+\infty} \frac{\Psi(\omega)^2}{|\omega|} \mathrm{d}\omega < 0 \tag{4.55}$$

其中 $\Psi(\omega)$ 为 $\Psi(x)$ 的傅里叶变换,则称 $\Psi(\omega)$ 为一个基本小波或母小波。

小波变换是变尺度的时频联合分析方法,是将信号分解为逼近与细节的过程,信号、尺度、位移之间的相互关系由母小波函数式表示,将母函数 $\Psi(\omega)$ 进行伸缩和平移后得到:

$$\Psi_{a,b}(\omega) = \frac{1}{\sqrt{a}} \Psi\left(\frac{x-b}{a}\right) \tag{4.56}$$

式(4.56)为一组小波序列,因此 $\Psi_{a,b}(\omega)$ 又称为小波基函数,其中 a 和 b 分别称作伸缩因子和平移因子,即小波基函数由基小波通过不同的伸缩和平移得到。

一般常用的一维小波基函数有三种,分别为 Haar 小波基函数、Shannon 小波基函数以及 Morlet 小波基函数。Morlet 小波基函数如下:

$$\Psi(t) = \cos(1.75t)\exp(-0.5t^2) \tag{4.57}$$

$$\Psi\left(\frac{x-b}{a}\right) = \cos\left(1.75\frac{x-b}{a}\right)\exp\left(-0.5\left(\frac{x-b}{a}\right)^2\right) \tag{4.58}$$

这里采用的是 Morlet 小波基函数,经伸缩和平移后,得到的一组小波基函数为

$$\Psi\left(\frac{x-b_k}{a_k}\right) = \cos\left(1.75\frac{x-b_k}{a_k}\right)\exp\left(-0.5\left(\frac{x-b_k}{a_k}\right)^2\right) \tag{4.59}$$

图 4-44 所示为 Morlet 小波基函数的基本函数曲线,经过平移和伸缩以后,可以达到小波函数对局部放大分析的目的。

小波神经网络是基于小波变换而形成的神经网络的模型,小波变换具有时频局部特性以及变焦能力,但是小波理论的应用一般被限制在小规模的范围内,主要原因是大规模的应用中小波基的存储以及构造花费很大。而人工神经网络(artificial neural network,ANN)则是处理大规模问题的一种强有力的工具,并且神经网络具有自学习、自适应和推广能力,以及鲁棒性、容错性。把小波理论和神经网

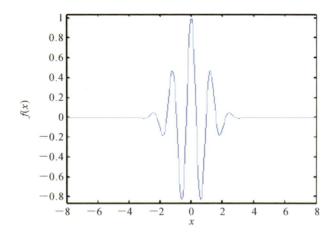

图 4-44 Morlet 小波基函数曲线

络的优势结合起来便提出了小波神经网络的概念。小波神经网络继承了小波分析的时频局部特性和神经网络的自学习能力等诸多优点,具有较强的容错能力,同时网络结构规模和学习参数选择有小波理论作为依据,在混合动力汽车电池组剩余电量估计应用方面,比传统神经网络具有更好的性质。

4.5.2.2 小波神经网络电池 SOC 估计结构与设计

BP 神经网络是一种包括输入层、隐含层和输出层的多层前向人工神经网络,人工神经网络不需要精确的数学模型来对电池 SOC 估计这个不确定、非线性系统进行建模,从而有效地解决了常用估计法在电池 SOC 估计时精度低、实时性差等问题。本研究所建立的基于 Morlet 小波的神经网络是三层网络模型,如图 4-45 所示。

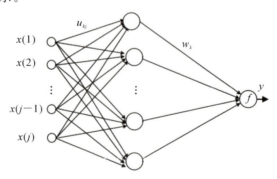

图 4-45 BP 神经网络模型

为了能够更好地克服 BP 神经网络容易陷入局部极小点而无法得到全局最优解的缺点,采用基于小波神经网络的动力电池组 SOC 估计的方法。Morlet 小波神经网络具有更强的学习能力,收敛速度更快,将常规单隐含层神经网络的隐节点函数由小波函数代替,相应的输入层到隐含层的权值和阈值分别由小波函数的尺度和平移参数代替,这样可调参数只有尺度因子和平移因子。这是目前广泛采用的一种结构形式,如图 4-46 所示。

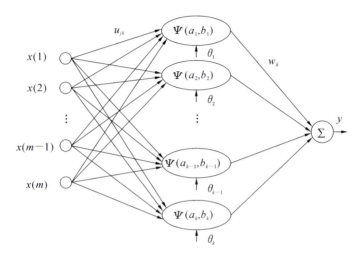

图 4-46 小波神经网络结构示意图

利用 MATLAB/ADVISOR 中所具备的 MANHATON 路况,结合所建立的电池模型,运行 ADVISOR 软件,将 MANHATON 路况下行驶所得到的数据作为 Morlet 小波神经网络模型的训练数据。运行 MATLAB/ADVISOR,可知在 MANHATON 路况下汽车的行驶速度等信息。根据 ADVISOR 所提供的详尽的路况信息以及车辆行驶信息,可以得到在 MANHATON 路况下锂离子动力电池组的电压、电流、温度变化以及在行驶过程中充、放电效率的数据,提取出以上数据可以作为几种神经网络的训练数据。

4.5.2.3 几种模型的网络训练及仿真

图 4-47 所示为 Morlet WNN 电池 SOC 估计模型。该模型的输入变量为动力电池组模型的电流、电压、温度、充/放电效率,输出变量为电池 SOC 估计值。图 4-48 所示为神经网络输入变量数据。

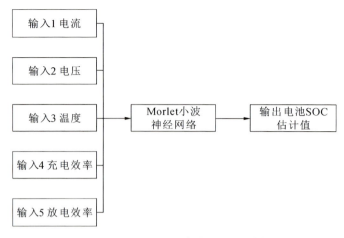

图 4-47 Morlet WNN 电池 SOC 估计模型

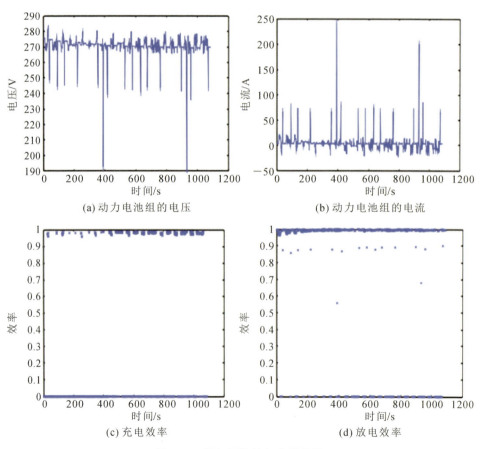

图 4-48 神经网络输入变量数据

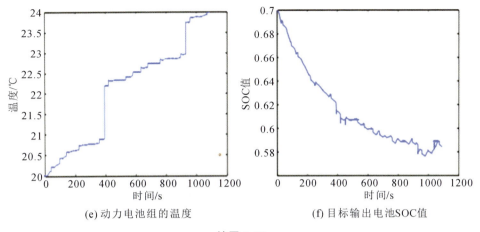

(e) 动力电池组的温度　　　　　(f) 目标输出电池SOC值

续图 4-48

基于 MATLAB/ADVISOR 电动汽车仿真软件平台，在 MANHATON 工况下运行得到锂离子动力电池组的电压、电流、温度变化以及在行驶过程中充、放电效率的数据，并以此数据作为几种神经网络的训练数据。

4.5.2.4　小波神经网络输出误差分析

图 4-49、图 4-50、图 4-51 所示分别为采用不同网络模型时混合动力汽车在 MANHATON 工况下运行后电池组的 SOC 估计值和 SOC 实际值的比较曲线。可以看出锂离子动力电池组的初始 SOC 值在 70％左右，电池组的 SOC 终止值在 55％左右。这符合混合动力汽车锂离子电池组 SOC 在 40％～80％的范围要求。

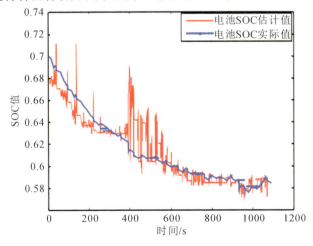

图 4-49　人工神经网络的 SOC 估计曲线

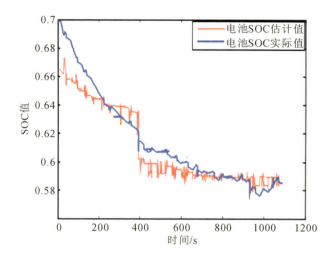

图 4-50　BP 神经网络的 SOC 估计曲线

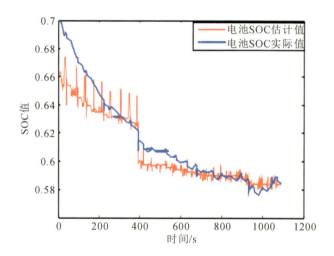

图 4-51　小波神经网络的 SOC 估计曲线

图 4-52、图 4-53、图 4-54 所示分别为基于不同算法混合动力汽车在 MAN-HATON 工况下运行后电池 SOC 估计值与期望值之间的误差曲线。基于一般人工神经网络的电池 SOC 估计的误差明显大于基于 BP 神经网络和小波神经网络算法的,其不能很好地对电池 SOC 做出合理准确的估测。但是基于 BP 神经网络和小波神经网络算法的电池 SOC 估计也存在一定的问题,它们的 SOC 初始值不能与实际电池 SOC 初始值相一致。与此同时,BP 神经网络的误差在

7%左右,基本符合混合动力汽车锂离子动力电池组对电池SOC估计误差控制在8%之内的精度要求,但是BP神经网络存在容易陷入局部极小点而难以跳出的缺陷;小波神经网络的误差在5%左右,需要进一步提高其估计精度以及网络的训练速度。

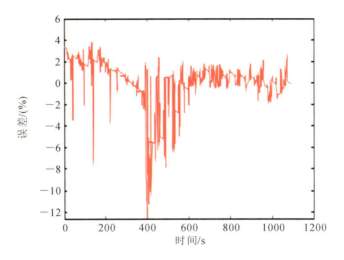

图4-52 基于一般人工神经网络算法的误差曲线

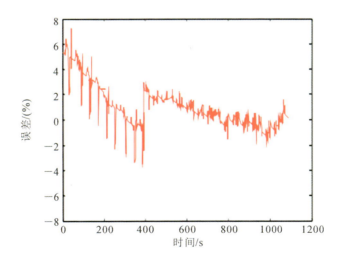

图4-53 基于BP神经网络算法的误差曲线

分别用人工神经网络、BP神经网络、小波神经网络算法对混合动力汽车电池SOC进行估计,在ADVISOR中提供的路况下行驶所得到的等量耗油量以

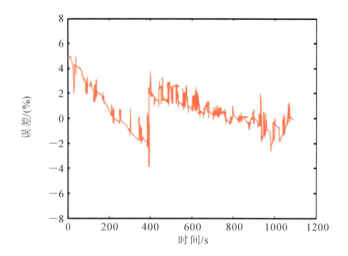

图 4-54　基于小波神经网络算法的误差曲线

及排放污染物的具体含量，如图 4-55 所示。可以明显地看出，随着电池 SOC 估计精度的提高，电池在混合动力汽车行驶中的利用率明显增加，3.3 km 的耗油量明显减少，而有害物质的排放量也因为耗油量的减少而显著减小。

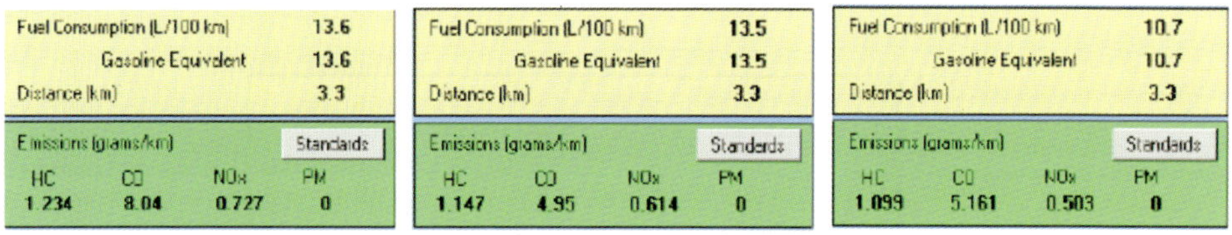

(a) 人工神经网络　　　　　　(b) BP神经网络　　　　　　(c) 小波神经网络

图 4-55　三种算法在 ADVISOR 中的运行结果

4.5.2.5　小结

神经网络不需要精确的数学模型来对电池 SOC 估计这个不确定、非线性系统进行建模，从而有效地解决了常用估计法在电池 SOC 估计时精度低、实时性差等问题。为了能够更好地克服 BP 神经网络容易陷入局部极小点而无法得到全局最优解的缺点，采用基于小波神经网络的动力电池组 SOC 估计的方法。Morlet 小波神经网络具有更强的学习能力，收敛速度更快，但是混合动力汽车锂离子动力电池组的 SOC 估计精度以及网络收敛速度还有待进一步提高。

本章参考文献

[1] TAKAO W,EIJI T,MASAKI E,et al. High efficiency electromagnetic torque converter for hybrid electric vehicles[J]. SAE International Journal of Alternative Powertrains,2016,5(2).

[2] CHEN Z,XIONG R,WANG C,et al. An on-line predictive energy management strategy for plug-in hybrid electric vehicles to counter the uncertain prediction of the driving cycle[J]. Applied Energy,2017,185(2):1663-1672.

[3] SABRI M F M,DANAPALASINGAM K A,RAHMAT M F. A review on hybrid electric vehicles architecture and energy management strategies[J]. Renewable and Sustainable Energy Reviews,2016,53:1433-1442.

[4] HOMCHAUDHURI B,LIN R,PISU P. Hierarchical control strategies for energy management of connected hybrid electric vehicles in urban roads[J]. Transportation Research Part C Emerging Technologies,2016,62(JANA):70-86.

[5] ZHANG P,F YAN,DU C. A comprehensive analysis of energy management strategies for hybrid electric vehicles based on bibliometrics[J]. Renewable and Sustainable Energy Reviews,2015,48:88-104.

[6] WU J,ZHANG C H,CUI N X. PSO algorithm-based parameter optimization for HEV powertrain and its control strategy[J]. International Journal of Automotive Technology,2008,9(1):53-59.

[7] CHEN Z,XIONG R,WANG K,et al. Optimal energy management strategy of a plug-in hybrid electric vehicle based on a particle swarm optimization algorithm[J]. Energies,2015,8(5):3661-3678.

[8] POURSAMAD A,MONTAZERI M. Design of genetic-fuzzy control strategy for parallel hybrid electric vehicles[J]. Control Engineering

Practice,2008,16(7):861-873.

[9] LIU Y,GAO J,QIN D,et al. Rule-corrected energy management strategy for hybrid electric vehicles based on operation-mode prediction[J]. Journal of Cleaner Production,2018,188:796-806.

[10] PANDAY A,BANSAL H O. A review of optimal energy management strategies for hybrid electric vehicle[J]. International Journal of Vehicular Technology,2014:160510.

[11] GU B,RIZZONI G. An adaptive algorithm for hybrid electric vehicle energy management based on driving pattern recognition[C]// ASME 2006 International Mechanical Engineering Congress and Exposition,2006,13951:249-258.

[12] SERRAO L,ONORI S,RIZZONI G. A comparative analysis of energy management strategies for hybrid electric vehicles[J]. Journal of Dynamic Systems,Measurement and Control,2011,133(3):1-9.

[13] PAGANELLI G,DELPRAT S,GUERRA T M,et al. Equivalent consumption minimization strategy for parallel hybrid powertrains[C]// IEEE Vehicular Technology Conference. IEEE,2002.

[14] REZAEI A,BURL J B,ZHOU B. Estimation of the ECMS equivalent factor bounds for hybrid electric vehicles[J]. IEEE Transactions on Control Systems Technology,2017.

[15] GURKAYNAK Y,KHALIGH A,EMADI A. Neural adaptive control strategy for hybrid electric vehicles with parallel power train[C]// 2010 IEEE Vehicle Power and Propulsion Conference. IEEE,2011.

[16] SUN C,SUN F,HE H. Investigating adaptive-ECMS with velocity forecast ability for hybrid electric vehicles[J]. Applied Energy,2016,185(2):1644-1653.

[17] YUPING Z,YANG C,GUIYUE K,et al. Energy management for plug-in hybrid electric vehicle based on adaptive simplified-ECMS[J]. Sustainability,2018,10(6).

[18] REZAEI A,BURL J B,ZHOU B,et al. A new real-time optimal energy management strategy for parallel hybrid electric vehicles[J]. IEEE Transactions on Control Systems Technology,2017. 27(2):830-837.

[19] DEEP K,SINGH K P,KANSAL M L,et al. A real coded genetic algorithm for solving integer and mixed integer optimization problems[J]. Applied Mathematics and Computation,2009,212(2):505-518.

[20] SERRAO L,ONORI S,RIZZONI G. ECMS as a realization of Pontryagin's minimum principle for HEV control[C]//American Control Conference. IEEE,2009.

[21] JAGER B D,STEINBUCH M,KEULEN T V. An adaptive sub-optimal energy management strategy for hybrid drive-trains[J]. IFAC Proceedings Volumes,2008:102-107.

[22] ONORI S,SERRAO L. On adaptive-ECMS strategies for hybrid electric vehicles[C]//In Proceedings of the International Scientific Conference on Hybrid and Electric Vehicles,Malmaison,France,December,2011.

[23] ONORI S,SERRAO L,RIZZONI G. Hybrid electric vehicles : energy management strategies[J]. Encyclopedia of Energy,2016,277(4):197-213.

[24] ZHENG C,LI W,LIANG Q,et al. An energy management strategy of hybrid energy storage systems for electric vehicle applications[J]. IEEE Transactions on Sustainable Energy,2018(99).

第 2 篇　工程实践与测试篇

第 5 章
新能源汽车动力传动系统 NVH 测试与优化

5.1 NVH 测试技术

汽车的 NVH 性能是指汽车在噪声(noise)、振动(vibration)以及声振粗糙度(harshness)方面的性能。汽车的 NVH 性能直接关系到驾乘人员的乘坐舒适性及驾乘品质等,直接影响着汽车品质的好坏,一直以来受到广大整车制造厂商和相关研究人员的重视。有关统计资料显示,国外的先进汽车制造生产商对汽车振动噪声的研究起步比较早,尤其是 20 世纪 90 年代以来,日本的丰田汽车、本田汽车、日产汽车,美国的通用、福特、克莱斯勒,以及德国的奔驰等大型汽车公司的工程研究中心还专门设立了 NVH 分部,用于研究汽车的 NVH 问题。由于国外的汽车技术具有很强的承继性和丰富的数据库,单从技术上讲,国外的车企目前仍旧领先国内的许多车企。

根据有关部门统计,部分汽车售后服务与汽车的 NVH 问题有关,为了使得自己的汽车品牌更加具有竞争力,国内各大车企投入大量经费和试验台用于研究、解决汽车的 NVH 问题。针对汽车的振动噪声问题,我国的许多相关测试标准也在不断完善。为了提高国内自主品牌纯电动客车的自主研发能力以及 NVH 方面的核心竞争力,国内部分公司、大学建立了半消声室,用于对被测件进行 NVH 测试,如天津的中国汽车技术研究中心有限公司、浙江的吉利汽车有限公司、重庆的长安汽车亚洲研发中心、重庆的中国汽车工程院声学风洞、上海蔚来汽车整车半消声室、北京航空航天大学、同济大学、重庆大学、合肥工业大学、河北工业大学。图 5-1 为河北工业大学正在建设的半消声室效果图。

根据各大新能源汽车整车厂商的统计,得到纯电动汽车各个子系统的

NVH 问题占整个系统的 NVH 问题的比例,如图 5-2 所示。

图 5-1 半消声室效果图

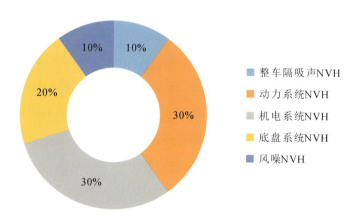

图 5-2 纯电动汽车各个子系统 NVH 问题的分布

对于新能源汽车,尤其是纯电动汽车,其 NVH 问题包括电驱动系统和机电系统 NVH,车身 NVH,底盘系统 NVH,风噪、胎噪以及整车隔吸声 NVH 等,而机电系统、动力传动系统的 NVH 问题约占纯电动汽车整车 NVH 问题的 60%。由于纯电动汽车的动力来源由原来的内燃机变为电动机,缺少了内燃机的掩蔽效应,且电动机在加速工况下具有高扭矩、低转速以及瞬变等特征,因此电动汽车的动力传动系统的 NVH 就突显出来了。NVH 性能分析已经成为电动汽车动力传动系统产品开发设计中主要的分析部分,而变速器是新能源汽车动力传动系统的主要零部件,因此变速器也是电动汽车噪声的主要来源。

5.1.1 工程噪声基础

物体(声源)振动时激励着它周围的空气质点振动,使得离声源最近的质点离开原来的平衡位置开始运动,从而推动相邻质点运动,也就是压缩了相邻的介质,而相邻的介质又会产生一种反抗压缩的力,使质点回到原来的平衡位置,由于惯性的作用,质点会经过原来的平衡位置,压缩另一侧的相邻介质,而这一侧的介质也会产生一种反抗压缩的力,推动质点又回到原来的平衡位置。由于介质的弹性和惯性作用,这个质点在其平衡位置来回地振动。同样的原因,最初振动的质点将推动离它最近的质点以及更远的质点在各自的平衡位置振动起来,但各个质点的振动存在一定的时间延迟。这种介质质点的机械运动由近及远的传播就称为声波,声波是一种机械波。

由于空气具有可压缩性,当声音在空气中传播时,在质点的相互作用下,振动物体四周的空气就交替地产生压缩与膨胀,并且逐渐向外传播,从而形成声波。声波传播不是物质的移动,而是能量的传播。也就是说质点并不随声波向前扩散,而仅在其原来的平衡位置附近振动,靠质点之间的相互作用影响邻近的质点振动,使振动得以向四周传播,形成波动。

质点振动方向平行于传播方向的波称为纵波。质点振动方向垂直于传播方向的波称为横波。声波在空气中传播时只能发生压缩与膨胀,空气质点的振动方向与声波的传播方向是一致的,所以空气中的声波是纵波。声波在液体中传播一般也为纵波,但在固体中传播则既有纵波又有横波。声波在气体和液体中只能按纵波传播,因为气体和液体不能承受剪切力;而固体能够承受剪切力,所以声波在固体中传播既有纵波又有横波。

5.1.2 传动系统 NVH 测试技术

汽车 NVH 控制技术主要研究如何避免或减少车辆运行中各总成或零部件的噪声和振动问题。近年来,随着绿色环保的新发展理念深入人心,汽车的舒适度及声品质已经越来越受到人们的重视。乘用车传动系统包括离合器、变速器、分动器、传动轴、主减速器、差速器和驱动轴,是汽车的核心系统之一,其基本功用是将发动机的动力传递给驱动车轮,并实现动力传递的接合与中断。

5.1.2.1 传动系统 NVH 问题及现象

传动系统中离合器、变速器、分动器、传动轴、主减速器等均有可能发生 NVH 问题,整车表现为轰鸣声或车辆跑遍、侧滑。其中变速器可能会出现啸叫或敲击声,离合器和分动器以及主减速器多出现接合声或敲击声,传动轴和驱动轴多出现抖动、共振、扭转失衡等问题。将传动系统 NVH 问题分成以下四部分进行解释。

1. 轰鸣

车辆轰鸣声的主要激振力来自发动机气缸内的燃烧和膨胀做功,特别是车辆加速行驶时,动力传输的变化引起扭矩波动,整车产生轰鸣声。噪声传播路径与发声部位涉及多个方面,与车辆整体布置和隔吸声材料性能有关。此外,车辆轮胎的弯曲、扭转、共振也会产生轰鸣声。发动机引起的车辆轰鸣声的传播路径如图 5-3 所示。

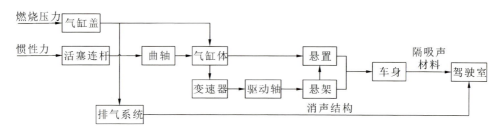

图 5-3　发动机引起的轰鸣声的传播路径

2. 齿轮传动噪声

当齿轮副在啮合时,齿轮的啮合刚度随着齿轮副的啮合而产生一定的波动。同时齿轮副在啮合时是以高副的形式进行啮合的,而高副包括点接触和线接触,相对于低副中的面接触,其单位受力比较大而且容易磨损;齿轮啮合还受到齿轮轴支承刚度和装配及加工误差的影响,从而使得齿轮的啮合传递误差增加。随着汽车电动化及智能化时代的到来,电动机向着高转速的方向发展,在运转转速比较高时,齿轮副会受到强烈的冲击及比较大的摩擦力,从而产生一定程度的振动噪声。

齿轮内部动态激励是齿轮产生传动噪声的根本原因。内部动态激励主要分为刚度激励、误差激励、啮合冲击激励。根据齿轮传动原理,齿轮啮合点垂线方向没有速度差,而在切线方向存在滑动,轮齿间的摩擦力也在此位置改变方向,摩擦力形成一个脉动周期激励。啮合齿轮的刚度较小,齿轮的受载弹性变形大。对直齿轮而言,当齿轮转动到双啮合区时,齿轮受载小,单啮合齿轮的刚度较大,齿轮的受载弹性变形又会变小。在齿轮系统连续转动的过程中,单齿啮合和双齿啮合交替出现,齿轮的受载弹性变形也会随时间周期性变化,载荷突变会对齿轮产生动态激励,从而产生振动和噪声。汽车动力传动齿轮主要由斜齿轮组成,误差激励指齿轮副由于制造误差、安装误差和支承刚度等,齿轮啮合齿廓偏离理论位置,齿轮啮合出现错位,从而形成的对齿轮的位移激励。在齿轮传动过程中,齿轮会因为齿轮误差和扭矩作用而发生弹性变形,齿轮啮入啮出的瞬时偏离理论啮合点,形成齿轮啮入啮出冲击,啮合冲击会引起角速度的周期性的脉动变化,从而产生振动噪声。与误差激励相比,啮合冲击是有规律的冲击力激励,而误差激励是齿轮偏离理论啮合位置的位移激励。

齿轮副的啮合误差是由齿轮的制造与装配误差导致的,它是齿轮副工作过程中的一种主要动态激励。轮齿的啮合误差使其实际的啮合齿形与无误差的理论齿形有差异,破坏了齿轮的正确啮合,引起齿轮的瞬时传动比发生骤变,使齿轮副的齿与齿之间发生撞击,从而导致了齿轮副工作过程中的位移型动态误差激励。研究表明,齿距误差和齿形误差及齿向误差是影响齿轮振动噪声的种种原因中贡献最大的,且其他误差引起的动态激励多会体现在齿距误差和齿形误差对齿轮振动噪声的影响上。因此在研究齿轮的误差激励时,通常主要研究齿距误差和齿形误差这两种误差形式。齿距误差和齿形误差如图5-4所示,齿距误差是理想齿廓(图中虚线所示)至过渡齿廓(图中点画线所示)的偏移,齿形误差是过渡齿廓至实际齿廓(图中实线所示)的偏移。这两种偏移,是在啮合线方向上测量的,统称为轮齿的啮合偏差。

齿形误差对齿轮振动噪声贡献较大,对其进行具体分析。如图5-5所示,主动轮上齿形为理想渐开线的齿 A 与从动轮上齿形为实际齿形的齿 A′ 啮合时,根据啮合原理,在理想情况下,齿 A 与齿 A′ 应在图中 a 点啮合,但由于齿形的误差,齿 A 并不沿着齿 A′ 的理想齿形连续啮合,实际上是在啮合线外的 a' 点接触,这使齿轮副的瞬时传动比发生了骤变,导致了动态激励的产生,同时齿轮传动时的平稳性受到了影响,从而成为引起振动噪声的重要贡献因素。

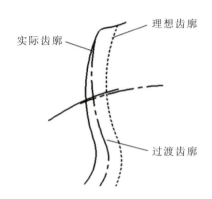 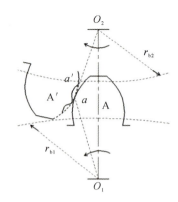

图 5-4　齿距误差与齿形误差　　　图 5-5　齿形误差产生动态激励的机理

3. 轴系、轴承振动噪声

轴系振动噪声一般由动不平衡、弯曲变形或扭转变形产生。轴承振动噪声一般由齿轮冲击、轴承运转特性、装配误差以及故障磨损产生。

4. 起步抖动

车辆从怠速状态过渡到起步状态时,发动机的输出扭矩增加,在扭矩反力的作用下,动力总成的振幅加大。扭矩增加激起了动力总成的扭转振动和传动系统的扭转振动,并通过发动机悬置系统向车身传递,进而导致驾驶室仪表盘、方向盘、座椅、副仪表板等零部件发生抖动。

由传动系统 NVH 问题引起的噪声类型主要有轴类噪声、齿轮噪声以及共振噪声等。传动系统噪声不仅会降低乘坐舒适度,而且会影响汽车传动系统的可靠性,进而影响汽车的动力性、经济性和耐久性。持续提高传动系统 NVH 性能已然成了各大汽车企业新的技术突破点和重要的发展方向。

5.1.2.2　模态测试与分析

模态分析是结构属性探索的一种常用手段,结构属性包含频率、振型和阻尼。如果外界激励频率和系统固有频率比较接近,系统将产生比较大的振动,结构设计时应尽量避免此类情况的发生。模态分析方法有两种:一种是计算模态分析,这种方法通过计算机仿真技术可以实现;另一种是试验模态分析,是人们借助试验设备对试验数据进行采集和后处理,从而获得模态参数的方法。在实际的工程问题中,进行模态分析时多将研究系统进行线性化处理,进行模态分析的目的是求解出系统的固有特性参数,为系统的故障诊断、振动特性分析和后续结构上的优化提供数据支持。理解系统的固有频率和振型可以较好地帮助设计人员研发出在振动和噪声方面表现比较好的系统。结构的模态信息为结构自身的固有属性,与外界因素无关。

模态分析可大致分为分析理论、试验条件、试验过程、仿真分析与结果对比五个阶段。

1. 模态分析理论

模态分析不仅可以得到零部件的各阶固有振型,而且可以得到每阶振型所对应的固有频率。模态分析是将原有系统微分方程中物理坐标替换为模态坐标,从而得到系统的响应,为研究零部件的振动以及辐射噪声等提供一定的理论基础。

模态分析最关键的是对模态参数进行求解分析,模态参数值主要与材料的属性、零部件的质量、厚薄和形状等主要参数有关,其运动学微分方程的一般形式为

$$[M]\{X''(t)\}+[C]\{X'(t)\}+[K]\{X(t)\}=\{F(t)\} \tag{5.1}$$

式中:$[M]$ 为系统的质量矩阵;$[C]$ 为系统的阻尼矩阵;$[K]$ 为系统的刚度矩阵;$\{X''(t)\}$、$\{X'(t)\}$ 及 $\{X(t)\}$ 为系统的加速度、速度和位移向量;$\{F(t)\}$ 为系统的外部载荷。

系统的质量、刚度以及阻尼矩阵等单元特性是基于虚位移原理得到的。其过程如下:假设节点单元在外载荷的作用下产生的虚位移为 $\{\delta q\}^e$,使得节点内产生的虚位移为 $\{\delta d\}$、虚应变为 $\{\delta \varepsilon\}$,从而可以得知其虚应变为

$$\delta U = \iiint_V \{\delta\varepsilon\}^T\{\sigma\}dV \tag{5.2}$$

式中:$\{\sigma\}$ 为单元应力。

节点不仅受外界激励,而且还受惯性力 $-\rho\{d''\}dV$ 及阻尼力 $-v\{d'\}dV$。材料的密度为 ρ,材料的线性阻尼系数为 v。

基于此产生的单元虚功为

$$\delta W = \iiint_V \{\delta d\}^T\{P_v\}dV + \iint_A \{\delta d\}^T\{P_s\}dA + \{\delta d\}^T\{P_c\} - \iiint_V \rho\{\delta d\}^T d''dV$$

$$- \iiint_V v\{\delta d\}^T d'dV \tag{5.3}$$

式中:$\{P_V\}$、$\{P_S\}$ 及 $\{P_C\}$ 是作用于节点的动态体积力、动态面力以及动态集中点力,V 和 A 分别是单元体积和单元面积。

由于 $\{d\}=[N]\{q\}^e$,$\{\varepsilon\}=[B]\{q\}^e$。其中,$[N]$ 只与坐标 x、y、z 值有关,代表位置矩阵;$[B]$ 为应变矩阵;$\{d\}$ 为距离向量。

所以有

$$\begin{cases} \{d\}=[N]\{q'\}^e \\ \{d'\}=[N]\{q''\}^e \end{cases} \tag{5.4}$$

$$\begin{cases} \{\delta d\}=[N]\{\delta q\}^e \\ \{\delta \varepsilon\}=[B]\{\delta q\}^e \end{cases} \tag{5.5}$$

式中:$\{\delta d\}$ 为虚位移;$\{\delta \varepsilon\}$ 为虚应变;$\{\delta q\}^e$ 为虚位移。

根据虚位移理论可以得到:

$$\delta U = \delta W \tag{5.6}$$

式中:δU 为虚应变能;δW 为单元虚功。

通过上述的推导可以得到运动方程:

$$[m]^e\{q''\}^e + [c]^e\{q'\}^e + [k]^e\{q\}^e = \{R(t)\}^e \tag{5.7}$$

其中,$[k]^e$、$[m]^e$、$[c]^e$ 分别为单元的刚度矩阵、质量矩阵以及阻尼矩阵,即

$$[k]^e = \iiint_V [B]^T[D][B]\mathrm{d}V \tag{5.8}$$

$$[m]^e = \iiint_V [N]^T\rho[N]\mathrm{d}V \tag{5.9}$$

$$[c]^e = \iiint_V [N]^T v[N]\mathrm{d}V \tag{5.10}$$

式中:$[D]$ 为弹性矩阵;$[N]$ 为位置矩阵;$[B]$ 为应变矩阵;ρ 为材料的密度;v 为线性阻尼系数;V 为单位体积。

系统无阻尼自由振动微分方程为

$$[M]\{X''(t)\} + [K]\{X(t)\} = 0 \tag{5.11}$$

通过解析可以得到解的简化形式为

$$\{X(t)\} = \{\varphi\}\sin\omega t \tag{5.12}$$

式中:ω 为圆频率;$\{\varphi\}$ 为阵型矩阵。通过上述两个方程可以得到方程:

$$([K] - \omega^2[M])\{\varphi\} = 0 \tag{5.13}$$

该方程具有非零解的条件是

$$|[K]-\omega^2[M]|=0 \qquad (5.14)$$

通过式(5.14)可以求得系统的固有频率ω_i,以及系统的固有振型$\{\varphi\}_i$。

2. 模态试验条件

通过变速器壳体的模态试验不仅可以了解该变速器壳体的各阶模态振型、各阶模态固有频率及各阶模态阻尼等基本参数,而且还可以验证变速器有限元模型的精度。由于约束模态可以由自由模态的试验结果计算得出,因此这里主要研究变速器壳体的自由模态。

自由模态试验测试采用锤击法,即用尼龙锤头进行单点激励、多点响应的自由模态测试,并利用力的传感器对尼龙锤头锤击的力度进行检测,以保证每次锤击的力度在一定的范围内,干净利落不粘连。其测试系统主要包括激振系统(主要是力锤/激振器)、响应系统(三向加速度传感器)以及后处理分析系统等,如图5-6所示。

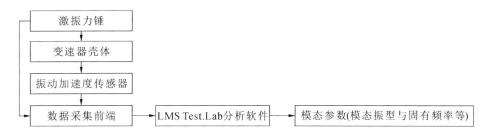

图5-6 模态测试系统

为了减少支承物对变速器壳体自由模态测试结果的影响,模态试验可采用橡皮绳悬挂的方式对变速器壳体进行支承。为测出变速器壳体的整体振型,可采用移动传感器法进行变速器壳体自由模态的测试。图5-7所示为模态测试示意图。

模态测试的激励源是尼龙锤头,对试验人员的锤击技术要求比较高,需要将每次敲击分割得比较清晰且无粘连性,因此为了提高试验人员的锤击效率,防止振动能量的泄漏,研究变速器壳体的低阶模态,只要测量在2500 Hz以下频段的主要模态参数即可。

经测量得到加速度响应随时间的变化关系,在LMS Test.Lab软件的模态分析模块中进行快速傅里叶变换,得到其频率响应函数,随后对频率响应函数

(a) 模态测试测点布置示意图　　　　(b) 模态测试现场测点布置示意图

图 5-7　模态测试示意图

进行后处理,得到图 5-8 所示的各阶自由模态振型和固有频率。

通过以上分析可知,所测变速器壳体的前五阶固有频率主要集中在 500～2500 Hz 内,其局部振动主要表现在变速器前壳体上,这使得作用在变速器壳体的齿轮啮合动态激励力很容易引起变速器前壳体的振动。由此可知,此变速器前壳体的加强筋比较少且平板面积比较大,因而其刚度比较弱,需要重新布置其壳体的加强筋以减少大平面的存在。

3. 变速器壳体模态试验

1) 试验目的

通过模态分析不仅可以得到零部件的各阶模态振型,而且可以得到每阶振型所对应的固有频率。模态分析将原有系统微分方程中物理坐标替换为模态坐标,从而得到系统的响应,为研究零部件的振动以及辐射噪声等提供一定的理论基础。针对某公司生产的新能源客车变速器壳体,通过模态分析,得到其主要模态频率值。变速器噪声主要以结构传递声的形式进行传播,结构传递声的传递过程是齿轮轮齿的啮合动态响应力经齿轮轴和轴承等零部件传递到变速器壳体。当响应力的频率与变速器壳体的某阶固有频率相接近时,变速器壳体将产生一定程度的共振现象。由于变速器壳体的固有特性与变速器振动噪声有着密切的关系,因此研究变速器壳体的固有特性对变速器的减振降噪有着一定的指导意义。

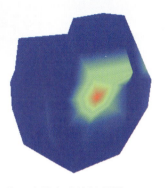 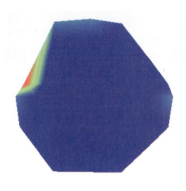

(a) 第一阶模态试验振型图(942 Hz)　　(b) 第二阶模态试验振型图(1290 Hz)

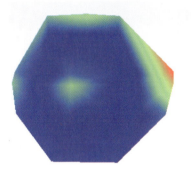 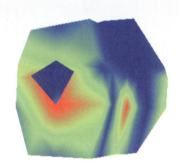

(c) 第三阶模态试验振型图(1320 Hz)　　(d) 第四阶模态试验振型图(1550 Hz)

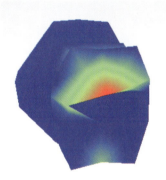

(e) 第五阶模态试验振型图(2130 Hz)

图 5-8　各阶自由模态振型和固有频率

2）试验方法

振动激励选择锤击法产生,锤头采用尼龙锤头(若所关心的频率范围较高,则选择刚度较大的锤头)。本试验采用单点激励、多点响应的方法。被试壳体采用自由支承方式,即采用橡皮绳悬挂支承,模拟自由边界条件。

3)试验设备

变速器壳体模态试验采用 HEAD 公司生产的 Aremis Classical 振动噪声测试系统,采用 BW 13510 型压电式力传感器测量加速度,并用压电式加速度传感器测量各测点的响应(每一测点的 x、y、z 三个方向同时测量)。采集得到的信号传入 ME'scopeVES v5.1 测试与分析系统,使用微机进行数据处理。

4)试验过程

根据试验要求,对试验变速器壳体测量在 500～3000 Hz 频段的各阶模态参数,包括固有频率、阻尼比和模态振型等。试验共计布置了 79 个测点。每个测点要测试 x、y、z 三个方向的加速度响应信号,总计 237 个"点向"的响应信号。每个测点记录 4 次激励-响应时间历程,平均后作为一个时间历程,目的是进一步消除噪声信号的干扰。图 5-9 为测点坐标系布置示意图。

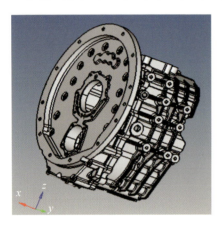

图 5-9 测点坐标系布置示意图

试验的分析带宽为 32784 Hz,共记录了 79 个力信号的时间历程,237 个加速度响应的时间历程,将试验中采集到的每次激励的力信号、各测点三个方向响应的加速度信号数据,在模态分析软件上进行了以快速傅里叶变换为核心的数据处理工作,共获得了 237 个频响函数,并对所有的频响函数进行了集总处理,如图 5-10 所示。

4. 模态仿真分析

在 Hypermesh 中采用 Tetramesh 方法生成四面体的网格,网格的尺寸控制为 4 mm。其中前盖得到四面体网格 482785 个,后盖得到四面体网格 386838 个,共计四面体网格 869623 个,如图 5-11 所示。该变速器的材料定义为铸铝(性能参数:弹性模量为 70 GPa,泊松比为 0.33,密度为 2710 kg/m^3),变速器螺栓连接部分以 RBE2 单元代替。

变速器壳体有限元参考实际工况在螺栓固定处施加零位移六自由度约束。

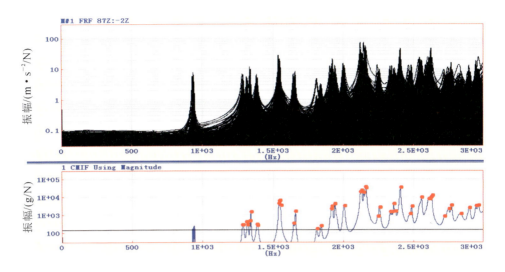

图 5-10 频响函数集总处理结果

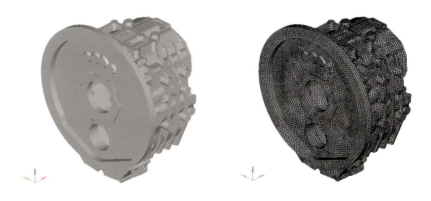

图 5-11 变速器壳体网格与模型对比图

对划分的网格添加边界条件,并添加相应的约束条件和载荷进行约束模态计算,得到其前 20 阶模态振型与模态频率。

5. 模态试验与仿真分析结果及对比

1) 某电动客车变速器壳体模态结果对比

对某电动客车变速器壳体进行模态试验与仿真分析,其结果对比如表 5-1 所示。

表 5-1　模态试验固有频率与仿真分析结果对比

模态阶次	固有频率		相对误差/(%)
	试验值/Hz	计算值/Hz	
1	942	1.02E03	8.28
2	1.29E03	1.35E03	4.65
3	1.32E03	1.41E03	6.82
4	1.55E03	1.57E03	1.29
5	2.13E03	2.17E03	1.88

注：E03 表示×10^3。

每阶的模态振型分别如图 5-12 至图 5-16 所示。

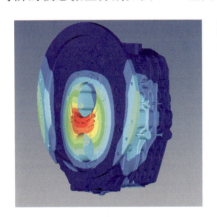 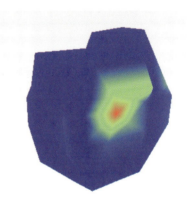

图 5-12　第一阶模态仿真与试验振型图

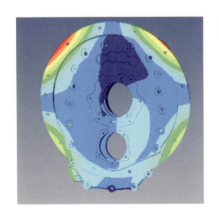 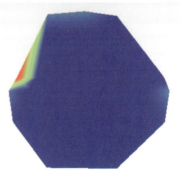

图 5-13　第二阶模态仿真与试验振型图

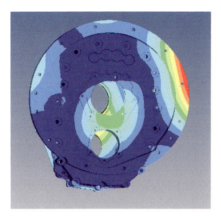
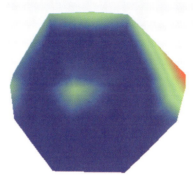

图 5-14 第三阶模态仿真与试验振型图

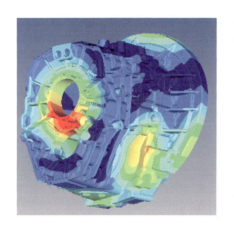
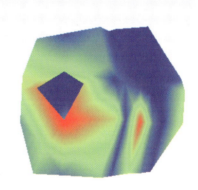

图 5-15 第四阶模态仿真与试验振型图

从模态试验与仿真结果对比中可以看出,试验与仿真得到的振型基本相符,模态频率相差较小(<10%),基本可以说明模态试验较为成功,模态仿真模型构建较为准确,可以用于下一步仿真与计算。

2)某电动汽车变速器壳体模态结果对比

对某电动汽车变速器壳体有限元模型进行计算模态分析,可以得到不同阶次下的固有频率。在软件中完成试验数据后处理,可以得到被试件的振型和频率,表 5-2 所示为固有频率前 6 阶的试验结果和仿真结果。

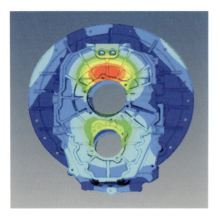 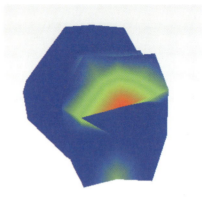

图 5-16　第五阶模态仿真与试验振型图

表 5-2　固有频率试验结果和仿真结果

模态阶次	固有频率试验结果/Hz	固有频率仿真结果/Hz	相对误差/(%)
1	1309	1337	2.1
2	1360	1491	9.6
3	1560	1581	1.3
4	1996	1951	2.3
5	2111	2155	2.1
6	2127	2217	4.2

此变速器壳体振型的试验结果和仿真结果对比如图 5-17 所示。

模态振型试验结果中，黑色线表示的是变速器壳体原有状态，红色线表示的是变速器壳体振动放大后的位置。通过比对试验得到的壳体固有频率与仿真结果的误差，以及试验振型和仿真结果的相似程度来判断有限元模型的准确程度。从表 5-2 可以看出，固有频率的仿真结果与试验结果的误差在 1.3%～9.6% 范围内浮动，两者的结果较为接近。从图 5-17 可以看出，同一阶次的试验振型和仿真结果较为一致，因此，建立的有限元模型是准确可靠的。

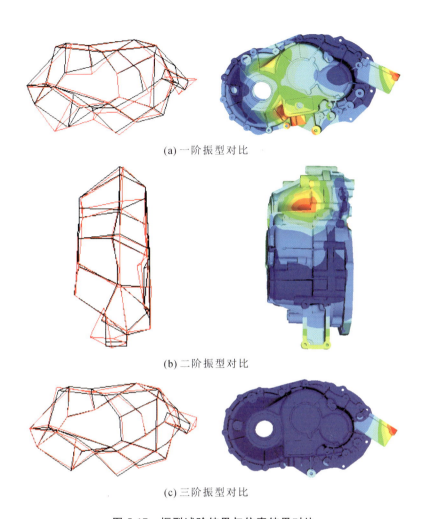

(a) 一阶振型对比

(b) 二阶振型对比

(c) 三阶振型对比

图 5-17　振型试验结果与仿真结果对比

5.2　NVH 优化技术

5.2.1　传动系统 NVH 优化技术

随着纯电动汽车性能的不断提升,搭载多挡位自动变速器会成为今后电驱动系统的发展趋势。相对于传统汽车,纯电动汽车由于没有了发动机噪声的覆盖,变速器系统的 NVH 表现显得异常重要。因此,开展纯电动汽车多挡位自动变速器 NVH 性能的研究,具有一定的前瞻性和必要性。

5.2.1.1 电动机-变速器内部传动系统分析及优化

根据变速器传动路线的设计,在 Romax 软件中建立"电动机转子-变速器轴齿"传动系统模型,如图 5-18 所示。具体建模步骤如下:

(1) 建立电动机转子、变速器轴、齿轮对、同步器、轴承等零部件模型,定义各零部件设计参数、尺寸大小、材料属性、载荷谱等模型要求;

(2) 按照变速器传动系统设计图样进行各零部件模型装配;

(3) 添加功率流,运转模型,验证模型的可行性。

本例中分析最常用工况,即变速器输入转速为 9000 r/min,输入扭矩为 84 N·m。

图 5-18 "电动机转子-变速器轴齿"传动系统模型

在"电动机转子-变速器轴齿"传动系统模型中,电动机定子的转动惯量依据电动机设计参数设置为 0.04 kg·m^2,变速器中各啮合齿轮的参数如表 5-3 所示。

表 5-3 各挡位齿轮参数汇总

齿轮编号	齿数	模数/mm	齿宽/mm	压力角/(°)	螺旋角/(°)
1挡主动齿轮	19	1.989	24.5	20	34
1挡从动齿轮	57		22.9		
2挡主动齿轮	36	2.106	23	18.5	30
2挡从动齿轮	43		22.9		

续表

齿轮编号	齿数	模数/mm	齿宽/mm	压力角/(°)	螺旋角/(°)
主减主动齿轮	21	2.288	33	20	25
主减从动齿轮	82		32.4		

5.2.1.2 模态分析

为了验证模型准确性,我们将不同仿真分析软件求解得到的变速器壳体前10阶模态固有频率进行了对比,结果如表5-4所示。

表5-4 模态固有频率对比

阶次	有限元软件计算频率/Hz	Romax软件计算频率/Hz	误差/(%)
1	1059	1176	11.0
2	1223	1212	−0.8
3	1269	1370	7.9
4	1713	1485	−13.3
5	1806	1839	1.8
6	1921	1961	2.1
7	1978	2013	1.8
8	2070	2120	2.4
9	2194	2209	0.7
10	2242	2341	4.4

从固有频率我们可以看出,两种分析方法得出的计算结果基本吻合。下面将前三阶振型进行对比,如图5-19所示。

振型对比结果显示出良好的一致性,充分说明有限元分析软件所建立的变速器模型的可靠性,为接下来仿真分析的准确性提供了依据。

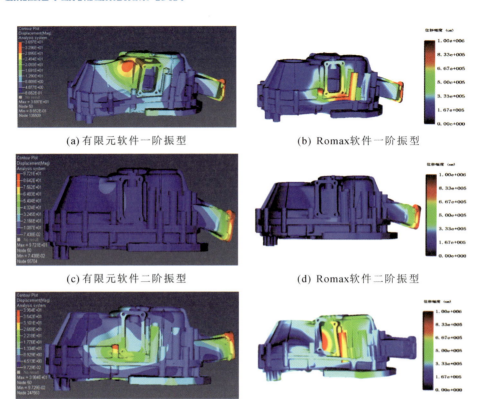

(a) 有限元软件一阶振型　　(b) Romax软件一阶振型

(c) 有限元软件二阶振型　　(d) Romax软件二阶振型

(e) 有限元软件三阶振型　　(f) Romax软件三阶振型

图 5-19　有限元软件振型分析与 Romax 软件振型分析对比

5.2.1.3　传递误差分析

如果一对完美的齿轮在零载荷下啮合,渐开线几何数学规定了从动齿轮与主动齿轮接触点长度相等,两者转动的角度与齿数成比例。但是,由于加工误差和装配误差等因素的存在,从动齿轮在理论位置的前方或后方。从测量的旋转角度来看,齿轮传递误差可以表示为

$$T_E = \theta_2 r_{b2} - \theta_1 r_{b1} \tag{5.15}$$

式中：T_E 为传递误差；θ_2、θ_1 分别为从动齿轮和主动齿轮转角；r_{b2}、r_{b1} 分别为从动齿轮和主动齿轮的基圆半径。

齿轮在传递扭矩过程中,受到齿轮变形和齿轮误差的影响,齿轮的传递误差是随时间与位置波动的。波动的传递误差会作为一种动态激励导致齿轮上的载荷波动,从而产生振动和噪声。因此,减小齿轮传递误差波动可以减少齿

轮的振动和噪声。

齿面接触斑点是衡量齿轮啮合质量的重要指标之一。受制造安装误差、支承刚性变形、轴承游隙以及各部件受载变形的影响,齿轮啮合时通常会偏离理想位置。齿面载荷分布不均会使齿轮传动过程中出现偏载,造成传动不平稳,形成振动和噪声。齿面接触斑点的大小、位置和形态,都会对齿轮啮合的平稳性、齿轮强度和寿命以及变速器的振动和噪声造成显著的影响。

齿轮轮齿的微观修形对变速器而言是一种很好的减振降噪的方法,可以弥补齿轮轴及齿轮轮齿变形所引起的啮合偏差,从而减小齿轮副的啮合传递误差的波动,而齿轮微观修形对变速器的整体结构影响并不大。齿轮微观修形主要包括齿向修形和齿廓修形,主要修形参数为鼓形量和螺旋角。

(1) 鼓形量修形。齿轮啮合时会产生一定的侧隙效应,使齿面上局部区域产生应力集中而发生凹陷,并且齿轮在受载后会发生弯曲、扭转等弹性变形,因此,可对其齿廓和齿向进行微观的鼓形量修整,改善齿轮啮合应力的分布状态。

(2) 螺旋角修形。增大齿面螺旋角可使齿面重合度及刚度得到提升,通过螺旋角的角度调整,可实现齿向部分接触区域的改善。

按照上述修形理论,在 Romax 中对三对啮合齿轮的主动齿轮进行修形。通过多次前后对照,得出最优修形参数如表 5-5 所示。

表 5-5 各挡位齿轮最优修形参数

齿轮编号	齿向鼓形量/μm	齿向螺旋角/(°)	齿廓鼓形量/μm	齿廓斜度/μm
1挡主动齿轮	2	6	3	0
2挡主动齿轮	1.5	2	4	0
主减主动齿轮	2	12	4	−2

修形前后齿面接触应力分布如图 5-20 所示,其中横坐标为齿面距离(单位为 mm),纵坐标为滚动角度(单位为(°))。图中颜色的深浅表示接触应力的大小。

从图 5-20 中可以看出,齿轮修形后齿面应力集中分布由齿面边缘转移至齿

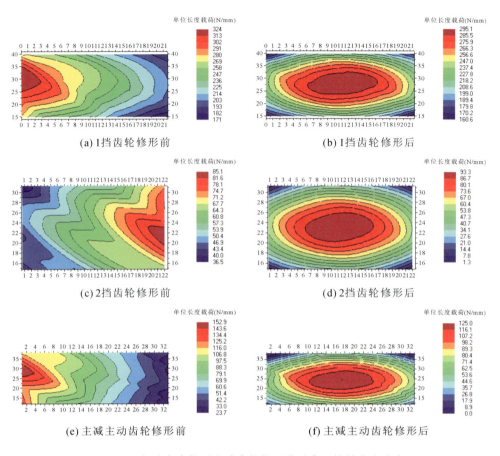

图 5-20　各啮合齿轮副主动齿轮修形前后齿面接触应力分布

面中心,改善了齿轮偏载的情况。综合考虑,虽然 2 挡单位长度载荷仅增大 9.6%,但齿面应力的分布均匀性以及偏载情况有很大改善,对减少齿轮传动过程中的振动和噪声还是起到了积极的作用。

图 5-21(a)~(e)所示为不同工况下 1 挡齿轮修形前后传递误差的波动情况。齿轮修形后沿啮合线的位移较修形前有所增加,但波动量显著降低,曲线变得更加规则、平滑,齿轮传动过程更加平稳。图 5-21(f)所示为 1 挡齿轮修形前后不同输入扭矩下传递误差峰谷值的变化情况,除 20%扭矩工况下有较小幅度增加,其他工况下传递误差峰谷值均有较大幅度下降,在 40%扭矩工况下降低了 50%,在 60%扭矩和 80%扭矩工况下均降低了 30%以上。由于该款变速器的常用工况为 40%~70%扭矩,因此该修形方案达到了预期的效果。

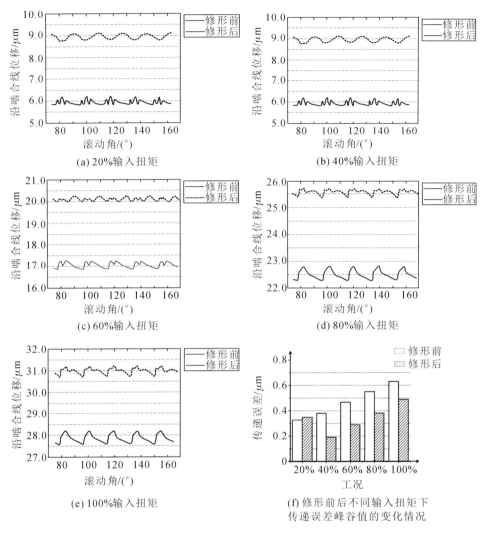

图 5-21　不同工况下 1 挡齿轮修形前后传递误差统计

图 5-22(a)~(e)所示为不同工况下 2 挡齿轮修形前后传递误差的波动情况。齿轮修形后沿啮合线的位移较修形前有所增加,但波动量显著降低,曲线变得更加规则、平滑,齿轮传动过程更加平稳。图 5-22(f)所示为 2 挡齿轮修形前后不同输入扭矩下传递误差峰谷值的变化情况。齿轮修形后较修形前的传递误差峰谷值在不同工况下均有较大幅度下降,在 40%~80% 扭矩工况下减少 50% 以上,齿轮修形效果显著。

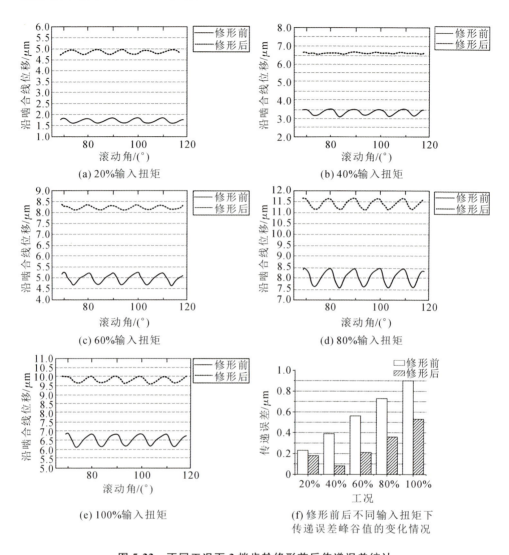

图 5-22 不同工况下 2 挡齿轮修形前后传递误差统计

图 5-23(a)～(e)所示为不同工况下主减齿轮修形前后传递误差的波动情况。齿轮修形后沿啮合线的位移较修形前有所增加,但波动量显著降低,曲线变得更加规则、平滑,齿轮传动过程更加平稳。图 5-23(f)所示为主减齿轮修形前后不同输入扭矩下传递误差峰谷值的变化情况。齿轮修形后较修形前的传递误差峰谷值在不同工况下均有较大幅度下降,在 60%和 80%扭矩工况下降了 60%以上,在 40%和 100%扭矩工况下降了 50%以上,该修形方案达到了预期的效果。

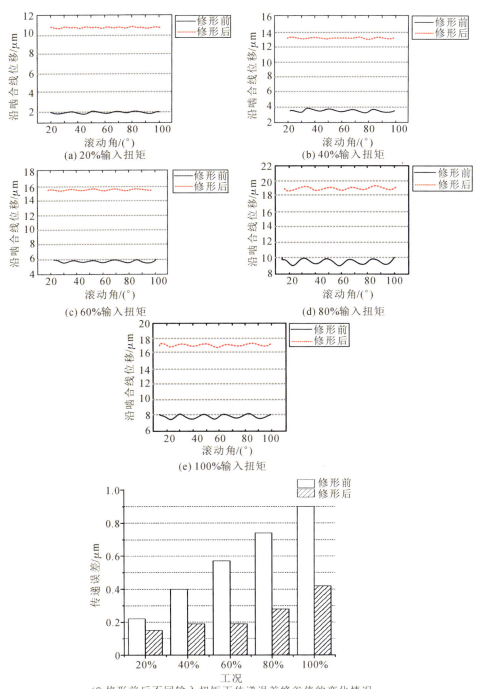

图 5-23　不同工况下主减齿轮修形前后传递误差统计

5.2.2 电驱动动力总成振动噪声优化

1. 壳体网格划分

在有限元分析软件中导入变速器壳体和电动机壳体模型,以 5 mm 四面体网格对变速器壳体进行网格划分,以 4 mm 四面体网格对电动机壳体进行网格划分,共得到 884008 个节点,488136 个单元。变速器壳体、电动机壳体与外部悬置之间的螺栓连接采用 RBE 单元模拟。根据动力总成台架试验规范,在变速器、电动机与台架螺栓连接处采用六自由度约束的方式进行约束。图 5-24 为外壳体导入 Romax 后的模型示意图。

2. 振动响应分析

振动响应布点:根据壳体网格划分的节点,选择其中的 128058 节点作为输入轴振动加速度采集位置;以 123512 节点作为中间轴振动加速度采集位置;以 133714 节点作为差速器轴振动加速度采集位置,如图 5-25 所示。

 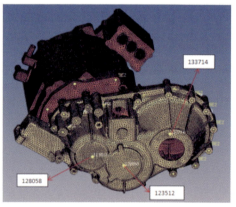

图 5-24 外壳体导入 Romax 后的模型示意图　　图 5-25 振动加速度仿真点示意图

在 Romax 中进行振动加速度仿真分析,通过对三处节点进行求解测量,对比修形前后变速器壳体振动加速度数值。

首先,求解变速器壳体在各挡位啮合频率下的振动加速度云图,如图 5-26 所示。齿轮啮合频率为齿轮的转速乘以齿数,1 挡挡位齿轮啮合频率为 1583 Hz,1 挡主减齿轮啮合频率为 583 Hz;2 挡挡位齿轮啮合频率为 5400 Hz,

2挡主减齿轮啮合频率为2637 Hz。

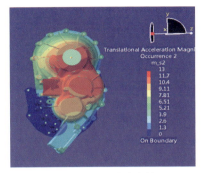

(a) 1挡1583 Hz啮合频率

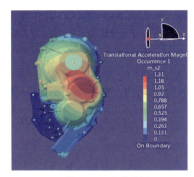

(b) 1挡583 Hz啮合频率

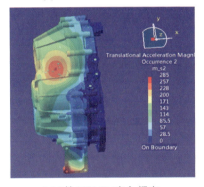

(c) 2挡5400 Hz啮合频率

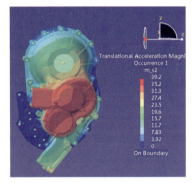

(d) 2挡2637 Hz啮合频率

图 5-26　各挡位啮合频率下壳体表面振动加速度云图

其次,建立声学网格。在声学仿真软件中,设置壳体材料为铝合金,密度为 2700 kg/m³,泊松比为 0.33,杨氏模量为 7.1×10^{11} N/m²。用表面网格生成声学网格,流体材料设置成空气。所得到的声学网格包络面如图 5-27 所示。

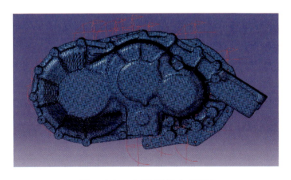

图 5-27　声学网格包络面

最后，在建立好的声场上进行上、下、左、右、前、后六个噪声测点的数据计算采集，各测点设置为距离壳体 1 m。在 100～2000 Hz 范围内，计算两种挡位啮合频率下的变速器壳体辐射噪声数据，如图 5-28 和图 5-29 所示。

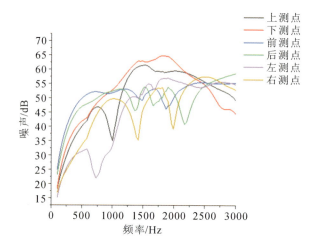

图 5-28　1 挡啮合频率下的频响曲线

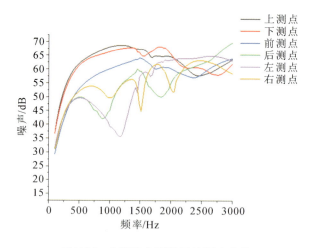

图 5-29　2 挡啮合频率下的频响曲线

计算得到的噪声值均在 75 dB 以下，符合汽车行业标准 QC/T 1022—2015《纯电动乘用车用减速器总成技术条件》中对纯电动汽车减速器噪声低于 83 dB 的要求。

基于以上分析可知，对变速器传动系统齿轮微观参数的修形，可以有效减少变速器自身所产生的振动和噪声,从而在电驱动动力总成 NVH 性能优化过程中起到积极的作用。对齿向齿廓主要微观参数鼓形量和螺旋角的修形,减小了齿轮传递误差,优化了齿面载荷分布。通过有限元软件和 Romax 软件联合仿真,计算出齿轮修形前后变速器的振动响应和辐射噪声,验证了齿轮修形对变速器及电驱动动力总成 NVH 性能的改善。

5.3 纯电动客车动力总成振动与噪声优化实践案例

5.3.1 整车 NVH 性能测试

整车 NVH 问题是汽车制造质量的一个综合性问题,它给汽车用户的感受是最直接和最表观的。车辆的 NVH 问题是国际汽车业各大整车制造企业和零部件企业关注的问题之一。统计资料显示,整车约有 1/3 的故障问题和车辆的 NVH 问题有关,而各大公司有近 20% 的研发费用消耗在解决车辆的 NVH 问题上。

5.3.1.1 试验概述

进行整车 NVH 测试时,应明确试验目的,做好试验准备。

对某自主品牌电动客车动力总成 NVH 问题开展测试研究:明确动力总成对车内噪声产生影响的主要频率组成;测试整车状态下,车内及动力总成 NVH 主要问题;测试台架状态下,不同转速和扭矩工况下动力总成 NVH 问题。

整车 NVH 测试时,台架试验和整车路试也有一定区别。动力总成结构形式不一致,整车状态下动力总成加装离合器,台架试验中动力总成未加装离合器;整车状态下动力总成负载形式为道路负载,台架试验中其形式为"背靠背"形式,与实际路试负载工况相差较多;整车状态下测试环境为实车路况,符合汽车实际运行工况,台架试验中场地为扩散场,需考虑背景噪声。因此整车与台架工况动力总成测试结果具有一定差异性,互相之间仅具备参考意义。

试验准备分为整车路试准备和台架试验准备。

1. 整车路试准备

(1) 试验车辆:某自主品牌纯电动客车。

(2) 测试设备:朗德 24 通道振动及噪声测试模块。

(3) 测试路面:光滑沥青路面,路面具有一定的坡度。

(4) 动力总成:动力总成加装离合器。

(5) 天气情况:天气良好,风速较低。

2. 台架试验准备

(1) 电动机:功率为 120/180 kW,转矩为 573/1400 N·m,转速为 2000/4000(r/min)。

(2) 变速器:传动比 1 挡为 4.396、2 挡为 2.427、3 挡为 1.483、4 挡为 1,最大输入扭矩为1000 N·m。

(3) 测试设备:朗德 24 通道振动及噪声测试模块。

(4) 测试环境:台架,扩散场。

本试验基于半消声室内的试验台架,根据《汽车机械式变速器总成台架试验方法》规定,变速器输入扭矩大于或等于700 N·m,属于重型变速器。台架置于半消声室内,半消声室为试验提供了一个本底噪声低、半自由声场的测试环境。由驱动电动机、变速器组成的动力总成系统安装于试验台架上,试验台架有足够的刚度,安装时变速器输入轴轴心线距离地面高度不小于400 mm。变速器油温控制在60 ℃左右。在被测变速器的左、右、上、前布置 4 个测点,左、右、前 3 个测点应与变速器输入轴轴心线等高。每个测点上布置的声级计都以零入射角对准被测面。根据标准规定,变速器轴向距离大于或等于300 mm的变速器,测点到变速器外壳的距离应为300 mm。根据实际情况规定试验工况,在规定的工况下采集数据;根据标准规定,每组数据的采集时间应大于或等于10 s。

5.3.1.2 试验过程

1. 测试内容及步骤

1) 整车测试

整车测试通道设置如表 5-6 所示。

方案一:原状态下,车内及动力总成共计 12 个测点,进行 24 通道的振动与噪声测试,如图 5-30 所示。

方案二:动力总成整体屏蔽状态下,车内及动力总成共计 12 个测点,进行 24 通道的振动与噪声测试,如图 5-31 所示。

表 5-6　整车测试通道设置

通道名称	对应测点(噪声)	通道名称	对应测点(振动)
1	Interior	7～9	Gearbox-front
2	Gearbox-front	10～12	Gearbox-left
3	Gearbox-left	13～15	Gearbox-up
4	Gearbox-up	16～18	Gearbox-rear
5	Gearbox-rear	19～21	Clutch
6	Motor	22～24	Motor

方案三：变速器单体屏蔽状态下，车内及动力总成共计 12 个测点，进行 24 通道的振动与噪声测试，如图 5-32 所示。

图 5-30　方案一

图 5-31　方案二

图 5-32　方案三

2）台架测试

为了分析动力总成 NVH 水平，在动力总成台架上采用相同的两对动力总成进行背靠背加载测试。该试验无法开展整车状态下动力总成全加速工况测试，只能开展稳态工况测试。另外，考虑到试验在混响室中进行，试验开始时应进行背景测试以排除背景噪声影响。由于采用的是"背靠背"试验形式，因此动力总成噪声测试结果与整车情况会有所差别。

3）传感器布置

噪声测点布置麦克风：Gearbox-front、Gearbox-up、Gearbox-rear、Gearbox-left、Gearbox-right、Motor-rear；

振动测点布置三向加速度传感器：Clutch、Gearbox-up、Gearbox-rear、Gearbox-left、Gearbox-right、Motor-rear。

4）背景噪声测试

对动力总成系统 2 挡、3 挡在不同转速和扭矩下进行测试，并记录相关传感器数据,测试工况如表 5-7 所示。

表 5-7　动力总成台架测试工况

转速/(r/min)	扭矩/(N·m)						
	200	300	400	500	600	700	800
900	√	√	√	√	√	√	√
1100	√	√	√	√	√	√	
1300	√	√	√	√	√		
1500	√	√	√	√			
1800	√	√					

2. 试验过程示意

整车试验用车、阻尼板密封情况及试验台架分别如图 5-33 至图 5-35 所示。

图 5-33　整车试验用车

图 5-34　阻尼板密封情况

图 5-35　试验台架

整车试验中的测点布置如图 5-36 和图 5-37 所示。图中红色圆点表示噪声测点。图 5-38 所示为在整车状态下 6 个声压传感器测点布置形式。动力总成附近噪声测试点距离动力总成壳体表面 100 mm。

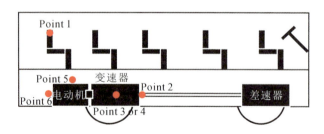

图 5-36　整车试验测点布置

台架试验中的测点布置如图 5-39 所示。图中红色方块表示振动测点;红色圆点表示噪声测点。

第5章 新能源汽车动力传动系统NVH测试与优化

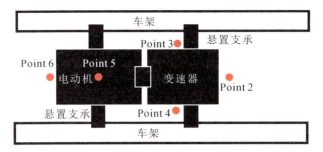

图 5-37 测点相对动力总成的布置

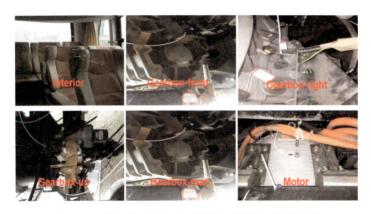

图 5-38 整车状态下 6 个声压传感器测点布置形式

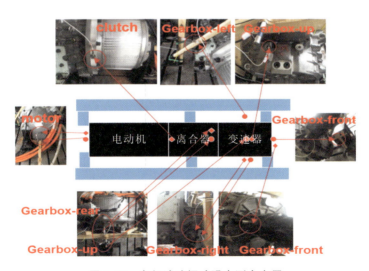

图 5-39 台架试验振动噪声测点布置

5.3.1.3 试验结果及分析

三个方案得到的车内噪声主观感受如下:

方案一:原始状态,主观感觉车内电动机与变速器高频噪声处于难以接受的水平;2挡、3挡动力总成噪声高于4挡的情况;换挡间隙噪声会消失;加速工况噪声会持续变大。

方案二:动力总成整体覆盖吸音棉状态下,主观感觉车内电动机与变速器高频啸叫声有较为显著的改善效果。

方案三:变速器单体包裹吸音棉状态下,主观感觉车内电动机噪声较大,变速器高频啸叫声有较显著的改善效果。

5.3.2 整车路试三种测试方案中动力总成相关参数与时间的关系

图 5-40 至图 5-42 所示分别为整车路试中车速、电动机转速及电动机扭矩与时间的关系,表 5-8 所示为各测试参数的变化区间。

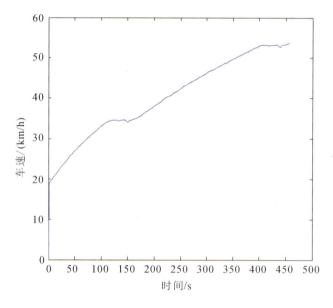

图 5-40 车速与时间的关系

第5章 新能源汽车动力传动系统NVH测试与优化

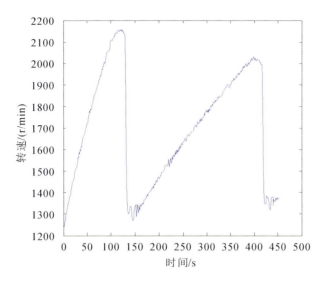

图 5-41 电动机转速与时间的关系

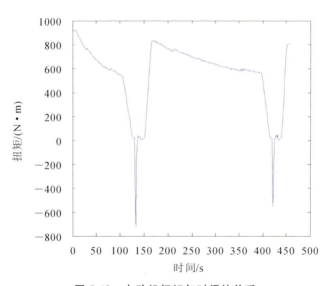

图 5-42 电动机扭矩与时间的关系

表 5-8 各测试参数的变化区间

测试参数		变化区间
车速/(km/h)		20~54
电动机转速/(r/min)	2 挡	1250~2150~1300
	3 挡	1300~2000~1300
电动机扭矩/(N·m)		723~920

5.3.3 整车动力总成变速器与电动机振动噪声阶次分析

5.3.3.1 变速器主要齿轮组振动噪声阶次的计算

常啮合齿轮组振动噪声阶次＝常啮合齿轮主动齿轮齿数   (5.16)

2挡换挡齿轮组振动噪声阶次

$= \dfrac{\text{常啮合齿轮主动齿轮齿数}}{\text{常啮合齿轮被动齿轮齿数}} \times 2\text{挡换挡齿轮组主动齿轮齿数}$ (5.17)

3挡换挡齿轮组振动噪声阶次

$= \dfrac{\text{常啮合齿轮主动齿轮齿数}}{\text{常啮合齿轮被动齿轮齿数}} \times 3\text{挡换挡齿轮组主动齿轮齿数}$ (5.18)

本次测试所用变速器的各齿轮组的齿数如表5-9所示。

表5-9 各齿轮组齿数

齿轮		齿数
常啮合齿轮	主动齿轮	30
	被动齿轮	46
输出级2挡	主动齿轮	24
	被动齿轮	38
输出级3挡	主动齿轮	31
	被动齿轮	30

使用式(5.16)、式(5.17)和式(5.18)，并结合表5-9所列数据计算变速器齿轮啮合阶次，计算结果如表5-10所示。

表5-10 变速器齿轮啮合阶次

转动阶次	常啮合齿轮	输出级2挡	输出级3挡
1阶	30	15.6	20.2
2阶	60	31.3	40.4
3阶	90	46.9	60.6

5.3.3.2 电动机振动噪声阶次的计算

$$\text{径向电磁力振动噪声阶次} = 2 \times p \times \dfrac{N}{60} \times h \quad (5.19)$$

$$\text{定子齿槽谐波振动噪声阶次} = Z \times \dfrac{N}{60} \times h \quad (5.20)$$

$$\text{转矩波动振动噪声阶次} = \text{LCM}(Z, 2p) \times \frac{N}{60} \times h \qquad (5.21)$$

$$\text{切向电磁力振动噪声阶次} = 2 \times p \times \frac{N}{60} \times h \qquad (5.22)$$

其中：Z 为定子齿槽数；p 为转子极对数；N 为电动机转速；LCM 表示取最小公倍数；h 为噪声阶次。

5.3.4 整车路试动力总成振动测试结果及分析

(1) 2 挡和 3 挡测点 Gearbox-front 的振动测试结果见图 5-43 和图 5-44。

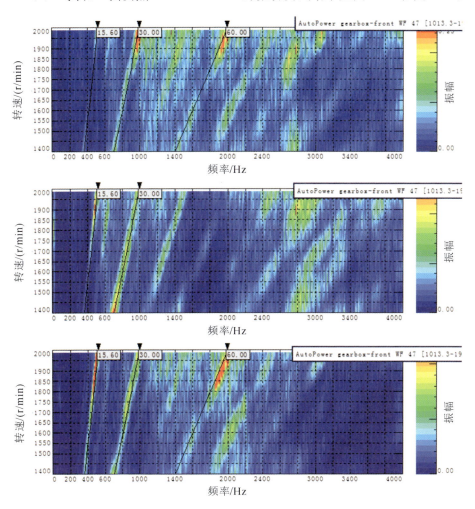

图 5-43 2 挡测点 Gearbox-front 的振动测试结果

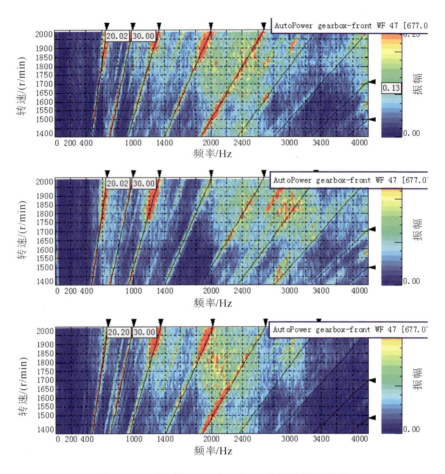

图 5-44 3 挡测点 Gearbox-front 的振动测试结果

(2) 2 挡和 3 挡测点 Gearbox-right 的振动测试结果见图 5-45 和图 5-46。

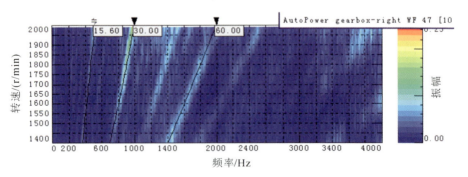

图 5-45 2 挡测点 Gearbox-right 的振动测试结果

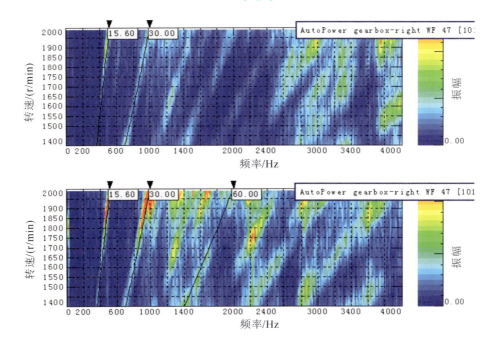

续图 5-45

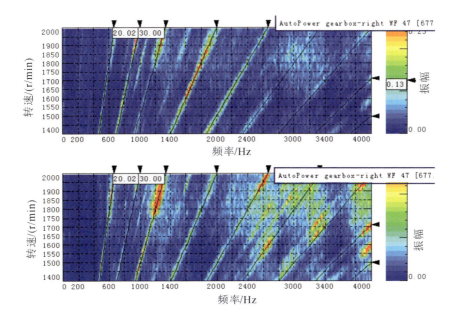

图 5-46 3 挡测点 Gearbox-right 的振动测试结果

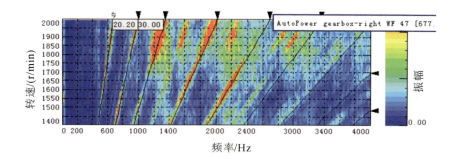

续图 5-46

(3) 2挡和3挡测点 Gearbox-up 的振动测试结果见图 5-47 和图 5-48。

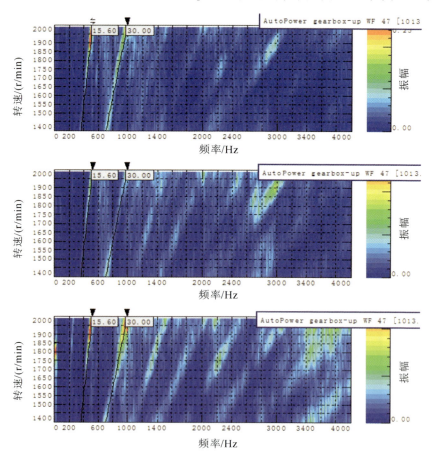

图 5-47 2挡测点 Gearbox-up 的振动测试结果

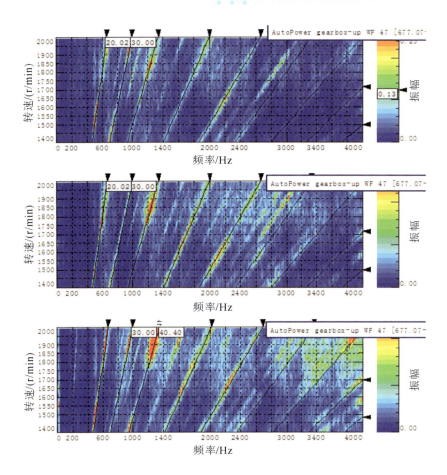

图 5-48　3 挡测点 Gearbox-up 的振动测试结果

（4）2 挡和 3 挡测点 Gearbox-rear 的振动测试结果见图 5-49 和图 5-50。

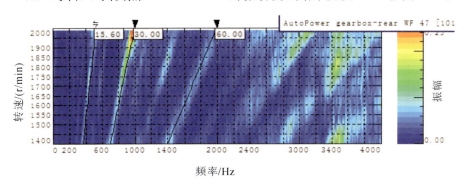

图 5-49　2 挡测点 Gearbox-rear 的振动测试结果

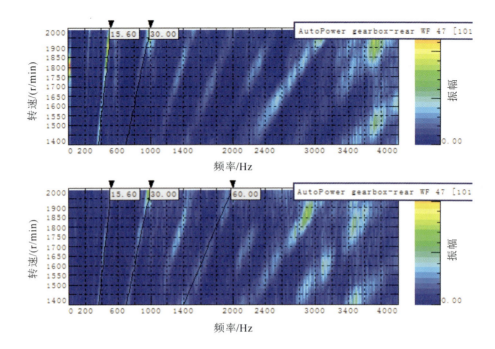

续图 5-49

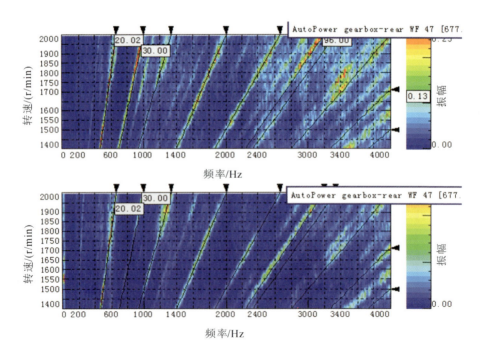

图 5-50 3 挡测点 Gearbox-rear 的振动测试结果

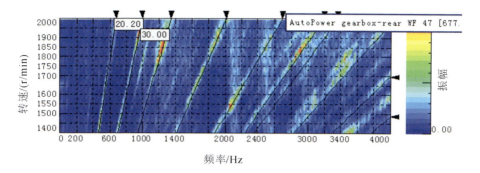

续图 5-50

(5) 2 挡和 3 挡测点 Clutch 的振动测试结果见图 5-51 和图 5-52。

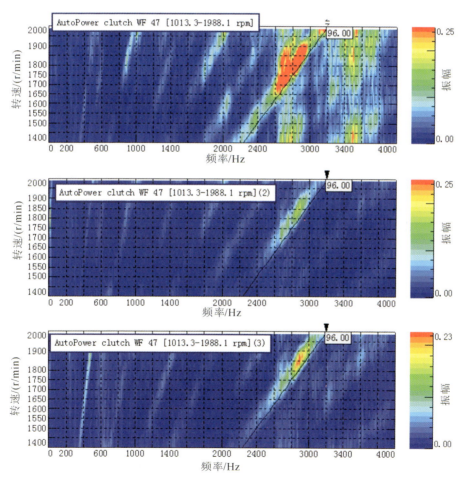

图 5-51　2 挡测点 Clutch 的振动测试结果

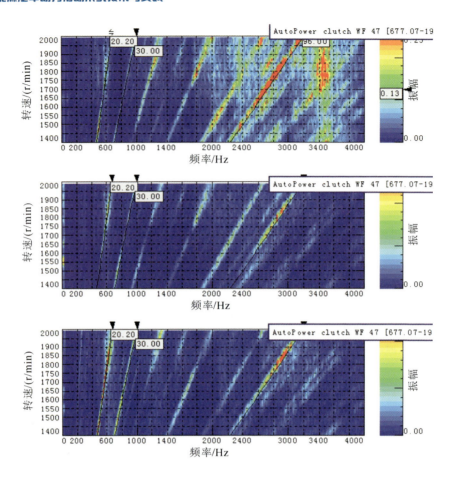

图 5-52　3 挡测点 Clutch 的振动测试结果

（6）2 挡和 3 挡测点 Motor 的振动测试结果见图 5-53 和图 5-54。

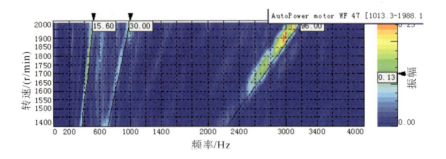

图 5-53　2 挡测点 Motor 的振动测试结果

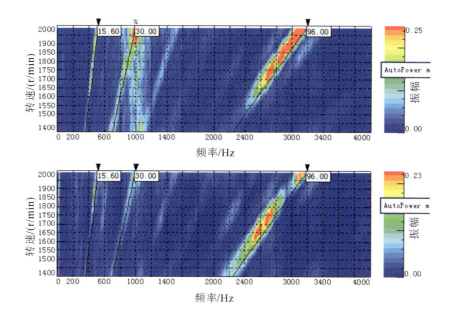

续图 5-53

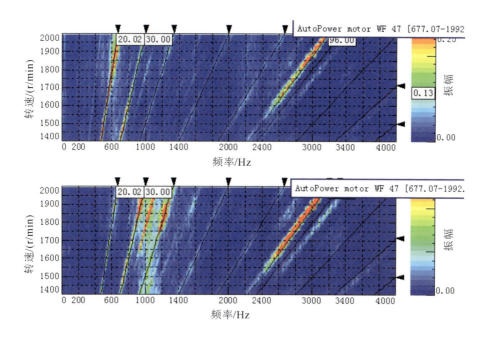

图 5-54　3 挡测点 Motor 的振动测试结果

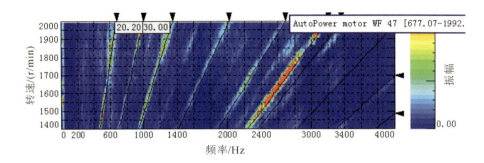

续图 5-54

由试验结果分析可知：

（1）观察 2 挡、3 挡各个测点振动加速度阶次，可以发现 2 挡 15.6 阶与 30 阶、3 挡 20.2 阶与 30 阶均有较大的幅值，说明变速器齿轮的啮合噪声较为严重，需要对其相关齿轮进行 NVH 优化。

（2）观察电动机壳体上测点振动加速度阶次，可以发现其 96 阶处具有较大的幅值，说明该电动机的定子齿槽产生了较大的振动与噪声，需要对电动机该部件进行优化。

（3）对比观察 2 挡、3 挡各个测点振动加速度阶次，可以发现 3 挡的振动加速度幅值要明显高于 2 挡的，且呈现成倍阶次，在进行变速器齿轮的 NVH 优化时应将 3 挡齿轮作为优化工作的重点。

5.3.5　整车路试车内噪声测试结果

（1）2 挡和 3 挡车内噪声测试结果见图 5-55 和图 5-56。

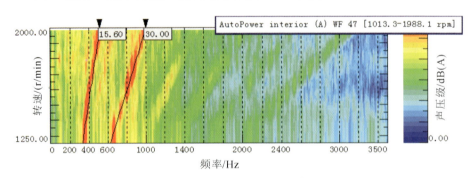

图 5-55　2 挡车内噪声测试结果

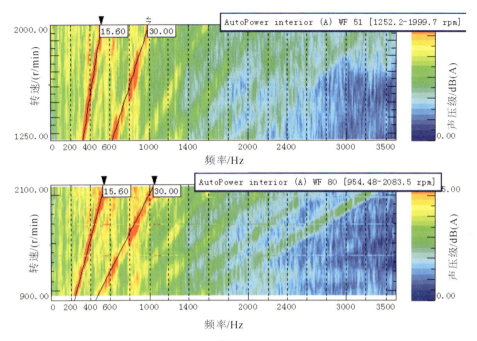

续图 5-55

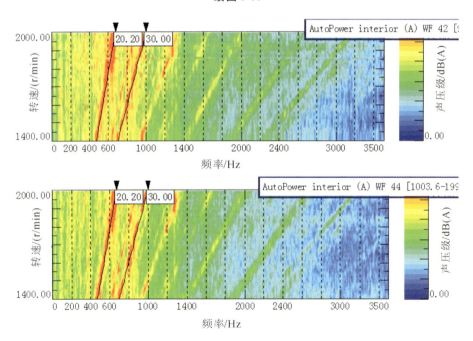

图 5-56　3 挡车内噪声测试结果

注：2 挡齿轮噪声主要阶次为 15.6 阶、30 阶，3 挡齿轮噪声主要阶次为 20.2 阶、30 阶。

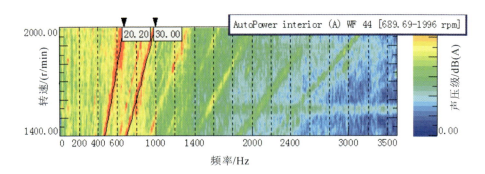

续图 5-56

(2) 两个挡位各阶次噪声与转速的关系及其均值见图 5-57 至图 5-59。

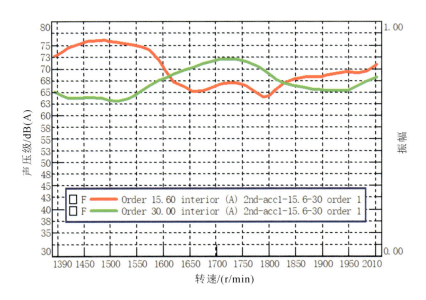

图 5-57　2 挡各阶次噪声随转速变化情况

由测试结果可知:

(1) 2 挡噪声在低、高速段以换挡齿轮啮合噪声为主,在中速段以常啮合齿轮噪声为主;

(2) 3 挡噪声以换挡齿轮啮合噪声为主;

(3) 在 2 挡与 3 挡齿轮啮合噪声中,3 挡换挡齿轮啮合噪声最为严重,2 挡换挡齿轮次之,因此变速器齿轮优化设计应以 2、3 挡换挡齿轮优化为主。

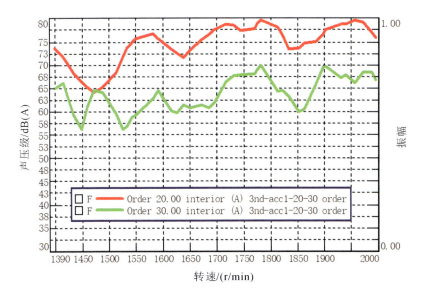

图 5-58　3 挡各阶次噪声随转速变化情况

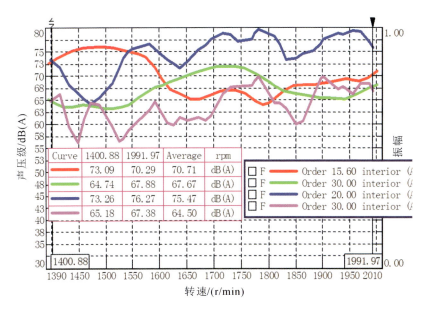

图 5-59　2 挡和 3 挡各阶次噪声平均值

根据整车状态下 NVH 测试结果可知,动力总成系统屏蔽与整体屏蔽对车内噪声有较明显改善,同时结合车内噪声瀑布图,并参考其他项目经验,可知该款电动客车可通过动力总成系统匹配合适的吸隔声罩来改善车内噪声舒适度。

由整车 NVH 测试可知,影响车内噪声的主要齿轮为 3 挡换挡齿轮与 2 挡换挡齿轮,常啮合齿轮次之。

5.4 纯电动汽车两挡自动变速器振动与噪声优化实践案例

5.4.1 测试目的及准备

本次测试的目的是得到台架状态下动力总成对车内噪声影响的主要频率组成;测试台架状态下,不同转速及扭矩工况下动力总成 NVH 问题;分别测试电动机和变速器单体对动力总成噪声的贡献量。

测试所需要设备有朗德 24 通道振动及噪声测试模块、噪声传感器、加速度传感器、铅皮、半消声室、试验台架。本试验基于半消声室内的试验台架,根据《汽车机械式变速器总成台架试验方法》规定,变速器输入扭矩大于或等于 700 N·m,属于重型变速器。

台架置于半消声室内,半消声室为试验提供了一个本底噪声低、半自由声场的测试环境。由驱动电动机、变速器组成的动力总成系统安装于试验台架上,试验台架有足够的刚度,安装时变速器输入轴轴心线距离地面高度不小于 400 mm。变速器油温控制在 60 ℃ 左右,在被测变速器的左、右、上、前布置 4 个测点,左、右、前 3 个测点应与变速器输入轴轴心线等高。每个测点上布置的声级计都以零入射角对准被测面。

根据标准规定,变速器轴向距离大于或等于300 mm的变速器,测点到变速器外壳的距离应为300 mm。

根据实际情况规定试验工况,在规定的工况下采集数据;根据标准规定,每组数据的采集时间应大于或等于10 s。本台架试验进行了动力总成振动噪声测试、电动机单体噪声测试(铅皮包裹变速器)、变速器单体噪声测试(铅皮包裹电动机)。使用密度大的铅皮分别包裹电动机和变速器,测得的噪声更加接近于单体噪声。

5.4.2 测试流程

此次试验的测试流程如图 5-60 所示。

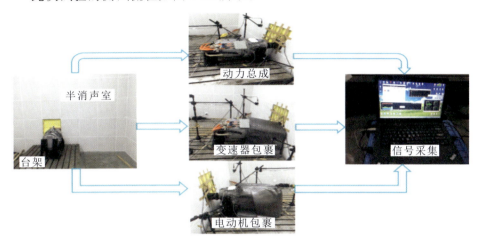

图 5-60　测试流程

5.4.2.1　台架试验测点布置

测点及通道设置如图 5-61 及表 5-11 所示。

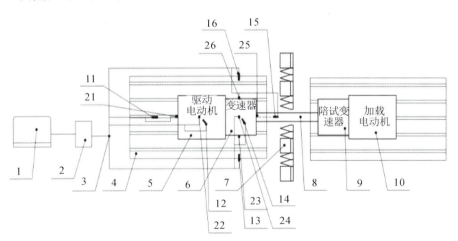

图 5-61　半消声室俯视图及测点布置

1—后处理设备；2—信号采集前端；3—线束；4—台架；5—驱动电动机；6—变速器；7—半消声室；8—传动轴；9—陪试变速器；10—加载电动机；11、12、13、14、15、16—噪声传感器；21、22、23、24、25、26—振动加速度传感器

表 5-11 测试通道设置

通道名称	对应测点（噪声）	通道名称	对应测点（振动）
1	Gearbox-front	7～9	Gearbox-front
2	Gearbox-up	10～12	Gearbox-up
3	Gearbox-left	13～15	Gearbox-left
4	Gearbox-right	16～18	Gearbox-right
5	Motor-up	19～21	Motor-up
6	Motor-rear	22～24	Motor-rear

台架试验中噪声测点和振动测点布置分别如图 5-62 和图 5-63 所示。6 个麦克风布置在变速器输入轴轴心线上距离壳体 300 mm 处，6 个加速度传感器分别在麦克风相对应的壳体上，读取加速度传感器三个方向的数据并记录。

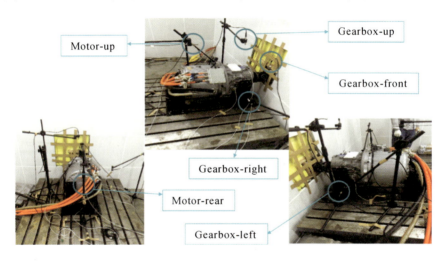

图 5-62 台架试验中噪声测点布置

5.4.2.2 测试内容及步骤

1. 测试内容

分别在 2 挡与 3 挡工作状态下，针对不同的转速及扭矩工况，对动力总成系统中变速器单体、电动机单体辐射噪声水平进行测试；通过铅覆盖法分别测试包裹电动机与包裹变速器两种状态下，变速器与电动机单体辐射噪声大小，并记录相关传感器数据。

2. 测试步骤

首先在动力总成未驱动之前测量半消声室内的本底噪声，然后分别对以下

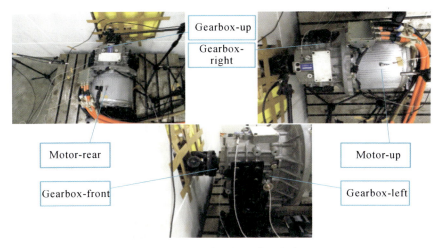

图 5-63 台架试验中振动测点布置

3 种状态进行测试。

状态 1：整个动力总成振动噪声的测试，如图 5-64 所示，共计布置 12 个测点（6 个噪声传感器、6 个加速度传感器），进行 24 通道的振动与噪声测试。

图 5-64 状态 1

状态 2：铅皮包裹变速器，电动机单体的噪声测试，如图 5-65 所示，共计布置 6 个测点（6 个噪声传感器），进行 6 通道的噪声测试。

状态 3：铅皮包裹电动机，变速器单体的噪声测试，如图 5-66 所示，共计布置 6 个测点（6 个噪声传感器），进行 6 通道的噪声测试。

5.4.2.3 测试工况

在 2 挡、3 挡不同转速及扭矩工况下对动力总成系统、变速器单体、电动机单体进行测试,并记录相关传感器数据,每一工况下的采集时间根据标准规定设定为10 s。具体测试工况详见表5-12,齿轮啮合频率及电动机激励力情况见表5-13。

图5-65　状态2

图5-66　状态3

表5-12　台架试验测试工况

转速	扭矩					
	500 N·m	600 N·m	700 N·m	800 N·m	900 N·m	950 N·m
800 r/min	√	√	√	√	√	√
1000 r/min	√	√	√	√	√	√
1200 r/min	√	√	√	√	√	√
1400 r/min	√	√	√	√		
1600 r/min	√	√	√			
1800 r/min	√	√				
2000 r/min	√					
2200 r/min	√					

表5-13　齿轮啮合频率及理论分析的电动机激励力情况

参数	转速/(r/min)						
	800	1000	1200	1400	1600	1800	2000
2挡啮合频率/Hz	209	261	313	365	417	470	522
	400	500	600	700	800	900	1000
3挡啮合频率/Hz	270	337	404	472	539	607	674
径向电磁力(k阶)/N	213	267	320	373	427	480	533
定子齿槽谐波频率(k阶)/Hz	1280	1600	1920	2240	2560	2880	3200
转矩波动频率/Hz	1280	1600	1920	2240	2560	2880	3200
切向电磁力/N	213	267	320	373	427	480	533

根据动力总成台架测试实际情况,通过分析 2 挡、3 挡不同转速及扭矩工况下,动力总成振动频率及振幅特征,明确动力总成振动频谱特征。

(1) 表 5-14 至表 5-19 所示为 2 挡下不同扭矩时齿轮的啮合频率。

表 5-14　2 挡下扭矩为 500 N·m 时齿轮的啮合频率

参数	800 r/min		1000 r/min		1200 r/min		1400 r/min		1600 r/min		1800 r/min		2000 r/min	
计算频率/Hz	400	209	500	261	600	313	700	365	800	417	900	470	1000	522
分析频率/Hz	400	208	512	272	608	320	704	368	784	416	896	464	1008	528
振动/(m/s²)	1.62	1.58	3.63	3.28	10.94	7.24	8.25	4.44	4.28	4.49	8.45	4.26	26.08	11.2

注:表中每一转速下的两列参数值分别对应常啮合齿轮和换挡齿轮;振动用振动加速度幅值表示,余表同。

表 5-15　2 挡下扭矩为 600 N·m 时齿轮的啮合频率

参数	800 r/min		1000 r/min		1200 r/min		1400 r/min		1600 r/min		1800 r/min	
计算频率/Hz	400	209	500	261	600	313	700	365	800	417	900	470
分析频率/Hz	400	208	496	256	608	320	688	368	800	416	912	480
振动/(m/s²)	1.65	1.58	3.03	3.23	10.38	9.3	10.81	4.54	4.54	5.13	8.19	4.71

表 5-16　2 挡下扭矩为 700 N·m 时齿轮的啮合频率

参数	800 r/min		1000 r/min		1200 r/min		1400 r/min		1600 r/min	
计算频率/Hz	400	209	500	261	600	313	700	365	800	417
分析频率/Hz	400	208	512	272	608	320	688	368	800	416
振动/(m/s²)	1.99	1.8	3.19	3.83	11.16	10.68	9.71	5.68	5.85	5.88

表 5-17　2 挡下扭矩为 800 N·m 时齿轮的啮合频率

参数	800 r/min		1000 r/min		1200 r/min		1400 r/min	
计算频率/Hz	400	209	500	261	600	313	700	365
分析频率/Hz	400	208	512	272	608	320	704	368
振动/(m/s²)	2.14	1.15	3.23	3.67	8.98	11.11	10.34	7.19

表 5-18　2 挡下扭矩 900 N·m 时齿轮的啮合频率

参数	800 r/min		1000 r/min		1200 r/min	
计算频率/Hz	400	209	500	261	600	313
分析频率/Hz	400	208	512	272	608	320
振动/(m/s²)	2.52	1.73	2.83	3.59	8.95	15.27

表 5-19　2 挡下扭矩为 950 N·m 时齿轮的啮合频率

参数	800 r/min		1000 r/min		1200 r/min	
计算频率/Hz	400	209	500	261	600	313
分析频率/Hz	400	208	496	256	608	320
振动/(m/s²)	2.95	1.7	3.01	3.78	7.89	17.29

（2）表 5-20 至表 5-24 所示为 3 挡下不同扭矩时齿轮的啮合频率。

表 5-20　3 挡下扭矩为 500 N·m 时齿轮的啮合频率

参数	800 r/min		1000 r/min		1200 r/min		1400 r/min		1600 r/min		1800 r/min		2000 r/min	
计算频率/Hz	400	270	500	337	600	404	700	472	800	539	900	607	1000	674
分析频率/Hz	400	272	496	336	592	400	688	464	800	528	896	592	1008	672
振动/(m/s²)	1.5	4.66	2.96	5.88	11.83	7.27	12.99	10.01	20.05	6.19	14.22	11.37	30.69	16.31

表 5-21　3 挡下扭矩为 700 N·m 时齿轮的啮合频率

参数	800 r/min		1000 r/min		1200 r/min		1400 r/min		1600 r/min	
计算频率/Hz	400	270	500	337	600	404	700	472	800	539
分析频率/Hz	400	272	496	336	592	400	688	464	816	544
振动/(m/s²)	1.57	5.9	2.54	6.25	14.85	7.55	13.61	14.54	22.98	9.04

表 5-22　3 挡下扭矩为 800 N·m 时齿轮的啮合频率

参数	800 r/min		1000 r/min		1200 r/min		1400 r/min	
计算频率/Hz	400	270	500	337	600	404	700	472
分析频率/Hz	400	272	496	336	608	416	704	464
振动/(m/s²)	1.53	7.1	2.54	6.7	15.76	7.53	12.5	13.15

表 5-23　3 挡下扭矩为 900 N·m 时齿轮的啮合频率

参数	800 r/min		1000 r/min		1200 r/min	
计算频率/Hz	400	270	500	337	600	404
分析频率/Hz	400	272	496	336	608	416
振动/(m/s²)	1.63	7.81	3.25	7.8	17.34	7.54

表 5-24　3 挡下扭矩为 950 N·m 时齿轮的啮合频率

参数	800 r/min		1000 r/min		1200 r/min	
计算频率/Hz	400	270	500	337	600	404
分析频率/Hz	400	272	496	336	608	416
振动/(m/s²)	2.08	8.23	3.18	7.95	17.36	7.1

(3) 选取 500 N·m 工况下的 2 挡和 3 挡，其转速与振动加速度幅值如表 5-25 所示，绘制的曲线如图 5-67 所示。

表 5-25　500 N·m 工况下变速器 2、3 挡转速与振动加速度幅值　（单位：m/s²）

转速	800 r/min		1000 r/min		1200 r/min		1400 r/min		1600 r/min		1800 r/min		2000 r/min	
2 挡	1.62	1.58	3.63	3.28	10.94	7.24	8.25	4.44	4.28	4.49	8.45	4.26	26.08	11.2
3 挡	1.5	4.66	2.96	5.88	11.83	7.27	12.99	10.01	20.05	6.19	14.22	4.37	30.69	16.31

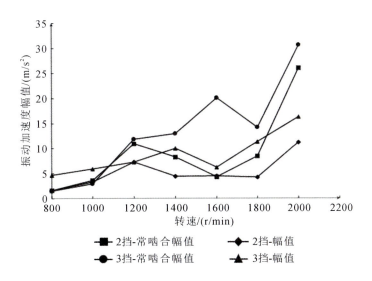

图 5-67　扭矩为 500 N·m 时不同转速的振动加速度幅值

5.4.3　结果分析

根据试验数据，得到如下结果：

(1) 2挡、3挡时不同转速与扭矩工况下,动力总成变速器振动的频率与常啮合齿轮以及2挡、3挡的换挡齿轮的啮合频率吻合,即测试结果频率与理论计算频率对应较好。这说明变速器常啮合齿轮以及2挡、3挡的换挡齿轮是变速器产生振动的主要原因。

(2) 在低转速(1200 r/min 以下)时常啮合齿轮的振动加速度幅值低于换挡齿轮的振动加速度幅值,当转速超过 1200 r/min 时,常啮合齿轮的振动加速度幅值高于换挡齿轮的振动加速度幅值。

(3) 3挡时换挡齿轮的振动加速度幅值要高于2挡时的幅值,说明变速器3挡齿轮的振动问题更加严重。

(4) 变速器前端(Gearbox-front)的振动较其他测点的更为明显。

5.4.3.1 电动机和变速器各个测点的振动比较

选取工况 800 N·m-1400 r/min 下的电动机和变速器振动测试结果进行比较分析,以下各振动结果图中红色为 x 方向的振动,绿色为 y 方向的振动,蓝色为 z 方向的振动。

(1) 2挡工况下电动机/变速器各个测点的振动情况见图 5-68 至图 5-73。

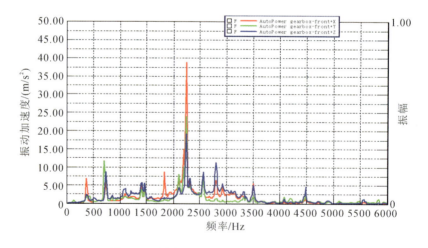

图 5-68 测点 Gearbox-front 的振动结果

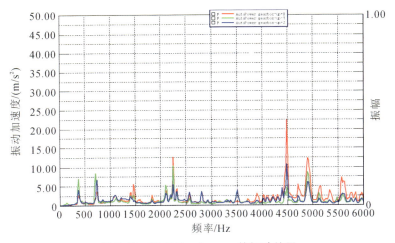

图 5-69 测点 Gearbox-up 的振动结果

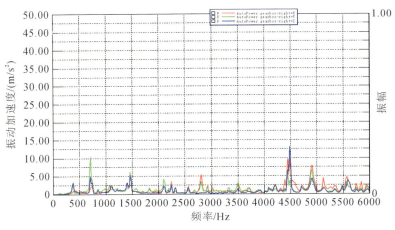

图 5-70 测点 Gearbox-right 的振动结果

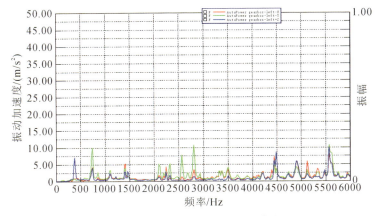

图 5-71 测点 Gearbox-left 的振动结果

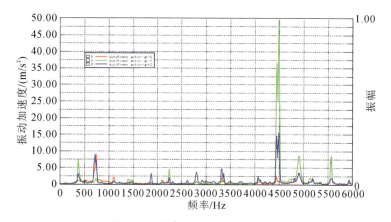

图 5-72 测点 Motor-up 振动结果

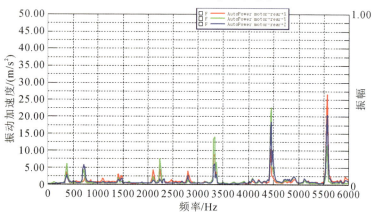

图 5-73 测点 Motor-rear 振动结果

（2）3 挡工况下电动机/变速器各个测点的振动情况见图 5-74 至图 5-79。

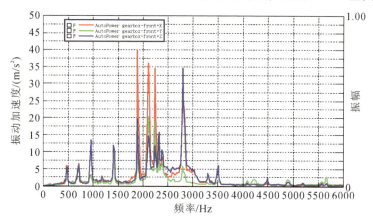

图 5-74 测点 Gearbox-front 的振动结果

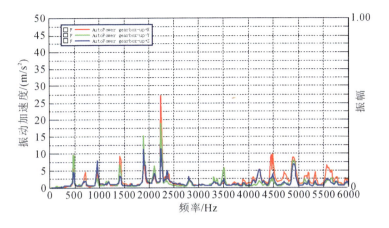

图 5-75　测点 Gearbox-up 的振动结果

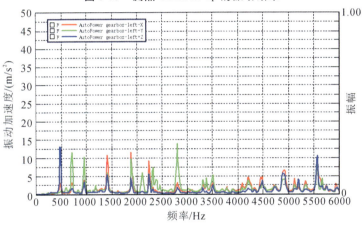

图 5-76　测点 Gearbox-left 的振动结果

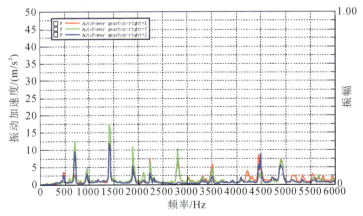

图 5-77　测点 Gearbox-right 的振动结果

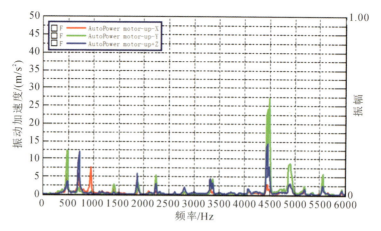

图 5-78 测点 Motor-up 振动结果图

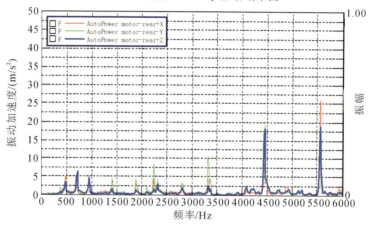

图 5-79 测点 Motor-rear 振动结果图

（3）根据上述统计的振动结果可得出如下结论：

① 0～3500 Hz 时动力总成振动主要由变速器引起，其中 365 Hz、1095 Hz 为两挡换挡齿轮的啮合频率；700 Hz、1400 Hz 为常啮合齿轮的啮合频率；2240 Hz 为电动机的定子齿槽谐波的频率。

② 3500～6000 Hz 时动力总成振动主要由电动机引起，其中 4448 Hz、5552 Hz 为电动机的开关频率。

③ 低频时变速器的振动为主要振动，高频时电动机的振动为主要振动。

④ 对比变速器 4 个测点的振动情况发现，变速器前端即 Gearbox-front 测点所测部分，振动最为厉害；对比电动机 2 个测点的振动情况发现，测点 Motor-rear 的振动稍大于 Motor-up 的振动。

5.4.3.2 变速器与电动机单体噪声测试结果与分析

结合电动汽车整车实际工况,在半消声室中的台架上模拟整车实际工况,重点选择了整车典型工况(600 N·m-1800 r/min,700 N·m-1600 r/min,800 N·m-1400 r/min),进行动力总成辐射噪声对比分析。选取的典型工况如表 5-26 所示。

表 5-26　测试工况

项目	扭矩-转速	功率/kW
工况一	600 N·m-1800 r/min	113.1
工况二	700 N·m-1600 r/min	117.2
工况三	800 N·m-1400 r/min	117.2

下面分析在 2 挡工况下,分别屏蔽变速器噪声与电动机噪声时电动机与变速器近场测点处的噪声水平,进而明确电动机与变速器对噪声贡献的大小。图 5-80 至图 5-82 所示分别为三种典型工况下噪声测试结果。

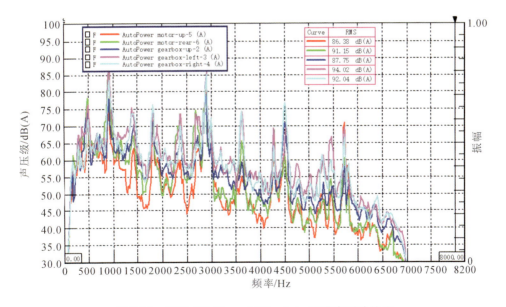

图 5-80　工况 600 N·m-1800 r/min 下噪声测试结果

由以上测试结果可总结如下:

(1) 对比电动机与变速器近场(1 m)可知,变速器辐射噪声整体上高于电

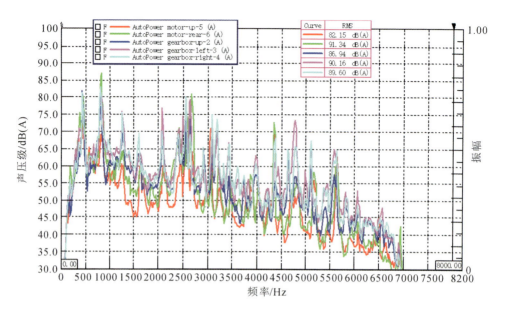

图 5-81 工况 700 N·m-1600 r/min 下噪声测试结果

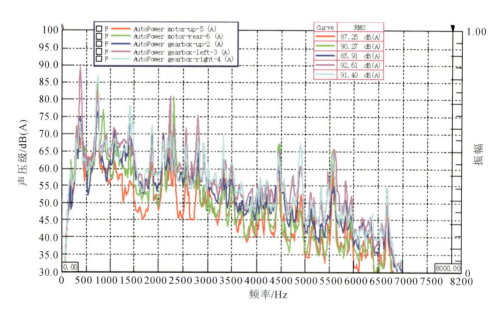

图 5-82 工况 800 N·m-1400 r/min 下噪声测试结果

动机辐射噪声;

(2) 变速器各测点处的噪声贡献度大小排序:Gearbox-left＞Gearbox-right

＞Gearbox-up；

(3) 电动机各测点处的噪声贡献度大小排序：Motor-rear＞Motor-up。

计算 2 挡时所选三种工况下各测点噪声测试结果的均方根（RMS）值，得出各测点噪声源贡献量，如表 5-27 所示。

表 5-27　2 挡各工况下各测点噪声源贡献量

测点	噪声源贡献量（RMS 值）/dB(A)		
	600 N·m-1800 r/min	700 N·m-1600 r/min	800 N·m-1400 r/min
Motor-up	86.38	82.15	87.25
Motor-rear	91.15	91.34	90.27
Gearbox-up	87.75	86.94	85.90
Gearbox-left	94.02	90.16	92.61
Gearbox-right	92.04	89.60	91.40

5.4.3.3　2 挡和 3 挡的噪声结果对比分析

(1) 2 挡和 3 挡各测点噪声对比见图 5-83 至图 5-85。

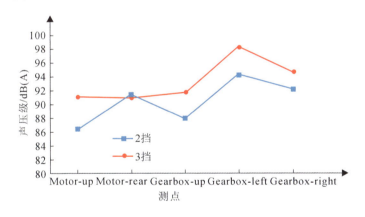

图 5-83　工况 600 N·m-1800 r/min 下两个挡位各测点噪声

通过对比分析 2 挡与 3 挡动力总成辐射噪声可知，该款动力总成 3 挡噪声影响大于 2 挡噪声的，3 挡噪声为需要首先优化的。

(2) 2 挡和 3 挡各个测点在不同工况下噪声 RMS 值变化见图 5-86 至图 5-95。

图 5-84　工况 700 N·m-1600 r/min 下两个挡位各测点噪声

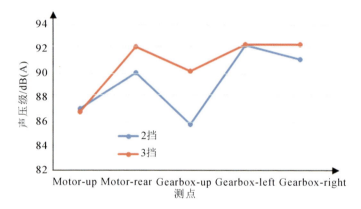

图 5-85　工况 800 N·m-1400 r/min 下两个挡位各测点噪声

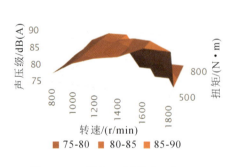

图 5-86　2 挡各工况下 Gearbox-up 测点噪声 RMS 值变化

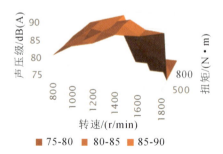

图 5-87　2 挡各工况下 Gearbox-left 测点噪声 RMS 值变化

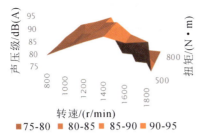

图 5-88　2 挡各工况下 Gearbox-right 测点噪声 RMS 值变化

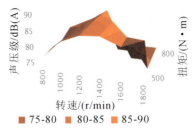

图 5-89　2 挡各工况下 Motor-up 测点噪声 RMS 值变化

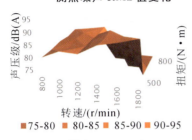

图 5-90　2 挡各工况下 Motor-rear 测点噪声 RMS 值变化

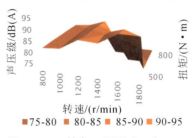

图 5-91　3 挡各工况下 Gearbox-up 测点噪声 RMS 值变化

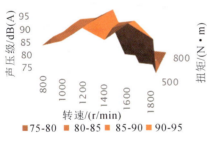

图 5-92　3 挡各工况下 Gearbox-left 测点噪声 RMS 值变化

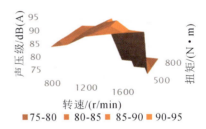

图 5-93　3 挡各工况下 Gearbox-right 测点噪声 RMS 值变化

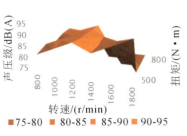

图 5-94　3 挡各工况下 Motor-up 测点噪声 RMS 值变化

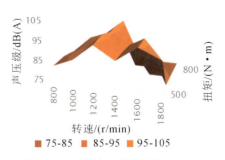

图 5-95　3 挡各工况下 Motor-rear 测点噪声 RMS 值变化

由以上各变化图可看出：相同扭矩下，各个测点的噪声 RMS 值随转速的增加而增加；相同转速下，各个测点的噪声 RMS 值随扭矩的增加而增加；3 挡时各个测点的噪声 RMS 值的水平要高于 2 挡时各个测点的噪声 RMS 值的水平。

5.4.3.4 电动机/变速器包裹前后各个测点的噪声

电动机和变速器在 700 N·m-1600 r/min 工况下包裹前后各个测点的噪声结果见图 5-96 至图 5-99。

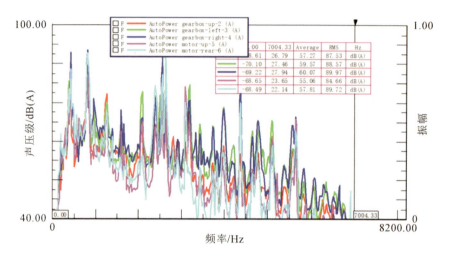

图 5-96 2 挡电动机/变速器包裹前噪声

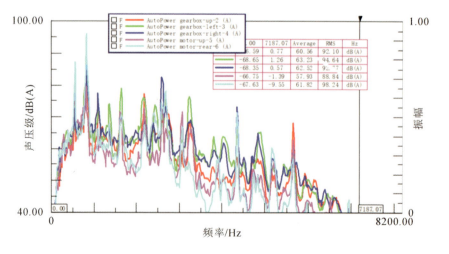

图 5-97 3 挡电动机/变速器包裹前噪声

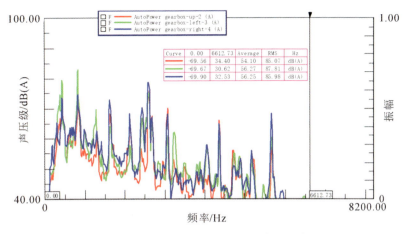

图 5-98　2 挡电动机/变速器包裹后噪声

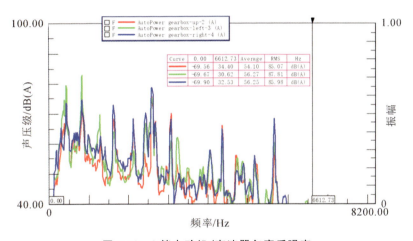

图 5-99　3 挡电动机/变速器包裹后噪声

2 挡和 3 挡时电动机/变速器包裹前后各测点噪声结果对比如表 5-28 和表 5-29 所示。

表 5-28　2 挡时电动机/变速器包裹前后各个测点噪声结果对比

（单位：dB(A)）

测点及编号	包裹前 RMS 值	包裹后 RMS 值	包裹前后声压级差
Gearbox-up-2	87.53	85.07	2.46
Gearbox-left-3	88.57	87.81	0.76
Gearbox-right-4	88.97	85.98	2.99
Motor-up-5	84.66	83.28	1.38
Motor-rear-6	89.72	85.01	4.71

表 5-29　3 挡时电动机/变速器包裹前后各个测点噪声结果对比

（单位：dB(A)）

测点及编号	包裹前 RMS 值	包裹后 RMS 值	包裹前后声压级差
Gearbox-up-2	92.10	90.38	1.72
Gearbox-left-3	94.64	89.28	5.36
Gearbox-right-4	92.77	91.88	0.89
Motor-up-5	88.84	84.57	4.27
Motor-rear-6	98.24	88.89	9.35

由以上统计图表可知，在 700 N·m-1600 r/min 工况下，动力总成各噪声测点处噪声贡献度大小排序为 Gearbox-right＞Gearbox-left＞Gearbox-up＞Motor-rear＞Motor-up。

5.4.3.5　动力总成单体噪声组成分析

1) 变速器为 2 挡时动力总成单体噪声组成分析

（1）600 N·m-1800 r/min 工况下测点 Gearbox-left 噪声组成见图 5-100。

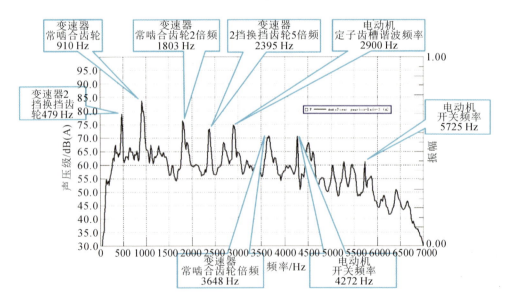

图 5-100　2 挡 600 N·m-1800 r/min 工况下测点 Gearbox-left 噪声组成

按照动力总成噪声贡献度大小，引起动力总成噪声的主要因素依次如下：

① 变速器常啮合齿轮噪声 910 Hz；

② 变速器 2 挡换挡齿轮噪声 479 Hz；

③ 变速器常啮合齿轮噪声 2 倍频噪声 1803 Hz；

④ 电动机定子齿槽谐波激励噪声 2900 Hz；

⑤ 变速器 2 挡换挡齿轮 5 倍频噪声 2395 Hz。

(2) 700 N·m-1600 r/min 工况下测点 Gearbox-left 噪声组成见图 5-101。

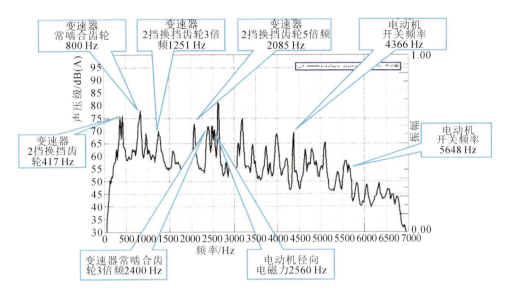

图 5-101　2 挡 700 N·m-1600 r/min 工况下测点 Gearbox-left 噪声组成

按照动力总成噪声贡献度大小，引起动力总成噪声的主要因素依次如下：

① 变速器常啮合齿轮噪声 800 Hz；

② 变速器 2 挡换挡齿轮噪声 417 Hz；

③ 变速器 2 挡换挡齿轮 5 倍频噪声 2085 Hz；

④ 变速器常啮合齿轮 3 倍频噪声 2400 Hz；

⑤ 变速器 2 挡换挡齿轮 3 倍频噪声 1251 Hz。

(3) 800 N·m-1400 r/min 工况下测点 Gearbox-left 噪声组成见图 5-102。

按照动力总成噪声贡献度大小，引起动力总成噪声的主要因素依次如下：

① 变速器常啮合齿轮噪声 700 Hz；

② 变速器 2 挡换挡齿轮噪声 365 Hz；

③ 变速器 2 挡换挡齿轮 7 倍频噪声 2555 Hz；

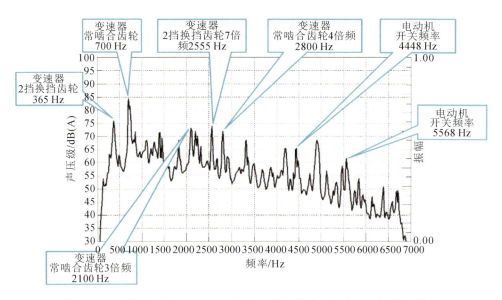

图 5-102　2 挡 800 N·m-1400 r/min 工况下测点 Gearbox-left 噪声组成

④ 变速器常啮合齿轮 3 倍频噪声 2100 Hz；

⑤ 变速器常啮合齿轮 4 倍频噪声 2800 Hz。

2）变速器为 3 挡时动力总成单体噪声组成分析

(1) 600 N·m-1800 r/min 工况下测点 Gearbox-left 噪声组成见图 5-103。

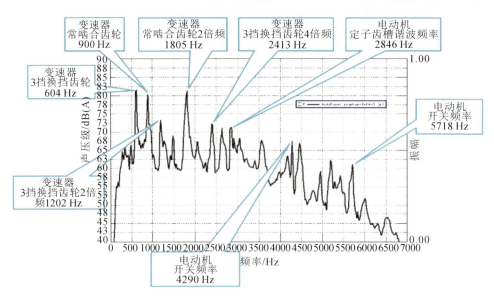

图 5-103　3 挡 600 N·m-1800 r/min 工况下测点 Gearbox-left 噪声组成

按照动力总成噪声贡献度大小,引起动力总成噪声的主要因素依次如下:

① 变速器 3 挡换挡齿轮噪声 604 Hz;

② 变速器常啮合齿轮 2 倍频噪声 1805 Hz;

③ 变速器常啮合齿轮噪声 900 Hz;

④ 变速器 3 挡换挡齿轮 2 倍频噪声 1202 Hz;

⑤ 变速器 3 挡换挡齿轮 4 倍频噪声 2413 Hz。

(2) 700 N·m-1600 r/min 工况下测点 Gearbox-left 噪声组成见图 5-104。

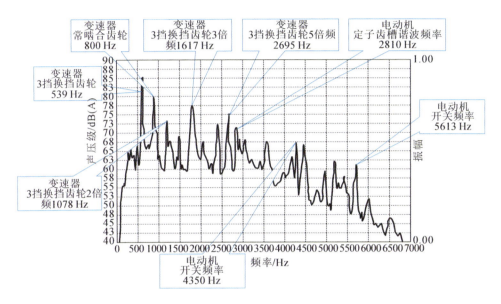

图 5-104　3 挡 700 N·m-1600 r/min 工况下测点 Gearbox-left 噪声组成

按照动力总成噪声贡献度大小,引起动力总成噪声的主要因素依次如下:

① 变速器 3 挡换挡齿轮噪声 539 Hz;

② 变速器常啮合齿轮噪声 800 Hz;

③ 变速器 3 挡换挡齿轮 3 倍频噪声 1617 Hz;

④ 变速器 3 挡换挡齿轮 5 倍频噪声 2695 Hz;

⑤ 变速器 3 挡换挡齿轮 2 倍频噪声 1078 Hz。

(3) 800 N·m-1400 r/min 工况下测点 Gearbox-left 噪声组成见图 5-105。

按照动力总成噪声贡献度大小,引起动力总成噪声的主要因素依次如下:

① 变速器 3 挡换挡齿轮 2 倍频噪声 944 Hz;

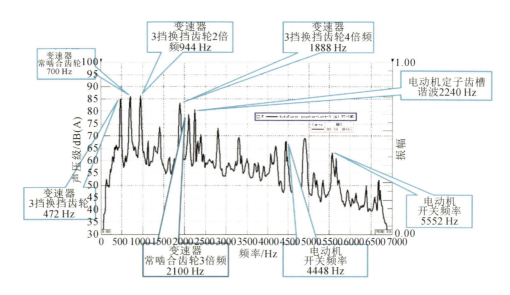

图 5-105　3 挡 800 N·m-1400 r/min 工况下测点 Gearbox-left 噪声组成

② 变速器常啮合齿轮噪声 700 Hz；

③ 变速器 3 挡换挡齿轮噪声 472 Hz；

④ 变速器 3 挡换挡齿轮 4 倍频噪声 1888 Hz；

⑤ 电动机定子齿槽谐波激励噪声 2240 Hz。

3）变速器分别在 2 挡与 3 挡时动力总成噪声分析结论

（1）2 挡时，变速器常啮合齿轮噪声、2 挡换挡齿轮噪声为最主要噪声源，次之为电动机定子齿槽谐波激励噪声；

（2）3 挡时，变速器常啮合齿轮噪声、3 挡换挡齿轮噪声为主要噪声源，次之为电动机定子齿槽谐波激励噪声；

（3）各个挡位动力总成噪声优化目标包括变速器与电动机噪声优化；中低频部分主要为变速器噪声，高频部分主要为电动机噪声。

5.4.3.6　结论

（1）变速器常啮合齿轮以及 2 挡、3 挡的换挡齿轮是变速器产生振动的主要原因。在低转速时常啮合齿轮的振动加速度幅值较低，在高转速时常啮合齿轮的振动加速度幅值较高；3 挡时换挡齿轮的振动加速度幅值要高于 2 挡时的幅值，说明变速器 3 挡齿轮的振动问题更加严重。在齿轮的优化设计中应该以上述三个齿轮作为重点,尤其是常啮合齿轮应注意在高转速区间内齿轮的优化设计。

(2)变速器整体噪声高于电动机整体噪声,其中变速器左边测点的噪声要高于其他测点的噪声;变速器左侧噪声主要是由换挡齿轮以及常啮合齿轮的啮合激励引起的,因此需要重点优化。

(3)电动机的振动受到定子齿槽激励以及PWM激励,PWM激励产生的振动幅值随着转速增加而增加且峰值较高,产生的影响较大。电动机的优化重点应置于电动机的定子齿槽与PWM。

(4)动力总成产生的噪声分低频与高频两部分,其中低频噪声主要由变速器产生,高频噪声主要由电动机产生,需要局部重点优化。

(5)变速器前端的振动较其他测点的更为明显,在进行壳体优化时应着重优化变速器前端。

5.4.4 变速器齿轮微观修形优化设计

5.4.4.1 齿轮微观修形原理

在变速器齿轮传动系统实际工作过程中,齿轮在加工误差、安装误差以及受载受热变形等的影响下,会不可避免地产生载荷波动、速度突变、沿齿向的载荷分布不均,以及啮入啮出冲击等现象,降低传动精度和承载能力,缩短使用寿命,产生由不同振型和频率构成的振动与噪声。虽然提高加工制造和装配精度可以使传动性能有所改善,但这会使齿轮加工成本显著增加,且实际效果并不一定理想。在前期齿轮宏观参数已经开发设计完毕的情况下,通过齿轮微观修形来解决齿轮传动系统因制造加工、装配以及弹性变形而产生的振动噪声问题是十分有效的,可以使齿轮传动性能得到明显改善,增强其受载性能和可靠性,也可以显著提升其NVH性能。因此齿轮微观修形在各研究院所以及汽车公司得到了广泛的研究与应用。

齿轮修形的方法多种多样,一般常用的齿轮修形方案有沿齿宽方向(齿向)修形和沿齿廓方向(齿形)修形,要综合考虑齿向修形与齿形修形的相互影响

(三维修形)等。

1. 齿向修形

齿向修形通常包含齿向鼓形修形、齿向螺旋角(齿向斜度)修形以及齿端修薄等。适当的齿向修形可以在一定程度上补偿由制造安装误差及齿轮的受载变形导致的齿轮啮合过程中产生的齿向误差,使齿轮受载后载荷沿齿宽方向合理分布,有效改善齿轮的传动性能。

1) 齿向鼓形修形

鼓形修形指的是按照沿齿宽方向中部起鼓、两侧对称的形状对齿轮表面加工修磨,如图 5-106(a)所示,这样当轮齿传递载荷时,距离齿宽方向上中间部分近的齿面会先接触,之后延展到全齿面,从而使齿面载荷分布更加均匀,传动更平稳,减少振动噪声的产生。鼓形齿产生的效果如图 5-106(b)~(e)所示,图(b)所示为经过鼓形修形的鼓形齿,图(c)所示为轮齿加载前的齿面接触情况,图(d)所示为轮齿加载发生弹性变形后沿齿宽方向的受载情况,图(e)所示为载荷曲线,可见偏载情况显著改善。

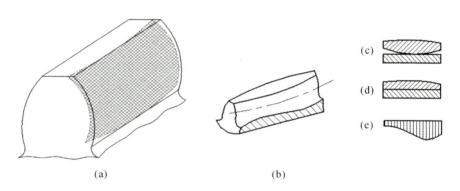

图 5-106 齿向鼓形修形示意图及修形效果

齿向鼓形参数的设计是鼓形修形的关键,会显著影响齿向鼓形修形的效果。鼓形量设计太大会恶化齿轮的偏载现象,加剧齿面的磨损,降低其使用寿命;鼓形量设计太小则不能弥补齿向误差,同样会使齿面载荷的分布发生偏移,恶化其承载性能且产生更大的振动噪声。因此,选取合适的齿轮齿向鼓形量是十分重要的。鼓形量可以利用经验公式计算求出。

计算齿向鼓形量的经验公式有如下几种。

(1) ISO 标准提出的经验公式只考虑了初始啮合错位量,齿向鼓形量 C_β 的计算公式如下:

$$C_\beta \approx 0.5 F_{\beta xcv} \tag{5.23}$$

式中:$F_{\beta xcv}$ 为齿轮的等效啮合错位量,以齿轮修形前的啮合错位量 F_{xcv} 表示。

(2) 日本 JMSE 提出的经验公式主要考虑的是齿轮精度的影响,鼓形量的计算公式为

$$\begin{aligned} C_\beta &= 0.25b \times 10^{-3} + 0.5 f_g \\ f_g &= A(0.1b + 10) \end{aligned} \tag{5.24}$$

式中:b 为齿宽;f_g 为齿向误差,由齿轮精度等级确定;A 为由精度等级确定的系数。

(3) 英国 BS 公司提出的经验公式主要考虑的是齿轮的接触变形,鼓形量的计算公式为

$$C_\beta = 0.7 \times \frac{F_m}{b} \tag{5.25}$$

式中:b 为齿宽;F_m 为均布作用在齿轮分度圆上的圆周力。

2) 齿向螺旋角修形

通常情况下,斜齿轮在进行鼓形修形的同时还会进行齿向螺旋角修形,以补偿轮齿在不同载荷下螺旋角的变化,进一步减少齿向偏载现象。如图 5-107 所示,螺旋角修形是根据齿轮副的啮合情况对螺旋角进行一个微小的改变。图 5-108 为齿向螺旋角修形的原理图,齿轮修形前的螺旋线为线 a,其展开的螺旋角为 β,斜齿轮螺旋角增加 $\Delta\beta$ 后的螺旋线变为线 b,其展开的螺旋角为 $\beta + \Delta\beta$,由此可以改善斜齿轮的端啮现象,使齿轮啮合时是相切而不是相割,载荷分布更加均匀。

大量的研究和实践表明,齿形误差会对齿轮传动过程中的振动与噪声产生较为明显的影响。在齿轮传动过程中,某一轮齿由制造加工误差引起的齿形和齿距误差以及受载变形都会使齿轮传动时出现瞬时冲击,从而引发振动与噪声。

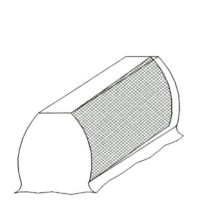

图 5-107 齿向螺旋角修形示意图　　图 5-108 螺旋角修形原理图

2. 齿形修形

汽车变速器的齿轮重合度通常高于1，因此齿轮在传动时会出现单齿对和多齿对交替啮合的情况，通过齿形修形修磨掉轮齿上由基节偏差产生的干涉可以改善单齿对和多齿对啮合交替时的载荷波动，从而减小啮入啮出冲击，增强齿轮传动的平稳性，减少振动与噪声的产生。齿形修形方法通常有齿顶修缘修形、齿根修缘修形、齿形鼓形修形、齿形压力角修形等。

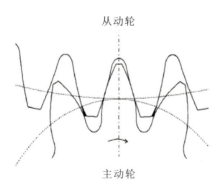

图 5-109 齿顶修缘修形

齿顶修缘修形如图 5-109 所示，齿顶修缘部分为图中从动轮齿顶深色部分。齿顶修缘修形可以同时在齿轮副的主动轮和从动轮上修形，也可以只在主动轮或从动轮上修形。

为了减小齿轮由于接触变形而产生的齿形形貌改变，改善齿轮的传动性能，除进行齿轮齿顶、齿根修缘外，越来越多的齿轮设计选用了齿形鼓形修形和齿形压力角修形，如图 5-110 和图 5-111 所示。航空航天等大型以及精密齿轮传动领域大多选用齿形鼓形修形，如今汽车行业也较为广泛地使用了齿形鼓形修形和齿形压力角修形。

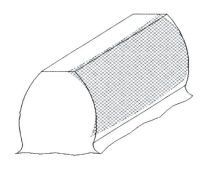 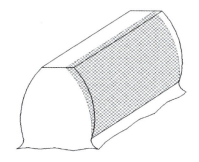

图 5-110　齿形鼓形修形示意图　　　图 5-111　齿形压力角修形示意图

5.4.4.2　基于正交优化法的齿轮修形优化

从已有的研究来看,齿轮微观修形参数的确定并没有统一的规定,经验公式计算较为快捷但是具有一定的局限性,其考虑的情况不足且无法针对特定的齿轮进行有效的修形,不能将齿轮传动系统多变的工况考虑在内,因此有必要制定充分考虑待优化变速器的特点且在不同工况下均有较好效果的齿轮修形方案。本研究采用正交优化排序法,针对纯电动汽车两挡变速器的特性及其实际运行工况展开修形,利用其能够准确、便捷、高效地确定出各因素对评价指标的主次效应顺序及影响程度并得到最优组合的优势,达到在不同工况下针对变速器的特点进行多目标优化的目的。

在介绍正交优化排序法的齿轮修形前,需要了解修形参数对传递误差及齿面载荷的影响规律。

1. 修形参数对传递误差及齿面载荷的影响规律研究

本节通过对变速器的齿向鼓形修形量 C_β、齿向螺旋角修形量 $f_{H\beta}$、齿形鼓形修形量 C_a 和齿形压力角修形量 $f_{H\alpha}$ 这四项齿轮微观修形参数进行调整,以 1 挡挡位齿轮为例,分析变速器在各种工况下微观修形参数对传递误差和齿面载荷的单因素影响。为了尽可能模拟变速器的实际运行情况,在动力输入端施加最大扭矩的 20%～100%,以便正交优化优选出较好的参数水平。

齿形鼓形修形量 C_a 的变化水平设定为 0 μm、2 μm、4 μm、6 μm、8 μm,其他修形量设置为 0,分别记录不同齿形鼓形修形量在 20%～100% 扭矩下的传递误差与齿面单位长度载荷数据并统计,得到的分析结果如图 5-112 和图 5-113 所示。由图 5-112 可知,齿形鼓形修形量在 2 μm 和 4 μm 时传递误差相对较小,随着输入扭矩的增大,传递误差也保持增长的趋势。由图 5-113 可知,齿面单位长度载荷总体上随着齿形鼓形修形量的增大而增大,且随着输入扭矩的加大,齿面单位长度载荷也在增大。综合图 5-112 和图 5-113,选取齿形鼓形修形量 2 μm 和 4 μm 作为正交优化的待选水平量。

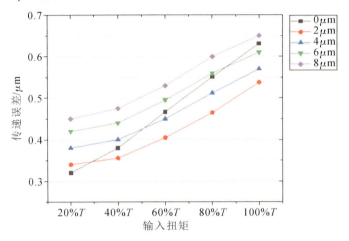

图 5-112　齿形鼓形修形量与传递误差的关系

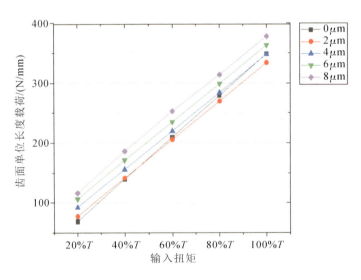

图 5-113　齿形鼓形修形量与齿面单位长度载荷的关系

齿形压力角修形量 $f_{H\alpha}$ 的变化水平设定为 0 μm、2 μm、4 μm、6 μm、8 μm,其他修形量设置为 0,分别记录不同压力角修形量在 20%～100%扭矩下的传递误差与齿面单位长度载荷数据并统计,得到的分析结果如图 5-114 和图 5-115 所示。由图 5-114 可知,齿形压力角修形量在 0 μm 和 2 μm 时传递误差相对较小,随着输入扭矩的增大,传递误差也保持增长的趋势。由图 5-115 可知,齿面单位长度载荷随着齿形压力角修形量的增大而增大,且随着输入扭矩的加大,齿面单位长度载荷也在增大。综合图 5-114 和图 5-115,选取齿形压力角修形量 0 μm 和 2 μm 作为正交优化的待选水平量。

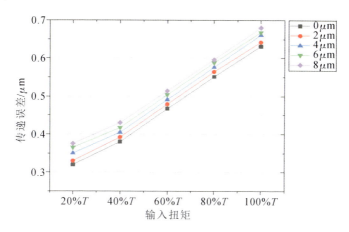

图 5-114 齿形压力角修形量与传递误差的关系

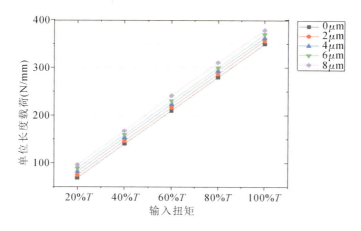

图 5-115 齿形压力角修形量与齿面单位长度载荷的关系

2. 基于正交优化法的齿轮微观修形

对于某些多因素多水平多指标的寻优计算来说,对全部组合进行试验要耗费大量的人力与物力,所投入的时间和成本极大,因此为了在达到试验效果的同时尽可能减少试验的次数,节省算力,有必要采用科学的计算方法。正交试验是一种以少量有针对性的试验对象展开试验分析,从而了解整体情况的试验方法。1951年统计学家田口玄一设计出了正交表,正交表以其分散性和整齐可比性成为正交试验的重要手段。通过对正交表的研究,可以准确、便捷、高效地得出各因素对评价指标的主次影响顺序及程度,从而得到最优组合,为后续优化研究提供方向和依据。齿轮修形参数优化具有多因素多水平多目标的特点,因此可以利用正交优化法对齿轮修形参数进行优化。

传统正交试验表只能针对单一评价指标进行优化,且各种评价指标由于量纲和数量级的不一致不能展开全局考虑。针对上述不足,我们结合齿轮修形优化的需求对传统正交试验法进行了改良,采用多指标正交试验综合评分(排序评分)法对1挡齿轮的四个修形参数、两个修形水平、两个评价指标进行综合分析,以期获得各种修形参数对传递误差和齿面载荷的影响规律并求得待选优化水平的最优修形参数组合,为之后进一步的齿轮修形提供相关依据和方向。

正交试验中,将影响试验评价指标的变量称为因素,因素所处的状态称为水平,在试验中某种因素需要设定几种状态,该因素便称为几水平的因素。本正交试验设计因素为齿形鼓形修形量 W_1、齿向鼓形修形量 W_2、齿形压力角修形量 W_3、齿向螺旋角修形量 W_4 四个修形参数,每个因素具有的水平量基于前述的单因素影响分析得到。本正交试验的因素及水平如表5-30所示,评价指标综合考虑传递误差和齿面载荷,采用综合评分法进行优化试验。

表5-30 因素及水平设置表 (单位:μm)

水平	因素			
	W_1	W_2	W_3	W_4
1	2	2	0	0
2	4	4	2	2

为了使齿轮的修形方案更加贴合变速器实际运行时的情况,有必要对试验设定不同的工况。但实际上一组齿轮副的修形量通常只能实现某一特定工况

下的优化,不能实现对所有的工况都有理想的优化效果,因此在设置试验所基于的工况时,要基于实际情况重点关注齿轮修形所关心的工况。为了能照顾到更多的工况且修形有所侧重,引入了工况权重设置。如图 5-116 所示,综合考虑纯电动汽车电动机的高效区、变速器的常用工况以及齿轮啸叫更多发生在低转矩时的特点,对试验所基于的工况权重进行设置,如表 5-31 所示。

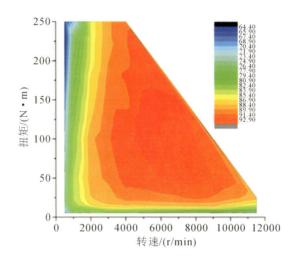

图 5-116　纯电动汽车两挡变速器电动机效率区间

表 5-31　试验工况权重设置

工况	20%T	40%T	60%T	80%T	100%T
权重/(%)	15	25	30	20	10

正交试验表通过各自的符号概括显示试验信息,如 $L_9(3^4)$,"L"表示正交表,"9"表示需要进行 9 次试验,"3"表示每个因素包括 3 个水平,"4"表示试验有 4 个因素。如果展开所有试验,则要进行 $3^4=81$ 次试验,而使用正交试验方法,只进行 9 次试验,极大地提高了试验效率。本正交试验构建 $L_8(2^7)$ 正交表,以 1 挡齿轮副修形为例,在多体动力学仿真软件中设定变速器的工况为变速器处于 1 挡时最大输入扭矩的 20%、40%、60%、80%、100%,转速为 5000 r/min,齿面修形的上、下评估极限分别取 10% 和 90%,将得到的结果在表 5-31 所示的工况权重下进行处理,并整理记录最后的计算结果。

5.4.5 变速器振动噪声仿真及试验分析

5.4.5.1 齿轮修形方案对变速器振动的影响分析

变速器齿轮传动系统在齿轮传递误差和动态啮合刚度等激励的共同影响下会对齿轮、轴以及其上的轴承产生一定的激励,该激励会传递到与轴承相连的壳体上并产生相应的振动,向外界辐射噪声。因此,在对齿轮传递误差和载荷分布充分研究的基础上,对变速器振动和噪声的具体表现也应予以充分的关注,以便更直观地得出齿轮修形对振动噪声的影响情况,评价齿轮修形的实际效果。

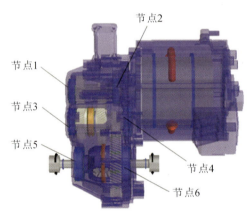

图 5-117 变速器壳体有限元节点示意图

1. 变速器壳体节点振动响应分析

将前文分析得到的传递误差运用于当前功率流中,并进行动力参数设置,以输入轴转速为基准对如图 5-117 所示的变速器壳体的 6 个有限元轴承节点的振动响应进行分析计算。

图 5-118 所示为齿轮修形前后壳体不同节点处的振动响应,可以看出,通过齿轮的微观修形,变速器壳体不同轴承节点处的振动加速度在大部分转速下均有明显降低。输入轴后轴承处的壳体节点 1 处 y 方向振动加速度降幅较大,在大部分转速区间降幅达到 60% 左右,输入轴转速在 7000 r/min 左右降幅最为明显;x 方向振动加速度在大部分转速区间降幅达 50%左右。其他壳体节点处的振动加速度也有不同程度的减小,验证了齿轮修形方案对变速器振动情况的改善效果。

2. 变速器壳体表面振动响应分析

通过分析齿轮修形前后壳体表面的振动响应情况可以更直观清晰地对齿轮修形效果进行评判。另外,对壳体的有限元模型进行强迫振动,得到其振动响应效果,以此作为辐射噪声仿真的边界条件,并作为后续声学仿真的相关基础。同时变速器壳体表面不同位置处的振动情况对壳体结构的优化也有一定的参考价值。

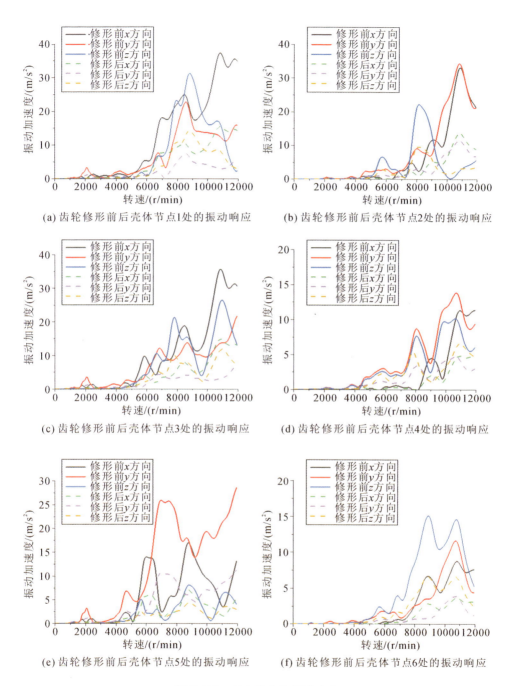

图 5-118 各个节点的振动响应

以变速器齿轮传动系统输入轴前后两个轴承、中间轴前后两个轴承以及差速器前后两个轴承的激励为输入，对变速器壳体表面进行振动响应分析。在有限元前处理软件中定义变速器壳体材料属性，对变速器与电动机连接处和变速器的悬置点添加六自由度约束，如图 5-119 所示。将处理后的模型导入声学仿真软件中，并将多体动力学软件中输出的轴承节点处的 x、y、z 三个方向上的激振力加载到轴承座 Spider 中心节点上，如图 5-120 所示。施加载荷后，变速器壳体会进行强迫振动。

图 5-119　壳体有限元模型

图 5-120　轴承座 Spider 单元

变速器齿轮啮合频率下输出的激励是产生振动的重要激励源，同时，如果齿轮啮合频率与变速器壳体的固有频率相近，将出现共振现象，引起变速器壳体的某些部分出现剧烈的共振，并产生较大的噪声。因此有必要对变速器啮合频率下的壳体表面振动加速度进行具体分析。

变速器齿轮啮合频率 f 的求解方法为

$$f = n \times z \tag{5.26}$$

式中：f 为齿轮啮合频率；n 为变速器输入轴转速；z 为齿轮副的啮合阶次。

啮合阶次 z 定义为变速器输入轴每转一圈参与啮合的齿的个数。

图 5-121 所示为变速器传动路线示意图，图中 n_1 和 n_2 分别表示输入轴和中间轴的转速，z_1 和 z_2 分别表示 1 挡齿轮副的主动齿轮和从动齿轮的齿数，z_3 和 z_4 分别表示 2 挡齿轮副的主动齿轮和从动齿轮的齿数，z_5 和 z_6 分别表示主减齿轮副的主动齿轮和从动齿轮的齿数。

当变速器处于 1 挡时，所在 1 挡挡位齿轮啮合频率：

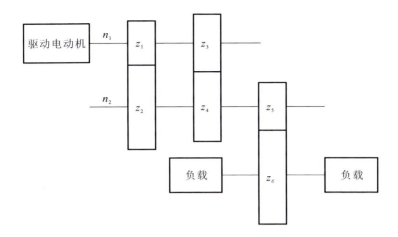

图 5-121 变速器传动路线示意图

$$f_1 = n_1 \times z_1 \tag{5.27}$$

主减齿轮啮合频率：

$$f_2 = n_2 \times z_5 = n_1 \frac{z_1}{z_2} \times z_5 \tag{5.28}$$

当变速器处于 2 挡时，所在 2 挡挡位齿轮啮合频率：

$$f_3 = n_1 \times z_3 \tag{5.29}$$

主减齿轮啮合频率：

$$f_4 = n_2 \times z_5 = n_1 \frac{z_3}{z_4} \times z_5 \tag{5.30}$$

图 5-122 所示为齿轮修形前齿轮啮合频率下变速器壳体表面的振动加速度情况，图 5-123 所示为齿轮修形后齿轮啮合频率下变速器壳体表面的振动加速度情况。对比可以看出，通过齿轮修形，变速器壳体表面不同位置处的振动加速度均有不同程度的减小，该修形方案达到了减小变速器振动的效果。图中深红色区域为变速器壳体振动薄弱区，后期优化时可以通过对这些部位做加强筋处理来改善变速器的振动情况。

5.4.5.2 齿轮修形方案对变速器噪声的影响分析

为进一步研究齿轮修形方案对变速器噪声的改善情况，我们使用声学仿真软件建立相关仿真模型并进行相应的分析。声学仿真计算的研究路线如下：

(1) 将壳体有限元网格及相关振动响应数据导入声学仿真软件中。

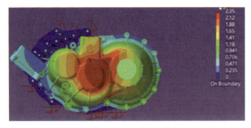 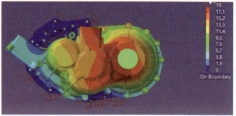

(a) 1挡583 Hz啮合频率　　　　　　　　(b) 1挡1583 Hz啮合频率

图 5-122　齿轮修形前齿轮啮合频率下变速器壳体表面的振动加速度情况

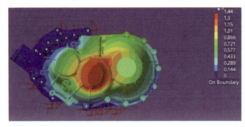 

(a) 1挡583 Hz啮合频率　　　　　　　　(b) 1挡1583 Hz啮合频率

图 5-123　齿轮修形后齿轮啮合频率下变速器壳体表面的振动加速度情况

（2）修补壳体有限元网格，将轴承孔等位置补上，形成密封面网格，如图 5-124 所示。

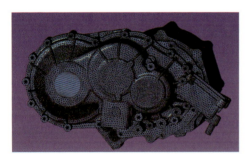 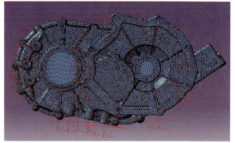

图 5-124　变速器壳体密封面网格

（3）在有限元模型仿真计算时，一般认为空气流体的最短波长中存在 6 个网格单元，网格的单元长度 L 需满足：

$$L \leqslant \frac{c}{6f_{\max}} \tag{5.31}$$

式中：c 为声音在空气介质中传播的速度；f_{max} 为最高计算频率。

定义声音在空气中的传播速度为 340 m/s，最高频率为 3000 Hz，则网格单元的长度不应大于 0.0189 m，权衡计算的工作量和精确度要求，定义网格单元长度为 10 mm。构建凸面包络网格，如图 5-125 所示，建立声学网格填充，如图 5-126 所示。

图 5-125　凸面包络网格　　　　　图 5-126　声学网格

（4）对流体属性进行设定，定义声速为 340 m/s，空气密度为 1.225 kg/m³，参考声压为 2×10^{-5} Pa。

（5）为了便于观察不同场点位置处的声压响应情况，参考汽车行业标准 QC/T 1022—2015《纯电动乘用车用减速器总成技术条件》中的噪声测试规范，建立正方体声场，并在距离壳体 1 m 处设置仿真分析的前、后、上、下、左、右 6 个测点，测点位置如图 5-127 所示。

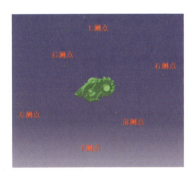 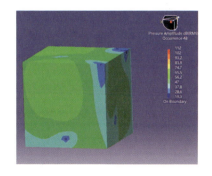

图 5-127　噪声测点位置示意图　　　　图 5-128　壳体表面辐射噪声云图

（6）对变速器壳体结构网格和声学网格进行数据映射定义，完成数据转移。

（7）声学响应求解，图 5-128 所示为 1500 Hz 下的壳体表面辐射噪声云图。对 6 个测点位置的噪声数据进行计算，得到如图 5-129 和图 5-130 所示的齿轮修形前后 1 挡和 2 挡额定工况下的变速器壳体辐射噪声频响曲线。

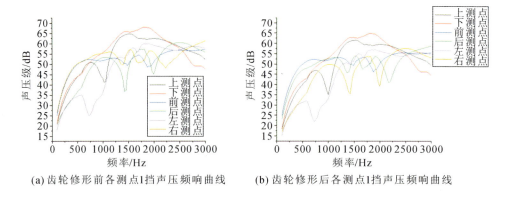

(a) 齿轮修形前各测点1挡声压频响曲线　　(b) 齿轮修形后各测点1挡声压频响曲线

图 5-129　齿轮修形前后 1 挡额定工况下的变速器壳体辐射噪声频响曲线

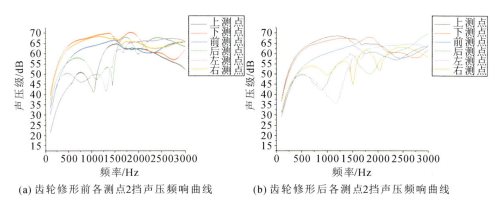

(a) 齿轮修形前各测点2挡声压频响曲线　　(b) 齿轮修形后各测点2挡声压频响曲线

图 5-130　齿轮修形前后 2 挡额定工况下的变速器壳体辐射噪声频响曲线

纯电动汽车变速器在汽车行业标准 QC/T 1022—2015《纯电动乘用车用减速器总成技术条件》中的噪声要求是不大于 83 dB，通过计算，6 个测点的噪声均满足要求，且变速器在各测点处的辐射噪声通过齿轮修形均有明显降低。

图 5-131 和图 5-132 所示为齿轮修形前后噪声的声压级均方根（RMS）值统计结果。经过齿轮修形，变速器处于 1 挡时其 6 个测点处的声压级平均降低了 3.04 dB，其中前测点最大降低了 3.7 dB。经过齿轮修形，变速器处于 2 挡时其 6 个测点处的声压级平均降低了 2.64 dB，其中右测点最大降低了 3.34 dB。这进一步说明了齿轮修形对变速器振动噪声的改善作用。

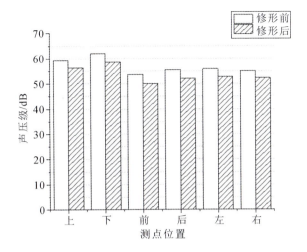

图 5-131　齿轮修形前后 1 挡噪声变化

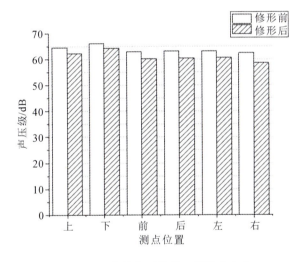

图 5-132　齿轮修形前后 2 挡噪声变化

5.4.5.3　变速器台架试验分析

依照相关试验标准,对两挡自动变速器开展台架振动试验,测定工况为变速器的多个运行工况。下面对变速器后壳输入轴轴承座中心处的振动加速度进行测量,通过后续分析得到该点的振动加速度频响曲线,并与仿真结果对比,为变速器 NVH 性能的优化做准备。

1. 测试设备

振动试验采用比利时 LMS 公司的数据采集前端和测试软件 LMS Test.Lab,

数据采集前端和振动信号采集过程的界面如图 5-133 和图 5-134 所示,振动传感器采用上海北智三向加速度传感器,如图 5-135 所示。

图 5-133　LMS 数据采集前端　　　　　图 5-134　信号采集过程界面

图 5-135　三向加速度传感器

2. 台架布置

变速器台架振动试验在动力总成综合性能试验台上进行,试验台架包括:为变速器提供转速的驱动电动机、为变速器提供扭矩的加载电动机、被测变速器、升速箱等设备。变速器台架振动试验示意图如图 5-136 所示。

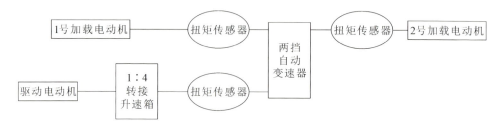

图 5-136　变速器台架振动试验示意图

3. 台架试验中振动测点布置

电动汽车两挡自动变速器试验台架上测点位置及参考坐标系如图 5-137 所示。变速器台架试验共布置了 3 个振动加速度传感器，分别位于输入轴后壳轴承座中心、输出轴后壳轴承座中心、差速器后壳轴承座左端，它们分别对变速器后壳三个轴承座处的振动响应进行测量。

图 5-137 变速器测点位置及参考坐标系

表 5-32、表 5-33、表 5-34 所示分别为测点 1、测点 3、测点 5 处的台架振动加速度测试结果。对比齿轮修形前与修形后变速器壳体测点位置的振动加速度，可以看出经过齿轮修形优化后各工况下的振动加速度均有较为显著的下降，说明齿轮修形方案对降低变速器振动效果显著。对比仿真和试验结果，振动加速度变化趋势是相同的，1 挡仿真结果相比试验结果略小，2 挡仿真结果吻合性较好。

表 5-32 变速器壳体测点 1 处振动加速度

挡位	工况	x 方向修形前/(m/s^2)	x 方向修形后/(m/s^2)	y 方向修形前/(m/s^2)	y 方向修形后/(m/s^2)	z 方向修形前/(m/s^2)	z 方向修形后/(m/s^2)
1 挡	4000 r/min 150 N·m	2.21	1.33	1.86	1.05	1.24	0.64
	4000 r/min 175 N·m	2.29	1.35	2.12	1.19	1.57	0.75
	5000 r/min 150 N·m	4.13	2.36	2.93	1.60	1.67	0.95
	5000 r/min 175 N·m	4.49	2.57	3.12	1.55	1.74	0.96
2 挡	4000 r/min 84 N·m	3.76	2.04	2.13	1.21	1.26	0.70
	4000 r/min 98 N·m	4.12	2.16	2.24	1.34	1.33	0.76
	5000 r/min 84 N·m	5.95	3.22	3.18	1.71	3.16	1.74
	5000 r/min 98 N·m	6.89	3.71	3.51	1.87	3.26	1.88

表 5-33　变速器壳体测点 3 处振动加速度

挡位	工况	x 方向修形前/ (m/s^2)	x 方向修形后/ (m/s^2)	y 方向修形前/ (m/s^2)	y 方向修形后/ (m/s^2)	z 方向修形前/ (m/s^2)	z 方向修形后/ (m/s^2)
1 挡	4000 r/min 150 N·m	3.07	1.62	4.43	2.11	2.84	1.46
	4000 r/min 175 N·m	3.51	1.83	4.85	2.34	2.95	1.58
	5000 r/min 150 N·m	5.95	3.05	8.17	4.49	4.93	2.57
	5000 r/min 175 N·m	6.29	3.17	9.67	4.99	5.25	2.65
2 挡	4000 r/min 84 N·m	4.33	2.31	4.53	2.55	3.29	1.70
	4000 r/min 98 N·m	4.58	2.44	4.81	2.69	3.51	1.79
	5000 r/min 84 N·m	8.95	4.29	10.61	6.30	7.32	3.91
	5000 r/min 98 N·m	9.71	5.00	11.45	6.65	9.61	5.20

表 5-34　变速器壳体测点 5 处振动加速度

挡位	工况	x 方向修形前/ (m/s^2)	x 方向修形后/ (m/s^2)	y 方向修形前/ (m/s^2)	y 方向修形后/ (m/s^2)	z 方向修形前/ (m/s^2)	z 方向修形后/ (m/s^2)
1 挡	4000 r/min 150 N·m	1.63	0.80	2.21	1.15	2.81	1.53
	4000 r/min 175 N·m	1.71	0.86	2.43	1.26	2.95	1.57
	5000 r/min 150 N·m	2.45	1.34	3.05	1.60	4.08	2.12
	5000 r/min 175 N·m	2.51	1.37	3.17	1.63	4.17	2.16
2 挡	4000 r/min 84 N·m	2.75	1.50	2.31	1.25	3.29	1.77
	4000 r/min 98 N·m	2.81	1.52	2.45	1.33	3.46	1.88
	5000 r/min 84 N·m	3.39	1.78	3.31	1.74	5.57	2.8
	5000 r/min 98 N·m	3.54	1.76	3.45	1.81	5.70	2.92

5.4.5.4 小结

基于前文确定的修形方案,对变速器齿轮修形前后的振动噪声进行了仿真,并利用齿轮优选后装配的变速器做了相关试验来进行对比分析及验证。

对壳体轴承节点处的振动响应及啮合频率下的壳体表面振动加速度云图展开了仿真分析,结果显示齿轮修形后各轴承节点处的振动加速度在大部分转速下均比修形前有显著减小,且壳体表面振动加速度在不同位置处均有不同程度的减小,充分说明了齿轮修形方案对变速器振动情况的改善效果。后期可以根据壳体表面振动加速度云图对壳体振动薄弱区进行优化。

利用声学仿真软件建立变速器壳体的声学仿真模型并计算其辐射噪声,进一步研究齿轮修形方案对变速器噪声的改善情况。由齿轮修形前后各测点声压频响曲线以及声压级均方根值的对比可以看出,通过齿轮修形,各测点处的噪声均有不同程度的减小,充分说明了齿轮修形方案对变速器噪声情况的改善效果。

在试验台架上测量修形后优选齿轮各测点处的振动加速度,与仿真值对比,两者的一致性较好。同时通过对比齿轮修形后与修形前变速器不同测点处的振动加速度,可以看出齿轮修形方案对变速器振动情况的改善较为显著。

5.4.6 变速器壳体辐射噪声预测与优化

当今计算机技术发展较快,声学边界元法比较成熟,应用也较多。其相关原理在前面已经进行了介绍。本节首先将 1 挡 5000 r/min、175 N·m 工况下的轴承激励与有限元模型轴承中心点进行连接,对壳体的振动加速度进行计算,并将计算结果作为下一步辐射噪声求解的边界条件。然后在完成变速器辐射噪声计算后,对变速器壳体进行声学传递向量计算和模态声学贡献量计算,将计算结果作为下一步板面划分的依据,通过板面声学贡献量计算,准确定位壳体声学贡献量较大(需要降噪加筋)的具体部位,制定优化方案,并说明改进后的壳体对变速器的振动噪声特性的改善效果。

5.4.6.1 变速器壳体强迫振动仿真分析

在进行两挡机械式自动变速器声学仿真之前,首先需要将在 Hypermesh 有限元软件中建立的有限元模型导入 LMS Virtual.Lab 中进行求解,得到各频率下变速器壳体的振动加速度云图,并将计算结果代入下一步的声学计算中,进行辐射噪声的求解。

将 LMS Virtual.Lab 转换到 Acoustic Harmonic BEM 模块下,在此模块下,对壳体有限元模型施加约束。根据变速器实际工作中的状态,对壳体固定连接处进行全约束,如图 5-138 所示。使用 Structures 的 Mesh Coarsening 模块进行网格粗化,然后使用 Skin Mesher 提取结构单元面网格,面网格节点有 48339 个,单元数为 96818 个,单元类型为 TRIA3。

在变速器壳体 6 个轴承处设置 beam 单元,进行激励的传递。如图 5-139 所示,选取 beam 单元的中心节点作为轴承力的施加作用点,将在多体动力学仿真软件中计算得到的 6 个轴承处 X、Y、Z 3 个方向的振动信号以幅值和相位的形式加载到轴承中心节点处。轴承激励工况为 1 挡工况,电动机输入转速为 5000 r/min,输入扭矩为 175 N·m,以输入轴为例,图 5-140 和图 5-141 所示为将左轴承频域激励加载到相应位置处的界面。

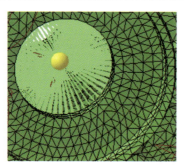

图 5-138 壳体全自由度约束模型

图 5-139 变速器轴承座处的 beam 单元

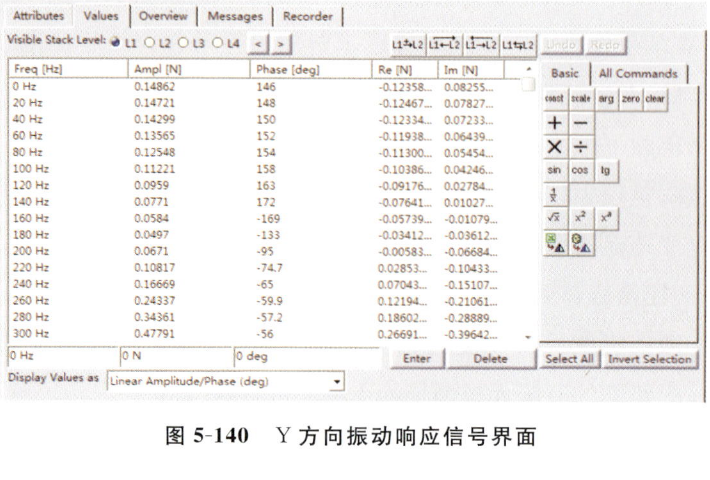

图 5-140 Y 方向振动响应信号界面

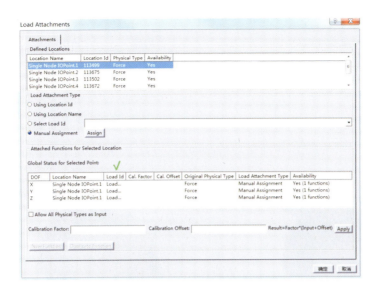

图 5-141　轴承激励与节点连接界面

将每个轴承座处 3 个方向的轴承力与作用点连接成功后,对变速器壳体进行强迫振动分析,分析的频率设定为 100～4000 Hz,求解变速器壳体在挡位齿轮啮合频率及其倍频下壳体表面的振动加速度云图。齿轮啮合频率为齿轮的转速与齿数的乘积,1 挡工况下,挡位齿轮啮合频率如式(5.32)和式(5.33)所示。

1 挡工况下,所在挡位齿轮啮合频率为

$$f_1 = n_1 \times z_1/60 \tag{5.32}$$

1 挡工况下,主减齿轮啮合频率为

$$f_2 = n_2 \times z_3 = n_1 \frac{z_1}{z_2} \times z_3 \tag{5.33}$$

其中:n_1、n_2 分别为 1 挡输入轴转速和 1 挡输出轴转速;z_1、z_2、z_3 分别为 1 挡主动齿轮齿数、1 挡从动齿轮齿数、主减主动齿轮齿数。计算得到 1 挡工况下挡位齿轮啮合频率为 1583 Hz,主减常啮合齿轮啮合频率为 583 Hz。如表 5-35 所示,计算过程中重点关注了 1 挡 175 N·m、5000 r/min 工况下 4000 Hz 以内的齿轮啮合频率及其倍频。

表 5-35　1 挡工况下 4000 Hz 内的齿轮啮合频率及其倍频

倍频	1 挡主减一倍频	1 挡主减二倍频	1 挡齿轮一倍频	1 挡主减三倍频	1 挡齿轮二倍频
频率/Hz	583	1166	1583	1749	3166

对变速器壳体进行振动响应求解，为后续噪声预测做准备，其中 1 挡工况齿轮啮合频率下的壳体表面振动情况如图 5-142 所示。

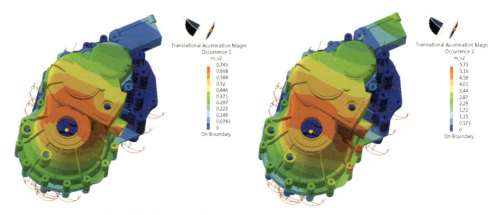

(a) 583 Hz 处壳体振动响应云图　　(b) 1583 Hz 处壳体振动响应云图

图 5-142　啮合频率下的壳体响应云图

5.4.6.2　变速器壳体辐射噪声与声学传递向量计算

变速器壳体辐射噪声研究包括建立声学边界元模型和矩形声场，判断模型的建立及计算是否合理，分析辐射噪声和声学传递向量。

1. 声学边界元模型的建立

对两挡自动变速器辐射噪声进行计算前有两个事项需要完成：一是对壳体全约束模型轴承处施加动态频域力，进行振动加速度求解，另外一个是搭建声学边界元模型。

假设最小波长内有 6 个网格单元，声音在空气中的传播速度设为 c，计算中最高的计算频率为 $f_{\max}$，则网格单元长度 L 需满足：

$$L \leqslant \frac{c}{6f_{\max}} \tag{5.34}$$

空气中声速为 340 m/s，最高计算频率为 4000 Hz，由式(5.34)计算得网格单元最大长度为 9.838 mm,同时考虑到计算时间与边界元网格的网格质量,取网格单元尺寸为 8.095 mm,最终的声学边界元网格如图 5-143 所示。定义流体材料、属性,并对材料赋予属性,参考声压设定值为 2×10^{-5} Pa。

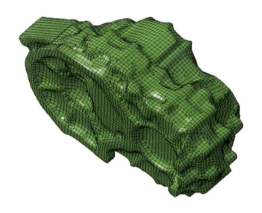

图 5-143　声学边界元网格

2. 矩形声场模型的建立

为了从各个方向上都能对变速器的辐射噪声进行考量,声场模型为距离模型中心 1 m 的矩形声场模型,其中前场点在正前方方向,与壳体中心在同一高度上。使用 Virtual.Lab 的 Spherical Field Point Mesh 功能,找到模型中心坐标为(-21.727,108.995,86.781),进而计算得到声场坐标如图 5-144 所示。场点位置模拟的是声学传感器的位置,这里采用声压 A 计权法表示人耳对声音的反应。建立好的声场模型如图 5-145 所示。

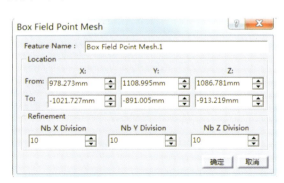

图 5-144　矩形声场坐标

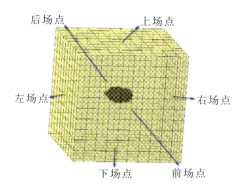

图 5-145　声场模型

3. 数据映射

数据映射是对前面模型建立与计算是否合理的一个侧面反映，在声场求解中较为关键，主要是把结构网格上的信息传递到声学网格上。根据经验在这个过程选择的起作用的节点数应不小于 4，如图 5-146 所示，这里我们选择的起作用的节点数为 8，相应的最大距离为 26.906 mm，声学模型中总节点数为 10598，和映射过程中参与的总节点数一致，因此声场模型中的所有节点都参与了映射。

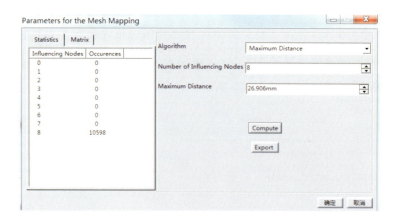

图 5-146　映射参数选择

图 5-147 所示为啮合频率下的振动加速度映射云图，相对于壳体结构网格上的表面振动响应，映射到壳体声学边界元网格上的振动加速度的最大值都略微减小。例如，在 583 Hz 时结构网格上的振动响应映射到声学边界元模型上，

壳体表面的最大振动加速度由 0.743 m/s² 降到了 0.684 m/s²；在 1583 Hz 时，壳体表面最大振动加速度由 5.73 m/s² 降到了 5.63 m/s²。

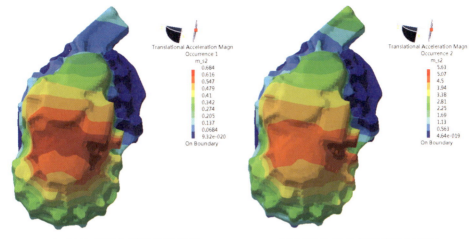

(a) 583 Hz振动加速度映射云图　　(b) 1583 Hz振动加速度映射云图

图 5-147　啮合频率下振动加速度映射云图

4. 辐射噪声分析及场点声学结果

齿轮啮合频率下的声场声压级云图如图 5-148 所示。

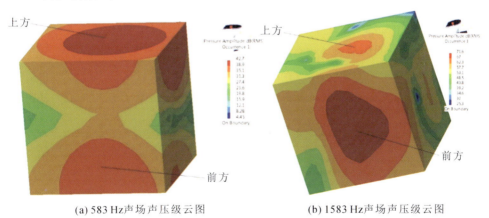

(a) 583 Hz声场声压级云图　　(b) 1583 Hz声场声压级云图

图 5-148　啮合频率下声场声压级云图

对齿轮啮合频率及其二倍频和三倍频下的声压级云图进行求解。云图结果中，声压级较大的区域多分布在 6 个场点附近，提取声场 6 个面中心节点处的声压级并求各场点处的声压级均值，结果如图 5-149 所示。由图可以看出，在啮合频率下前场点处声压级的平均值最大,因此取前场点为辐射噪声优化的目标场点。

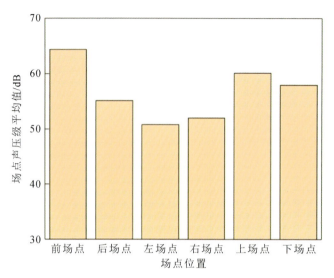

图 5-149 各场点位置处场点声压级平均值

5. 声学传递向量分析

把声源物体表面划分成多个单元,在外力扰动比较小的情况下,声场中某位置的声压与声源物体法线上的振动速度具有一次关系,这样声场中任意位置 r 处在频率 ω 下的声压为

$$p(r,\omega) = \{ATV(r,\omega)\}^T \{v_n(\omega)\} \tag{5.35}$$

式中:$\{ATV(r,\omega)\}$ 为声学传递向量;$\{v_n(\omega)\}$ 为结构表面法线方向上的振动速度。

在计算完变速器的辐射噪声后,可以得到变速器在 1 挡的挡位齿轮啮合频率 1583 Hz 下前场点对应的声学传递向量云图,如图 5-150 所示。可以看出,在 1 挡负载工况下,变速器后壳的声学传递向量明显大于前壳,因此初步将变速器后壳作为变速器前场点降噪优化的目标区域。

5.4.6.3 声学贡献量仿真分析

1. 模态声学贡献量

物体存在多阶模态,通过模态振型的线性叠加可以得到系统在频域上的位移响应为

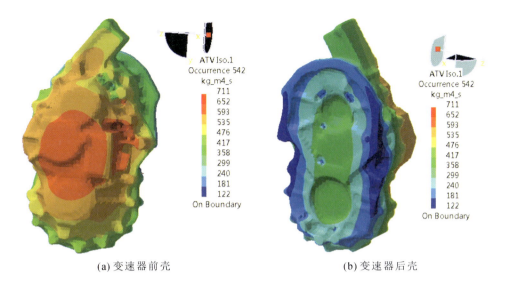

(a) 变速器前壳　　　　　　　　(b) 变速器后壳

图 5-150　1583 Hz 下前场点对应的声学传递向量云图

$$\{x(\omega)\} = \sum_{j=1}^{n} q_j(\omega) \{\varphi\}_j \tag{5.36}$$

式中：j 为模态阶数；n 为模态总的阶数；$\{\varphi\}_j$ 为第 j 阶模态振型；$q_j(\omega) = \dfrac{\{\varphi\}_j^T \{f(\omega)\}}{a_j(i\omega - \lambda_j)}$ 表示模态在位移响应计算中的贡献程度，其中 λ_j 为特征值，$\{f(\omega)\}$ 为载荷向量，i 为虚数单位，a_j 为与多自由度系统特征有关的一个常数。

将系统在频域上的位移响应 $\{x(\omega)\}$ 投影到结构表面的法线方向并进行求导，可以得到结构法线方向上的振动速度为

$$\{v_n(\omega)\} = i\omega \sum_{j=1}^{N} Q_j(\omega) \{\varphi\}_{nj} \tag{5.37}$$

式中：$\{\varphi\}_{nj}$ 为各阶振型在结构表面法线方向上的分量；$Q_j(\omega)$ 为第 j 阶模态的模态参与因子；i 为虚部单位；N 为参与计算的模态阶数。

第 j 阶模态产生的声压用 $p_{sj}(r,\omega)$ 表示，声场中某位置的声压为

$$p(r,\omega) = \{ATV(r,\omega)\}^T i\omega \sum_{j=1}^{N} Q_j(\omega) \{\varphi\}_{nj} = \sum_{j=1}^{N} i\omega Q_j(\omega) \{ATV(r,\omega)\}^T \{\varphi\}_{nj}$$
$$= \sum_{j=1}^{N} p_{sj}(r,\omega) \tag{5.38}$$

各阶模态对声场中某一位置的声压都是有贡献的，贡献的总和就是该点处

的总声压。假设模态阶次为 j,则其声学贡献量表示为

$$D_{sj}(r,\omega) = \frac{|p_{sj}(r,\omega)|\cos(\theta_p - \theta_{pj})}{|p(r,\omega)|} \qquad (5.39)$$

式中:θ_p 和 θ_{pj} 分别为 $p(r,\omega)$ 和 $p_{sj}(r,\omega)$ 的相位。

2. 变速器壳体模态声学贡献量计算

在完成变速器壳体声学传递向量计算后,对变速器壳体模态进行模态声学贡献量计算,再通过贡献量的大小确定有效模态,通过有效模态的振型确定变速器壳体法向振动速度较大的区域。

声学贡献量为矢量,受相位影响,有的声学贡献量为正值,有的为负值。在1挡的挡位齿轮啮合频率1583 Hz下,针对声场前场点进行模态声学贡献量分析,在前41阶模态中计算得到对前场点声压贡献较大的模态,其声学贡献量占比如图 5-151 所示。

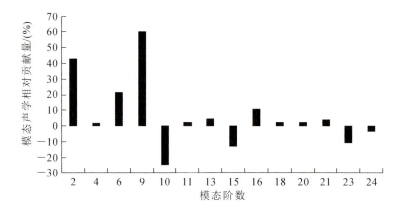

图 5-151　1挡的挡位齿轮啮合频率处各阶模态声学贡献量

从该图可以看出第9阶模态的贡献量最大,达到60.51%;声学贡献量较大的前4阶模态为第9、2、6、16阶模态,这4阶模态的振型云图如图 5-152 所示。

由模态振型云图可以看出,在变速器后壳上区域1(板面1)～区域4(板面4)有明显的振型。因此,经过声学传递向量和模态声学贡献量计算后,筛选结果为变速器后壳上的区域1～区域4。为了更为准确地确定声学贡献量较大的区域,需要进行板面声学贡献量计算。

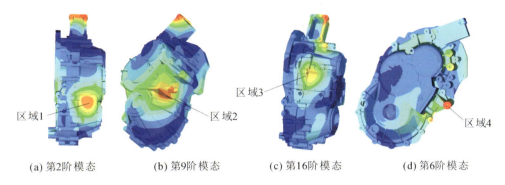

| (a) 第2阶模态 | (b) 第9阶模态 | (c) 第16阶模态 | (d) 第6阶模态 |

图 5-152　模态振型云图

3. 板面声学贡献量计算

根据声学计算理论,将 $\{\text{ATV}(r,\omega)\}$ 和 $\{\varphi\}_{nj}$ 展开,则式(5.38)可以转换为式(5.40)所示的形式。

$$\begin{aligned}
p(r,\omega) &= \sum_{j=1}^{N} i\omega Q_j(\omega) \sum_{k=1}^{m} \text{ATV}_k(r,\omega)\{\varphi\}_{njk} \\
&= \sum_{k=1}^{m} \sum_{j=1}^{N} i\omega Q_j(\omega) \text{ATV}_k(r,\omega)\{\varphi\}_{njk} \\
&= \sum_{k=1}^{m} \text{ATV}_k(r,\omega) v_{nk}(\omega) = \sum_{k=1}^{m} p_k(r,\omega)
\end{aligned} \quad (5.40)$$

式中:m 为节点的总数;k 为节点编号;j 为模态阶数;$\{\varphi\}_{njk}$ 表示法向模态位移。

假如研究物体由若干个板面构成,每个板面又包含若干个节点,当板面编号为 c,该板面节点数为 L 时,$p_c(r,\omega)$ 为该板面贡献的声压,则有

$$p_c(r,\omega) = \sum_{k=1}^{L} p_k(r,\omega) \quad (5.41)$$

板面 c 的板面声学贡献量 $D_c(r,\omega)$ 为

$$D_c(r,\omega) = \frac{|p_c(r,\omega)|\cos(\theta_p - \theta_c)}{|p(r,\omega)|} \quad (5.42)$$

通过板面声学贡献量计算可以分析出对总声压量起主要作用的板面,判断是正作用还是负作用。某个板面的声学贡献量的绝对值越大,说明该板面的振动对总声压量的影响越明显。

4. 变速器壳体板面声学贡献量计算

为了准确找到声学贡献量较大的区域(板面),如图 5-153 所示,在区域 1

(板面 1)～区域 4(板面 4)进行板面划分,为最大限度减少单元个数对分析结果的影响,使 4 个板面的单元数基本接近。1 挡的挡位齿轮啮合频率 1583 Hz 下的板面声学贡献量如图 5-154 所示。

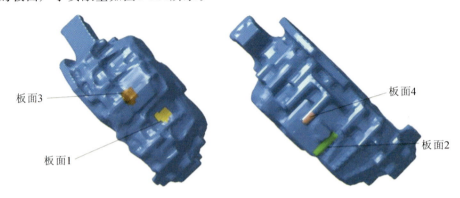

图 5-153 声学网格板面划分

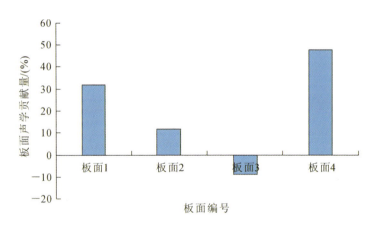

图 5-154 1583 Hz 下板面声学贡献量柱状图

1 挡的挡位齿轮啮合频率 1583 Hz 下,板面 4 的声学贡献量最大,板面 1 次之。综上所述,板面 1 和板面 4 是两挡变速器壳体声学贡献量较大的区域,也是壳体降噪优化筛选出的目标区域。

5.4.6.4 变速器降噪设计

变速器壳体表面振动噪声受很多因素影响,降低变速器壳体辐射噪声一般可以通过添加加强筋和粘贴阻尼材料来实现。添加加强筋通过增加局部刚度的方式使变速器壳体振动幅度下降。粘贴阻尼材料不用改变变速器壳体的结构,通过把振动的能量损耗成热能,从而实现壳体的降噪优化。该方法中壳体本身的振动频率未发生改变,壳体的散热作用可能会被削弱。鉴于所研究的两挡变速器无外循环冷却系统,故选择变速器壳体局部添加加强筋的方式优化变速器的振动噪声性能。

考虑到加强筋的添加区域、形状及添加个数等因素对变速器壳体结构刚度的影响,对目标区域使用一种局部添加弧形筋和肋筋的方案。弧形筋宽度为 3 mm,起止端高度差为 138 mm。肋筋宽度为 3 mm,高度为 76.5 mm。方案一为板面 1 处添加弧形筋,板面 4 处添加肋筋;方案二为仅板面 4 处添加一肋筋。优化方案示意图分别如图 5-155 和图 5-156 所示。

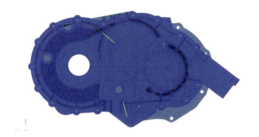

图 5-155　方案一加筋示意图

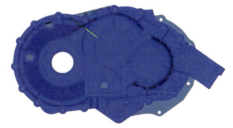

图 5-156　方案二加筋示意图

对优化方案的模型重新进行有限元网格划分,施加相同的边界条件和载荷,先完成自由模态的计算,然后完成强迫振动响应计算,最后建立和之前一致的距离变速器壳体 1 m 的矩形声场,完成辐射噪声的声学响应计算。现就优化前后的模态频率及振型、振动响应、声场声学响应三个方面的结果进行对比分析。

1. 模态频率及振型对比

图 5-157 和图 5-158 所示为变速器壳体优化前后前 22 阶(4000 Hz 以内)模态频率和频率变化值对比。其中方案一第 3、4、19、20 及 21 阶模态频率变化超过了 95 Hz,第 2、6、8、9、11、12、13、14、15、16、17、18 及 22 阶模态频率变化均未超过 35 Hz,其他阶的模态频率变化介于 38～85 Hz 之间。方案二频率变化值较小,第 13 阶和第 20 阶模态频率变化值超过了 90 Hz,第 1、2、11、16、17 阶模态频率变化未超过 30 Hz,其他阶的模态频率变化介于 35～80 Hz 之间。此外方案一第 1、8、12、15、18、19、20、21、22 阶的模态频率为下降状态,方案二中除第 10 阶和第 16 阶模

态频率为上升状态,其他阶模态频率均为下降状态。方案一和方案二中第 3 阶模态频率分别为 1724 Hz 和 1518 Hz,均有效避开了 1 挡的挡位齿轮啮合频率 1583 Hz。

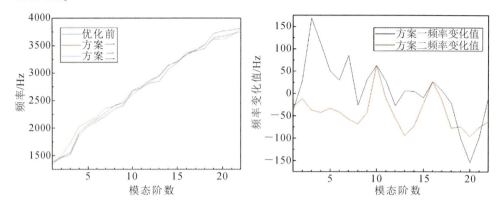

图 5-157　优化前后模态频率对比　　　图 5-158　优化前后频率变化值对比

图 5-159 和图 5-160 分别为方案一和方案二优化后前 4 阶的模态振型云图。与优化前的变速器壳体模态振型云图相比,部分阶次模态振型发生变化,其中声学贡献量较大的第 2 阶模态所引起的振动区域得以改善。

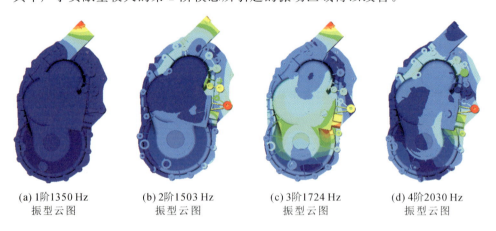

(a) 1阶1350 Hz 振型云图　　(b) 2阶1503 Hz 振型云图　　(c) 3阶1724 Hz 振型云图　　(d) 4阶2030 Hz 振型云图

图 5-159　用方案一优化后前 4 阶模态振型云图

2. 振动响应对比

如图 5-161 和图 5-162 所示,在挡位齿轮啮合频率 1583 Hz 下,经过方案一和方案二的优化后,壳体最大振动加速度由 5.72 m/s^2 分别下降到 3.42 m/s^2 和 2.44 m/s^2。在其他 4000 Hz 以内的啮合频率的倍频下,壳体的最大振动加速

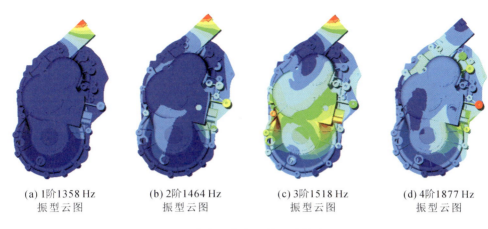

(a) 1阶1358 Hz 振型云图　(b) 2阶1464 Hz 振型云图　(c) 3阶1518 Hz 振型云图　(d) 4阶1877 Hz 振型云图

图 5-160　用方案二优化后前 4 阶模态振型云图

度也均有一定程度的下降。但与此同时发现在主减齿轮啮合频率下,振动加速度最大值有略微上升的趋势,振动加速度最大值由 0.743 m/s² 上升到了 0.953 m/s² 和 0.904 m/s²。总体上可以说明,方案一和方案二均对变速器壳体的振动有抑制作用。

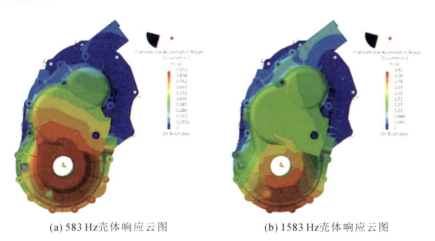

(a) 583 Hz壳体响应云图　　(b) 1583 Hz壳体响应云图

图 5-161　方案一壳体振动响应云图

3. 声场声学响应对比

对优化后的变速器壳体进行辐射声场计算,齿轮啮合频率下的声场云图如图 5-163 和图 5-164 所示。

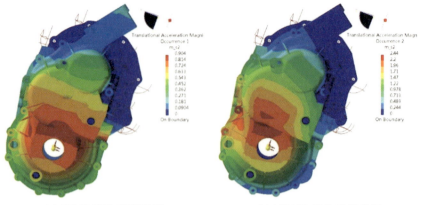

(a) 583 Hz壳体响应云图　　(b) 1583 Hz壳体响应云图

图 5-162　方案二壳体振动响应云图

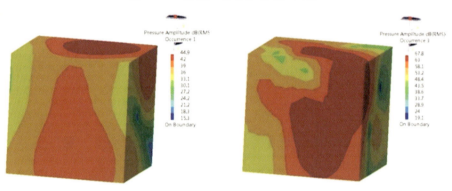

(a) 优化后583 Hz声场声压级云图　　(b) 优化后1583 Hz声场声压级云图

图 5-163　方案一优化后变速器辐射噪声云图

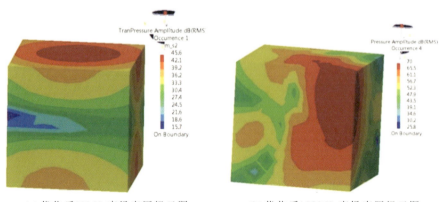

(a) 优化后583 Hz声场声压级云图　　(b) 优化后1583 Hz声场声压级云图

图 5-164　方案二优化后变速器辐射噪声云图

在 4000 Hz 以内的齿轮啮合频率及其倍频下,变速器辐射噪声表现均得到了一定程度的改善,在 1583 Hz 时,声场声压级最大值由 71.6 dB 分别下降到了 67.8 dB 和 70 dB。但是方案一和方案二在 583 Hz 时,最大声压级有增大趋势,说明在这个频率下方案一和方案二对变速器总的声学贡献量有所增加。

在 100~4000 Hz 内对优化前后 1 挡 5000 r/min 工况下噪声全频段的声压级 RMS 值进行求解,结果如图 5-165 所示。

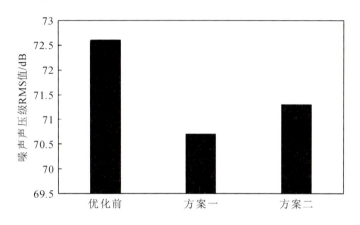

图 5-165 优化前后噪声对比

由图 5-165 可知,优化后变速器噪声的 RMS 值均有不同程度的减小,说明在 100~4000 Hz 全频段,优化方案对变速器总的声学贡献量是减小的。优化后噪声声压级 RMS 值最多下降了 2 dB 左右。

综合变速器壳体优化前后模态频率及振型、振动响应、矩形声场声学响应的对比分析可以得出:通过对变速器壳体局部添加弧形筋和肋筋的方式来对变速器壳体振动较为剧烈的区域进行抑制,在 100~4000 Hz 频段内,变速器壳体的辐射噪声得到了有效抑制。由此说明,优化方案是行之有效的。

加强筋在增加壳体刚度的同时也会增强声波传递过程中的反射,变速器壳体振动时,加强筋也会振动,从而成为噪声源,只有在合理的区域添加加强筋才能起到降低变速器辐射噪声的作用。方案一和方案二均有效,且方案一的优化效果好于方案二的,说明区域 1 和区域 4 具有较大的声学贡献量,在这两个区域添加加强筋后没有造成其他区域上声学贡献量的明显增加,区域 1 和区域 4 均为有效添加区域。

5.4.6.5 小结

本节通过对两挡自动变速器壳体有限元网格进行强迫振动响应计算,得到了壳体表面的振动响应信息,并以此作为壳体辐射噪声计算的边界条件。使用声学边界元的方法建立壳体声学边界元模型,将壳体结构网格上的振动信息往边界元网格模型上转移,并对100~4000 Hz内齿轮啮合频率下映射结果进行了简要分析。

基于壳体表面振动信息完成了壳体辐射噪声的计算,并对100~4000 Hz内齿轮啮合频率及其倍频下变速器矩形声场6个场点的声压级进行计算,结果表明变速器前场点处声压级较大。取前场点为辐射噪声优化的目标场点,使用声学传递向量和模态声学贡献量相结合的方法,准确定位了变速器后壳振动较为剧烈的区域。

优化方案确定后,对壳体优化前后的模态频率及振型、振动响应、声场声学响应进行了对比分析,结果表明,方案一对变速器辐射噪声的优化效果较好。

本章参考文献

[1] QIU Z,KAN Y,CHEN Y,et al. Analysis of the sideband current harmonics and vibro-acoustics in the PMSM with SVPWM[J]. IET Power Electronics,2019(6):1033-1040.

[2] 邱子桢,陈勇,刘海,等. 基于多物理场解析永磁同步电机边带噪声机理分析[C]//中国汽车工程学会. 中国汽车工程学会年会论文集,2019:48-54.

[3] 中国汽车技术研究中心. 纯电动乘用车用减速器总成技术条件:QC/T 1022—2015[S]. 北京:中国计划出版社,2016.

[4] LIANG W,WANG J,LUK P,et al. Analytical modeling of current harmonic components in PMSM drive with voltage-source inverter by SVPWM technique[J]. IEEE Transactions on Energy Conversion,2014,29(3):673-680.

[5] LIANG W,LUK P,FEI W. Analytical investigation of sideband electromagnetic vibration in integral-slot PMSM drive with SVPWM technique

[J]. IEEE Transactions on Power Electronics,2016(6):4785-4795.

[6] 张磊,温旭辉.车用永磁同步电机径向电磁振动特性[J].电机与控制学报,2012(5):33-39.

[7] 唐任远,宋志环,于慎波,等.变频器供电对永磁电机振动噪声源的影响研究[J].电机与控制学报,2010,14(3):12-17.

[8] LIU X,ZHU Z Q,HASEGAWA M,et al. Investigation of PWMs on vibration and noise in SRM with sinusoidal bipolar excitation[C]// IEEE International Symposium on Industrial Electronics. IEEE,2012:674-679.

[9] PARK C,KIM G D,YIM G T,et al. A validation study of the model test method for propeller cavitation noise prediction[J]. Ocean Engineering,2020,213:107655.

[10] 郭浪,卓文涛,张鑫.发动机冷却风扇气动噪声优化设计[J].汽车实用技术,2020(14):40-42.

[11] KALELI T,GÜR C H. Determination of surface residual stresses in carburised AISI 8620 steel by the magnetic Barkhausen noise method [J]. Insight- Non-Destructive Testing and Condition Monitoring,2020,6:416-421.

[12] 王宏伟,王晖,李静波.一种汽车滚动噪声测试系统及噪声测试方法[J].橡塑技术与装备,2019,45(11):62.

[13] 刘慧,胡建中,汤永旸.浅谈汽车变速器的振动与噪声测试[J].山东工业技术,2017,9:266.

[14] 刘令波,宋鲁涛.汽车暖通箱CFD仿真分析与噪声控制[C]//中国汽车工程学会.2016中国汽车工程学会年会论文集,2016:1146-1149.

[15] 张雅阁,崔金龙,刘科阳.一种基于测试设备的转向系统异响源定位方法[C]//河南省汽车工程学会.第十三届河南省汽车工程科技学术研讨会论文集,2016:421-423.

[16] 徐忠四,王经常,高立新,等.增程式电动车悬置系统优化及NVH性能测试[J].中北大学学报(自然科学版),2016,37(3):238-244.

[17] 王小龙,陆静,年猛.吸振器在汽车振动噪声控制中的应用和实验测试研

究[J]. 科学技术与工程,2015,15(8):233-237.

[18] 庄英武,全炜倬,杜华. 基于结构件改进的混合动力轿车振动噪声分析研究[J]. 上海汽车,2014(6):43-45.

第 6 章
汽车动力传动系统可靠性测试技术

6.1 新能源汽车传动系统可靠性测试技术

6.1.1 试验设备概述

6.1.1.1 两电机动力循环疲劳试验台

动力循环疲劳试验台用于测试电动汽车的高速齿轮性能及传动性能,可实现电动汽车高速齿轮寿命和性能的准确评估。两电机动力循环疲劳试验台如图 6-1 所示,其可用于高速齿轮的寿命试验、反拖试验、效率试验、烧伤试验、失效试验、高速试验和高速低扭试验等测试项目。

图 6-1 两电机动力循环疲劳试验台

6.1.1.2 三电机动力传动综合性能试验台

三电机动力传动综合性能试验台是针对汽车前/后驱机械变速器开发而搭建的。高性能动态测功机用于模拟整车负载,输入电机用于模拟动力源输入,可实现汽车前/后驱变速器寿命和性能的准确测试和评估。三电机动力传动综合性能试验台如图 6-2 所示，其可用于汽车前/后驱机械变速器的寿命试验、效率试验、换挡性能试验、差速试验、高速试验和高速低扭试验、反拖试验、烧伤试验等测试项目。

图 6-2　三电机动力传动综合性能试验台

6.1.1.3　三电机动力总成半消声室

三电机动力总成半消声室主要针对汽车变速器振动噪声性能测试而搭建，通过采用尖劈结构、高隔声消声罩、高转速、低惯量碳纤维轴，以及台架与振动噪声测试系统无缝连接等技术，实现了低背景噪声，适用于电动汽车前/后驱变速器或总成，满足汽车变速器各种工况 NVH 测试需求。三电机动力总成半消声室如图 6-3 所示，其可对汽车变速器进行稳态 NVH 测试、加减速 NVH 测试、噪声源识别、噪声贡献量、声功率、声压级测试，也可用于三维声场分析、音质评价、齿轮敲击、啸叫等噪声拾取及故障诊断等。

6.1.2　关键部件可靠性测试

新能源汽车传动系统关键部件可靠性测试，主要包括疲劳寿命测试、传动效率测试、差速可靠性测试、高速性能测试、NVH 测试等测试项目。

6.1.2.1　疲劳寿命测试

试验步骤：

（1）将变速器安装在试验台上。

第6章 汽车动力传动系统可靠性测试技术

图 6-3 三电机动力总成半消声室

（2）试验油温为(80±5)℃。

（3）试验条件遵照表 6-1 的规定。

（4）试验时间按表 6-1 的要求确定。

（5）试验按先正转后反转的顺序进行，整个试验可分 10 个循环进行。

表 6-1 疲劳寿命试验指标

试验条件			寿命指标（输出端转数/循环时间）		
			正转正驱动	正转反驱动	反转正驱动
高扭工况	输入转速/(r/min)	最大功率点转速×(1±5‰)	$\geqslant 80\times 10^5$	—	$\geqslant 2$ h
	输入扭矩/(N·m)	最大输入扭矩±5			
	输入转速/(r/min)	（最大功率点转速÷减速比）×(1±5‰)	—	$\geqslant 10\times 10^5$	—
	输入扭矩/(N·m)	（最大输入扭矩×减速比）±5			
高速工况	输入转速/(r/min)	最高输入转速×(1±5‰)	$\geqslant 40\times 10^5$	—	—
	输入扭矩/(N·m)	最大功率点扭矩±5			

注：高扭工况中最大功率点转速是指最大输入扭矩时最大功率下的转速，高速工况中最大功率点扭矩是指最高输入转速时最大功率下的扭矩。

试验结果处理：

按表 6-1 规定的疲劳寿命试验指标完成试验，主要零部件不应有损坏（如断裂、齿面严重点蚀(点蚀面积超过 4 mm^2 或深度超过 0.5 mm)、剥落、轴承卡滞等),则变速器疲劳寿命试验合格。

6.1.2.2 传动效率测试

试验步骤:

(1) 磨合。

(2) 按规定加注润滑油。

(3) 试验转速:从 500 r/min 到设计最高输入转速范围内均匀取 5 种转速,其中应包括设计最高输入转速。

(4) 试验扭矩:输入扭矩为减速器设计最大输入扭矩的 50% 和 100%。

(5) 油温控制在(80±5)℃范围内。

(6) 试验仅测量正转方向,结合转速、扭矩、油温组合的要求依次测定。

试验结果处理:

按所测得的结果绘制在试验温度下传动效率-转速、传动效率-扭矩的曲线图。变速器综合传动效率取所有检测的传动效率的平均值,按式(6.1)计算评定。

$$\eta = \frac{\sum_{k=1}^{2}\sum_{m=1}^{2}\sum_{n=1}^{5}\eta_{mnk}}{20} \quad (6.1)$$

式中:η 为 5 种试验转速在 2 种扭矩、2 个挡位所测的传动效率的平均值,即变速器综合传动效率。变速器综合传动效率应不小于 95%。

6.1.2.3 差速可靠性测试

试验步骤:

(1) 磨合:其中任一个输出端固定不能转动,另一个输出端可自由转动;在油温为 95～105 ℃ 的条件下,以(2000±10)r/min 的输入转速进行不少于 30 min 空载正转。磨合完成后更换润滑油。

(2) 将变速器安装在试验台上,按规定加注润滑油。

(3) 试验油温控制在 90～110 ℃。

(4) 高速低扭:高挡正转,保持最高输入转速的 50%～55%,最大输入扭矩的 25%～35%,其中任一个输出端固定不能转动,另一个输出端可转动,时间不少于 30 min(15 min 后可将固定端和转动端对调)。

(5) 低速高扭:低挡正转,保持(最高输入转速的 20%±10)r/min,差速率为 12%~15%,时间不超过 3 min;输入扭矩从 0 升到(设计最大输入扭矩的 75%± 5)N·m,在(设计最大输入扭矩的 75%±5)N·m 下保持不少于 1 min;然后从(设计最大输入扭矩的 75%±5)N·m 降到 0。此为一个循环,总循环次数不少于 200 次。

试验结果处理:

完成高速低扭和低速高扭试验后,变速器转动灵活无卡滞异响则说明差速可靠性试验合格。

6.1.2.4　高速性能测试

试验步骤:

(1) 将变速器安装在试验台上。

(2) 按规定加注润滑油,试验油温控制在 90~110 ℃。

(3) 按表 6-2 规定的旋转方向、输入转速和扭矩,运转规定的时间。

表 6-2　高速性能指标

旋转方向	输入转速/(r/min)	输入扭矩/(N·m)	持续时间/h
正转	最高输入转速×(1±5‰)	最大功率点扭矩±5	≥5
反转	最高输入转速的 50%×(1±5‰)	额定功率点扭矩±5	≥0.17

试验结果处理:

试验期间没有发生渗漏油现象,轴承、齿轮、油封等零件没有发生烧蚀或损坏,且变速器运转正常,则说明变速器高速性能试验合格。

6.1.2.5　NVH 测试

NVH 测试分为稳态工况与瞬态工况测试。在正式稳态测量变速器噪声之前应先测量本底噪声。试验转速:从 500 r/min 到设计最高输入转速范围内均匀取多组转速,其中应包括设计最高输入转速。试验扭矩:从 10 N·m 到设计最大输入扭矩范围内均匀取多组扭矩,其中应包括设计最大输入扭矩。同时,试验取点应不超过变速器承载的最大功率。测量并记录振动、噪声值。

瞬态工况 NVH 试验步骤:

(1) 将变速器安装在试验台上,按规定加注润滑油。

(2) 变速器以 200 r/s 的速度变化率运转,以某两挡变速器为例,按照表 6-3

分别测试1挡、2挡、倒挡的加速及滑行工况。

表 6-3　瞬态工况测试取点

挡位	扭矩/(N·m)	加速工况/(r/min)	滑行工况/(r/min)
1挡	10	50～5000	5000～50
	60	50～4000	4000～50
	90	50～3000	3000～50
	120	50～2000	2000～50
2挡	10	50～7000	7000～50
	60	50～4000	4000～50
	90	50～3000	3000～50
倒挡	10	−50～−2000	−2000～−50
	60	−50～−2000	−2000～−50
	120	−50～−1000	−1000～−50

试验结果处理：

（1）使用声压 A 计权网络。

（2）对于噪声检测仪器，若数值波动小于 3 dB，应取上、下限读数的平均值；若数值波动大于 3 dB，应取上、下限读数的均方根值。

（3）当被测变速器各测点所测的噪声值与该点的本底噪声值之差小于 3 dB 时，该测量值无效，等于 3～10 dB 时，按表 6-4 修正。

（4）以测点中最大读数并经修正后的值作为噪声值。

表 6-4　变速器噪声修正值

级差/dB	3	4	5	6	7	8	9	10
修正值/dB	−3	−2			−1			0

按表 6-3 规定的噪声测试条件完成高挡和低挡加载/滑行噪声测试，测试持续时间不少于 30 s，变速器噪声应不大于 83 dB(A)，变速器滑行的噪声值不应大于加载的噪声值，并且无异响，则说明试验合格。

6.1.3　换挡性能试验

试验步骤：

（1）按规定加注润滑油，各挡位磨合 300 次后从变速器输出端驱动变速器。

(2) 在相邻两挡间交替换挡,并保证挂入高挡时输入转速为(6000±10)r/min,挂入低挡时输入转速为(4000±10)r/min。

(3) 换挡力调整为设计规定值,油温设定为60~90 ℃,控制精度为±5 ℃。

(4) 测量各挡同步时间和同步力并记录,测量各挡的同步扭矩并记录,按10~16次/min的频率进行试验。

图6-4和图6-5分别为某两挡变速器换挡性能测试台架的结构图和三维布置图。

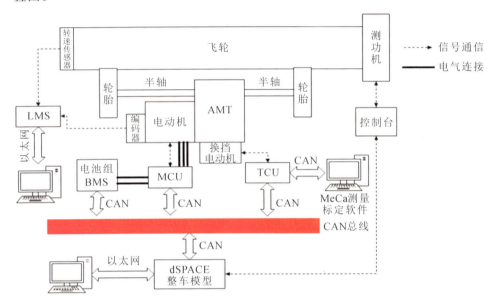

图6-4　换挡性能测试台架结构图

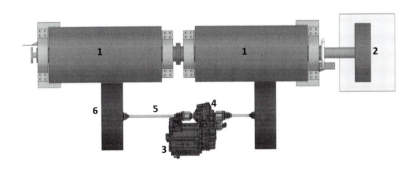

图6-5　换挡性能测试台架三维布置图
1—飞轮;2—测功机;3—驱动电动机;4—变速器;5—半轴;6—轮胎

试验结果处理：

（1）以同步冲量为指标，评估变速器换挡系统的性能，同步冲量不大于 100 N·s。

（2）以冲击度为指标，评估变速器换挡系统的性能，冲击度为

$$J = \frac{d^2 u}{d^2 t} = \frac{1}{\delta m} \frac{i_g i_f \eta_t}{r_w} \frac{dT_R}{dt} \tag{6.2}$$

式中：u 为汽车行驶车速（km/h）；δ 为汽车旋转质量换算系数，$\delta > 1$；m 为汽车质量（kg）；i_g 和 i_f 分别为变速器挡位速比和主减速比；η_t 为变速器效率；r_w 为轮胎滚动半径；T_R 为变速器输出扭矩；t 为时间。

换挡冲击度在不同国家有不同标准：中国标准为 $J \leq 17.64$ m/s³，德国标准为 $J \leq 10$ m/s³。

6.2 传动系统零部件测试技术

6.2.1 齿轮疲劳测试技术

6.2.1.1 齿轮弯曲疲劳强度试验

1.试验方法

确定齿轮弯曲疲劳强度应采用齿轮台架运转试验（简称 A 试验法），也可采用齿轮轮齿脉动加载试验（简称 B 试验法）。当 A 试验法与 B 试验法结果不同时，以 A 试验法结果为准。

A 试验法是将试验齿轮副安装在齿轮试验机上进行负荷运转试验，直至轮齿出现弯曲疲劳失效或齿根应力循环次数达到规定的循环基数 N_0 而未失效（以下简称"越出"）时，试验终止并获得轮齿在试验应力下的一个寿命数据。当试验齿轮及试验过程均无异常时，通常将该数据称为试验点。

B 试验法是在脉动疲劳试验机上利用专门的夹具，对试验齿轮的轮齿进行脉动加载，直至轮齿出现弯曲疲劳失效或越出，试验终止并获得轮齿在试验应力下的一个寿命数据。试验中，脉动载荷仅施加在试验轮齿上，试验齿轮不做啮合运转。所选取的试验轮齿，与加过载荷的轮齿（包括支承齿）至少间隔一个轮齿。每个试验齿轮可得若干试验点。

根据不同的试验法得到试验点后,按下列不同的试验点组合测定试验齿轮弯曲疲劳特性曲线及弯曲疲劳极限应力。

常规成组法用于测定试验齿轮的可靠度-应力-寿命曲线(即 R-S-N 曲线),求出试验齿轮的弯曲疲劳极限应力。试验时取 4~5 个应力级,每个应力级不少于 5 个试验点(不包括越出点)。最高应力级中的各级试验点的弯曲应力循环次数不少于 0.5×10^5,最高应力级与次高应力级的应力间隔为总试验应力范围的 40%~50%,随着应力的降低,应力间隔逐渐减小。最低应力级中至少有一个试验点越出。

少试验点组合法通常用于测定 S-N 曲线或仅测定极限应力,试验时试验点总数为 7~16 个。测定 S-N 曲线时,应力级为 4~10 个,每个应力级取 1~4 个试验点。测定极限应力时,可采用升降法。采用正交法做对比试验时,每个对比因素应至少有 3 个试验点。

2. 试验条件及试验齿轮

齿轮弯曲疲劳强度试验应按下述规定的试验条件和试验齿轮进行(对比试验的研究对象除外),由此可确定试验齿轮的弯曲极限应力 σ_{Flim}。

1)试验条件

采用 A 试验法测定齿轮弯曲疲劳强度时,应使用功率流封闭式结构的试验机,试验机的校验见 GB/T 14230—2021《齿轮弯曲疲劳强度试验方法》中的附录 A(6.2.1 节中提到的附录 A~E 均指该标准中的对应附录)。试验机中心距一般为 90~150 mm,试验齿轮的线速度为 8~16 m/s。试验机的精度应不低于试验齿轮所要求的精度,并应具有以下基本功能:

(1)断齿时自动停机;

(2)有保证齿轮良好润滑的循环喷油系统;

(3)有润滑油温度控制装置,回油温度应控制在 60 ℃以下;

(4)有循环次数记录装置,其记录误差不大于±0.1%。

采用 B 试验法测定齿轮弯曲疲劳强度时,应使用脉动疲劳试验机,并根据试验要求及试验齿轮参数设计夹具。试验机的主要技术性能及测定见附录 B,夹具的设计及技术要求见附录 C。

按 JB/T 8831—2001 进行润滑油的选择和保养。一般情况下,试验机连续运转三个月应进行润滑油的取样检查。

2）试验齿轮

试验齿轮的模数 $m=3\sim5$ mm，螺旋角 $\beta=0°$，齿宽 $b=10\sim50$ mm，压力修正系数 $Y_{ST}=2.0$，齿根圆角参数 $q_s=2.5$，齿根圆角粗糙度 $Rs\leqslant10$ μm，精度为 GB/T 10095.1—2008 中规定的 4～7 级。

齿廓线与齿根圆弧线必须是圆滑过渡，检查试验齿轮精度并记录其实测数值。检测全部试验齿轮的表面硬度、基节偏差并剔除不合格的试验齿轮。同一组的试验齿轮，其加工设备及加工工艺必须相同。

试验齿轮的材料必须有正式技术文件，其内容包括材料牌号、冶炼方法、化学成分、热处理状态、晶粒度、力学性能、金相组织和非金属夹杂物等。各项指标均应符合 GB/T 3480.5—2008 中常规检验的规定。有条件时应对试验齿轮材料进行无损检测。

齿轮弯曲疲劳强度试验也可在试验条件和试验齿轮参数与产品齿轮工况和参数一致或相近的条件下进行。

3. 弯曲疲劳失效判据

试验中，若出现下列情况之一，均应判为弯曲疲劳失效：

（1）轮齿齿根出现可见疲劳裂纹；

（2）载荷或频率下降 5%～10%；

（3）沿齿根断齿。

4. 试验步骤

1）试验前准备

（1）满足规定试验条件时，应按附录 A 或附录 B 的规定对齿轮试验机的性能进行校验。

（2）清洗试验齿轮后目测检查，齿根过渡圆弧不得有加工刀痕或其他形式的损伤，并对试验齿轮及轮齿进行编号。

（3）试验齿轮按试验机的规定或夹具的设计要求进行安装。

2）预备性试验

预备性试验是为了确定试验的应力级，一般可通过测定一条 S-N 曲线来估计疲劳区的载荷范围及极限应力，并根据相关的要求确定应力级。

3）试验过程的监控

按所需应力级逐点进行加载试验。试验期间要经常检查试验设备，出现异常及时排除。准确记录试验点的失效循环寿命，每个试验点均应有完全的试验记录。记录表见附录 E。

保留试验齿轮及断齿，以备进行失效分析。

4）补充试验点

同一应力级的试验点做完后应进行分布检验（见附录 D），若分布函数的线性相关系数不能满足最小值要求，则需补充试验点。

5. 试验齿轮齿根应力计算

1）A 试验法

A 试验法中试验齿轮的齿根应力按式（6.3）计算：

$$\sigma_F = \frac{F_t K_A K_V K_{F\beta} K_{F\alpha} Y_F Y_S Y_\beta}{bn Y_{ST} Y_{\delta relT} Y_{RrelT} Y_X} \tag{6.3}$$

式中各字母代号的意义及取值见 GB/T 3480.5—2021。

2）B 试验法

首先确定载荷作用点 E 的准确位置，其方法见附录 C，试验齿轮的齿根应力应根据已确定的点 E 位置，按式（6.4）计算：

$$\sigma'_F = \frac{F_t Y_{FE} Y_{SE}}{bn Y_{ST} Y_{\delta relT} Y_{RrelT} Y_X} \tag{6.4}$$

式中：Y_{FE} 为载荷作用于点 E 时的齿形系数；Y_{SE} 为载荷作用于点 E 时的应力修正系数；其余字母代号的意义及取值参见 GB/T 3480.5—2021。

Y_{FE}、Y_{SE} 按 GB/T 3480 给出的公式计算，公式中 α_e、γ_e、α_{Fe}、h_{Fe} 分别用 α_E、γ_E、α_{FE}、h_{FE} 代入。

注：式（6.3）和式（6.4）计算的齿根应力已将试验条件及试验齿轮转换成 GB/T 3480.5—2021 所要求的标准状态。

计算轮齿弯曲静强度时，齿根应力仍按式（6.3）或式（6.4）计算，但此时应取 $Y_{RrelTj}=1.0$，$Y_{Xj}=1.0$；$Y_{\delta relTj}$ 则由 GB/T 3480.5—2021 中表 24 所列公式计算或通过实测得到。

对结构钢和调质钢、球墨铸铁、珠光体可锻铸铁，当 $N_L \leqslant 10^4$（其他材料 N_L

$\leqslant 10^3$)时,其应力可视为静应力。

由于试验机的限制,B试验法中循环特性系数 $r_F = F_{min}/F_{max} \neq 0$,应将实际齿轮应力 σ'_F 换算为 $r_F = 0$ 时的脉动循环齿根应力 σ_F,单位为 N/mm^2,换算公式为

$$\sigma_F = \frac{(1-r_F)\sigma'_F}{1-r_F \dfrac{\sigma'_F}{\sigma_b+350}} \tag{6.5}$$

式中:σ_b 为抗拉强度,N/mm^2。

循环特性系数 r_F 在试验期间为一常数且 $r_F \leqslant 0.05$。

6.试验数据的统计处理

当试验点总数为 n 的应力级无越出点时,其寿命值的排序如式(6.6)所示:

$$N_{L1} \leqslant N_{L2} \leqslant \cdots \leqslant N_{L(n-1)} \leqslant N_{Ln} \tag{6.6}$$

当试验点总数为 n 的应力级有越出点,且失效的试验点数为 r 时,其寿命值的排序为

$$N_{L1} \leqslant N_{L2} \leqslant \cdots \leqslant N_{L(r-1)} \leqslant N_{Lr}$$

对于某一寿命值 N_{Li},其寿命经验分布函数值为

$$F(N_{Li}) = \frac{i}{n+1} \tag{6.7}$$

或

$$F(N_{Li}) = \frac{i-0.3}{n+0.4}$$

式中:n 为试验点总数;i 为试验点按寿命值由小到大排列的序号,当无越出点时 $i = \overline{1,n}$,当有越出点时 $i = \overline{1,r}$。

B试验法中,若采用双齿加载形式,其失效顺序用平均顺序法计算。当对 P 对轮齿加载时,有 r 个齿失效($r \leqslant P$),取 $n = 2P$,则寿命经验分布函数值计算为

$$F(N_{Li}) = \frac{A_i}{n+1} \tag{6.8}$$

或

$$F(N_{Li}) = \frac{A_i - 0.3}{n+0.4} \tag{6.9}$$

式中:n 为试验轮齿总数,$n = 2P$;A_i 为试验点按寿命值由小到大排列的平均顺序,且

$$A_i = A_{i-1} + \frac{n+1-A_{i-1}}{n+3-2i} \tag{6.10}$$

其中 i 为失效试验点单独排列的顺序，$i = \overline{1, r}$。

在未知试验齿轮的寿命分布函数时，一般采用正态分布、对数正态分布或二参数威布尔分布进行分布检验，确定分布类型，三种分布函数如下：

$$F(N_L) = \Phi\left(\frac{N_L - \mu_{N_L}}{\sigma_{N_L}}\right) \tag{6.11}$$

$$F(N_L) = \Phi\left(\frac{\ln N_L - \mu_{\ln N_L}}{\sigma_{\ln N_L}}\right) \tag{6.12}$$

$$F(N_L) = 1 - \exp\left(-\frac{N_L}{b}\right)^k \tag{6.13}$$

式中：N_L 为齿根应力循环次数；μ_{N_L} 为正态分布函数母体平均值；σ_{N_L} 为正态分布函数母体标准差；$\mu_{\ln N_L}$ 为对数正态分布函数母体对数平均值；$\sigma_{\ln N_L}$ 为对数正态分布函数母体对数标准差；b 为威布尔分布函数的尺度参数；k 为威布尔分布函数的形状参数；

分布函数曲线的拟合及 R-S-N 曲线参数的确定见附录 D。

7. 试验报告

试验报告应包括：

（1）试验目的及要求；

（2）试验方法；

（3）试验条件和试验齿轮；

（4）试验原始数据；

（5）试验数据的处理结果；

（6）损伤分析；

（7）试验单位、报告人、审核人、日期。

6.2.1.2 齿轮接触疲劳强度试验

1. 试验方法

要确定齿轮接触疲劳强度，应在齿轮试验机上进行试验齿轮的负荷运转试验。当齿面出现接触疲劳失效或齿面应力循环次数达到规定的循环基数 N_0 而未失效（越出）时，试验终止并获得齿面在试验应力下的一个寿命数据。当试验齿轮及试验过程均无异常时，获得的数据点即为试验点。根据不同的试验目的，选择下列不同的试验点组合，经试验数据的统计处理，确定试验齿轮的接触疲劳特性曲线及接触疲劳极限应力。

1）常规成组法

常规成组法用于测定试验齿轮的 R-S-N 曲线，求出试验齿轮的接触疲劳极限应力。

试验时取 4~5 个应力级，每个应力级应取不少于 5 个试验点（不包括越出点）。最高应力级中的各级试验点的接触应力循环次数不少于 1×10^6，最高应力级与次高应力级的应力间隔为总试验应力范围的 40%~50%，随着应力的降低，应力间隔逐渐减小。最低应力级中至少有一个试验点越出。

2）少试验点组合法

少试验点组合法通常用于测定 S-N 曲线或仅测定极限应力，试验时试验点总数为 7~16 个。测定 S-N 曲线时，应力级为 4~10 个，每个应力级取 1~4 个试验点。测定极限应力时，可采用升降法。采用正交法做对比试验时，每个对比因素应至少有 3 个试验点。

2. 试验条件及试验齿轮

齿轮接触疲劳强度试验应按下述规定的试验条件和试验齿轮进行（对比试验的研究对象除外），由此可确定试验齿轮的接触极限应力 σ_{Hlim}。

1）试验条件

试验应采用功率流封闭式结构的试验机，试验机的校验见附录 A。试验机中心距一般为 90~150 mm，试验齿轮的线速度为 8~16 m/s。试验机的精度应不低于试验齿轮所要求的精度，并应具有以下基本功能：

（1）断齿时自动停机；

（2）有保证齿轮良好润滑的循环喷油系统；

（3）有润滑油温度控制装置，回油温度应控制在 60 ℃ 以下；

（4）有循环次数记录装置，其记录误差不大于 ±0.1%。

按 JB/T 8831—2001 进行润滑油的选择和保养。一般情况下，试验机连续运转三个月应进行润滑油的取样检查。

2）试验齿轮

试验齿轮的模数 $m=3~8$ mm，螺旋角 $\beta=0°$，齿宽 $b=10~50$ mm，齿数比 $u=1.2~1.5$（小齿轮为主动轮），试验齿轮副材料相同，工作齿宽 $b>0.05a$（a

为中心距,单位 mm),表面粗糙度 $Rz=2\sim5~\mu m$,精度为 GB/T 10095.1—2008 中的 4~6 级,基本齿廓符合 GB/T 1356—2001 的规定。

试验齿轮的材料、热处理及加工检测见附录 B。

齿轮接触疲劳强度试验也可在试验条件和试验齿轮参数与产品齿轮工况和参数一致或相近的条件下进行。

3. 接触疲劳失效判据

齿轮接触疲劳强度试验以齿面点蚀损伤程度作为是否发生接触疲劳失效的判据。齿面点蚀损伤有以下两种计算方法。

(1) 单齿点蚀面积率,计算式为

$$R_s = A_s / A_{sw} \tag{6.14a}$$

式中:R_s 为单齿点蚀面积率,%;A_s 为试验齿轮单个齿面上点蚀面积之和,mm^2;A_{sw} 为试验齿轮单个齿面的工作表面积,mm^2。

(2) 齿轮副点蚀面积率,计算式为

$$R_T = A_{1T} / A_{1Tw} + A_{2T} / A_{2Tw} \tag{6.14b}$$

式中:R_T 为齿轮副点蚀面积率,%;A_{1T} 为试验齿轮副主动轮全部点蚀面积之和,mm^2;A_{2T} 为试验齿轮副从动轮全部点蚀面积之和,mm^2;A_{1Tw} 为试验齿轮副主动轮各齿工作面积之和,mm^2;A_{2Tw} 为试验齿轮副从动轮各齿工作面积之和,mm^2。

以点蚀面积率为依据的失效判别准则如下:

(1) 非表面硬化齿轮,点蚀一般总是在所有齿面上出现。当试验齿轮副的硬度相等或相近时,它们的点蚀损伤极限为 $R_T = 2\%$。

(2) 表面硬化齿轮,包括渗碳、渗氮、碳氮共渗、火焰或感应淬火的齿轮,点蚀一般在少数齿面上出现。它们的点蚀损伤极限为 $R_T = 0.5\%$。

当试验齿轮点蚀面积率达到以上点蚀损伤极限时,即判定该齿面失效。但对汽车变速器齿轮实际运用来说,表面喷丸硬化齿轮即使达到 10% 的损伤面积,到完全点蚀破坏 30% 还可以应用数百万次循环。

(3) 非表面硬化的试验齿轮循环基数 $N_0 = 5 \times 10^7$,表面硬化的试验齿轮循环基数 $N_0 \geqslant 5 \times 10^7$。当齿面应力循环次数达到循环基数 N_0,而齿面点蚀损伤程度未达到点蚀损伤极限时,试验停止,判定该试验点越出。

4. 试验步骤

1) 试验前准备

（1）满足规定试验条件时，应按相关规定对齿轮试验机的性能进行校验。

（2）清洗试验齿轮后目测检查，齿面不得有腐蚀、锈蚀或其他形式的损伤，并对试验齿轮、轮齿及齿面进行编号。

（3）试验齿轮安装后应检查齿面接触情况，进行试验时，试验机加载至试验载荷，齿面沿工作齿宽方向接触斑点面积占比不小于90%，沿齿高方向接触斑点面积占比不小于80%。

2) 预备性试验

预备性试验是为了确定试验的应力级，一般可通过测定一条S-N曲线来估计疲劳区的应力范围及极限应力，并根据相关要求确定应力级。

3) 试验过程的监控

（1）试验中应经常检查试验机的运转情况并控制油温。对静态加载的试验机应根据卸载情况确定重新加载的时间间隔，并做详细记录。

（2）根据试验齿轮的接触应力大小确定齿面检查时间间隔。试验初期可用10倍放大镜观察齿面，发现点蚀损伤后应及时根据损伤形貌及扩展趋势缩短检查的时间间隔，以便准确记录达到齿面点蚀损伤极限时的循环次数。若检查齿面时点蚀面积率已超出点蚀损伤极限，则取该段时间间隔的一半作为该间隔达到齿面失效时的时间。

（3）对点蚀损伤的形貌、在齿面上的位置、该齿面的齿序号及应力循环次数进行跟踪检查，并做描述和记录。必要时进行覆膜或照相。

（4）在试验过程中，若没有出现齿面点蚀而出现了其他损伤，如非正常磨损、胶合等，则应仔细记录它们的变化情况，并改善润滑条件和运转条件。当出现中等磨损、中等胶合或出现轮齿断齿时，应判为非接触疲劳失效。该数据不能作为试验点。

4) 补充试验点

同一应力级的试验点做完后应进行分布检验，若分布函数的线性相关系数不能满足最小值要求，则需补充试验点。

5. 试验齿轮接触应力计算

按下式计算试验齿轮的接触应力：

$$\sigma_H = \frac{Z_H Z_E Z_\alpha Z_\beta}{Z_V Z_L Z_R Z_W Z_X} \sqrt{\frac{F_t(u \pm 1) K_A K_V K_{H\alpha} K_{H\beta}}{d_1 b u}} \tag{6.15}$$

式中各字母代号的意义及取值见 GB/T 3480.2—2021。

注:式(6.15)计算的接触应力已将试验条件及试验齿轮转化为 GB/T 3480.2—2021 所要求的标准状态。

6. 试验数据的统计处理

当试验点总数为 n 的应力级无越出点时,其寿命值的排序为

$$N_{L1} \leqslant N_{L2} \leqslant \cdots \leqslant N_{L(n-1)} \leqslant N_{Ln} \tag{6.16}$$

当试验点总数为 n 的应力级有越出点,且失效的试验点数为 r 时,其寿命值的排序为

$$N_{L1} \leqslant N_{L2} \leqslant \cdots \leqslant N_{L(r-1)} \leqslant N_{Lr} \tag{6.17}$$

对于某一寿命值 N_{Li},其寿命经验分布函数值为

$$F(N_{Li}) = \frac{i}{n+1} \tag{6.18}$$

或

$$F(N_{Li}) = \frac{i - 0.3}{n + 0.4} \tag{6.19}$$

式中:n 为试验点总数;i 为试验点按寿命值由小到大排列的序号,当无越出点时 $i = \overline{1, n}$,当有越出点时 $i = \overline{1, r}$。

在未知试验齿轮的寿命分布函数时,一般采用二参数威布尔分布、对数正态分布或正态分布进行分布检验,确定分布类型,三种分布函数如下:

$$F(N_L) = 1 - \exp\left(-\frac{N_L}{b}\right)^k \tag{6.20}$$

$$F(N_L) = \Phi\left(\frac{\ln N_L - \mu_{\ln N_L}}{\sigma_{\ln N_L}}\right) \tag{6.21}$$

$$F(N_L) = \Phi\left(\frac{N_L - \mu_{N_L}}{\sigma_{N_L}}\right) \tag{6.22}$$

式中:N_L 为齿根应力循环次数;b 为威布尔分布函数的尺度参数;k 为威布尔分布函数的形状参数;$\mu_{\ln N_L}$ 为对数正态分布函数母体对数平均值;$\sigma_{\ln N_L}$ 为对数正态分布函数母体对数标准差;μ_{N_L} 为正态分布函数母体平均值;σ_{N_L} 为正态分布函数母体标准差。

分布函数曲线的拟合及 R-S-N 曲线参数的确定见附录 C。

7. 试验报告

试验报告应包括：

(1) 试验目的及要求；

(2) 试验方法；

(3) 试验条件和试验齿轮；

(4) 试验原始数据；

(5) 试验数据的处理结果；

(6) 损伤分析；

(7) 试验单位、报告人、审核人、日期。

6.2.2 轴承疲劳测试技术

6.2.2.1 试验条件

1. 试验机

轴承试验机必须是符合有关标准并通过鉴定的试验机。同一批试验样品，在同一试验条件下，应在结构性能相同的试验机上进行试验。

2. 轴承的选择

(1) 轴承与轴及外壳的配合参照表 6-5 中的规定。

表 6-5 轴承与轴及外壳的配合

配合部位	轴承类型	轴承直径系列	配合
轴承与轴的配合	球轴承	8,9,0,1	k5
		2,3,4	m5,m6
	滚子轴承	8,9,0,1	m5
		2,3,4	n6,p6
	推力轴承(单向)	全部系列	p6
轴承与外壳的配合	向心轴承	全部系列	H7
	推力轴承	全部系列	H8

注：配合中，轴及外壳孔的极限偏差应符合 GB/T 275—2015 中附录 A 的规定；表中的配合是以轴承内圈承受循环(旋转)载荷、外圈承受局部载荷为依据而确定的。

(2) 对于径向载荷较大的试验条件,在保证轴承工作游隙的情况下,应适当增加轴承与轴之间的配合过盈量,以防止轴承内圈与轴之间在运转过程中产生相对滑动。

3. 轴承外圈温度

脂润滑时,不允许超过 80 ℃;油润滑时,不允许超过 95 ℃。

4. 轴承转速

内圈的转速一般不超过轴承极限转速的 60%。转速的具体数值应按试验机本身的转速数据选用。

5. 轴承润滑

(1) 循环油润滑用符合 SH 0017—1990 标准要求的 L-FC 型 32 油。定期检查油的黏度及杂质。

(2) 油中灰尘及机械杂质的颗粒直径应不大于 3 μm,应使用专门的滤油装置,以减少油中杂质含量。

(3) 循环供油量应符合表 6-6 中的规定。

表 6-6 循环供油量

轴承公称内径 d/mm	循环供油量/(L/h)
10～30	≥100
>30～60	≥200
>60～120	≥300

6.2.2.2 试验准备

1. 样本准备

(1) 抽取样本。在已经验收合格的产品批次中,随机抽取同工艺、同规格产品,样本检验应符合有关标准的规定。

(2) 样本大小。一般取 10～20 套作样本。要求试验周期短时,样本大小可取上限。

(3) 编号。一般在套圈的非基准面上编号,内径 $d \leqslant 20$ mm 的轴承,可在外圆柱面上或其他部位编号。分离型轴承内外圈均应编号。

2. 试验头组装

试验头是指由试验主轴、载荷体、左右法兰盘、左右衬套、拆卸环、隔离环、轴端左右旋紧螺母、载荷轴承等组合而成的整体。试验头各零件应符合图样要求。组装后的试验头应符合装配图样的要求。试验头与机身组装后，应检查各系统(载荷传递、润滑、传动等)，使其功能正常。

3. 试验机调试

(1) 试验机施加载荷误差应控制在±2%范围内。油压加载应使用1.5级的压力表，并需用0.4级精密压力表预先校准。0.4级精密压力表应定期校准。

(2) 循环油路应保持畅通，供油压力应不低于0.25 MPa。

(3) 转速误差应控制在±2%范围内，转速表应定期校准。

(4) 应用压印法检查加载活塞头下平面与载荷体凹形面结合情况，接触应平整正常，活塞应运动灵活。

(5) 装机后，以手拖动皮带，应无阻碍、无异常。

(6) 电气系统应安全可靠。

6.2.2.3 试验过程

1. 失效标准

(1) 疲劳失效：试验轴承的滚动体或套圈工作表面上发生的有一定深度和面积的基体金属剥落，并规定球轴承剥落面积不小于 0.5 mm^2，滚子轴承剥落面积不小于 1 mm^2，深度不小于 0.05 mm。

(2) 其他失效：试验轴承的任一零件损坏，使之不能正常运转，如保持架断裂、散套，密封元件变形、不能起密封作用等。

2. 试验机启动、停机及加载程序

(1) 脂润滑的情形。

试验机启动后，应先空载运转0.5 h，然后在3 h运转过程中，逐步加载至指定值并密切观测温升情况。

(2) 油润滑的情形。

当试验轴承无轴向载荷时，先启动油泵电动机，然后启动主电动机，最后将载荷徐徐加至指定值；停机时，先卸载，停主电动机，最后停油泵。

当试验轴承有轴向载荷、承受联合载荷时，先启动油泵电动机，后加少量轴向载荷(指定值的1/3~1/2)，再启动主电动机，将轴向载荷加至指定值，最后将径向载荷加至指定值；停机时，按反顺序进行。

3. 试验检测

试验机连续运转时应对载荷、转速、油压、振动、噪声、温升等进行随时监测控制,按相关标准要求每隔 2 h 记录一次温度,作为试验通过时间的依据。不足 2 h 时,将时间直接记录在相应的表上。

6.2.2.4 试验结果分析及试验报告

(1) 对于试验载荷不适当、转速异常、供油欠缺及烧伤卡死等原因所造成的失效品,不得计入正常失效数据中。

(2) 若有要求可按有关规定对典型失效品进行失效分析。

(3) 记录试验原始数据(试验通过的总时间)时,以保留三位有效数字为宜。

(4) 按相关标准处理试验数据,出具检验报告。需要时应附估计结果图,标出相应的分布参数数值。

6.2.3 零部件摩擦学测试特性

摩擦学是研究做相对运动的相互作用表面间的摩擦、润滑和磨损,以及三者间相互关系的基础理论和实践(包括设计和计算、润滑材料和润滑方法、摩擦材料和表面状态以及摩擦故障诊断、监测和预报等)的一门学科。世界上使用的能源有 1/3～1/2 消耗于摩擦。

摩擦学研究的对象很广泛,在机械工程中主要包括:①动、静摩擦副,如滑动轴承、齿轮传动、螺纹连接、电气触头和磁带-录音头等;②零件表面受到的工作介质摩擦或碰撞、冲击,如犁铧和水轮机转轮等;③机械制造工艺的摩擦学问题,如金属成形加工、切削加工和超精加工等;④弹性体摩擦副,如汽车轮胎与路面的摩擦、弹性密封的动力渗漏等;⑤特殊工况条件下的摩擦学问题。此外,在音乐、体育以及人们日常生活中也存在大量的摩擦学问题。

摩擦学涉及许多学科。对于油润滑的金属摩擦副,处于完全流体润滑状态的滑动轴承的承载油膜,基本上可以运用流体力学的理论来解算。但是对于齿轮传动和滚动轴承这类点、线接触的摩擦副,在计算它的流体动压润滑的承载油膜时,还需要考虑接触变形和高压下润滑油黏度变化的影响;在计算摩擦阻力时则需要认真考虑油的流变性质(从应力、应变、温度和时间几方面研究物质变形和流动的物理性质),甚至要考虑瞬时变化过程的效应,而不能把它简化成牛顿流体。这样,仅就油润滑金属摩擦副来说就需要研究润滑力学、弹性和塑性接触、润滑剂的流变性质、表面形貌、传热学和热力学、摩擦化学和金属物理等问题,涉及物理、化学、材料、机械工程和润滑工程等学科。随着科学技术的发展,摩擦学的理论和应用必将由宏观进入微观,由静态进入动态,由定性进入定量,成为系统综合研究的领域。

这里主要考虑的零部件为变速器中的齿轮与轴承。在变速器的高速运转过程中,如果尽可能地降低摩擦的功率损耗,则变速器的效率将大大提高。因此着重研究齿轮与轴承的摩擦特性具有重要意义。

6.2.3.1 测试仪器简介

1. 四球磨损试验机

如图6-6所示,四球磨损试验机(four-ball tester)采用滑动摩擦形式,在极高的点接触压力条件下,评定润滑剂的承载能力,包括最大无卡咬负荷PB、烧结负荷PD、综合磨损值ZMZ等三项指标。

性能指标
轴向试验力:40 N～10 kN(无级可调)
加载控制方式:手动加载(液压式)
主轴转速范围:200～2000 r/min
试样加温范围:室温～75℃
摩擦力测量范围:1～300 N
试验用钢球精度:G10级
试验用钢球直径:12.7 mm

图6-6 四球磨损试验机

(1)最大无卡咬负荷PB(代表油膜强度):在规定的试验条件下,上、下钢球之间不发生卡咬的最高负荷。

(2)烧结负荷PD:使钢球发生烧结的最低负荷级别,它代表润滑剂的极限工作能力。

(3)综合磨损值ZMZ:又称综合磨损指标、平均赫兹负荷、负荷-磨损指数等,是表征润滑剂抗极压能力的一个指数。它等于若干次校正负荷的数字平均值,ZMZ值越大,表示润滑剂抗磨损性能越好,它对极压添加剂有很强的区分能力。

2. UMT-2 多功能微摩擦磨损试验机

如图6-7所示,UMT-2 多功能微摩擦磨损试验机(universal micro-tribotester)在摩擦磨损和材料研究中有广泛的应用,可以进行标准试验(四球试验)、多种常规摩擦学试验(球盘试验、销盘试验、盘盘试验)等,可同时得到摩擦力、载荷、扭矩、摩擦系数、水平位移、垂直位移、高频声信号等测量数据。

主要指标
加载范围:0.1 mN(0.01 g)~120 N(12 kg)
对偶方式:四球式、往复式、球盘式、
　　　　　销盘式、盘盘式
主轴转速:0.001~5000 r/min

图 6-7　UMT-2 多功能微摩擦磨损试验机

3. 高速环块磨损试验机

如图6-8所示,高速环块磨损试验机(MR-H5 Ⅱ tester)主要用于各种润滑油和润滑脂的润滑性能评定,尤其适用于中、高档汽车齿轮油抗擦伤性能的评定,也可用于固体润滑材料的润滑性能评定及各种金属与非金属材料的磨损性能试验,测定各种材料的摩擦力和摩擦系数。

4. UMT-3 可控环境摩擦磨损仪

如图6-9所示,UMT-3 可控环境摩擦磨损仪可以有效地应用于金属、塑料、陶瓷、纸制品、复合材料以及涂层的摩擦性能测试,也可以用于固体润滑、润滑液、润滑油和润滑脂的摩擦性能的测试。

5. SRV-4 高温摩擦磨损试验机

如图6-10所示,SRV-4 高温摩擦磨损试验机(optimal SRV-4 high temperature tribotester)是一种用途广泛的摩擦磨损试验机及润滑油、添加剂性能评

主要技术规格及参数
最大试验力：5000 N
主轴转速范围：10～3500 r/min 无级变速
（接触区最高线速度为9 m/s）
最大摩擦力：1000 N
加热器温度范围：室温～100℃
（精确度为±0.2℃）
试验力精度：示值相对误差不超过±1%；
重复性误差不超过±1%
参照标准：中国GB/T 12444—2006；
美国ASTM G77—1998

图 6-8　高速环块磨损试验机

主要指标
生产厂家：CETR(Center of tribology)，美国
加载范围：1 mN～1000 N
垂直定位：最大行程150 mm，位置分辨率1 μm
横向位移：最大行程75 mm，位置分辨率2 μm
主轴转速：0.001～5000 r/min
对偶方式：四球式、球盘式、销盘式、盘盘式
附加模块：安装了湿度和温度控制模块，可以
　　　　　调节试验环境，最高加热温度可以
　　　　　达到1000 ℃，还安装了电化学模块，
　　　　　可以得到摩擦过程中的极化曲线

图 6-9　可控环境摩擦磨损仪

定装置，主要用于对材料在室温或高温条件下、有润滑或干摩擦条件下的摩擦磨损性能进行测试，也可用于对润滑介质承载能力、高温减摩性能进行评定。

6. 多功能摩擦磨损试验机(Plint TE92)

如图 6-11 所示，TE92 微处理器控制型旋转多功能摩擦试验机为落地式摩擦试验机，它拥有带力传感器反馈的伺服控制低惯量气动加载系统、带编码反馈的矢量控制速度电动机、电磁离合器快速启动系统、带 SUPERSLIM 系列接口界面的控制与数据采集软件。TE92 试验机可以模拟不同的摩擦形式，可在各种温度、速度及压力下进行试验。其试验结果与真实工况结果有很好的关联

第6章 汽车动力传动系统可靠性测试技术

SRV-4的技术指标
摩擦形式：摆动摩擦、滚动摩擦
载荷：1～2000 N 及 0.5～200 N
频率：1～511 Hz 及 0.01～511 Hz
行程：0.01～5 mm
温度：标准范围 室温～350 ℃
　　　高温范围 室温～1000 ℃
时间：1 min～999 h
转速：0～2000 r/min
旋转试验半径：0～42 mm
可测量的数据：摩擦系数、载荷、行程、
　　　　　　　温度、扭矩、转速
接触方式：点，线，面，针与盘，盘与盘，
　　　　　球与盘，块与盘

图 6-10　SRV-4 高温摩擦磨损试验机

性。TE92 试验机是一款通用测试仪器，可用于新材料和润滑剂的研究与开发工作。这款试验机拥有共线旋转及加载轴，为诸多类型的摩擦学测试提供了一个开放的测试平台，而且很多测试符合相关国际标准。

主要指标
载荷范围：20～10000 N
转动速度：30～3000 r/min
扭矩：7 N·m（3000 r/min）～21 N·m（30～1500 r/min）
电动机：2.2 kW交流（1500 r/min），可过载50%长达30 s
加热块功率：550 W
温度传感器：K型热电偶
振动传感器：压电陶瓷型，可调阈灵敏度和截止时间

图 6-11　多功能摩擦磨损试验机

7. 表面形貌测量系统（Talysurf PGI 1230）

如图 6-12 所示，表面形貌测量系统是用来测量物体表面形貌的仪器，可以

进行表面粗糙度、波纹度等二维、三维表面形貌 90 余种参数测量,并可根据用户要求随时扩充。

性能指标
最小垂直分辨率：0.8 nm
基本误差：5%
测量动态范围：12.5 mm
测头行程：200 mm（水平方向）

图 6-12　表面形貌测量系统

8. 全自动维努氏显微硬度计

如图 6-13 所示,显微硬度计主要用于微小、薄型、脆硬试件的测试,通过选用各种附件或升级各种结构可广泛用于各种金属（黑色金属、有色金属、铸件、合金材料等）、金属组织、金属表面加工层、电镀层、硬化层（氧化层、各种渗层、涂镀层）、热处理试件、碳化试件、淬火试件、相夹杂点的微小部分、玻璃、玛瑙、人造宝石、陶瓷等脆硬非金属材料的测试,可进行在细微部分精密定位的多点测量、压痕的深层测试与分析、渗镀层测试与分析、硬度梯度的测试、金相组织结构的观察与研究、涂镀层厚度的测量与分析等。

6.2.3.2　摩擦学在齿轮中的应用

摩擦学研究成果在提高机械设备运行可靠性、延长使用寿命、减少事故发生以及节约能源和原材料等方面已经取得了巨大的经济效益和社会效益。据英国有关方面的估计,依靠摩擦学研究方面的改进措施,英国民用经济每年节约总额超过 5 亿英镑。美国机械工程学会估计,美国 1976 年花在摩擦学研究和发展方面的费用为 2400 万美元,全年能耗节约 11%,约 160 亿美元。中国在 20 世纪 80 年代中期完成的"工业齿轮油应用技术研究"项目估计：若该研究成

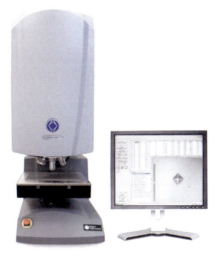

主要参数
样品台尺寸：180 mm×180 mm
最大测试高度：83 mm（3.1 in）
硬度标尺：维氏，努氏
载荷范围：10 gf～1 kgf
力值精度：±1.5%(<200 g)，±1%(>200 g)
试验力加载：全自动闭环传感器
保持时间：1～999 s
符合标准：ASTME384，ASTME92，ISO6507，ISO9385，ISO4546

图 6-13　全自动维努氏显微硬度计

果全面推广应用，每年全国可节约 13 亿元人民币。

齿轮传动装置是机械设备中广泛应用的重要部件。在工业生产高速发展的今天，工业齿轮装置的体积越来越小，功率越来越大，运行工况越来越苛刻，因此齿轮的润滑就成了齿轮传动的关键技术之一。国际上先进工业国家非常重视摩擦学的研究与应用，充分认识到了齿轮润滑的重要性。齿轮摩擦学在工业上的具体应用包括齿轮的摩擦、磨损和润滑。

1. 齿轮摩擦学理论研究

齿轮摩擦学理论研究的重点是齿轮弹性流体动力润滑（EHL）、齿轮表面形貌、微观摩擦学等。清华大学、上海交通大学、武汉工学院、哈尔滨工业大学等完成了 EHL 的弹流数值解及油膜厚度测试的研究。清华大学开展了"薄膜润滑理论的研究"。重庆后勤工程学院开展了"摩擦化学处理表面的试验研究"。武汉材料保护研究所进行了"自补偿油润滑下钢-钢摩擦副的摩擦学试验和摩擦表面分析"。中国科学院兰州化学物理研究所进行了"润滑油极压抗磨减摩添加剂的协同效应试验研究"。北京机械科学研究院等进行了"中等弹性模量的线接触弹流膜厚的试验研究"。

2. 研究方法与齿轮测试技术

20 世纪 80 年代以来，中石化总公司和机械工业部联合组织有关单位先后成功研制出了齿轮油、蜗轮油台架评定装置及其试验方法。郑州机械研究所先后完成了"硬齿面齿轮及中硬齿面齿轮胶合承载能力试验研究""高速齿轮润滑油添加剂对承载能力、振动、噪声的影响研究""润滑油、添加剂对齿轮承载能力及蜗杆副承载能力及传动效率的影响研究"。清华大学进行了"钢铜摩擦副摩擦磨损特性的试验研究"。大连铁道学院进行了"齿轮胶合强度优化设计计算与选参封闭图及胶合临界温度可靠性的试验研究"。华东理工大学、清华大学、中国矿业大学研究了"润滑方式对低速重载齿轮磨损性能的影响"。

3. 齿轮摩擦学设计方法的研究

齿轮设计时必须设计具有合适的强度、足够的抗磨性能和抗胶合性能的齿轮装置,为此,设计者从性能考虑齿轮的摩擦学设计包括三要素:材料表面、周围环境条件和润滑剂。设计时应把齿轮传动作为一个完整的系统来考虑,不但要考虑各单独因素的影响,还要考虑各因素之间的相互影响以及对整个系统的影响。重庆大学进行了"大型蜗杆减速机摩擦学设计的理论与应用研究"。郑州机械研究所在齿轮传动摩擦学设计的要素、设计准则及设计方法等方面进行了初步的研究工作。

4. 中国齿轮摩擦学技术的发展趋势

1) 纳米摩擦学

纳米摩擦学是从原子、分子尺度上来研究摩擦、磨损和润滑。微型机械上特别需要纳米摩擦学技术。

2) 齿轮润滑剂的发展趋势

车辆齿轮油的发展趋势是研制与润滑部件同寿命的润滑油、研制高温高负荷润滑油及多级润滑油。工业齿轮油向着节能齿轮油、合成型齿轮油和重视环境保护方向发展。随着添加剂水平的提高,在保证润滑有效可靠的前提下,适当降低油品黏度也是工业齿轮油应用所追求的目标。齿轮摩擦学现代设计方法是齿轮箱设计的发展方向,而建立系统完整的摩擦学数据库是建立现代设计方法的前提。加强齿轮传动装置油液监测技术及故障诊断技术的推广应用工作,将取得由机械设备安全、可靠、高效运转以及充分发挥润滑油潜力带来的经济效益和社会效益。

3) 关于中国齿轮摩擦学应用技术发展的建议

开展齿轮摩擦学研究,提高我国齿轮润滑技术水平。工业齿轮传动往往在生产线中,或单台关键设备中,对生产起着至关重要的作用。现代齿轮箱的传递功率增大、体积减小、工作环境苛刻,因此对齿轮传动的性能提出了更高的要求。为了设计制造出高参数、高性能的齿轮箱,要尽可能多地采用先进设计制造技术。国外已开展了对齿轮有润滑剂状态下的弹流接触区内摩擦力的计算、齿轮混合润滑状态下胶合模拟的研究等,我国应发挥高等院校、研究所的优势,开展齿轮摩擦学的共性基础技术的研究,其中要特别注意与石化行业有关部门的行业合作,推进齿轮油性能的进一步提高,并结合工程应用,将科研成果转化为生产力。开展齿轮摩擦学的研究,利用新兴边缘学科的技术成果,与齿轮的其他方面的技术综合集成,将大大提高我国齿轮产品的润滑剂的自主开发能力,增强参与国际市场竞争的能力。

6.2.3.3 摩擦学在滚动轴承中的应用

摩擦与磨损是发生在接触界面上的极其复杂的行为,受到工作参数、环境条件、摩擦副材料、润滑技术等诸多因素的影响,各因素之间存在着复杂的耦合及相互作用,摩擦磨损过程具有不可逆性和耗散性,因此摩擦学具有复杂性、系统性和学科综合性等特点。

现阶段,摩擦学研究可划分为7个方向:材料摩擦磨损、润滑理论及应用、生物及仿生摩擦学、微纳摩擦学、表面工程摩擦学、工业摩擦学、设计摩擦学。滚动轴承作为重要的基础件与上述摩擦学板块密切相关,如轴承的设计(设计摩擦学)、轴承材料的摩擦磨损、轴承的润滑、轴承套圈的表面处理(表面工程摩擦学)、轴承的应用(工业摩擦学)。由此可见,滚动轴承的发展离不开摩擦学。

滚动轴承作为重要的基础件,广泛应用于各工业领域。滚动轴承中摩擦副较多,如滚动体与内外圈滚道面的摩擦、滚动体与保持架兜孔的摩擦、润滑剂与滚动体的摩擦、润滑剂与内外圈滚道面的摩擦,甚至密封圈上的摩擦。按摩擦产生的机理,滚动轴承摩擦又可分为纯滚动摩擦、滑动摩擦(滚动接触表面上的差动、自旋等滑动摩擦,滑动接触部位的滑动摩擦包括滚动体与保持架兜孔之间的滑动摩擦、保持架与套圈引导面之间的滑动摩擦、滚子端面与套圈挡边之间的滑动摩擦、密封轴承中密封件与套圈之间的滑动摩擦,等等)、润滑剂的黏性阻滞摩擦。对照现阶段摩擦学研究方向,从滚动轴承材料摩擦磨损(对应于材料摩擦磨损方向)、滚动轴承设计(对应于设计摩擦学方向)、滚动轴承表面处理(对应于表面工程摩擦学方向)以及滚动轴承的润滑(对应于润滑理论及应用方向)4个方面论述摩擦学在滚动轴承中的应用。

1. 材料的摩擦磨损

滚动轴承寿命很大程度上受轴承材料性能的影响,尤其是苛刻环境下。然而,由于滚动轴承摩擦副较多,摩擦必产生磨损,磨损到一定程度轴承就会失效。磨损失效是滚动轴承失效的主要形式之一。国内学者研究了Cr4Mo4V的磨损性能,认为材料表面黏着磨损及疲劳磨损的凹坑会引起表面裂纹;部分学者对滚动轴承白蚀裂纹(WEC)失效进行摩擦学分析,认为WEC失效是摩擦材料、摩擦机械和摩擦化学微平衡的产物。因此,研究轴承材料的摩擦磨损,探究轴承材料的磨损机理,从材料角度寻求减少滚动轴承磨损,是有效延长滚动轴承寿命的方法之一。

2. 结构设计

滚动轴承的广泛应用,尤其是苛刻条件下的应用,对滚动轴承的设计提出了更高的要求。滚动轴承设计的宗旨是满足应用条件要求,如SKF公司开发的高速角接触球轴承,为满足高转速($d_m \times n = 1.05 \times 10^6$ mm·r/min)要求,轴承设计做出如下改变:改进沟道面轮廓形貌,改变接触角,改进保持架兜孔形貌,最终减少球与沟道面间的滑动,减小保持架兜孔力,进而减少保持架与球的摩擦,最终开发出满足要求的高性能轴承。NSK公司通过轴承密封设计开发的高性能低摩擦密封结构如图6-14所示,滚动轴承的设计在满足客户要求的同时,实现了尽量减少各摩擦副摩擦的效果。由此可见,摩擦学的应用有助于改进滚动轴承的设计。

3. 表面处理

对滚动轴承失效的深入统计分析发现,失效往往发生在套圈或滚动体的表层及次表层。在世界范围内节省能源、减少污染的背景下,滚动轴承表面处理技术发展迅速,是以后的发展趋势。无论传统的表面处理技术,如渗碳、渗氮、PVD和CVD,还是新兴的表面处理技术,如离子注入、激光表面改性、超声波表

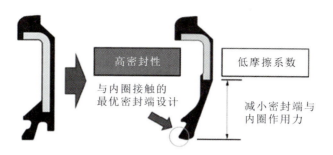

图 6-14 NSK 新型轴承密封结构

面改性等,均需进行性能评价,即耐磨性测试,这必然要通过摩擦试验来实现。N 离子注入对 9Cr18 表层磨损具有重要影响,金属离子注入对 Cr4Mo4V 磨损性能具有重要影响。不同 N 离子处理工艺下 9Cr18 表面摩擦系数对比结果如图 6-15 所示。采用天然抗氧化剂进行表面处理,明显降低了轴承表层磨损量,如图 6-16 所示。通过研究经表面处理的表层的摩擦学特性,可以掌握改性层的性能及损伤机理,最终改善表面处理工艺,提高轴承性能和寿命。因此,摩擦学在滚动轴承表面处理技术中应用广泛。

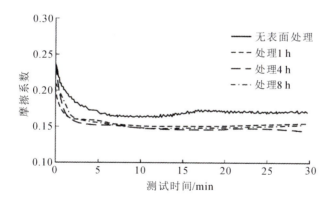

图 6-15 不同 N 离子处理工艺下 9Cr18 表面摩擦系数对比

4. 润滑

滚动轴承的优异性能离不开润滑的作用。滚动轴承失效很大程度上是由于润滑失效,即润滑状态的改变(润滑剂污染、润滑油膜厚度的改变)。一般来说,滚动轴承润滑良好,润滑油膜能完全隔离滚动体与套圈,使之处于弹流润滑状态;然而,在轴承实际运转过程中,滚动轴承往往处于混合润滑状态,润滑失

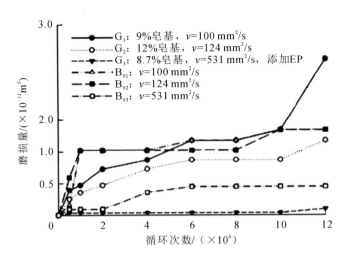

图 6-16　不同天然抗氧化剂处理后轴承表层磨损量对比

效时滚动轴承甚至处于干摩擦状态,这些都与滚动轴承润滑理论中油膜厚度变化有关。

另外,滚动轴承应用环境多样,没有一种特定的润滑剂能满足所有滚动轴承的润滑状态,因此,滚动轴承的润滑还包括润滑剂研发及应用。NTN 公司在润滑剂中添加抑制剂形成氧化膜来抑制 H 进入钢基体,使轴承寿命提高约 4 倍。关于油脂化学成分对滚动接触疲劳磨损的影响的研究表明,增加增稠剂的皂含量,可增加油膜厚度,减少接触磨损。

由此可见,摩擦学中润滑理论与滚动轴承润滑密切相关,且摩擦学有助于为实际工况选择合适的润滑剂。

6.2.3.4　摩擦学在滚动轴承中的应用展望

世界知名轴承企业均较重视摩擦学在滚动轴承中的应用,并广泛开展相关研究。2012 年,SKF 公司投资了 1.8 亿欧元用于研发,许多重要创新都是摩擦学的成果,如 SKF 能效型轴承、永不磨损涂层、陶瓷轴承、铜和聚合物保持架、特殊应用的超光洁轴承、表面网纹、油脂和润滑剂规格以及低摩擦密封件等。Schaeffler 公司历来重视摩擦学并已制定了轴承的摩擦学标准。NSK 公司更是把摩擦学知识作为 4 个核心技术(摩擦学技术、解析技术、材料技术、机电一体化技术)之一。NTN 公司把摩擦学作为其所有技术的基础并以此进行技术延伸,其技术树如图 6-17 所示。JTEKT 公司以摩擦学为依据,通过材料开发及加工技术进行革新。生产了世界最小的球轴承(外径仅 1.5 mm)的 NMB 公司认为摩擦(润滑)技术是减少摩擦磨损必不可少的,近半个世纪积累的润滑技术确保了其根据产品应用进行润滑设计。由此可以看出,著名的轴承企业均较重视摩擦学及其在滚动轴承上的应用。

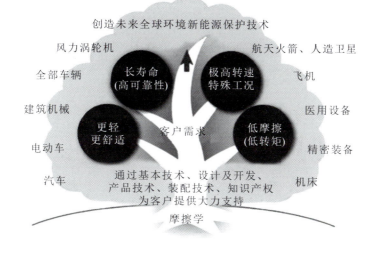

图 6-17　NTN 技术树

国内轴承企业对摩擦学在滚动轴承中的应用重视较少,且国内摩擦学研究者多数不从事轴承相关工作,而轴承从业者较少系统地了解摩擦学知识。这一现状与国外摩擦学发展的境况截然相反。从摩擦学在滚动轴承上的应用来看,我国轴承企业与国外轴承企业存在较大差距,这或许是我国高端轴承产品质量不如国外轴承企业的原因之一。因此,如何有效地将摩擦学应用于滚动轴承,改善滚动轴承摩擦损耗(低摩擦、低能耗),提高滚动轴承性能及寿命,是未来轴承发展的方向之一。

现阶段滚动轴承发展一方面趋向于高可靠、长寿命,另一方面趋向于节约能耗,减少环境污染。而运用摩擦学知识可以减少滚动轴承摩擦副的摩擦,改进滚动轴承材料、滚动轴承的设计、轴承表面处理技术,改善滚动轴承的润滑状态,提高轴承性能,进而延长滚动轴承寿命。因此,对摩擦学在滚动轴承中的应用提出如下建议:

(1) 开展滚动轴承减摩耐磨设计。运用摩擦学知识优化轴承设计,改善滚动轴承中摩擦副的摩擦状态。

（2）进行滚动轴承的润滑剂研发及润滑理论研究。滚动轴承型号较多且应用环境不同，通过润滑理论基础研究，探求相应轴承的最佳润滑方式以及研发性能优异的润滑剂，从而改善轴承性能，提高轴承寿命。

（3）自润滑轴承材料研发。滚动轴承的发展离不开轴承材料的发展，然而苛刻环境下（如航空航天）传统的润滑方式不再适合，新颖的润滑方式（如自润滑）则较为重要。当前轴承的自润滑主要以轴承表面进行固体润滑或保持架浸油的方式实现，开发性能优越的轴承自润滑材料是有效的方式之一。

（4）滚动轴承表面工程技术研究。目前轴承表面工程技术是轴承延寿的热点之一，开展滚动轴承表面工程技术系统研究，如离子注入、表面改性（喷涂、超声波加工）等，可扩大苛刻环境下滚动轴承的应用范围，同时提高滚动轴承寿命。

6.3 电机可靠耐久测试规范

6.3.1 可靠性试验测试规范

电机的可靠性试验按照 GB/T 29307—2012 的规定进行。电机的工况和循环数概括如表 6-7、表 6-8 和图 6-18 所示。

表 6-7 电机的工况

工况	1(共 640 循环)	2(共 80 循环)	3(共 80 循环)	4(持续运行 2 h)
设置	工作电压：额定电压(336 V) 工作转速：$n_s = 1.1 \times$ 额定转速 运行时间：320 h 运行工况：图 6-18 所示循环工况	工作电压：最高电压(410 V) 工作转速：$n_s = 1.1 \times$ 额定转速 运行时间：40 h 运行工况：图 6-18 所示循环工况	工作电压：最低电压(240 V) 工作转速：$n_s = $（最低电压/额定电压）$\times$ 额定转速 运行时间：40 h 运行工况：图 6-18 所示循环工况	工作电压：额定电压(336 V) 工作转速：$n_s = $ 最高转速 运行时间：2 h 运行工况：持续运行

表 6-8 电机可靠性试验循环运行时间

序号	负载转矩	运行时间/min
1	持续转矩 $T_N(t_1)$	22
2	T_N 过渡到 $T_{PP}(t_2)$	0.5
3	峰值转矩 $T_{PP}(t_3)$	0.5
4	T_{PP} 过渡到 $-T_N(t_4)$	1
5	持续回馈转矩 $-T_N(t_5)$	5
6	$-T_N$ 过渡到 $T_N(t_6)$	1
单个循环累计时间		30

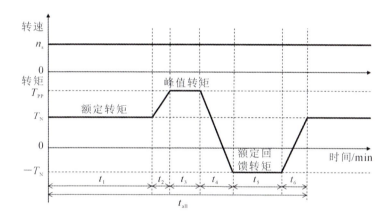

图 6-18 电机可靠性试验循环工况示意图

6.3.2 耐久性试验测试规范

在进行驱动电机高温耐久试验前,先让驱动电机运行在一定工况下使绕组温度达到(150±5)℃,然后开始试验。试验时通入冷却液温度为系统最大许用温度,流量和冷却液成分符合整车要求。

驱动电机参考图 6-19 所示工况循环运行,总运行时间为 750 h,试验期间驱动电机绕组温度应维持在(150±5)℃。可通过调整工况,使电机维持在要求温度。

试验期间每 100 h 允许停机对试验台架进行维护,但须记录维护的起始、停止时间及检修内容。

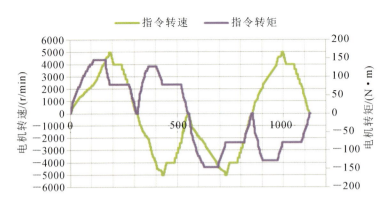

图 6-19　高温耐久试验循环工况

在进行驱动电机高速耐久性试验时,驱动电机以额定转矩及额定转速数据为基准,以一定倍数变化,具体工况参照图 6-20,循环运行 350 h。驱动电机冷却液温度为最大许用温度,流量和冷却液成分符合整车要求。

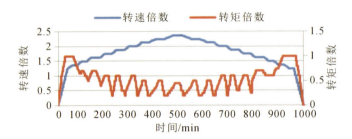

图 6-20　高速耐久试验循环工况

试验期间每 100 h 允许停机对试验台架进行维护,但须记录维护的起始、停止时间及检修内容。

本章参考文献

[1]　中国汽车技术研究中心.纯电动乘用车用减速器总成技术条件:QC/T 1022—2015[S].北京:中国计划出版社,2016.

[2]　重庆青山工业有限责任公司,重庆长安汽车股份有限公司,中国汽车技术研究中心,等.汽车机械式变速器总成技术条件及台架试验方法:QC/T 568—2019[S].北京:北京科学技术出版社,2019.

[3] 余志生.汽车理论[M].5版.北京:机械工业出版社,2009.

[4] TIAN Y,RUAN J,ZHANG N,et al. Modelling and control of a novel two-speed transmission for electric vehicles[J]. Mechanism & Machine Theory,2018,127:13-32.

[5] 郭玉梁,魏冰阳,李智海,等.一种弧齿锥齿轮弯曲疲劳寿命仿真与加速试验[J].河南科技大学学报(自然科学版),2020,41(5):13-17,25.

[6] 赵瑞腾,杜兵,张鹏.基于深度学习的高压油泵可靠性试验故障分析方法研究[J].内燃机,2020(1):17-21,26.

[7] 刘国庆,卞维展,黄锋,等.装载机变速器超越离合器可靠性试验台[J].工程机械与维修,2019(5):32-33.

[8] LI W,DENG S,LIU B S. Experimental study on the influence of different carburized layer depth on gear contact fatigue strength[J]. Engineering Failure Analysis,2020,107.

[9] ZHU M,ZHAO J Y,WANG Q M. Reliability evaluation of key hydraulic components for actuators of FAST based on small sample test[J]. International Journal of Precision Engineering and Manufacturing,2017,18(11).

[10] LI M,XIE L Y,DING L J. Load sharing analysis and reliability prediction for planetary gear train of helicopter[J]. Mechanism & Machine Theory,2017,115.

[11] 胡恕,白清慧,郑维东,等.一种节能型驱动桥齿轮油的开发与试验[J].汽车科技,2019(4):10-14.

[12] 周倩瑶,郭鹏鸥,李妮妮,等.汽车驱动桥可靠性试验方法研究及失效分析[J].汽车零部件,2018(6):80-82.

[13] 张雪平.基于振动激励的高速列车齿轮箱可靠性试验系统研究[D].长春:吉林大学,2018.

[14] WANG M L,LIU X T,WANG Y S,et al. Research on assembly tolerance allocation and quality control based on fuzzy reliability[J]. Proceedings of the Institution of Mechanical Engineers Part C:Journal of

Mechanical Engineering Science,2016,230(20):3755-3766.

[15] WANG X L,LIU X B,WANG Y S,et al. Reliability analysis on the drive system of a gear-type oil pump with variable displacement[J]. Advances in Mechanical Engineering,2016,8(3).

[16] ABERŠEK B,FLAŠKER J. Experimental analysis of propagation of fatigue crack on gears[J]. Experimental Mechanics,1998,38(3).

[17] YANG Q J. Fatigue test and reliability design of gears[J]. International Journal of Fatigue,1996,18(3).

第 7 章
新能源汽车硬件在环测试技术

遵循 V 模式开发流程，硬件在环（hardware-in-the-loop，HiL）测试对控制策略软件开发和验证而言不可或缺。HiL 测试由于同时兼顾安全性、可行性和成本合理性，有助于在开发早期发现和解决问题，因此长期以来都是控制器（ECU）开发流程中非常重要的环节。在混合动力汽车控制器开发中，HiL 测试主要包含对三大核心电控系统——整车混合动力电控系统（HCU）、电池管理系统（BMS）和电动机控制系统（MCU）的测试和验证。合理采用 HiL 测试，既弥补了纯仿真验证的低可信度和低可靠性，又可以减少实车路试的次数，从而缩短开发时间、降低成本并提高控制算法的软件质量。

7.1 增程式电动物流车 HCU 的 HiL 测试平台架构

图 7-1 所示为增程式电动物流车 HCU 控制算法软件验证所搭建的 HiL 测试平台架构。该平台主要由整车 HCU 与 NI 实时仿真机组成。整车 HCU 采用已经写入控制算法代码的 D2P 开发版控制器，通过 CAN 通道与 NI 实时仿真机相连。驾驶员模型被写入驾驶员操作平台并在上位机上显示，通过外部实际模拟装置和 I/O 接口输入驾驶员的操作控制信号。整车动力学模型在 NI 实时仿真机中运行，模型中设置了与上位机驾驶员操作平台和 NI 实时仿真机之间的 I/O 接口，可实现系统通信和协同运行。针对平台难以诊断故障的问题，基于 CAN 通信开发了实时数据检测平台，实现了整车对电动机及控制器、电池和辅助系统的故障处理策略，有利于及时发现和改进测试中的问题，提高控制策略开发的效率，并完善了这一用于整车 HCU 控制策略算法验证的 HiL 测试平台。

图 7-1 硬件在环测试平台架构示意图

7.1.1　HiL 测试硬件平台搭建

用于增程式电动物流车 HCU 控制策略验证的 HiL 测试硬件平台重点包含 NI 实时仿真机和整车 HCU D2P 控制器。用于搭载整车动力学模型的实时仿真机采用了 NI 实时仿真设备，如图 7-2 所示。NI 实时仿真机包含实时处理器卡 PXIe-8135 RT、CAN 通信板卡 PXI 8513/2、模拟量输出板卡 PXI 6723、多功能 RIO 板卡 PXI 7853R、故障注入板卡 PXI 5210 和模拟电阻板卡 PXI 2722。

图 7-2　NI 实时仿真机实物图

整车 HCU 采用 D2P ECM-5554-112-0904-xD(DEV) 开发版控制器。控制器通过 CAN1 通道下载了已编译好的整车控制及能量管理优化策略的程序代码。控制器的模拟量输入信号由整车模型通过 NI 实时仿真机中的模拟量输出板卡 PXI6723 发出。此外,控制器通过 CAN3 通道连接到 NI 实时仿真机的 CAN 通信板卡 PXI8512-1-CAN2,在实时仿真过程中,与整车模型互相收发信号。

7.1.2 HiL 测试软件平台搭建

用于 HCU 控制策略验证的 HiL 测试软件平台重点包含人机交互显示平台、动力学模型和通信系统等。人机交互显示平台采用 NI VeriStand 运行环境,建立了用户虚拟仪表,如图 7-3 所示,可以输入驾驶员控制信号,并实时监控相关变量和参数。

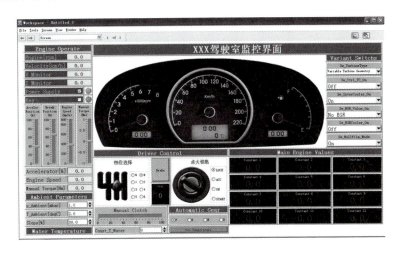

图 7-3 硬件在环测试人机交互显示平台界面

上述模型编译后,生成工程文件(.dll),导入 NI VeriStand 运行环境,添加硬件设备并配置,完成信号配对后即可运行。试验期间,上位机 IP 地址与实时仿真机 IP 地址工作在同一网段内以实现通信。

7.1.3 基于 LabVIEW 的 CAN 通信诊断系统模型

在搭建 HiL 测试平台后的实际测试过程中发现,由于整车系统的复杂性,试验结果出现异常时,通常需要耗费大量时间进行问题排查。因此,在 HiL 测试平台上开发了基于 LabVIEW 的 CAN 通信诊断系统模型。在系统出现故障时该模型可以及时进行定位与分析。该诊断系统模型进一步完善了开发平台,提升了整车 HCU 的 HiL 测试平台的开发和测试效率,降低了开发成本。

依据 ISO15765 及 ISO14229 标准,借助 LabVIEW 软件针对 USB 高速 CAN 硬件的开发工具,初步设计实现了完整的诊断系统。诊断系统的整体示意图如图 7-4 所示。

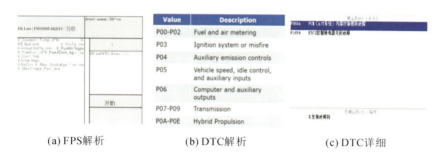

(a) FPS解析　　　　　(b) DTC解析　　　　　(c) DTC详细

图 7-4　诊断系统的整体示意图

整车 HCU 在车辆正常工作中会监控其所控制的系统的工作过程是否正常。诊断系统借助 NI USB 8473s CAN 卡实现数据的交换,在应用层通过 NI LabVIEW 软件搭建数据解析分析的功能算法。诊断系统设计了良好的人机交互界面:图 7-4(a)所示为诊断故障码的解析过程,控制器中的故障码详细列表排列在左侧的窗口中;图 7-4(b)所示为诊断错误类型的故障码(DTC)的解析过程;图 7-4(c)所示为解析诊断错误类型的故障码的详细信息,详细解析了该 DTC 发生时的故障原因。

7.2　能量管理硬件在环与软件在环测试

7.2.1　行驶工况选择

车辆动力来源于内燃机化学能源,内燃机机械效率较低,同时会产生有害排放物。因车辆使用增加而产生的大量废气加剧了对人们健康的危害。20 世纪 70 年代,美国加利福尼亚州(又称加州)率先通过建立排放法规,推进汽车工业开发更高燃烧效率和更低排放的发动机,该法规需要一个能够比较不同发动机之间性能差异的测试程序。这种测试程序被称为行驶工况(也称运转循环,简称工况)。美国开创了行驶工况并推动了世界各国的工况研究和开发,形成了不同研究目标、不同研究对象、不同用途的工况。随着工况研究的深入和完善,行驶工况具有典型的道路实际驾驶特征,能够反映车辆真实的操作工况,可用于车辆的研究、认证和检查/维护。车辆保有量的增加改变着车辆的实际行驶工况,它们需要通过对真实的道路工况的持续评估加以修正。了解和掌握行驶工况的研究动因、对象和形式,以及各种主要工况间的差异及其发展,对开发我国行驶工况具有重要意义。

7.2.2 行驶工况的种类

世界范围内车辆排放测试用行驶工况可分成三组:美国行驶工况(USDC)、欧洲行驶工况(NEDC)和日本行驶工况(JDC)。以美国 FTP(联邦测试程序)为代表的瞬态工况(FTP72)和以 ECE(联合国欧洲经济委员会汽车法规)为代表的模态工况(NEDC)也为世界各国所采用。从使用上来分,又可以分为研究、认证和在用车时的行驶工况。美国行驶工况种类繁多,用途各异,大致包括认证用(FTP系)、研究用(WVU系)和短工况(I/M系)三大体系,广为熟知的有联邦测试程序(FTP75)、洛杉矶 92(LA92)和负荷模拟工况(IM240)等行驶工况。

7.2.2.1 乘用车和轻型载货汽车用行驶工况

在 20 世纪 60 年代,通勤汽车排放的废气使美国洛杉矶出现了烟雾空气。为改善这种状况,需要减少汽车尾气排放量。经过研究,从一条具有代表性的通勤汽车路线上解析出的车辆的速度时间曲线,在 1972 年被美国环保署(简称 EPA)用作认证车辆排放的测试程序(简称 FTP72,又称 UDDS)。按照这种程序来控制车辆排放削减,被认为考虑了最严格的情形。FTP72 由冷态过渡工况(0~505 s)和稳态工况(506~1370 s)构成,1975 年在 FTP72 基础上增加 600 s 热浸车和热态过渡工况(重复冷态过渡工况),构成了 FTP75,持续时间达 2475 s,可用于车辆热启动排放的检查。

由于交通网络的发展,许多主干线和高速道路出现了,车辆高速运行时间在出行的时间中所占的比例越来越大,发动机的三种主要污染物的排放特征发生了改变,因此EPA发布了FTP修订版。研究者们开发了许多能够更加准确反映真实交通状况的循环,如考虑了道路变化的US06、车辆开空调满负荷运行的SC03等,作为FTP的补充工况,形成SFTP(SupplementFTP),并应用于2001年后生产车型的排放测试。

为了解决道路坡度对车辆油耗的影响,开发了可变坡度的HWFET-MTN循环。除了上述工况外,尚有以下几个研究成果。

(1) LA92:具有更高的最大速度和平均速度、较少的怠速运行时间和停车次数/英里,以及更高的最大加速度。

(2) ARB02:由CARB(加州空气资源委员会)开发的基于跟踪车辆的研究工况,它包括冷启动和行程结束部分,目的是测试车辆的实际操作,研究结果超出了FTP72的排放削减量。

(3) HL07:EPA协同汽车制造商开发的发动机循环,目的是测试车辆在超出一定速度范围情况下的一系列加速能力;在这种加速情形下大多数车辆必须全开油门。其用于在各种速度层级进一步开发和修正美国现有工况循环。

(4) 针对未被FTP循环描述和覆盖的车辆运行工况区域,开发了一些工况循环,如代表驾驶工况的REP05(RepFTP之外)、根据启动状况研发的REM01(Remainder)循环,它们以速度和加速度为目标,注重研究更加细致的瞬态变化效果。

7.2.2.2 重型车用行驶工况

重型车辆的研究近年来有侧重于瞬态工况方面的趋势。其中BAC被推荐作为测试重型车燃油经济性的操作规程(SAEJ1376)。CBD14是商业中心区域车辆测试循环,也是BAC复合测试循环的一部分,运用14个相同的循环模拟公交车停车-运行的驾驶模式。CBD14近似于CBDBUS循环,但是时间步长可变。其他还有用于货车的CBDTRUCK循环、用于城郊通勤往返测试的COMMUTER循环。比较著名的还有市内测功机测试循环(UDDSHDV),该循环模拟重型汽油机在市内区域的操作,运行时间为1060 s,33%为怠速,平均速度为30.4 km/h,并用于燃油蒸发排放测试。纽约城市循环(NYCC)则更是代表了市内区域道路大型车辆的运动工况。它们作为FTP标准工况被广泛应用。

为了评价公交车的排放效果,美国西弗吉尼亚大学(WVU)通过对纽约城市曼哈顿地区几条不同的、公认的繁忙运行路线上的混合电力和常规动力的公交车的操作和状态进行调查,开发了一组含 10 个短行程的循环,短行程之间息速时段长 19 s;为满足足够的能源消耗测试,将短行程数目增加至 20 个,作为常规动力运输车(货车和公交车)的 NewYorkBus 工况。此外,WVU 还研究了代表重型车道路测试数据的复合行驶工况 CSHVR、各种微型行程组成的典型城市复合行驶工况(市区 WVUCITY、郊区 WVUSUB 和洲际 WVUINTER),以及 NYC-COMP、NYCTRUCK 等工况。

对于重型车辆,除了用于底盘测功机的工况外,还有使用在发动机台架上的代表性工况,它用发动机转速和转矩计算的车辆特性来描述。测试工况循环包括一套稳定的按照发动机转速和转矩,或是同时以瞬时发动机速度-转矩指示(美国规则)的"瞬态"循环。

7.2.2.3 欧洲行驶工况

为研究适合欧洲的交通状况的循环,研究人员系统地比较各种已有的用于测量和控制的排放测试程序(欧洲、日本和美国)和技术(采样和分析装备等),通过各种不同的车辆,研究车辆行驶工况。研究依据道路拥挤程度或流量大小,分类定义不同道路区域,如市区、郊区和高速以及平均速度、加速度的多种层级归类,人为地开发和层叠成稳定的速度和加速度段。用于在底盘测功机上认证轻型车排放的 EDC,在欧洲又称为 MVEG-A,现发展成为新 EDC(NEDC)。在该循环里局部循环速度是恒定的,是一种稳态工况,包括市内(ECE15)、市郊(EUDC)或市郊低功率车(EUDCL)。ECE15 是一个包括 4 个代表市区驾驶状况的运转循环(UrbanDC),具有低速、低负荷和低排气温度的特性。由于车辆城郊运行比例增加,1992 年开发了代表高速行驶工况的 EUDC 和 EUDCLOW 片段,在 ECE15 基础上增加 1 个 EUDC 或 EUDCLOW,就构成现在大家熟悉的 ECE+EUDC。在 2000 年之前欧洲Ⅱ排放法规实际应用时,工况不计量 0~40 s 的运转。而欧洲Ⅲ/Ⅳ排放法规更加严格控制车辆排放(考核发动机冷启动排放),排放采样和运转循环同步,采用完整的运转循环,并称之为新欧洲运转循环(简称 NEDC)。该循环持续时间为 1220 s,平均速度为 32.12 km/h,最大加速度为 1.06 m/s^2。

模态循环用于能源消耗(或排放)方面,换挡策略的不同可能造成测试结果有一些细微差异。欧洲 ECER15.04 所采用的运转循环,针对手动和自动挡车辆就考虑了这种差异:工况的行驶距离和平均速度分别为 4.06 km 和 18.7 km/h 以及 3.98 km 和 18.4 km/h。

从速度时间曲线中分析发现:欧洲循环稳定速度的比例太高;各种驾驶状况的分布不均,如平均驾驶工况的持续时间短而中心市区驾驶工况的持续时间长等,而且平均加速度值也比真实的要低一些;ECE 循环仅接近过去时代的城市中心状况。总之,这种循环存在着相当大的局限性。

当欧洲循环被认为不满足需求时,研究人员确认 FTP72 循环能相对较好地模拟欧洲城市的平均交通状况。NEDC 属于模态循环,并不能代表真实的驾驶状况。出于开发新型动力车辆的需要,欧洲基于 BRITE-EURAMHYZEM 项目开发了一组被称为 HYZEM 的实际行驶工况,它属于瞬时循环。HYZEM 包含了市内循环、市郊循环和高速循环。该工况基于贯穿欧洲城市道路的 89 部车辆的真实驾驶模式记录数据库开发,因此比标准的欧洲循环更能代表驾驶条件。相对于模态循环,其稳定速度部分要少很多,平均速度为 40.4 km/h,停车次数为 0.69 次/km,平均加速度为 0.71 m/s^2,最大加速度为 1.3 m/s^2。

7.2.2.4 日本行驶工况

与欧洲行驶工况相似,日本行驶工况也属于模态工况。在 1976 年之前,日本一直采用 10 工况(10 mode)来模拟市内行驶工况,重复 6 次循环,对后 5 次取样,即所谓热启动。1976 年以后生产的车型,采用 11 工况,从冷启动开始,重复 4 次循环,对全过程采样,行驶距离和平均速度分别为 4.08 km 和 30.6 km/h。1991 年 11 月,日本采用了 J10.15 工况,该工况由 4 个 10 工况和 1 个 15 工况构成。虽然 J10.15 工况并未成为国际工况,但行驶工况的研究在日本仍得到持续和深入。日本坚持使用自己的工况,主要原因是其工况与欧洲、美国的认证行驶工况具有良好的相关性。

7.2.2.5 行驶工况的特征

车辆在道路上的行驶状况可用加速、减速、匀速和怠速等运动特征来反映。通过对这些运动特征的调查和解析,可开发能够代表运动状态的行驶工况。无论以模态还是瞬态表达,行驶工况最终都表达为速度时间图线,时间的步长通常为 1 s。通过对应时间点的加速度、速度,运用公式就可以确定车辆运动需要的机械能量。无论车辆采用何种动力,当测试车辆在底盘测功机上复现这种行驶工况,使用一种共同的环境如温度、风速、滚动系数等可以控制的条件时,都可以采用定容取样系统(CVS)和数据分析系统,对车辆的动力性、经济性以及排放性能等指标进行比较判断。由于实际道路条件和试验目的的多样性,各种行驶工况具有不同的特征,其怠速、匀速、加速和减速等的比例分布不同,加速度分布也不同;如果它们之间的速度、加速度分布相同,测试结果也可能相同。运用某种模拟软件也能通过相同的车辆评价不同的工况间的差异。不同的工况测试结果不同,通过采用不同的工况也能够评估车辆的适应性能。

总的来说,各国、各城市的道路特征和交通流量分布不同,行驶工况种类多,特征分布差异很大,但是从工况的形式和特征的发展来看,仍可以得到以下结论。

(1) 由于在固定的地域,工况的特征具有一定的稳定性和相似性,因此根据不同的用途和目的研究各自的实际行驶工况具有重大意义。同时工况应依据车辆技术和交通状况的发展变化不断完善。

(2) 认证工况和研究工况之间可以有所不同。在速度区间分布上,前者范围宽,后者分布窄;后者应该考虑各种极端的情形。由于车辆技术的提高和车辆排放控制的重要性,对用于I/M制度的短工况与认证工况(如FTP)之间相关性的要求越来越高,因此短工况的开发越来越重要。

(3) 从模拟的能耗水平结果看,模态和瞬态并没有太大的影响;但从特定功率看,因为加速度变化来自真实的操作,瞬态工况可能更好,可以提供不同加速度的工况,在控制策略方面,瞬态工况肯定更合适。在欧洲和日本,瞬态工况的开发和研究越来越多。

(4) 北京乘用车工况也是一个具有多种加速度的工况,从其研究结果看,工况特征值基本处在美国的瞬态工况和欧洲的稳态工况之间,而且也进行了市区、市郊和综合3种道路区分,适合研究应用。

7.2.3 硬件在环仿真试验

以单轴并联混合动力汽车为测试对象,如图7-5所示,发动机与电动机之间通过电控的离合器连接在一根驱动轴上,通过控制离合器接合与分离,发动机能够从动力链其余的部分解耦出来。发动机控制器和电动机控制器在总系统中相当于执行器,分别对发动机和电动机的扭矩输出、控制模式进行控制。电池管理系统 BMS 的主要功能是,对电池的状态进行检测和控制电池与电动机控制器之间的连接开关,确保高压安全。传动系统控制器 TCU 分别对离合器和变速器的挡位进行控制。主控制器 HCU 通过 CAN 总线通信得到发动机、电动机、电池的信号,以及通过通信接口得到驾驶员的驾驶需求,以此来分别对动力系统和电控离合器进行控制。

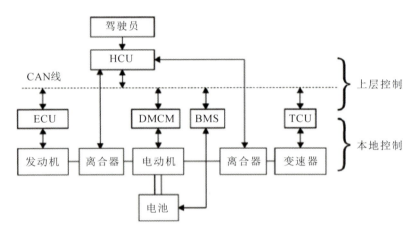

图 7-5　混合动力汽车的控制结构

通过运行数学模型仿真机可以模拟实际车辆的运行状态,但在测试过程中建立的模型受精度和运行时间的限制。简单的模型主要由查表函数和逻辑函数组成,在线仿真设计具有运行时间和开发时间短、数据需求量小的优势。虽然这种模型能够正常运行,但是模型的精度有限。而高精度的模型由于需要耗费大量的计算资源,很难保证仿真机的实时运行,一般使用离线仿真,如高压系统解析使用的 SimPowerSystems 工具和高精度发动机模拟包 GT-POWER。因此在建模中要对模型计算时间与仿真精度进行折中。

为了便于软件在环和硬件在环测试的结果对比,车载控制器中的控制策略直接通过代码转换成 C 代码,因此离线仿真中车辆主控制器 HCU 的控制策略与下载到车载控制器中的控制策略完全相同,同时软件的车辆模型与 HiL 系统中的模型也完全一样。具体模型如下。

1. 驾驶员模型

驾驶员模型将参考的速度轨迹作为外部的输入,这里采用 PI 控制器作为虚拟的驾驶员跟随参考车辆的运行轨迹。基于 PI 控制器,在设置点驾驶员模型的扭矩输出为 T'_{dem},整车需求扭矩由混合动力系统来提供。整车需求的扭矩 T_{dem} 受动力系统输出扭矩限制,如式(7.1)所示:

$$T_{\text{dem}} = \min\{T'_{\text{dem}}, T_{\text{dem,max}}(\omega)\} \tag{7.1}$$

式中:$T_{\text{dem,max}}(\omega)$ 为在当前电动机转速 ω 情况下,动力链可以传输的最大扭矩。动力链的动力响应以 $T_{\text{dem,max}}(\omega)$ 为最大的边界值。

2. 发动机模型

发动机是混合动力车辆的主要动力源,决定着整个动力系统是否能正常运行。发动机模型采用查表法建立,查表函数则基于试验中的转速、扭矩、燃油消耗率和排放等数据建立。

混合动力车辆的发动机和常规车辆的发动机不同,发动机控制器并不与油门相连,而是由 HCU 进行控制。为了方便地在动力链中控制发动机,改进的 ECU 控制器具有扭矩、转速和油门的控制模式。发动机控制器的输入变量为油门需求、转速需求、扭矩需求和控制模式,还有相关的状态参数,如发动机转速、温度等。扭矩控制设计是为了使发动机与电动机的输出扭矩能够实现更好的耦合。ECU 收到扭矩需求百分比,以此作为发动机动力需求输入,并通过一个稳态的查表将这个百分比转化成实际的扭矩需求。ECU 计算的扭矩需根据传动控制系统和怠速控制器进行修改。

发动机需求扭矩($T_{\text{ice,req}}$)通过扭矩需求的百分比($T_{\text{ice,per}}$)函数来进行计算,涉及发动机转速($\omega_{\text{ice,idle}}$)和传动系统指令控制扭矩($T_{\text{ice,tr}}$),如式(7.2)所示。

$$T_{\text{ice,req}} = f_{\text{ice,trq}}(\omega_{\text{ice,idle}}, T_{\text{ice,per}}) + T_{\text{ice,idle}} + T_{\text{ice,tr}} \tag{7.2}$$

式中:$f_{\text{ice,trq}}$ 是二维查表函数,用于 ECU 将扭矩百分比转化为实际扭矩需求;$T_{\text{ice,idle}}$ 为怠速下发动机扭矩。怠速控制器通过 PI 控制器和一个反馈补偿发动机阻力进行模拟。

发动机摩擦力矩在模型中是基于发动机试验数据设计的发动机转速的二次函数,如式(7.3)所示。

$$T_{\text{ice,fr}} = b_{\text{ice,2}} \omega_{\text{ice}}^2 + b_{\text{ice,1}} \omega_{\text{ice}} + b_{\text{ice,0}} \tag{7.3}$$

式中：$T_{ice,fr}$ 是发动机摩擦力矩；$b_{ice,i}(i=0,1,2)$ 是发动机的摩擦系数。所有附件负载也集中计为发动机的摩擦。

3. 电动机模型

电动机主要用于执行电能和机械能之间的转换，其模型也作为一个有需求扭矩和速度函数的电功率准静态查表。和发动机不同的是，电动机的运行能力与电池的状态相关，因此在电动机的模型中需要考虑电池的状态。当电池 SOC 较低时，电池因电量不足而不能支持电动机扭矩的输出。

此外，针对电动机的运行特性，电动机的正常运行受多个因素的交叉影响：

（1）考虑到逆变器和绕组温度问题，当温度高于一定值时电动机输出扭矩清零。

（2）电动机的高压和低压限制。考虑到电容和逆变器的电压工作区间问题，当电压超出边界时，需要进行扭矩限制。

（3）电流的限制影响。过高的电流会对电动机元器件造成损坏，因此电动机模型中也要对电动机的电流进行考虑。

在硬件在环系统中，仿真器直接连接到真实的控制器。仿真器内部的软件 RT-LAB 基于 Simulink 的 RTW 软件工具包将车辆模型转换为代码。实时系统包括模型实时解算、电接口输入输出控制、被测对象数据实时交互等功能。在离线模拟中，模拟系统可以使用一分钟来模拟实际系统一个小时的运行情况。但在实时的模拟中，模拟时间与实际的时间严格同步，每一个模拟时间步的计算必须与真实时间相对应。实时系统的任务执行时间是实时代码在实时系统运行的瞬态，时间步为 t_n 和 t_{n+1}。完整的步长需要实时模拟从 t_n 开始到 t_{n+1} 结束的整个过程，整个过程由计算时间、信号采样与输出时间、间歇时间三部分组成。任务执行时间是模型的计算时间，

从 Simulink 获得的实时代码通过有效的系统求解方程来获得下一个时间步的系统状态运行的时间。信号采样与输出时间是指在系统计算之间的瞬时，这个瞬时反映在实时节点或实时系统的 I/O 接口。间歇时间是指到下一个时间步的处理器的空闲时间。离线与实时仿真不同步主要是因为离线模拟中不存在间歇时间。

超限时进行的时间编码在实时系统内的执行时间会超过所选择的实时仿

真步长。如果超过容忍的限制,这种模拟就只能归类为软件实时仿真。这种超出范围的情况可以通过增加仿真步长来进行消除,但这样会使混合动力车辆模型运行的精度变低。为了保证复杂模型运行时仿真机模拟的实时性,实时系统可以根据模型的复杂程度分成一个或多个节点,相应地将模型分成整车动力传动系统模型和其他的子系统模型。仿真机中多个节点的并行计算能够确保复杂模型的实时运行而不会超出计算负载。整个系统的模拟如图 7-6 所示,系统由两个实时系统(real-time system,RTS)组成,分别命名为 RTS1 和 RTS2。在混合动力车辆的实时仿真中,RTS1 模拟发动机、电动机、变速器等主要零部件,RTS2 用来运行混合动力车辆动力学模型及其他模型(如车辆附件模型等)。

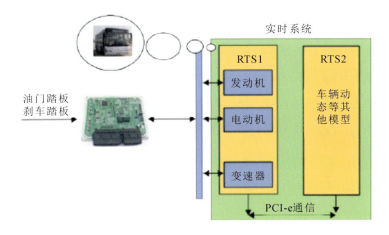

图 7-6　实时系统的应用

实时仿真机硬件布置如图 7-7 所示。将控制模型中生成的代码下载到 RTS 中并实时运行。在 RTS 上安装 LINUX 来确保实时控制器的实时任务。RTS 通过 CAN 或 I/O 连接到实时控制器,硬件上使用 PCI 板卡来实现。I/O 板有 10 ms 的分辨率,确保系统能够输出足够精度的信号。由于控制模型较复杂,需要较大的计算量,因此 RTS 只运行整个模型的一部分,两个实时系统之间通过 PCI-e 高速板卡连接,每一个实时系统通过局部网络(LAN 线)从上位机下载实时代码。

为了满足仿真的计算速度和实时性要求,仿真机采用 OP5600 作为实时目标机,内置 Intel i7 六核处理器,主频为 3.46 GHz,1 个 FPGA 板,以太网接口;

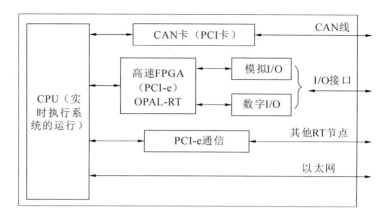

图 7-7 实时仿真机硬件布置示意图

CPU 内置 REDHATLINUX 实时操作系统和 I/O 卡驱动。针对 HCU 的接口，使用模拟输出板卡 OP5330、模拟输入板卡 OP5340、数字输出板卡 OP5354、数字输入板卡 OP5353 各一块。

混合动力车辆的 Simulink 仿真模型如图 7-8 所示，模型的基本数据采用 12 m 客车的元件的配置数据。发动机峰值功率为 135 kW，电动机峰值功率为 100 kW，电池容量为 40 Ah，标称电压为 324 V。

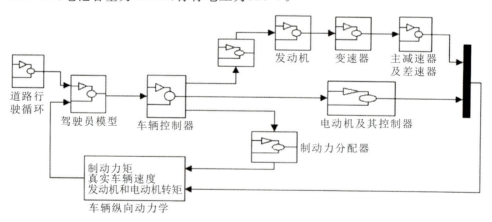

图 7-8 整车 Simulink 仿真模型

用中国典型公交循环工况来对模型进行模拟，HiL 仿真中步长设置为 1 ms。模型运行结果如图 7-9 所示，红色为基于 MATLAB 平台的软件在环(MiL)运行结果(离线仿真结果)，蓝色为硬件在环(HiL)运行结果(在线仿真结果)。仿真中基于驾驶员模型对参考的运行轨迹进行跟随,给控制器发送控制指令,对整个动力传动系统进行控制。从仿真结果可以看出,离线和在线模拟中车速、SOC 和燃油消耗有比较相近的变化轨迹。结果说明在两种不同模式的仿真下,全局的运行比较接近,电池和燃油的消耗轨迹也非常接近,这说明使用相同的能量管理算法能够使系统产生相近的控制结果。

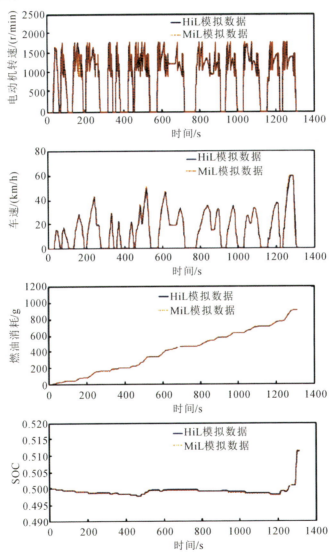

图 7-9　离线计算与硬件在环仿真结果比较

但是，瞬态运行特性的离线和在线仿真结果有所不同。以离合器接合过程中转速的变化轨迹为例，如图 7-10 所示，在两种仿真情况下结果出现了较大的差异。在离线仿真情况下，通过离合器行程的闭环控制，离合器接合造成的转速波动较小，幅值只有 20 r/min。但是在在线仿真中，通过闭环控制却出现了较大的转速波动，出现 220 r/min 的转速剧烈上升，随后产生由扭矩冲击而导致的转速波动。

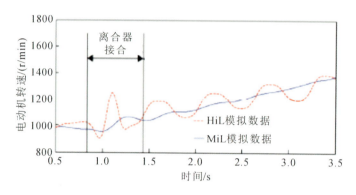

图 7-10　离线仿真运行结果

瞬态的转速变化主要是由扭矩冲击产生的，在纯电动机驱动向混合驱动转变的过程中，发动机输出扭矩要与整个动力输出扭矩耦合，整个过程需要控制离合器行程和电动机的扭矩。如图 7-11 所示，在主传动轴上根据离合器的接合过程对电动机和发动机的扭矩进行协调，扭矩的上升是平缓的，使纯电动机驱动到混合驱动实现无缝连接。在硬件在环仿真中，基于相同的策略却由于通信周期的影响，闭环控制系统不稳定，如图 7-12 所示，在离合器接合过程中产生了扭矩冲击。这主要是由于在离合器接合过程中，通过闭环的控制会产生时间延迟，从而导致离合器的运行估计扭矩与实际的扭矩不一致。

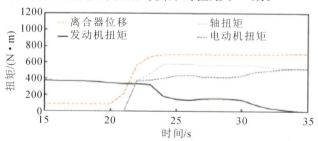

图 7-11　发动机和电动机扭矩耦合情况下仿真结果

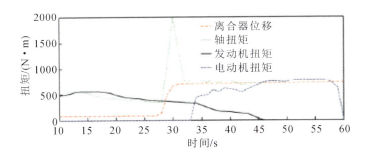

图 7-12 硬件在环仿真运行结果

根据以上的仿真结果,将硬件在环仿真和离线仿真存在的差异归因于以下几个方面:

1) A/D 和 D/A 转换

在 MiL 的控制中,没有对系统进行 A/D 和 D/A 转换处理,因此不存在因延迟而造成的仿真结果偏差。在执行 HiL 仿真中,单片机和仿真机要对传感器的电压信号与单片机中的数字信号进行转换,需要消耗时间。尤其是在信号采样时,信号的瞬态波动会造成数字信号的不稳定,需要进行滤波处理,从而造成采样延迟。

2) I/O 延迟

当模型离线运行时,没有信号转换,因此在 MiL 仿真中控制器的运行周期与模型的仿真周期相同,在保证模型有较高仿真度的前提下,系统的运行周期仅为1 ms。而在 HiL 系统中,控制器的采样和输出指令需要4 ms实现,与 MiL 仿真周期1 ms的结果不同。

3) CAN 通信延迟

在控制器中动力系统的 CAN 通信延迟一般为10 ms或2 ms,而且从一个节点传送到另一个节点接收,需要的时间是不同的,在 HiL 测试中这些通信延迟是存在的。但是在 MiL 测试中不存在。

在 MiL 和 HiL 两种控制中,虽然采用相同的控制策略,但是由于 HiL 系统中存在采样和指令的延迟,车辆的运行效果将受到影响。如图 7-9 所示,虽然车辆在稳态运行时,MiL 和 HiL 只存在较小的差异,但是在车辆瞬态变化的情况下,尤其是扭矩耦合过程中,多个控制信号进行协调控制,存在通信的延迟,导致了反馈信号与根据反馈信号发出来的指令信号相差最多 40 倍的时间控制偏差,这种偏差会使瞬态系统的控制响应与预期的不同步。图 7-10 和图 7-12 分别显示了 MiL 和 HiL 测试中离合器的接合过程,MiL 测试由于不存在硬件的延迟,达到了较好的控制结果。但是 HiL 测试中采样的闭环控制由于时间的延迟而使扭矩传递不平顺,导致车辆速度发生波动。硬件在环测试是软件和硬件的综合测试,因此更能反映出控制器的实际控制效果。

7.2.4 软件在环仿真试验

实现 MiL 仿真的关键是核心控制算法既可被 MATLAB 仿真模型调用,又可被 DSP 控制软件调用,因此控制软件采用模块化编程实现,各模块及其子模块均以函数形式存在。控制软件包括系统初始化、核心控制算法等模块,其中核心控制算法每个采样周期运行一次,在中断或快速任务中调用。

基于 Simulink 环境建立的 MiL 仿真系统如图 7-13 所示,仿真软件与控制算法之间通过 C 语言格式的 S 函数实现数据交换。S 函数从 Simulink 仿真软件建立的主电路模型中获得反馈信号,并传递给控制算法,控制算法运行后将 PWM 占空比和使能信号按 S 函数格式返回给 Simulink 仿真软件中的 PWM 模块。

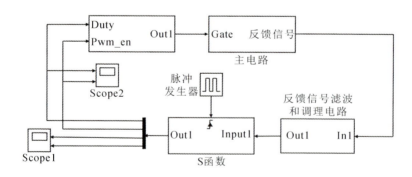

图 7-13 Simulink 环境下建立的 MiL 仿真系统

S 函数中包含了一组回调程序,用以执行在每个仿真阶段所必需的任务。充当控制算法和 Simulink 之间数据接口的 S 函数内包含的回调函数如图 7-14 所示,包括初始化和仿真循环两部分。

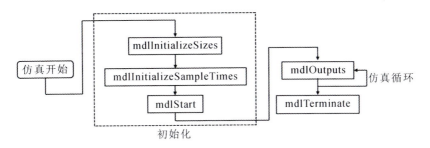

图 7-14 S 函数内包含的回调函数

(1) 初始化部分包括 mdlInitializeSizes、mdlInitializeSampleTimes 和 mdlStart 三个回调函数,只在仿真开始时执行一次。在 mdlInitializeSizes 中,设定输入输出端口的数量和维度。在 mdlInitializeSampleTimes 中,设定 S 函数采样时间为一个采样周期。在 mdlStart 中,完成核心控制算法初始化。

(2) 仿真循环部分的 mdlOutputs 在每个采样周期执行一次。在 mdlOutputs 中,调用核心控制算法。

为验证方案的可行性,以单相 PWM 逆变器为例,搭建了 MiL 仿真系统。逆变器的主电路模型如图 7-15 所示,由 Simulink 仿真软件搭建完成。逆变器的电源为单相、幅值可调的交流电源,前端为单相不控整流,后端为带无源滤波器的全桥逆变电路。逆变器使用电压、电流双环 PI 控制,分别控制逆变器的输出电压和电感电流。

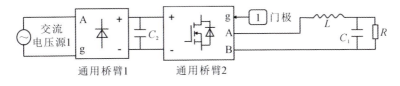

图 7-15 PWM 逆变器的主电路模型

运用所建立的 MiL 仿真系统进行了仿真模拟。仿真参数设定为:逆变器的供电电源为单相15 V、50 Hz交流电,开关频率为10 kHz;无源滤波器电感为 1.2 mH,电容为4.7 μF,负载设置为30 Ω和60 Ω两种规格,参考电压的幅值为 15 V。

图 7-16(a)(b)所示为当负载分别为30 Ω、60 Ω时逆变器的输出电压。经计算得出,输出电压分别为14.5 V和15.4 V,总谐波失真率(THD)分别为 2.77%

和 1.99%。

图 7-16(c)(d)所示为当负载分别为 30 Ω、60 Ω,参考电压由 5 V 突变为 15 V 时,逆变器输出电压的动态响应。经计算得出,输出电压调整时间均小于 5 ms,突变后的首个峰值分别为 11.9 V 和 13.9 V。

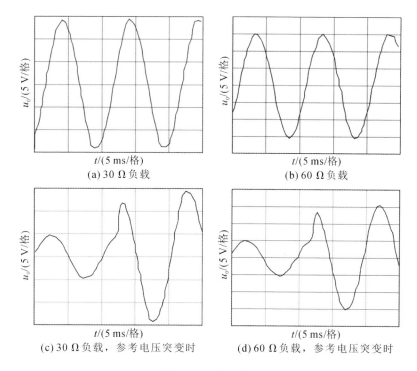

(a) 30 Ω 负载 (b) 60 Ω 负载
(c) 30 Ω 负载,参考电压突变时 (d) 60 Ω 负载,参考电压突变时

图 7-16 试验波形

在仿真的基础上,进行了试验验证。试验的电源、开关频率、器件、PI 控制等参数的设定均与仿真时一致,试验结果如下。

当负载分别为 30 Ω、60 Ω 时,逆变器输出电压的幅值分别为 14.4 V 和 15.2 V。

当负载分别为 30 Ω、60 Ω,参考电压由 5 V 突变为 15 V 时,逆变器输出电压的调整时间均小于 5 ms,突变后的第一个峰值分别为 12 V 和 13.6 V。

MiL 仿真结果和试验结果如表 7-1 所示,对比发现两者在稳态和动态特性上都是吻合的。这表明 MiL 仿真系统能模拟 DSP 控制软件的实际控制效果,验证了采用 MiL 仿真系统开发 DSP 控制软件的正确性。

表 7-1   MiL 仿真结果与试验结果

负载	稳态时输出电压/V		动态响应调整时间/ms		动态响应首个峰值/V	
	仿真	试验	仿真	试验	仿真	试验
30 Ω	14.5	14.4	<5	<5	11.9	12
60 Ω	15.4	15.2	<5	<5	13.9	13.6

一个完整的软件在环仿真系统,其主体电路模型由 Simulink 仿真软件搭建,DSP 控制算法由 C 语言在 CCS 环境下编写,Simulink 和控制算法之间的数据接口由 MATLAB 的 S 函数充当。利用该系统对单相 PWM 逆变器系统进行仿真,同时进行试验验证,仿真结果与试验结果的一致性表明所建立的软件在环仿真系统能模拟 DSP 控制软件。实际控制效果验证了采用软件在环仿真系统开发 DSP 控制软件的正确性。以软件在环仿真系统开发控制软件,可以降低开发成本,缩短开发周期,大幅提高开发效率,具有广阔的应用前景。

本章参考文献

[1] 韦超毅,吴一雄,黄大明,等.基于控制器局域网络总线的发动机电子控制单元硬件在环试验台的通信系统设计[J].科学技术与工程,2020,20(4):1669-1675.

[2] 胥峰,唐辉尧,张鹏飞,等.基于硬件在环的汽车噪声排放仿真测试[J].汽车实用技术,2019(24):111-114.

[3] 潘广纯,赵红,闫松,等.插电式混合动力汽车控制策略硬件在环仿真研究[J].机械制造与自动化,2019,48(6):111-114.

[4] 孙德明,刘全周,晏江华,等.基于硬件在环的整车控制器功能安全测试技术研究[J].国外电子测量技术,2019,38(12):45-49.

[5] XIANG C, DING F, WANG W, et al. Energy management of a dual-mode power-split hybrid electric vehicle based on velocity prediction and nonlinear model predictive control[J]. Applied Energy,2017,189(1):640-653.

[6] 方越栋.基于随机动力需求预测的混合动力公交车能量管理策略[D].杭

州:浙江大学,2015.

[7] LI J,ZHOU Q,HE Y,et al. Dual-loop online intelligent programming for driver-oriented predict energy management of plug-in hybrid electric vehicles[J]. Applied Energy,2019,253.

[8] CHAO S,HU X,MOURA S J,et al. Velocity predictors for predictive energy management in hybrid electric vehicles[J]. IEEE Transactions on Control Systems Technology,2015,23(3):1197-1204.

[9] 李刚,杨志,吴迪.汽车两级自动紧急制动系统控制研究[J].机械设计与制造,2020(7):134-138.

[10] 孙野,于长清,巫洋.基于硬件在环与远程参数控制技术的半主动悬架车辆道路模拟试验[J].汽车技术,2020(9):34-38.

[11] 晏江华,刘全周,高帅,等.汽车电动尾门硬件在环测试技术研究[J].国外电子测量技术,2020,39(6):81-85.

[12] 孔令静,从宏超,梁长飞,等.基于硬件在环的电动汽车整车控制器自动化测试研究及应用[J].时代汽车,2020(12):73-75.

[13] 胡金芳,颜春辉,赵林峰,等.分布式驱动电动汽车转向工况转矩分配控制研究[J].中国公路学报,2020,33(8):92-101.

[14] 胡伟.混合动力汽车整车控制策略的优化与HIL硬件在环测试[D].邯郸:河北工程大学,2020.

[15] 张浩然.乘用车电动助力制动系统控制策略及硬件在环研究[D].长春:吉林大学,2020.

[16] 邵玉龙,游祥龙,李龙,等.基于VeriStand的电动客车BMS硬件在环测试平台设计[J].客车技术与研究,2020,42(2):56-58.

[17] 李清平,夏雨.电动汽车直流充电系统硬件在环仿真研究[J].科学技术创新,2020(11):54-55.

[18] 张金柱.混合动力汽车稳定性控制硬件在环仿真研究[J].黑龙江工程学院学报,2020,34(1):1-16,21.

[19] 廖奇祥.基于硬件在环的整车控制器自动化测试研究与应用[J].决策探索(中),2020(2):60-61.